유아교사의 그림책 읽어주기

: 유아의 문학적 이해 및 문학교육

유아교사의 그림책 읽어주기

:유아의 문학적 이해 및 문학교육

로렌스 R. 사이프(Lawrence R. Sipe) 지음
서정숙 옮김

서문

동료인 래리 사이프(Larry Sipe)가 우리에게 멋진 선물을 하였다. 사이프는 문학에 반응하는 유아의 몰입 세계로 가는 자신의 순례여행과도 같은 여행에 우리를 데리고 간다. 일단 우리가 이 초대에 응한 이상 우리는 이 책의 매력에 빠져버리게 된다. 우리는 사이프의 이야기에 넋을 잃고 빠지게 된다. 그는 왜 교사가 시간을 들여 학습자로 하여금 작품에 대해 깊이 분석하고 많은 반응을 하도록 하는지에 대해 이야기한다. 표준과 평가, 유창성, 수사학의 지배를 받는 교육정책의 세계에서 이것은 대단한 반전으로, 우리로 하여금 책 읽기를 가르쳐야 하는 우선적인 이유를 상기시켜 준다.

좀 더 명확하게 말하겠다. 이것은 "화요일이 되면 분명 벨기에에 있게 될 거야!"라고 말할 수 있는 것 같은 간단한 여행이 아니다. 아동문학 세계로의 유람 여행이다. 이 여행에서는 중요한 정거장에서는 좀 더 오래 머물러야 하고, 독자로서 지적으로나 심미적으로 진지하게 전념해야 한다. 사이프는 어떻게, 그리고 왜 유아가 그런 식으로 반응하는지, 어떻게 교사가 유아의 반응을 지원할 수 있는지, 어떻게 반응에 대한 견해가 형성되는지를 통찰력을 가지고 이야기해줌으로써 우리를 놀라게 하거나 즐겁게 해준다. 풍부한 주제면서 또한 너무 자주 소홀하게 대하던 주제에 대해 이전과는 다른 방식으로 생각하게 된 이유는 무엇인지에 대해서도 이야기한다.

누가 이 책을 읽어야 할까? 사이프는 이 책을 주로, 어떻게 하면 유아가 문학에 몰입하게 할 수 있는지, 왜 그래야 하는지를 이해하기 위해 전념해온 교육현장의 교사와 연구자를 위해 썼다고 한다. 또한 교수들은 이론적 관점과 함께 유아가 깊은 반응에 빠져 있는 모습이 담겨 있는 예들을 발견하게 될 것이라 한다. 이런 예들은 교수들이 초보 교사들을 안내하는 데 필요한 자료가 될 것이다. 그리고 사이프는, 우리가 마음을 열고 폭넓은 반응에 대해 대화를 해주면 어린 유아조차 고도의 사고를 할 수 있다는 사실을 알고 나서 감탄하는 교사들도 있을 것으로 본다. 나는 이에 덧붙여, 교사를 위해 이 책을 추천하는 이유를 쓰고자 한다. 나는 문학을 교육과정의 중심에 두려고 하는 교사는 자신의 신념과 행동을 실행하는 데 필요한 일련의 이론적 아이디어를 이 책에서 발견하게 될 것이라고 생각한다. 그리고 현재 문학을 교육과정의 중심에 두고 있지 않은 교사들은 유아가 할 수 있는 것들을 담은 아주 흥미로운 예들에 빠져들고 말 것이라고 생각한다.

왜 이 책을 읽어야 하는가? 몇 가지 이유가 있다. 무엇보다도 먼저, 문학에 대한 유아의 반응에 대해 새롭게 생각하는 방법을 배우게 될 것이다. 나중에 이야기하겠지만, 사이프는 유아의 반응을 이해하고 분석할 수 있는 아주 유용한 범주와, 교사가 유아의 반응을 지원할 수 있는 방법을 제공한다. 둘째, 문학에 대해 이야기하는 유아와 교사에 대한 예가 아주 많아서 그 자체로 교육적이다. 그 예를 통해 우리는 교사가 적절한 조건에서 유아를 지원한다면 유아조차도 놀라울 정도로 사고를 잘 한다는 것을 알게 된다. 그리고 10장에 있는 교사 지원의 예들은 사려 깊은 교사들로 하여금 학습자의 반응을 비계설정할 수 있는 방법에 대한 전체적인 이론을 세우도록 해준다. 셋째, 앞서 암시했듯이, 문식성 교육 분야에 있는 우리들은 모두 현재 국가 정책 방향인 "기본 기술"과 대조를 이룰 필요가 있다. 또한 읽기는 사고에 대한 것이며, 문학, 특히 아동문학은 풍부한 심미적 반응을 할 가치가 있는 예술 형식이라는 점을 기억할 필요가 있다. 그리고 우리는, 학습자가 역량을 발휘하고 자신의 추론 과정을 기록하며 교사가 위치에 맞는 전문가적 특권을 행사하는 교실 담화의 예를 살펴볼 필요가 있다.

왜 내가 이 책을 좋아하는가? 첫째, 이 책은 두 가지에 뿌리를 두고 있어서 높이 평가하였다. 하나는 문학에 대한 반응의 오랜 학문적 전통을 다루고 있기 때문이고, 또 하나는 실제 교사의 지도 아래 실제 문학에 대한 실제 아이들의 실제 반응을 다루고 있기 때문이다. 요약하면, 사이프의 연구에는 존경심과 진실성이 담겨 있다. 반응 연구를 한 선행 학자들(라차즈, 피쉬. 로젠블랫, 브리톤, 블레이치, 랑거, 보그단 등)에 대한 사이프의 존경심은 그런 학자들 한 사람 한 사람의 이론이 지닌 진수를 뽑는 그의 탁월한 능력에 나타나 있다. 그는 자율적인 텍스트(의미가 텍스트 안에 있는 것)에서 자율적 독자(의미가 독자의 말에 달려 있음)에 이르기까지, 사용하기에 유용한 연속선을 제시하여 학자들의 이론을 설명한다. 사이프는 자신의 반응 이론의 기초로 이야기(주로 읽어준 내용)에 대한 대화를 사용함으로써 교사와 아이들에 대한 존경심을 표한다. 사이프는 이론적 축과 경험적 축을 오가면서 이론과 실증을 모두 만족시키는 "이야기"(story)를 만들어내고 있다. 그러므로 학문적 신뢰의 측면에서 볼 때, 더 이상의 표준이 있을 수 없다고 본다.

둘째, 이 책은 문학에 대한 유아의 반응을 이해하는 데 풍부한 틀을 제공해준다. 사이프는 분류 체계 개발을 하였는데, 범주 체계는 여러 요소를 조심스럽게 구분하면서 영역을 폭넓게 개념화하는 데 도움이 된다. 이 분류 체계(때때로 연속선으로 되어 있음)는 사실상 매 장에 나오므로 이를 모두 열거하여 살펴볼 수는 없지만, 그 중 예를 하나 들어 살펴볼 수는 있겠다. 9장의 마지막 분석에서 사이프는 그가 제시한 다섯 가지의 문학적 반응 유형(표 9.1)을 요약한다. 그것은 분석적(주로 텍스트 내에서의 분석하기), 상호텍스트적(텍스트 간 사고하기), 개인적(텍스트에 경험을 관련짓기 또는 텍스트로부터 경험을 관련짓기), 동화된(텍스트 안으로 들어가기), 연행적(텍스트를 창의적 표현을 위한 연단으로 사용하기) 반응이다. 사이프는 하나의 분류 체계에 만족하지 못하고 반응 유형 위에 또 다른 분류 체계를 부가한다. 그것은 세 가지 문학적 기본 충동으로, 해석적 충동, 개인적 충동, 심미적 충동이 그것이다. 해석적 충동은 "텍스트를 통달하려는" 욕구를 강조하며, 분석적 반응과 상호텍스트적 반응을 수반한다. 개인적 충동은 텍스트를 일상 경험과 관련지으려는 욕구에 초점을 맞추는데, 개인적 반응 유형을 수반한다. 심미적 충동은 이성과 인지로부터 자유로워지려는 욕구가 동인이 되는데, 동화된 반응(텍스트에 빠져버리는 것)과 연행적 반응(개인적 창조를 위해 텍스트를 사용하는 것)을 수반한다. 전체적으로 볼 때, 이 두 가지의 분류 체계 덕분에 우리는 독자로서 텍스트와 경험을 통합하는 가운데 인지적 입장과 심미적 입장을 취할 수 있다.

셋째, 이 책은 문학에 대한 반응 중 일반적으로 간과되는 면을 특별히 환하게 비추고 있다. 난 특히 이 책에서 이미지 표상과 언어적 표상 간의 관계에 대한 내용을 쉽게 분석해놓은 부분을 흥미롭게 보았다. 또한 본문에 있는 사실상의 이야기 앞과 뒤에 배치되어 있는 부분, 예를 들면, 표지와 면지, 심지어 ISBN의 역할까지 다룬 부분을 강조한 내용을 눈여겨보았다. 이 부분의 역할에 대해 이야기를 나눈 유아들의 대화 내용도 아주 흥미로웠고, 유아들이 공간과 색의 의미에 대해 한 생각들도 꽤 인상 깊었다. 사이프는 이것을 주변텍스트(텍스트 가까이 또는 텍스트와 함께 있는 텍스트)에 대한 반응이라 불렀는데, 이는 쥬네트가 만든 용어다.

넷째, 사이프의 글은 학문적으로도 적절하며, 쉽게 접근하기 좋게 씌어 있다. 이런 글쓰기를 하는 학자는 거의 없다. 스테판 굴드(Stephen J. Gould)의 『과학 Science』이라는 연구는 제외지만 말이다. 사이프는 박식함과 명료함을 꽤 균형 있게 이루어낸다. 누구도 그가 독자를 "내려다보면서 이야기를 하는 것 같다"는 느낌을 받거나 비잔틴식 화려한 구문론이나 불분명한 어휘 때문에 이해하지 못하겠다는 느낌을 받지 않을 것이다. 그의 책이 독자에게 잘 전달되는 이유는 바로 이것이다.

마지막으로, 나는 이 책을 개인적 반응 때문에 추천한다. 이 책을 읽으면서 나는 사이프 교수와 가까이에서 대화하고 있는 것 같은 나를 발견하였다. 때로는 책 여백에 "맞아!"라고 공감을 표하기도 하고 "농담이겠지?" 하며 좀 놀라는 표정을 짓기도 하면서 동조하기도 하고, 때로는 내가 40년 전에 이해력(comprehension)에 대해 처음 발견했던 내용들이 완전히 잘못되었던 걸까 의심스러워하기도 하였다. 그러나 이 책을 추천하는 가장 큰 이유는 이 전문 분야에 굉장한 기여를 한 내용들을 읽으면서 내가 아주 많이 배웠기 때문이다. 아마 여러분들도 그럴 것이다.

데이비드 피어슨(P. David Pearson)

감사의 말

나는 많은 동료들과 친구들이 보여준 협조와 지원, 영감에 감사하고 싶다. 그들이 없었다면 이 책은 출판되지 못했을 것이다. 첫째, 오하이오 주립대학의 학위 논문 위원장이신 자넷 힉맨(Janet Hickman)과 학위 논문 위원들(Diane DeFord, Karin Dahl, and Rudine Sims Bishop), 그리고 에비 프리맨(Evie Freeman), 바버러 레흐맨(Barbara Lehman), 켄 마란쯔(Ken Marantz), 팻 샤러(Pat Scharer), 로이(Roy)와 셀마 윌슨(Thelma Wilson)에 감사하고 싶다. 그들은 내가 그림책에 대한 유아의 반응을 이해하고 싶어 하는 열정을 꽃 피우기 위한 첫 걸음을 제대로 내딛을 수 있게 도와주었다.

나는 또한 트레이시 비글러 맥카씨(Tracy Bigler-McCarthy), 테리 밀러(Terry Miller), 제프 바우어(Jeff Bauer), 엘리자베스 잭(Elizabeth Zack), 캘트로피아 와일더(Caltropia Wilder) 선생님과 그 반 유아들이 보여준 협조에 사의를 표한다. 나는 그들로부터, 그리고 이 책의 핵심이면서 즐거운 교수-학습, 창의성의 한 증거이기도 한 문학적 해석 자료들로부터 많은 것을 배웠다.

펜실베이니아 대학교 대학원에 있는 나의 동료들(Susan Lytle, Morton Botel, Vivian Gadsden, Maren Aukerman)이 내 연구를 아주 많이 지원해 주었고 학자로서의 모델을 보여주었으며 지적 자극을 계속 주었다. 교육 부문의 언어와 문식성 스태프인 페니 크리돈(Penny Creedon), 로레인 하이타워(Lorraine Hightower), 수잔 오(Suzanne Oh), 메리 쉴레징거(Mary Schlesinger)는 여러 해에 걸쳐 여러 모로 도와주었다.

다른 대학의 아동문학에 종사하는 분들(Janice Almasi, Mollie Blackburn, Tom

Crumpler, Pat Enciso, Janet Vans, Doug Fisher, Lee Galda, Darwin Henderson, Christine Jenkins, Barbara Kiefer, Margaret Mackey, Jonda McNair, Beth Maloch, Miriam Martinez, Jill May, Lea McGee, Karla Moller, Perry Nodelman, Sylvia Pantaleo, Chris Pappas, Taffy Raphael, Nancy Roser, Frank Serafini, Kathy Short, Trika Smith-Burke, Laura Smolkin, Bill Teale, Shelby Wolf, Carol Wolfenbarger, Junko Yokota)은 내게 아동문학에 대한 통찰력을 많이 보여준 고마운 학자들이다. 영국에서 온 지오프 폭스(Geoff Fox), 팸 버나드(Pam Barnard), 데이비드 루이스(David Lewis)는 『*Children's Literature in Education*』 논문집 발간을 위해 함께 일하면서 만난 학자들로, 내게 또 다른 종류의 영감을 주었다.

나의 가족(어머니 Dorcas Transeau, 여동생 Judy, 제부 Steven, 조카들 Kate와 Emily) 또한 책을 쓸 수 있는 평화롭고 조용한 장소를 제공해주었을 뿐만 아니라 뭐라 말할 수 없을 만큼 여러 가지로 나를 도와주었다.

래이와 리즈 바운(Ray and Liz Bown)은 고맙게도 이 책을 쓰기 시작한 여름 동안, 새로 발견된 바닷가의 오염되지 않은 장소에 있는 시골집을 빌려주었다.

내 과목을 들은 석사, 박사 과정 학생들과 나의 연구 조교(research assistants)를 하고 있는 석사, 박사 과정 학생들에게도 굉장히 큰 빚을 졌다. 특히 안네 브라이트맨(Anne Brightman), 제럴드 캠파노(Gerald Campano), 데보라 코낫저(Deborah Cornatzer), 패트리샤 데일리(Patricia Daley), 마리아 가이소(Maria Ghiso), 글로리아 존슨(Gloria Johnson), 안젤라 와이즈맨(Angela Wiseman)에게 감사한다. 또한 캐롤린 맥과이어(Caroline McGuire)의 뛰어난 컴퓨터 실력 덕분에 필사본 상태의 마지막 원고를 힘들이지 않고 교정할 수 있었던 것에 감사한다. 그리고 현재 박사 과정 학생과 이전의 박사 과정 학생들, 도나 아도맷(Donna Adomat), 다이앤 다우너 앤더슨((Diane Downer Anderson), 완다 브룩스(Wanda Brooks), 수잔 브라운(Susan Browne), 제니 포이트 크레스맨(Jenny Foight-Cressman), 다렐 스트워드 호아글랜드(Darrel Steward-Hoagland), 수잔 리아(Susan Lea), 멜리사 오도넬(Melissa O'Donnell), 미카 오카와(Mika Okawa), 메리 베쓰 쉐퍼(Mary Beth Schaefer)에게도 감사한다.

여러 해 동안 친구이자 뛰어난 그림책 작가인 크리스 라스치카(Chris Raschka)가 이 책의 아름다운 표지를 만들어준 데 대해 감사를 표한다. 서문을 써주신 데이비드 피어슨께도 매우 감사한다.

마지막으로 원고를 적절하면서 예리하게 읽어주고 지적해주어 나의 원고의 질을 많이 높여준 편집자, 캐롤 콜린즈(Carol Collins)에게 감사한다.

역자 서문

최근 그림책에 대한 관심이 높아짐에 따라 유아교육 현장에서 그림책으로 하는 문학교육에 대한 관심이 높아지고 있다. 이전에는 그림책을 여타 교육 내용을 가르치기 위한 자료로 활용하는 데 초점이 맞추어져 있었다면, 이제 그림책의 구성을 비롯하여 그림책이 지닌 특성을 유아들이 충분히 이해하고 감상하도록 하는 데 그 초점이 맞추어지고 있다. 번역자 역시 10여 년에 걸쳐 그림책으로 하는 유아문학교육, 그림책의 구성, 그림책의 특징, 그림책 단원 중심 문학교육 등을 주제로 연구하면서 유아가 그림책을 제대로 감상하며 그것의 풍부한 세계를 누리도록 해주기 위한 방법을 모색하는 일에 많은 관심을 쏟고 있다.

번역자는 이런 학문적 여정에서 사이프의 책을 만났다. 그의 책은 만 5세부터 2학년 유아를 대상으로 다섯 개 교실에서 교사가 그림책을 읽어주는 동안 유아와 교사가 나눈 이야기들을 녹음, 전사한 자료에 기초한 것이다. 사이프는 이 자료의 분석을 통해, 문학에 대한 유아의 반응과 교사의 비계설정 방식을 범주화하였고, 이러한 유형 분류를 기초로 유아의 문학적 이해에 대한 근거 이론을 제시하였다.

독자들의 이해를 돕기 위하여 이 책의 구성을 간단히 소개하면 다음과 같다. 이 책은 크게 3부로 나뉘어 있다. 1부에서는 문학에 대한 반응과 관련되는 이론적 배경을 담고 있고, 2부에서는 현장 연구에서 얻은 유아의 반응 다섯 가지에 대한 설명과 이 다섯 가지를 근거로 유아의 문학적 이해를 이론화시켜 제시하고 있다. 마지막으로 3부에서는 유아의 문학적 이해를 활성화시킬 수 있는 교사의 역할과 앞으로의 연구 방향에 대한 제언을 담고 있다.

현장에서 연구를 진행하는 과정에서 얻은 유아들의 반응에 기초한 유형 분류를 하여 이론화시켰다는 점과, 유아의 문학적 반응을 의미 있게 받아들이고 유아에게 즐거운 문학적 경험을 하게 해줄 수 있는 교사의 역할을 구체적으로 제시했다는 점에서 이 책은 아주 매력적이다. 또한 유아를 대상으로 한 문학교육, 그림책으로 하는 문학교육에 대한 관심이 고조된 현재 우리나라의 학문적 실정에도 맞는다고 본다. 이 책은 이렇게 번역자의 개인적 관심과 현재 우리나라 유아문학교육 분야의 흐름에 적절하다는 판단 하에 번역하게 되었다. 부디 이 책을 통해, 대학에서 유아문학교육을 가르치고 있는 교수와 연구자, 유아교육과나 아동학과의 대학원생들과 학부생들이 유아문학교육에 대한 통찰력을 기를 수 있고, 관련 연구에 대한 아이디어를 얻게 되길 바란다. 또한 현장에서 유아에게 문학교육을 하고 있는 교사들이 문학교육 교수방법에 대한 구체적인 방법에 대한 시사점을 얻을 수 있기를 바란다.

이 책의 출판을 맡아주신 창지사 나기영 전무님과 최창숙 편집장에게 감사를 드리고, 늘 곁에서 든든한 후원자가 되어주는 가족들에게 감사를 드린다.

서정숙

목차

2부 다섯 가지 측면의 문학적 이해와 그것들 간의 상호관계

3부 유아의 의미 구성을 가능하게 해주는 교사, 문학교육과 연구를 위한 시사점

서론

나는 지난 30여 년 동안, 교사로서, 교사의 전문성 발달을 돕는 협조자로서, 유아가 이야기를 어떻게 이해하고 해석하는지에 관심을 가져왔다. 그 중에서도 유아가 그림이야기책의 글과 그림에 대해 하는 언어적 반응은 특히 흥미롭다. 유아의 말은 특별히 매력이 있다. 나는 지난 12년 동안 유치원(역자 주: kindergarten을 번역한 것으로 우리나라의 만 5세반을 말한다. 그러므로 문맥에 따라 유치원 또는 만 5세로 번역하였다.)과 1학년, 2학년 교사가 유아에게 그림책을 읽어줄 때 어떤 일이 생기는지에 초점을 두어 연구해왔고, 이런 연구에 기초하여 유아의 문학적 이해(literary understanding)에 대한 이론을 정립하였다. 나는 아동문학을 알고 사랑하는 교사들을 선택하여 관찰하였다. 이 교사들은 문학을 알고 사랑할 뿐 아니라, 이야기를 들려주는 시간(story time)에 유아에게 자유롭게 이야기할 수 있게 허용하는 것이 얼마나 중요한지 알고 있으므로, 비록 유아가 주제에서 벗어난 내용을 말하는 것처럼 보이더라도 유아의 말에 귀를 기울인다. 이런 관점을 지니고 있는 교사가 읽어주는 책을 듣고 이야기를 나누는 데 익숙해진 유아들은 아주 놀라운 내용의 이야기를 주고받는다. 테일러(Taylor) 선생님이 유치원 교실에서 크리스토퍼 코디(Christopher Coady)의 「빨간 모자 *Red Riding Hood*」(1991)의 앞표지를 보여주는 모습을 보자.

테일러 선생님: 이 책(「빨간 모자 *Red Riding Hood*」)은 어떤 이야기일까?

케이론(Keyron): 여자아이가 책을 많이 읽고**(read)** 쓰고**(write)** 이웃**('hood)**에 사는 이야기(역자 주: Red Riding Hood를 비슷한 발음의 read(읽고), writing(쓰고), 'hood(neighborhood - 이웃)로 해석한 유아의 반응.) 같아요.

케이론의 반응은 질문에서 벗어난 답 정도로 여기거나, 종종 유아로부터 들을 수 있는 이상한 생각 정도로 여길 만한 것이다. 바쁜 수업 시간에 일어난 이런 유아의 반응은 일반적으로 더 적절한 답에 묻혀 지나칠 수 있는 일이지만, 우리는 테일러 선생님과 아이들이 책 읽기 시간에 이야기한 것을 모두 녹음하여 전사했기 때문에 이런 사소한 대화도 시간을 갖고 생각해볼 수 있었다.

첫째, 연구 맥락을 보자. 테일러 선생님 반 아이들은 모두 북동부의 한 도시에 사는 사회경제적 수준이 낮은 유색 인종의 아이들이다. 반 아이들은 모두 그 지역에서 제공하는 무료 점심 급식 프로그램을 받는다. 이 반 아이들에게는 6월부터 거의 1년간 책 읽어주기(빨간 모자)를 하였고, 9월부터는 하루에 두 번 책을 읽어주고 이에 대해 이야기 나누기를 하였다. 케이론은 이야기를 가장 많이 기억하고 있는 아이 중 한 명이다. 테일러 선생님과 나(대학 연구자)는 케이론이 코디의 「빨간 모자」를 읽지는 않았지만 「빨간 모자」 이야기를 알고는 있었을 것이라고 확신한다. 케이론은 「빨간 모자」에 대해 작은 언급이라도 할 때면 이를 드러내며 활짝 웃고, 아이들과 테일러 선생님도 이에 미소를 지었다. 그러나 이런 반응은 순간적이기 때문에 그들은 케이론의 번뜩이는 삼중(三重) 재치의 묘미를 제대로 알아차리지 못했을 수도 있다.

두 번째로, 케이론은 세 단어, "red", "riding", "hood"를 택하여 해체 비평의 전통에 따라 의도적으로 잘못 읽었는데(de Man, 1982; Bloom, 2003), 이를 살펴보면, 우선 "빨간"(red)을 색이 아닌 "읽다"(read)의 과거형으로 해석하였고, "riding"의 유성음 /d/에 무성음 /t/를 연결지어 "writing"(쓰다)으로 바꾸어버렸다. 세 번째로, "외투"(hood)가 아닌 "이웃"(neighborhood)의 축약형인 'hood로 해석하였다. 네 번째로, 케이론은 한 문장에 이 세 개의 말놀이 단어를 넣어 테일러 선생님의 질문을 무색하게 만들었다. 그 어떤 어른이 단 몇 초 만에 이 같은 삼중 말놀이를 구사할 수 있겠는가? 이 유치원생의 구어 능력과 유희를 곁들인 문학적 해석 능력은 가히 믿을 수 없는 수준이다. 8장에서 나는 케이론의 책에 대한 언급을 "연행 반응"(performative response)의 예로 들었다.

이 책에서는 이야기에 대한 유아의 이해력에 대해 묘사하고 해석할 것이고, 유아와 교사가 100권 이상의 그림책을 읽으면서 나눈 이야기에 기초하여 유아의 문학적 이해에 대한 이론을 제시할 것이다. 무엇보다도 유아의 고차원적이고 비판적인 문학적 통찰력을 경험하면 놀랄 것이다. 예술사가이자 미학 이론가인 에른스트 곰브리치(Ernst Gombrich, 1969)는 “놀라움은 앎의 시작이고, 놀라움이 멈출 때 앎은 멈출 위험이 있다”(p. 8)라고 쓴 바 있다. 유아가 문학적 비평가일 수 있다는 것을 의심할 수도 있겠지만, 이런 생각은 글렌나 데이비스 슬로안(Glenna Davis Sloan)의 『비평가로서의 아동 *The Child as Critic*』(1975, 2003년에 네 번째 판이 나옴)의 출판을 시작으로 30년 이상 통용되고 있다. 아동문학이 유치원과 초등학교에서 점차 중요하게 다루어지자 유아의 문학적 이해에 대한 논의 또한 점차 중시되고 있다.

놀라운 유아 비평가의 모습을 보여주는 예가 또 하나 있다. 비글러 맥카씨(Bigler-McCarthy) 선생님은 새학년이 시작된 지 3개월경에 제임스 마샬(James Marshall, 1989)의 「아기 돼지 삼 형제 *The Three Little Pigs*」를 대부분 가정이 노동자 계층인 1학년과 2학년 학급에서 읽어주었다. 교사는 제목을 읽어주면서 뒤에 벽돌색 커튼이 쳐진 무대에 세 마리의 돼지 그림이 있는 표지를 보여준다. 그 다음에 책을 펴서 벽돌색의 면지를 펼쳐 보인다. 1학년인 브래드(Brad)는 “커튼 같아요. 앞표지에서 본 것과 같은 커튼이요. 걷힌 커튼이요. 빨간색 커튼이요. 그리고, 음, 면지, 면지도 빨간색이에요. 그건 닫힌 커튼 같아요. 그리고 이제 연극이 시작될 준비가 되었나 봐요”라고 한다. 실제로 연극을 시작 *할 것이다*. 아이들에게 이야기를 들려줄 것이고 이야기가 끝나면 뒷면지의 커튼은 다시 닫힐 것이다. 브래드가 문학적 해석과 관련하여 그렇게 멋진 생각을 해냈다니 흥미로운 일이다. 브래드는 그림책의 어느 것 하나, 심지어 평범한 색의 면지에 대해서조차 당연하게 받아들이는 것이 없다. 브래드는 제라드 쥬네트(Gerard Genette, 1980)와 다른 프랑스 비평가들처럼 *주변텍스트*(peritext) 또한 의미를 전달한다는 것을 알고 있다. 연극이 시작되기 전의 무대가 어떠한지에 대해 자신이 알고 있는 것을 앞표지와 면지에 대한 시각적 경험과 연관 짓고, 교사가 읽어주는 그림책과 연극 공연을 연관 짓는다. 그림책의 모든 것이 기호학적으로 의미가 있고, 기호(sign)의 기능을 하며, 기호는 서로 연결되어 정보를 줄 거라고 생각한다. 브래드에게 모든 기호는 의미 구성을 위해 기다리는 자료다.

책의 면지가 무대 커튼이라는 말을 초청강연자였던 전문 일러스트레이터인 윌 힐렌브랜드(Will Hillenbrand)로부터 들은 지 1년도 되지 않았던 나로서는 브래드로부터 면지에 대해서 그와 똑같은 비유, 커튼이라는 표현을 들었으니 보통 놀란 것이 아니었다.

이런 세련된 아이디어를 1학년 아이가 창조해 내다니!

이런 예에서 알 수 있듯이, 문학적 이해(앞으로 1장, 2장, 3장에서 다룰 것임)에 대한 나의 견해는 플롯과 배경, 등장인물, 주제에 대한 전통적이고 제한적인 견해보다 훨씬 복잡하다. 서사를 이루는 이런 요소는 중요하고, 유아는 그것들을 교사나 친구들과 이야기하면서 배우지만, 이 책에서 개진하는 문학적 이해의 구성이란 이보다 훨씬 광범위하고 깊은 것이다. 또한 문학적 이해는 유아가 이야기의 세부 사항을 회상하여 기억해낼 수 있느냐 또는 교사가 하는 질문에 대답하거나 검사에 답할 수 있느냐의 문제가 아니라, 문학적 의미 구성에 참여하느냐 또는 점차 고도의 인지력을 갖추고 즐거움을 느끼며 이야기를 열정적으로 해석하느냐의 문제다.

문학적 이해: 문식성 연구에서 소홀하게 다루어지는 분야

유아의 소리 – 상징의 대응에 대한 학습이나 문식성(literacy) 학습과 관련된 요소에 대한 연구와 비교할 때, 이야기에 대한 문학적 해석에 대한 연구는 상대적으로 적다. 최근 출판된 『부모와 교사의 책 읽어주기에 대하여: *On Reading Books to Children: Parents and Teachers*』(Kleeck, Stahl, & Bauer, 2003)는 광범위함에도(16개 장에 32명의 저자) 불구하고 유아의 문학적 의미 구성에 대해서는 턱없이 적은 양의 내용을 포함하고 있다. 여기 포함되어 있는 의미 구성은 대개 낮은 수준의 명명하기나 플롯을 간단히 말해보기, 그리고 교사나 표준화 검사의 질문에 답하는 정도의 "이해"(comprehension)에 대한 것이다. 마티네즈와 로저, 그리고 둘리(Martinez, Roser, and Dooley)는 『유아기 문식성에 대한 논집 *Handbook of Early Childhood Literacy*』(2003)에서 "최근 유아의 문식성에 대한 관심은 대체로 영어 알파벳의 습득과 이해에 초점이 맞춰져 있고, 유아가 구어를 음소로 분절시킬 수 있게 하는 교수법과, 혼자 읽을 줄 알게 하는 과정에서 음소를 문자소(grapheme)에 붙일 수 있게 하는 교수법에 초점이 맞춰져 있다(National Reading Panel, 2000; Snow, Burns, & Griffin, 1998). 최근 미국에서의 연구 경향만을 살펴보면, 유아의 읽기 의지나 읽은 내용을 이해하는 능력같이 복잡한 내용에 대한 자료 수집에는 초점이 덜 맞춰져 있다"(p. 222)고 쓴 바 있다. 또한 그들은 "유아가 장르나 서사 장치, 글 작가와 그림 작가의 표현양식 같은 텍스트 관련 지식을 얼마나 이해하는지와 어떻게 습득하게 되는지, 그리고 이런 지식이 유아의 의미 구성에 어떤 영향을 미치는지에 대해 아주 초보적인 이해만 하고 있다"(p. 231)고 주장한다.

현장 교사에 대한 조사연구(Lehman, Freeman, & Allen, 1994; Scharer, Freeman, Lehman, & Allen, 1993) 결과도 이런 주장을 뒷받침하는데, 연구 결과 "교사는 아동문학이 언어 프로그램에서 주요한 구성요소가 되어야 한다는 신념을 표현하기는 했지만 아동문학을 문식성 수업뿐만 아니라 문학 수업에 사용하고 있다는 증거는 거의 없다"(Galda, Ash, & Cullinan, 2000, p. 374)고 하였다. 문학에 기초한 수업(literature-based classrooms)이나 읽기 이해에 대한 많은 연구를 보면, "문학이 존재하기는 하지만 종종 눈에 보이지 않는 것으로 취급된다"(Galda, Ash, & Cullinan, p. 374).

대개의 유아가 문학을 경험하는 주요 형식인 그림책에 대한 이론적 연구(1장 참조)가 아주 많다는 사실을 고려하면, 유아의 문학적 이해를 무시하는 이런 경향은 더욱 놀라운 일이다. 그리고 이론적 연구물을 읽어본 결과, 21세기의 실제 유아를 회피한 사실에 당황스럽다. 아동문학, 특히 그림책에 대한 많은 연구들은 실제의 유아와 그들의 문학적 해석 기술에 대해서는 거의 언급하지 않기 때문이다.

나는 이런 논점에 대한 반응인 동시에, 현재의 걱정스런 교육의 실제, 즉 '교사가 보증하는'(teacher-proof) 교육과정과 처방전과 같은 교육과정에 대한 반응으로 이 책을 쓴다. 현 교육에서는 읽기 구성 요소를 더 좁은 시각에서 보고 있고, 이야기에 대해 말하는 것의 중요성을 잘 알지 못하며, 하루 10분간의 이야기 읽어주기 시간을 줄이거나 완전히 없애려 하고 있고, 책의 적절한 사용을 소홀히 하는 경향이 있다.

유아기 책 읽어주기의 변방화

책 읽어주기를 거부하는 사람들도 있기는 하지만(Scarborough & Dobrich, 1994; Meyer, Wardrop, Stahl, & Linn, 1994), 연구자와 교사는 대체로 유아에게 이야기를 읽어주고 이에 대해 함께 이야기를 나누는 일은 혼자 읽고 쓸 수 있게 되는 데 아주 중요한 요인이라는 데 동의한다(Anderson, Hiebert, Scott, & Wilkinson, 1985; Johnson, 1992; Snow, 1983). 이런 내용은 지난 25년 동안의 연구 결과에 기초한다. 이런 탄탄한 결론에도 불구하고, 문식성 분야에는 유아에게 책 읽어주기의 중요성과 문학적 이해의 발달에 주의를 덜 기울이는 두 가지의 관점이 있는 것 같다. 하나는 좀 더 복잡한 형태의 문식성 교수를 주장하는 연구자와 이론가의 관점으로, 책 읽어주기를 해내기 힘든 일로 보거나 시간 낭비로 본다. 다른 하나는 대중문화의 가치를 안정시키는 연구자와 이론가의 관점으로, 책 읽어주기는 중산층의 엘리트주의 교육방식이라는 것이다.

책 읽어주기가 시간 낭비라고 주장하는 사람의 말은 일면 타당하다. 많은 연구자가 관찰한 내용에 따르면, 교실에서 이루어지는 대부분의 책 읽어주기는 기껏해야 틀에 박힌, 기계적 일상에 불과하고, 최악의 경우에는 해가 되기도 한다는 것이다. 유아가 사려 깊은 문학적 해석과 실제적인 이야기를 하게 하려면 교사는 문학에 대해 진지하고 잘 알아야 하며, 유아의 높은 수준의 문학적 해석 능력을 길러줄 수 있어야 한다. 이 연구에서 함께 일하기 위해 선별한 교사들은 확실히 책 읽어주기 시간을 시간 때우기로 사용하거나 아이들을 조용히 시키기 위해서나 낮은 수준의 이해 능력을 가르치기 위한 수단으로 사용하지 않는다. 또한 토론을 자기 마음대로 조정하여 책 읽어주기가 결국에는 시작 – 반응 – 평가가 계속 반복되는(Initiation-Response-Evaluation chains)(Mehan, 1979) 일이 생기지 않도록 한다. 이 교사들은 진심으로 아이들의 이야기에 귀 기울이고 다양한 해석 가능성을 받아주며, 책에 대해 나누는 이야기를 "최종의 초안 이야기"(final draft talk)가 아니라 더글러스 반즈(Douglas Barnes, 1976)가 사용한 용어로 "탐구적인"(exploratory) 이야기로 본다.

책 읽어주기(일반적으로 문학을 강조함)를 중산층 대상의 교육으로 보는 관점은 "학교가 공인한" 문식 교육의 실제와 유아가 학교 밖에서 가져온 문식 경험을 인위적으로 구분 짓고 있는 것으로 보는 관점이라고 말할 수 있겠다. 분명히, 학교는 학교 밖에서 가져온 문식 교육의 실제에 침투할 수 있어야 하고, 교사는 모든 유아가 한 가지 길로만 가야 한다고 생각해서는 안 된다. 그렇다고 해서 학교 내 문식 교육의 실제가 반드시 유아에게 부적절하다거나 숨 막히는 일이라는 의미는 아니다. 그래서 나는 특별한 책 읽기, 교사와 학습자가 문학적 의미 구성 과정에 능동적으로 참여하고(Cazden, 1992) 상호작용하는 책 읽기를 지지한다. 또한 그림책을 단순히 문식성을 가르치기 위한 도구가 아니라 고도의 미적 대상으로 간주하는 책 읽어주기를 지지한다. 바꿔 말하면, 존 듀이(John Dewey)나 엘리엇 아이즈너(Eliot Eisner), 하워드 가드너(Howard Gardner), 맥신 그린(Maxine Greene), 그 외 여러 학자와 마찬가지로, 나는 예술이 유아의 학교 경험에서 매우 중요하며, 제대로 접근하기만 한다면 예술이 그렇듯이 그림책 읽어주기가 삶에 대해 사려 깊고 기본적이면서도 중대한 견해를 갖도록 하는 데 기여할 수 있다고 믿는다. 노들먼과 레이머(Nodelman & Reimer, 2002)는 다음과 같이 말한다.

> 아동문학은 유아의 삶에 영향력 있는 변수다. 유아를 덜 천진난만하게 만들 수도 있지만, 표준이 되는 방법은 한 가지가 아님을 알게 해준다. 아동문학은 방대한 종류의 이야기를 경험하고 즐길 수 있는 기회를 제공해주며, 유아는 같은 이야기를 텔레비전과 놀잇감에서 여러 번 들으면서 진실이 단 한 가지는 아니라는 점을 확실하게 알게 된다(p. 149).

그러므로 대중문화와 그 속에서의 문식성 교육 방식을 중시하는 사람들은 유아기 책 읽어주기를 주류 이데올로기로 여긴 나머지 문학을 너무 성급하게 퇴출시키는 일이 없도록 해야 한다. 나는 유아에게 그림 이야기책을 읽어주는 것이 학교에서 행하는 문식성 교육의 세계에서 유아를 단순히 주입식으로 가르치는 일보다 훨씬 중요하다고 강조하고 싶다. 우리는 유아에게 섬세하고 매력적인 이야기와 멋진 시각 예술의 황홀함과 풍부함, 그리고 아름다움을 열어 보여주어야 한다. 우리는 유아의 심미적 경험을 기하급수적으로 넓혀줄 수 있다. 이것은 분명히 엘리트주의가 아니다. 20세기에, 특히 책을 잘 접하지 못하는 유아를 위해 아주 열심히 일한 수천 명의 사서들은 아동문학이 유아 혼자 읽고 쓸 수 있는 능력을 발달시키고 키워준 수단이기도 했지만, 무한한 즐거움을 부여하고 유아 자신과 세상에 대한 생각을 확장시킨 매개물이었다고 믿는다. 폭스(Fox, 2003)는 다음과 같이 말한다.

> 유아에게 이야기 읽어주기와 이야기 들려주기(**storytelling**), 읽기와 쓰기, 그리고 특히 모든 종

류의 역할놀이는 놀이의 성질을 유지시켜주는 데 적합하다. 이것들은 모두 상징적 변형 형태고, 상상 활동이 개입되고, 즐거움과 만족을 줄 수 있다. 책을 유별나게 좋아하지 않더라도 많은 유아는 이런 문식성 교육방식을 독립적이고 자발적으로 수행한다(p. 193).

물론 우리는 유아에게 문식성의 세계를 더 넓게 탐색하도록 안내하면서 우리 또한 그렇게 해야 하고, 유아가 가정으로부터 가져오는 다양한 문식성을 존중해야 한다. 그러나 일반 책과 출판된 아동문학 또한 과소평가해서는 안 된다. 대중문화와 구어의 가치를 유지시키고자 아동문학을 변방화시키려 하는 견해에 대해 나는 텔레비전 프로그램과 비디오, 만화, 영화, 광고, 음악, 그리고 그 외 대중문화 텍스트가 그림책보다 저속하고 미적으로 뒤떨어지는 경우가 잦으며, 폭력을 미화하고 무엇이 선이고 무엇이 정상인지에 대해 힘의 이데올로기 문화를 지속적으로 주입하고 있다고 말하고 싶다. 이는 노들먼과 레이머도 지적했던 바이다. 다이슨(Dyson)과 커링턴(Carrington), 루크(Luke)는 아동문학을 문화적 헤게모니의 한 예로 생각하는 것 같다. 그러면 대중문화 텍스트가 책보다 문화적 헤게모니가 덜한가? 아동문학 또한 다이슨(2003)이 웅변적으로 써놓은 "텍스트로 된 놀잇감"(textual toys)의 하나일 수 있다. 대중문화 텍스트가 반드시 책보다 더 적절하거나 더 흥미로운 것은 아니라는 말이다. 다이슨(2003)과 마찬가지로 나는 "문식성을 위한 정도(正道)(예를 들면, 책을 경험하고 철자의 음가를 아는 것)를 밟는 유아의 말끔한 이미지"를 경계한다(p. 5). 안타까운 일이지만 문학에 대한 심미적 이해력을 길러주기 위한 책 경험은 오늘날 학교 위원회나 학교, 학급에서 중시하는 교육방법으로 가능한 것이 아니다. 아동문학을 단지 낮은 수준의 이해와 해독 기술의 발달을 위한 자료로 보는 견해도 있다. 다시 말해서, 현대 미국에서 문학적 이해란, 다이슨이 초점을 두었던 "텍스트로 된 놀잇감"으로 가득 찬, 다양한 "목소리 풍경"이 포함되어 있는 비디오 게임과 TV, 그리고 만화의 등장인물에 유아가 관심을 갖는다고 해서 이루어지는 것이 아니듯이 "학교에서 중시하고 있는 교육실제"에 의해 이루어지는 것도 아니다.

그러므로 나는 문식성 교수-학습에 대한 다양한 관점이 필요하다고 생각한다. 여기에는 문학을 "공부 잘하기 위한" 도구로 전환시키지 않은 채 유아를 위한 문학의 힘을 중시하는 관점을 포함시키고자 한다. 이런 관점에서는 유아를 문학과 놀이하듯 상호작용하는 방식을 아는 동시에 문식성 학습과 높은 수준의 인지 능력 발달, 그리고 상상 이야기 세계로의 참여에 기여하는 존재로 본다. 유아는 상상 이야기 세계에 참여함으로써 현재 상태에 대하여 비판적인 입장을 취할 줄 알게 될 뿐만 아니라 실생활에 대해 보다 미묘한 관점을 개발하게 될 것이다. 몇몇 문학비평가(Shklovsky, 1966)에 따르면, 문학의 주요 목적은 친숙한 것을 낯설게 만들고 낯선 것을 친숙하게 만듦으로써 우리가 살고 있는 세계를 비판하는 힘뿐만 아니라 이에 상응하는 또 다른 세계를 상상하는 힘을 기르는 것이다.

그렇다고 윌리엄 틸(William Teale, 2003)이 일깨워주었듯이, 유아에게 이야기를 읽어주는 것이 모든 문제를 해결해주는 만병통치약이라고 주장할 수는 없는 일이다.

> 유아반 아이들에게 책을 단순히 읽어주는 것만으로 읽기를 가르칠 수 있다고 생각해서는 안 된다. 아무리 좋은 책으로, 아무리 책 읽어주기를 열심히 한다 해도 말이다. 읽어주는 것 이상으로 유아에게 가르쳐야 할 것이 아주 많다. 그러나 유아에게 책을 읽어주는 것은 글을 읽고 쓰는 데 기본이 되는 지식과 전략, 성향을 길러주는 데 도움을 준다. 책 읽어주기는 자칫하면 별 영향을 미치지 못하면서 기계적으로 하는 시간 때우기 활동이 되기 쉽다. 유아에게 기울이는 다른 노력과 마찬가지로 책 읽어주기는 그 자체로 효과가 있는 교수 활동이 아니다. 전체 수업 내용과 얽혀 있는 활동으로 유아의 요구에 따라 시행되는 활동이다(pp. 135-136).

마티네스, 로저, 둘리(2003)는 교실에서 책을 읽어주는 것은 문학적 의미 구성에 영향력 있는 방법이라고 주장한다. 그러나 틸(2003)이 한탄하듯이, "… 전형적 읽어주기에는 아쉬운 점이 많다"(p. 129). 단순히 책을 읽어준다고 해서 문식성이 발달하는 것은 아니다. 그보다 참여자들 간의 질 높은 상호작용이 유아의 문식성 발달을 결정한다(Meyer, Wardrop, Stahl, & Linn, 1994).

내 연구에서 교실은 연구 상황이었기 때문에 미첼 패튼(Michall Patton, 1990)의 표현대로 하면 "강렬함의 장소"이다. 혹시 파도 타는 사람에 대해 연구하고 싶다면, 하와이나 남부 캘리포니아로 가야겠지만, 유아의 문학적 이해에 대해 연구하고 싶다면 유아와 교사가 책을 좋아하고 책에 대해 알고 있고, 책에 대해 계속 이야기를 하는 교실로 가기 바란다. 파도 타는 사람에 대해 연구하고 싶다면 파도타기가 문화적으로 잘 발달되어 있는 곳으로 가야겠지만, 문학적 이해에 대해 연구하고 싶다면 문식성과 문학적 감상이 문화적으로 잘 발달된 곳(Dixon, Frank, & Green, 1999)으로 가기 바란다. 그런 곳이어야 교사는 학급의 문학적 '해석 공동체'(interpretive community)(Fish, 1980)를 발달시키기 위해 애쓸 것이다. 그리고 최고의 파도타기 기술에 대해 연구하고 싶다면 최고의 파도타기 선수가 가장 큰 파도가 치는 바다에서 최상의 장비를 가지고 파도 타는 것을 연구해야 할 것이다. 문학적 이해에 대해 연구하고 싶다면, 최고의 교사에 최고 양질의 책, 그리고 교실 문 안으로 들어서자마자 마치 파도가 밀려오듯 책과 책에 대한 사랑이 여러분의 마음에 밀려오는 교실을 찾아야 한다.

왜 다른 이론이 필요한가?

다음 몇 개의 장에서도 이야기하겠지만, 이제까지 유아의 문학적 해석 능력에 대한 이해는 유아를 대상으로 한 연구에서 생성된 이론에 기초한 것이 아닐 뿐만 아니라 다소 협소하게 고안된, 문학적 이해의 구성 개념에 의지한 이론에 기초하고 있다. 또한, 이런 이론들은 시각적 심미 이론과 유아의 문학적 의미 구성을 제대로 묘사하는 데 꼭 필요한 상당히 많은 양의 그림책 이론을 통합시키지 못하고 있다. 그림책은 대개의 유아가 문학을 경험하는 주요한 형식인데 말이다. 마지막으로, 유아로부터 초등, 중등, 고등을 거쳐 대학생과 어른에 이르기까지 "모든 관점에서 문제를 논급"하려는 이론보다는 현대 유아에게 특별히 해당되는 문학적 이해에 대한 이론과 문학에 대한 유아의 반응에 기초를 둔 문학적 이해에 대한 이론이 필요하다. 이 책은 이런 부분을 채우는 게 목적이다.

이 책의 1부에서는 그림 이야기책을 유아의 문학적 비판 능력을 기르는 데 가치가 있는 고도의 심미적 대상으로 묘사하고(1장), 유아의 문학적 이해에 대한 다양한 이론적 관점을 개괄한다(2장과 3장). 2부는 이 책의 핵심이다. 내가 수집한 자료를 보면 유아는 그림 이야기책을 읽어주는 동안 다섯 가지 유형의 반응을 보여주었는데, 이런 반응에는 유아가 어떤 방식으로 의미를 구성하는지가 나타나 있다. 다섯 개의 의미 구성 유형은 문학적 이해의 기본이 되는 다섯 가지 측면(4~8장)에 대한 예시(instantiations)다. 9장에서는 다섯 가지 측면의 문학적 이해를 서로 관련지으면서 유아의 문학적 이해에 대한 근거 이론 모델을 제시하고, 이 이론을 내가 앞부분에서 대략적으로 이야기한 광범위하고 다양한 관점과 관련지어 논의하였다. 3부에서는 이야기에 대한 유아의 해석을 교사가 연구에서 어떻게 비계설정해 주었는지 그 방법들을 다루었다. 마지막으로 11장에서는 유아의 문학적 해석의 중요성, 문학적 이해에 영향을 미칠 수 있는 요인들, 교육 실제와 향후 연구에 대한 시사점 등 더 많은 의문들을 던져보았다.

독자

이 책은 문식성 연구자와 이론가, 대학원생을 독자로 고려하였다. 특히 사범대학이나 도서관학과, 영문학과에서 유아를 위한 문학에 관심을 갖고 있는 사람들, 그 중에서도 그림 이야기책에 대한 유아의 풍부하고 다양한 반응을 이해하고 해석하며 개념화하는 데 필요한 광범위한 이론적 틀을 원하는 사람들을 대상으로 하였다. 이 책은 교수법 안내서라기보다는 유아가 학급에서 문학을 어떻게 '사용하고'(다른 마땅한 용어가 있으면 좋으련만!) 논의하며 문학에 반응하는지에 대해 중요한 함의를 지닌 이론적 틀을 제시한다. 이 책에는 유치원과 1학년, 2학년 유아가 교실에서 교사와 문학에 대해 나눈 이야기의 예가 많이 담겨 있고, 특히 2부와 3부에서는 유아와 교사의 실제 소리를 들을 수 있다. 이 책은 여러 교실로부터의 자료(부록 A)에 기초하고 있고 유아의 반응과 교사의 비계설정(scaffolding)의 예가 포함되어 있으며, 흥미로운 문학 토론의 예와 책 읽어주기의 예, 그리고 문학적 이해를 가능하게 해주는 예들을 보여주므로 현장 교사들의 교육 실제에 도움이 될 것이다.

1부

그림책과 문학적 이해

1부에서는 우선 저학년의 실제적인 문학 형태라 할 수 있는 그림 이야기책에 대한 이론 및 연구의 관점들을 살펴보고자 한다. 1장에서는 그림책의 구성요소와 그것의 잠재적 · 기호학적 의미에 대해 논의할 것이다. 다음으로 시각적 미학 이론을 끌어들여 글과 그림의 관계에 대한 여러 가지 이론을 검토할 것이고, 유아의 반응에 대한 연구들을 종합적으로 정리할 것이다. 여기에는 본문에 대한 해석과 주변텍스트의 특징, 포스트모던 그림책에 대한 유아의 해석에 초점을 맞춘 연구들이 포함된다. 끝으로 본 연구자들이 유아의 문학적 의미 구성을 묘사하기 위해 개발한 범주를 검토할 것이다.

2장은 유아의 문학적 해석 능력 계발을 위한 시사점과 함께 교수–학습에 대한 사회문화적 구성주의 견해의 틀에서 시작할 것이다. 다음으로, 현재 읽기 이해와 인지심리학, 언어학, 담화 진행(discourse processing)에 대한 이론에 나타나 있는 문학적 이해에 대한 암묵적 견해는 유용하기는 하지만 다소 협소하고 제한적이며, 배경이나 등장인물, 플롯, 주제 같은 서사 요소에 대해서는 전통적인 개념에 국한되어 있다는 점을 주장하고자 한다. 마지막으로, 고도로 텍스트에 기초한 접근법(text-based approaches)과 독자에 기초한 이론에서 제공하는 관점을 포함하여, 문학적 이해에 대한 갖가지 관점을 알아볼 것이다. 독자에 기초한 이론(reader-based theory)은 내가 생각하는 독자 반응 이론 범위의 반대편에 있는 이론이다.

3장에서는 텍스트와 독자 모두에게 같은 힘 또는 권위를 부여하는 것으로 보이는 수많은 이론에 대해 생각해본다. 이 장에서는 볼프강 이저(Wolfgang Iser)와 루이즈 로젠블랫(Louise Rosenblatt), 제임스 브리튼(James Britton), 마이클 벤톤(Michael Benton), 주디스 랑거(Judith Langer), 딘 보그단(Deanne Bogdan) 같은 선각자들의 문학 연구에 대해 설명하여 유아의 문학적 이해에 대해 좀 더 명확하게 알아볼 것이다. 마지막으로 교실에서의 문학적 이야기 나누기에 대한 연구를 훑어보고 양질의 그림 이야기책으로 유아와 교사가 상호작용을 할 때 어떤 일이 일어나는지를 살펴볼 것이다. 1부의 목적은 유아와 교사의 상호작용을 이해하기 위한 여러 가지 이론적 렌즈, 연구에 기초한 렌즈를 제공하는 일이다. 베르톨트 브레히트(Bertolt Brecht)가 말했듯이, “어느 한 이론만 아는 사람은 길을 잃는다. 여러 이론, 많은 이론이 필요하다. 주머니에 신문처럼 많은 이론을 넣고 다녀야 한다.”(Makaryk가 1993, p. viii에서 인용하였듯이)

01
그림책과 아동의 반응

오래 전에 존 듀이(1934/1987)는 『경험으로서의 예술 *Art as Experience*』에서 예술이 말 그대로 박물관과 갤러리에 모셔져 있다면서 예술과 심미적 경험이 일상생활과 동떨어져 있음을 한탄하였다. 그는 예술과 일상생활의 통합으로의 회귀를 제안하였는데, 이는 예전에는 중시되었던 특징이다. 그림책은 유아가 일상적으로 접하는 문학의 유형이기도 하지만 양질의 예술이기도 하므로 고도로 세련된 심미적 경험을 시각적으로 제공하는 매체라 할 수 있다. 이 장은 유아가 글과 그림 모두에 참여하는 방식에 대해서 뿐만 아니라 글과 그림의 문학적 혜택에 초점을 맞출 것이다. 그림책에 대해서는 다양한 이론적 정의가 있다. 서덜랜드와 히어네(Sutherland & Hearne, 1977)는 "그림책에서는 그림이 글을 지배하거나 글만큼 중요하다"(p. 158)고 하였다. 노들먼의 『그림에 대한 글 *Art Words About Pictures*』(1988)은 그림책을 가장 포괄적으로 다룬 책인데, 그는 자신이 그림책에 대해 내린 아주 느슨한 정의에 만족해한다. 그 정의란 "유아를 위해 만들어진 책으로 정보를 나누거나, 일련의 많은 그림과 상대적으로 적은 양의 글과의 결합 또는 글이 전혀 없이 그림만으로 이야기를 하는 책"(p. vii)이다. 이처럼 간략한 또 다른 정의를 한 사람은 슈워츠와 슈워츠(Schwarcz & Schwarcz, 1991)를 들 수 있는데, 그들은 그림책에 대해 "글과 그림으로 하는, 이야기가 서로를 따르고 서로 교대하기도 하며 얽히기도 한다"(p. 5)고 하였다.

스티위그(Stewig, 1995)는 서덜랜드와 아버스넛(Arbuthnot, 1991)의 뒤를 이어 "그림책"(picture books)과 "그림 이야기책"(picture storybooks)을 구분 짓는다. 그림 이야기책은 "이야기를 하는 플롯"을 가지고 있기 때문이다(p. 4). 스티위그는 한 걸음 더 나아가 "삽화가 있는 책"(illustrated books)을 이 둘과 구분 짓는다. 삽화가 있는 책의 "삽화는 글을 확장시키고 이야기에 대한 해석을 덧붙일 수도 있지만 이야기 이해에 꼭 필요하지는 않다"(p. 7)고 본다.

키퍼(Kiefer, 1995)는 일러스트레이터인 바버러 쿠니(Barbara Cooney, 1998)의 말을 인용하여, 그림책은 진주목걸이에 비유될 수 있는데 진주는 그림을 상징하고 줄은 글을 상징한다고 하였다. 키퍼는 이런 비유가 "그림책의 독특한 특성, 즉 글과 그림의 *상호의존성*의 특징을 나타내며", 이것은 "글에 그림이 때때로 첨가되기는 하지만 그림이 책 내용 이해에 꼭 필요하지는 않은", '삽화가 있는 책'과는 구분된다고 하였다(p. 6).

미술 교육자인 마란츠(Marantz, 1977) 또한 글과 그림의 상호의존성을 강조하고 상호의존성이 책의 모든 부분을 확장시킨다는 말을 덧붙이면서, "그림책은 삽화가 있는 책과는 다르게 그림책을 이루는 모든 부분이 순서에 따라 전체를 이루는 통합체이고, 표지나 면지, 글씨체, 그림 등 여러 부분 간의 관계는 책 이해에 중요하다"고 하였다(p. 3). 마란츠는 이어서 그림책은 "이야기를 해야" 하고 "문학작품이라기보다는 시각 예술 작품에 훨씬 더 가깝다"고 주장한다. 이런 독특한 정의로는 비록 그림이 많이 들어가 있어도 알파벳 그림책이나 시 그림책은 그림책의 범주에서 제외된다. 마란츠에게 그림책에 대한 두 개의 중요한 기준은 (1) 어떤 형태로든 통합된 서사여야 하고, (2) 글이 조금이라도 있는 경우, 글은 그림이 없이는 불완전해 보인다는 것이다. 이 정의는 서덜랜드와 아버스넛(1991)이 앞에서 정의한 '그림 이야기책'과 비슷하다. 이 책에서는 마란츠의 정의를 사용할 것이다. 나는 보통때도 '그림 이야기책'이라 해야 할 때 '그림책'이라는 용어를 자주 사용하기는 하지만 말이다. 또한 그림책은 문학적 장르로 보기보다는 요정담과 민담, 사실 동화, 역사 동화, 현대 판타지나 미래 판타지, 마법이 담긴 사실 동화 등 다양한 장르를 담는 유형으로 보아야 한다. 시와 정보 글, 전기 또한 그림책 형식에서 가능하지만 이 책에서는 그림 이야기책에 초점을 둘 것이므로 이런 종류의 책에 대해서는 별로 다루지 않을 것이다.

그림책 살피기

저학년 교사들은 가장 인기 있는 유아 대상의 그림책인 「로지의 산책 *Rosie's Walk*」(Hutchins, 1968) 같은 책을 잘 알고 있을 것이다. 이 책에서 가장 눈에 띄는 것은 짧다는 것이다. 그림책은 32페이지밖에 되지 않으니 말이다. 「괴물들이 사는 나라 *Where the Wild Things Are*」(Maurice Sendak, 1963)(역자 주: 그림책 제목은 우리 나라에 번역된 경우에는 번역된 그림책의 제목을 그대로 쓰고 번역되지 않은 경우에는 역자가 번역하여 넣었음을 밝힌다.)에서처럼 40페이지 또는 그 이상으로 길이가 느는 경우도 종종 있는데, 그림책은 큰 종이를 자르고 접고 묶어서 인쇄하는 과정을 거치므로 페이지 수는 대체로 8의 배수로 늘어난다. 그림책은 이렇게 얼마 되지 않는 페이지 수에, 각 페이지에 담긴 글의 양도 적으므로 챕터북(chapter book)과 비교할 때 그림으로 채우는 부분이 많아진다. 「로지의 산책」은 전체 32개 단어로 되어 있고, 「괴물들이 사는 나라」는 338개의 단어로 되어 있다. 반면, 이 장의 마지막 문장에서 읽게 될 문장은 무려 830개의 단어로 되어 있다. 또한, 데이비드 위즈너(David Wiesner)의 「시간상자 *Flotsam*」(2006)처럼 글이 아예 없는 그림책도 있고, 데이비드 섀논(David Shannon)의 「안 돼 데이빗! *No, David!*」(1998)처럼 글이 아주 드문 그림책도 있다(Ghiso & McGuire, 2005).

그림책 여행에서는 앞표지와 겉장(dust jacket)으로부터 뒤표지(그림책 용어 모음은 부록 B에 있음)에 이르기까지 모든 부분에 관심을 기울여야 한다. 우리는 이야기의 첫 단어를 건너뛰고는 읽기를 시작할 수 없다. 그렇게 하는 것은 마치 서곡이 끝난 다음에 오페라를 보는 것과 같다(Moebius, 1986). 이야기를 제대로 알려면 앞표지부터 뒤표지까지 글과 그림을 조심스럽게 살펴야 한다. 겉장이 있으면 그것을 벗겨서 딱딱한 표지 위의 글과 그림이 겉장의 그것과 다르지는 않은지도 살펴보아야 한다(그림 작가, 잰 브렛[Jan Brett]은 이 둘을 서로 다르게 만들어 놀라움을 선사하기로 유명함). 그리고 서체, 책 크기와 책 모양, 그림의 배치와 같이 세세한 것 하나하나가 그림 작가나 책 디자이너, 또는 편집자가 미리 치밀하게 생각해서 내린 결정임을 알려주면서 왜 그들이 그렇게 결정했을지에 대해 유아와 함께 생각해보아야 한다. 이런 결정은 글 작가와 그림 작가, 편집자, 디자이너가 협조한 결과다(Solomon, 2003). 사실상, 이들 간의 협조를 통해 책의 요소 하나하나가 모두 제대로 작동하게 된다.

그림책을 열었을 때, 처음 보이는 것은 면지(endpapers, 또는 endpages)다. 여기에 시각적 정보가 많이 포함되어 있다. 앞면지와 뒷면지가 같은가, 아니면 약간 또는 아주 다른가? 왜 다른가? 면지의 시각적 이미지나 색이 말하고자 하는 것은 무엇인가? 평범한 색의 면지조차 모종의 결정의 결과이다. 예를 들면, 마가렛 호지스(Margaret Hodges, 1984)가 「성(聖) 조지와 용 *Saint George and the Dragon*」의 면지를 청회색으로 한 이유는 무엇일까? 이 어두운 색은 진지한 이야기에 적합하다. 더불어 면지는 문학적 분위기를 준다. 면지 다음에는 가장자리(borders)에 밤의 장면이 들어간 약표제지(a half-tetle page)가 있다. 책장을 넘기면 표제지가 있는데, 거기 그려진 하늘 또한 청회색이다. 그러나 수평선상에는 여명이 보인다. 헌사 페이지에는 태양이 멀리 언덕 너머로 보이고 하늘은 푸른빛을 띠기 시작한다. 다음 장 양쪽 펼침면(double-page spread)에서 글 이야기가 시작될 때 하늘은 밝은 파란색으로 바뀌어 아침이 왔음을 알린다. 면지에서 시작된 이러한 일련의 그림은 시간과 분위기 면에서 이야기의 서곡이 되는 셈이다. 우리는 유아가 그런 여러 가지 생각을 하도록 격려해야 한다. 그러면 유아의 비판적, 추론적 사고와 시각적 해석 능력을 키울 수 있을 것이다.

위의 예에서 보듯이 앞면지 다음에는 약표제지(제목만 있거나 그림이 함께 있음)나 표제지(title page)(모든 출판 정보가 있음)가 있다. 이들 페이지에서 무슨 이야기를 하는가? 헌사 페이지나 판권과 ISBN 정보가 있는 페이지는 또 무슨 이야기를 하는가? 이 모든 페이지를 살펴본 다음에야(오페라의 서막을 들을 때 그것은 앞으로 듣게 될 여러 가지 음악 모티브에 대해 주의 깊게 들을 준비를 시킴) 사실상 글로 된 이야기를 읽기 시작한다. 서곡과 마찬가지로, 글 이야기 앞에 있는 것들에 대한 경험으로 우리는 이야기에 대해 수많은 방법으로 준비한다. 어떤 이야기일지, 즉 심각한 이야기일지 가벼운 이야기일지, 슬픈 이야기일지 즐거운 이야기일지와 같이 이야기의 일반적인 분위기를 예측하게 된다. 우리는 주요 등장인물과 그들 간의 관계, 배경, 문학적 장르에 대한 안내를 받을 것이다. 이야기를 읽어감에 따라 예측하고 기대한 내용을 그대로 따르거나 수정해나갈 것이다. 이야기 끝부분에 대해서도 뒤표지뿐만 아니라 뒷면지를 검토해야 한다. 다르게 표현하면, 그림책은 문자 그대로 앞표지에서 뒤표지에 이르기까지 심미적이고도 총체적인 예술이다. 모든 부분 하나하나가 전체 효과에 영향을 미치므로 연구와 해석의 가치가 있다. 나는 심미적 경험과 일상생활을 분리하는 것에 대한 존 듀이의 우려와 견해를 같이하는 동시에, 저학년 교실에서 아주 일반적으로 사용하고 있는 그림책에 나타난 양질의 예술과 디자인은 유아의 문학성뿐만 아니라 시각적 미학을 발달시키는 데 결정적일 수 있다고 믿는다.

기호학적 관점에서 그림책 읽기

기호학에서는 언어(구어와 문어 모두)를 "인간이 세상에 대해 의미를 구성하기 위해 사용하는 여러 가지 의사소통 형태 중 하나"(Rowe, 1994, p. 2)로 본다고 할 때, 그림책을 기호학적 관점(Eco, 1979; Kress & van Leeuwen, 2006; Sholes, 1982; Sebeok, 1994)에서 보는 것은 자연스럽고 적절한 일이다. 그림책은 의미 전달을 위해 글의 기호 체계뿐만 아니라 그림의 순서, 즉 시각적 기호 체계에 아주 많이 의존한다. 문학의 한 형태로서의 그림책은 때로는 움직임(플랩이나 접이식, 또는 팝업 등)을 통해 또는 소리(소형 컴퓨터 칩)를 통해 끊임없이 변하는 모습을 보여준다. 이런 모든 특징 또한 기호 체계를 구성하며, 기호학적 용어로 표현하자면, 그림책이야말로 수많은 기호 체계가 상호작용하고 조합되는 곳이라 할 수 있다. 그림책은 "기호학적 완벽함을 향한 몸짓"으로, 그림책에서는 적어도 두 개의 기호(글과 그림)가 "서로 코멘트를 한다"(Steiner, 1982, p. 144).

복잡하다는 면에서 보면, 그림책처럼 복잡한 텍스트는 좀 더 공학적으로 발달한 형태인 하이퍼텍스트(hypertext)(Lemke, 1993)로 볼 수 있다. 그림책은 겹겹의 기호 체계를 통해, 취할 수 있는 이야기가 여러 가지일 수 있음을 암시하기 때문이다. 기호학적 관점에서 볼 때, 유아는 어른보다 그림책에 대한 문학적 이해가 부족한 게 아니라 어른의 기호 해석과 같은 과정을 거치되 초보 과정에 있다고 본다.

마지막으로, 기호학적 관점에서 보면 앞서 언급한 모든 부분과 특징, 즉 색의 선택, 글씨체, 장면 배정(layout), 그림의 모양, 심지어 서지 정보 등은 전부 의미를 전달하고 기호로서의 기능을 발휘할 만한 잠재력을 지니고 있다(Nodelman, 1988). 뫼비우스(Moebius, 1986)는 그림책에 일반적으로 나타나는 관습적 기호군(記號群)을 분석하였다. 그는 이것을 '부호'(codes)라고 언급하면서 그림책의 '시각 텍스트'(visual text)를 읽으려면 그림의 다양한 기호군이 의미하는 바를 배워야 한다고 주장한다. 뫼비우스는 다섯 가지의 부호를 밝혔다.

1. *위치*(position) *부호*. 그림에서 등장인물이 높이 있으면 "그의 기분이 아주 좋거나 꿈 이야기거나, 아니면 사회적 지위나 권력이 높거나 자아 이미지가 높은 것"을 나타낸다. 반면에 "등장인물이 그림의 아래쪽에 있으면 그는 활기 없는 사람이거나 사람들이 꺼리는 사회적 지위의 사람임을 나타내는 것이다(Moebius, 1986, p. 139). 근접 장면(close-up)으로 묘사되어 있거나 페이지의 중앙에 그려진 인물은 이야기에서 다른 사람보다 힘이 세거나 중요한 인물임을 나타내는 반면, 가장자리에 그려졌거나 상대적으로 작은 크기로 그려진 인물은 무시되거나 소외되는 인물임을 나타내는 것이다. 그리고 같은 페이지에 더 여러 번(예를 들면, 작은 그림으로) 등장하는 인물일수록 상황에 대한 통제력이 더 약한 인물이다"(p. 140).
2. *원근법*(perspective) *부호*. 원근법을 활용한 그림은 여러 가지 의미 있는 연상을 낳는다. 예를 들면, 뫼비우스는 수평선이 없는 그림은 복잡한 플롯이거나 위험한 플롯을 나타낼 수도 있다고 주장한다.
3. *그림틀*(frame) *부호*. 뫼비우스는 "그림틀이 있는 그림은 어떤 세상 '속'을 들여다

보게 해준다. 그림틀이 없는 그림은 안에서 바라보는 세계, 전체적 경험의 세계를 보여준다"(p. 141)고 하였다. 둘리(Dooley, 1980)도 비슷한 이야기를 하였는데, 그림틀이 있으면 독자는 묘사된 행위를 창을 통해 바라보는 인상을 받음으로써 보다 객관적인 관점을 갖게 된다고 하였다. 반면, 그림틀이 없으면 독자는 등장인물의 행위에 더 직접 참여하게 된다. 두난(Doonan, 1993)은 두 페이지 열림면 전체, 즉 '양쪽 펼침면'을 차지하고 그림틀은 없으며 페이지의 가장자리까지 펼쳐지게 그려진 그림은 "삶이 제한된 크기의 페이지 이상으로 흘러넘친다는 것을 암시하며, 독자가 그림 속 사태에 대해 구경꾼이 아닌 참여자가 되게 한다"고 하였다(p. 81). 그림틀은 인쇄된 상태의 물리적 페이지의 실제와 그림이 만들어내는 환상과의 경계(Uspensky, 1973; Whalen-Levitt, 1986)이거나 "실제 세계와 상상의 세계로 구분 짓는 시간과 공간, 또는 실제 세계에서 표상 세계로의 전이"(Harms & Lettow, 1989)를 나타낸다. 그러므로 어떤 인물이나 사물이 그 그림틀을 깨뜨린다면, 그것은 환상과 실제의 구분을 허무는 일이 될 것이다. 그림틀의 모양 또한 기호학적 의미가 있다. "원형 그림틀 속 등장인물은 반듯한 직사각형 그림틀에 비해 안전하고 만족스런 상태를 나타내는 것 같다"(Moebius, 1986, p. 141.).

4. *선 부호*. 그림 작가가 사용한 다양한 종류의 선이 지닌 잠재적 의미를 포함한다. "가늘고 성근 선은 움직임과 속도를 나타내고, 굵은 선이나 부푼 선은 정지나 안락한 정지 상태를 나타낸다."(Moebius, 1986, p. 142) 짧은 망상선(網狀線: cross-hatched lines)이 많으면 생동감이 느껴지거나 정서적 또는 신체적 에너지가 넘치는 것처럼 느껴진다. 홍미진진하고 모험적 성격의 책인 「괴물들이 사는 나라」에는 이런 그림이 많다.

5. *색 부호*. 전통적으로 어두운 색은 슬픔이나 침울함, 공포를 연상시키고, 밝은 색은 즐거움이나 신뢰, 또는 편안함을 연상시킨다. 또한 어떤 그림책은 별도의 색 사용 방식을 사용할 수도 있다. 예를 들면, 정해진 특정 색으로 어떤 등장인물을 표현하는 것이다.

그림책에 대한 기호학적 이론의 관점에서 보면, 그림책을 문학적으로 이해하기 위해서는 독자가 언어적 기호와 함께 관습적인 방식의 부호 체계에 따라서 순서화된 그림인 시각적 텍스트 읽는 법을 배워야 한다는 것이다.

시각적 미학 이론의 관점

그림과 그림 순서는 그림책에서 아주 중요하므로 시각적 미학 이론은 아주 큰 도움이 될 것이다. 아른하임(Arnheim, 1986, p. 360)은 영화에서처럼 말이 함께 제시되거나 그림책에서처럼 글이 함께 제시되는 경우, "시각 이미지가 인지적 경험의 측면에서 언제나 우위를 차지한다"고 주장하였다. 아른하임(1969)은 또한 시각적 지각이란 인지적 수준에서의 이해에 상응하는 감각이라고 하였다. 다시 말해서, 인간은 보라고 배운 것을 보며, 그림을 보는 행위는 전체적으로 의미 있는 것의 부분을 적극적으로 구성해내는 일이지 단순히 소극적으로 수용하는 일이 아니다. 곰브리치(1972)도 "어떤 이미지에 대한 첫 번째 반응이 아무리 자동적이라 해도 그것의 실질적인 읽기는 소극적인 일이 절대 아니다"(p. 86)라고 함으로써 이에 동의한다. 그러므로 시각 이미지가 인간 경험의 인지적 측면에서 늘 우위를 차지하는 것이라면, 그리고 이런 시각 이미지를 지각하는 일이 자동적인 일이 아니라 경험에 의해 학습되고 형성되는 것이라면, 그림책을 완전히 문학적으로 이해하기 위해서는 시각 예술의 관습과 원리를 적어도 함축적으로라도 배워야 한다.

색, 선, 모양, 질감은 전통적으로 고려해 온 시각 디자인의 요소이다(Richard, 1969). 옥버크(Ocvirk, 2006)는 여기에 유채색이든 흑백이든 그 범위를 언급하는 용어인 "색가"(色價: value)를 덧붙인다. 그림 작가들은 의미를 소통하기 위해 이런 요소들을 비언어적인 시각적 방식으로 사용한다는 점에서 이런 요소들에는 그림 작가의 언어나 문법이 담겨 있다고 할 수 있다(Cianciolo, 1984).

옥버크(2006)에 따르면, *색*에는 세 가지 측면이 있다. 색상(hue)과 명도(tone), 채도(saturation)가 그것이다. *색상*은 빨간색과 주황색을 구분하도록 해주는, 색의 스펙트럼 상에 있는 각각 서로 다른 색을 말한다. 물론 스펙트럼 상의 색은 서로 이어져 있기 때문에 각 색을 분명하게 구분 짓는 일이 어렵기는 하다. *명도*는 색상의 밝기를 언급하는 용어이고, 흰색 첨가 또는 수채화의 경우 물의 첨가에 따라 밝은색(tint)과, 검정색의 첨가에 따라 어두운 색(shade)으로 더 나눌 수 있다. 채도는 색의 순수성이나 강도를 다루는 용어로, 가장 채도가 높은 색은 흰색이나 검정색을 더하지 않은 색이다. 예술가의 색상과 명도, 채도에 대한 선택은 감상자에게 특정 영향을 미친다. 예를 들면, 강도 높은 색과 밝은 색, 그리고 빨간 색상은 즐겁거나 희망적인 장면을 그리는 데 아주 적합할 것이고, 반면에 낮은 강도의 색과 어두운 색, 그리고 보라색은 몽환적이거나 슬프거나 두려워하는 장면에 아주 적합할 것이다. 이것이 예술가들이 감상자들의 주의를 끌기 위해, 상징적 의미를 전달하기 위해 사용하는 방법이다(Arnheim, 1974). 뱅(Bang, 2000)은 다양한 색과 특정 심리학적 상태와의 전통적 관련 방식에 대해 쓴 바 있다. 예를 들면, 빨간색은 공포나 기쁨같이 위험한 정서와 고조된 정서를 나타내고 피와 불과 연관된다. 다 그렇지는 않지만, 색은 문화와 관련되는 경우도 많다. 달리 말하자면, 같은 색이라도 다른 문화에서는 다른 의미를 지닐 수 있다.

예술가들의 *선* 사용 방식은 아주 다양하다. 선은 아마도 예술가의 예술성을 나타내는 데 가장 영향력 있는 도구일 것이다. 첫 번째 그림책 작가라 하는 데는 논란의 여지가 있기는 하지만, 랜돌프 칼데콧(Randolph Caldecott)은 생동감과 에너지를 느끼게 하기 위해 명암 사용은 거의 하지 않고 펜과 잉크로 물 흐르듯 하면서도 풍부한 선을 주로 사용하였다(Cech, 1983~1984). 또한 선의 굵기에 따라 인물 묘사의 세련도나 섬세함이 달라질 수 있다(Golden, 1990). 매끄러운 선이냐 거친 선이냐에 따라 고요함이나 불안함, 또는 정지나 활기참을 표현할 수 있다.

아른하임(1974)은 모든 *모양*(shape)에는 의미가 있다고 본다. "형태(form)는 형태에 담긴 모양의 여러 속성, 즉 둥글거나 뾰족하거나, 강하거나 약하거나, 조화롭거나 조화롭지 못한 성질 때문에 각 형태의 대상은 실제 기능 이상의 의미를 지니게 된다. 그렇게 하여 대상은 인간의 조건에 따라 상징적으로 읽히게 된다"(p. 97)고 하였다. 뱅(Bang, 2000)은 모양의 일반적 원리 몇 가지를 설명한다. 그는 수평 모양은 "안정감과 조용함"을 느끼게 하는 반면, 수직 모양은 흥분된 느낌을 주고 에너지를 느끼게 한다고 하였다. 대각선 모양은 움직임이나 긴장감을 불러일으키므로 가장 역동적이다. 뾰족한 모양은 날카로운 대상을 연상시키므로 불안감과 공포감을 조성하는 반면, 둥글고 굽은 모양은 편안함과 안전함을 느끼게 해준다. 구도의 요소 중 하나인 모양 배치 또한 중요하다. 뱅(2000)에 따르면, 모양을 그림의 위쪽에 배치하는 것은 자유, 행복, 승리, 영성을 나타내는 반면, 아래쪽에 배치하는 것은 더 "중요한 인물"이나 "세속", 위협이나 슬픔을 나타내는 것이다. 뫼비우스(1986)는 지면의 중앙에 모양을 배치한 것을 "햄 요인"(ham factor)이라고 하였다(p. 148). 일러스트레이션에서 "중심 무대"(center stage)는 영화에서처럼 더 중요하다는 것을 나타낸다. 그림에서 큰 대상일수록 더 강한 느낌을 준다. 좋은 구도의 그림인 경우, 예술가는 감상자가 모양에서 모양을 거쳐 모양의 전체적인 배열과 색으로 눈을 돌리게 그림을 그린다. 다른 요인은 모양의 수이다. 모양의 수는 그림의 빽빽함과 성글음을 나타낸다. 모양이 적은 그림일수록 조용하고 차분한 인상을 준다.

아른하임(1974)에 따르면, 인물이나 모양을 왼쪽에 두면 그것을 더 중시하고 힘을 부여하는 것이라고 한다. 그것은 우리가 왼쪽에서 오른쪽으로 그림을 "읽는" 경향이 있기 때문이다. 위치잡기(positioning)는 균형의 한 요소이고, 균형은 각 모양의 "중요도"로 구성된다. 그는 또한 세부 묘사에 "고유한 흥미"가 담겨 있다면 그것으로 중요성은 확보될 것이고, 어떤 세부 묘사가 반복해서 나타나도 중요성이 확보될 것이라고 한다. "이미지는 그것을 바로 옆에 있는 무엇과 함께 보느냐와 그것 다음에 무엇을 보느냐에 따라서 그 의미가 달라지기" 때문이다(Berger, 1977, p. 29).

종이 또는 캔버스의 평평하고 부드러우면서 이차원적인 표면 위에는 *질감*만이 나타난다. 예술가는 거칠거나 부드러운, 섬세하거나 견고한 느낌을 주기 위해 다양한 기법을 사용한다. 예술가가 사용하는 미술 매체는 질감을 다양하게 전달할 수 있는 가능성이 있다(Kiefer, 1995).

*색가*는 명도 차의 범위를 나타내는 말로 상징적이다. 아주 적은 명도 차이만 있고 색 대비가 적다면, "그림 분위기는 조용하거나 침울할 수 있다"(Kiefer, 1995, p. 127). 그와 반대로 명도 차가 크고 색 대비가 크다면 불안감이나 흥분을 일으킬 것이다.

이런 요소들은 전체적 효과를 위해 함께 작동하여 *표현양식*(style)*을 만들어낸다.* 표현양식이란 "작품의 모든 면을 고려하여 부여하는 이름이다"(Nodelman, 1988, p. 77). 노비츠(Novitz, 1976)에 따르면, 표현양식은 세 개 수준으로 정의될 수 있다. 첫째,

"그림"(pictorial) 표현양식으로, 특정 시간이나 장소로 특징지어져서 보면 식별이 가능하다. 일반적으로 "우산 관습"(umbrella conventions)이라 한다(p. 336). 원근법에 매료된 르네상스 표현양식과 즉각적이고 밝은 채도의 시각 이미지에 매료된 인상주의가 그림 표현양식의 예가 될 것이다. 둘째, "예술"(artistic) 표현양식으로, 전체적인 묘사 방법의 변화가 아니라 강조하는 바나 주제의 변화와 관련된다(Kiefer, 1993, p. 76). 마지막으로, 각 예술가별 독특한 표현양식을 사용하기도 하고, 어떤 예술가들은 작품마다 다른 표현양식을 창의적으로 구사하기도 한다. 예술가들은 자신의 표현양식과 역사적인 예술 표현양식을 참조하여 그림책의 그림을 그린다. 모리스 샌닥(Maurice Sendak)이 인상주의를 도입하여 「토끼 아저씨와 멋진 생일 선물 *Mr. rabbit and the lovely present*」(Zolotow, 1962)을 그렸고, 북부 로맨틱 표현양식(특히 필립 오토 런쥐[Philipp Otto Runge]의 작품)을 도입하여 「저 너머에 *Outside Over There*」(1981)와 「사랑하는 밀리 *Dear Mili*」(그림 형제, 1988)를 그렸다. 데니스 놀란(Dennis Nolan)은 「성 건축가 *The Castle Builder*」(1987)에서 비록 색깔 없이 흑백만을 사용하기는 했지만 쇠라(Seurat)의 점묘법을 활용하였다.

곰브리치(1969)는 예술의 역사는 대개 다른 예술가의 작품을 모방하는 역사라고 주장한다. 이것은 곰브리치가 "스키마"(schemata)라 부르는 그림 표상 전통이 발전해가는 방식이기도 하다. 때때로, 특히 상상력이 풍부한 예술가는 "표현양식의 감옥"을 깨고 나와 새로운 전통을 이끈다. 들루카(DeLuca, 1984)는 다음과 같은 말을 한다.

> 예술 분야에서 이전 예술가들과 그들의 스키마가 얼마나 영향력이 큰지 안다면, 우리는 샌닥이나 로벨(Lobel) 이후 한동안 출판된, 이들 예술가의 작품과 별 차이 없는 작품들을 조금은 너그럽게 대할 수 있을 것이다. 샌닥 같은 예술가는 유아 책을 만드는 예술가로서 세상을 보는 이전의 방식을 변화시켰기 때문이다. 샌닥은 칼데콧이 그랬듯이 이 분야의 스키마를 창조하였다.

곰브리치의 논의를 통해 알 수 있는 것은 예술가가 자신의 표현양식을 특정 예술 관습이나 스키마와 어떻게 관련지을지 생각할 필요가 있다는 것, 그림책 일러스트레이터가 역사적으로 서로 어떤 계보로 이어지는지와 다른 예술 세계와는 어떻게 연결되는지에 대해 이해할 필요가 있다는 것이다. 그림책을 교육적으로 활용하는 관점에서 그의 논의에 담긴 의미를 다시 생각해보면, 유아는 폭넓은 예술 표현양식과 표현 매체를 접해야 하고, 예술 표현양식 간 비교 및 대조 방법을 배워야 하며, 각 표현양식에서 사용하는 다양한 요소(선, 모양, 색, 질감 등)를 분석할 줄 알아야 한다.

글과 그림의 관계

앞서 그림책의 독특한 성질을 일관되게 강조하는 이론을 펼쳤다. 그림의 순서와 그 외 시각적 요소가 전체 의미 전달에 글만큼이나 중요한 역할을 한다. 자넷 런(Janet Lunn, 2003)에 따르면, "글과 그림은 진정한 파트너여야 하며", "최상의 그림책이란 그림과 이야기의 행복한 결혼"이다(p. 189). 글 텍스트와 연속 그림은 각각으로는 불완전하다. 그림책의 전체 효과는 이 둘 간에 나타나는 상호작용이나 교류에 따라 달라진다. 이런 생각이 이전에도 오늘날처럼 쉽게 받아들여졌던 것은 아니다. 홀(Hall, 1990)은 1970년대 말 이전만 해도 그림책 권위자들은 이야기가 선율이고, 그림은 반주라는 견해를 갖고 있었다(p. 17)고 한다. 그러나 이런 음악적 비유는 변하였고, 글과 그림은 듀엣의 일부로 둘 다 중요하거나(Cech, 1983~1984, p. 118) 서로 대위법(contrapunctal) 관계를 맺고 있는 것(Ward & Fox, 1984, p. 21)으로 이해되고 있다. 다른 연구자들은 글과 그림의 관계를 영화에서 쓰는 비유를 사용하여 설명하기도 한다. 예를 들면, 미니 그레이(Mini Grey, 2006)는 이들의 관계를 글과 그림이 제공하는 '이중 작용'(double act)이라고 하였다. 그림책에서 그림(그 외 다른 시각적 정보 포함)은 이야기를 하는 데 절대적으로(글만큼 또는 그 이상) 필요하다. 「로지의 산책」과 「괴물들이 사는 나라」의 경우, 그림 없이 글만 있다면 불완전하고 혼돈스러울 것이다. 그림이 없다면 그 책은 존재할 수도 없을 것이다. 반면, 롤링(Rowling)의 「해리 포터 *Harry Potter*」 같은 책은 글만으로도 존재 가능하다. 이 책에 그림을 많이 넣어 그림이 풍부한 동화책을 상상해볼 수도 있겠지만(이렇게 되면 책이 분명히 아주 두꺼워질 것임), 그렇다고 시각 이미지가 그렇게 중요한 것은 아니다. 「해리 포터」에 그림이 들어가면 확실히 보기는 좋겠지만 그림 하나 없는 저렴한 판본의 책도 이야기 측면으로 보면 그 자체로도 완벽하다고 할 수 있다. 그러므로 그림이 꼭 필요한 그림책(picturebooks)과 그림이 선택적이고 글을 풍부하게 하는 데 도움이 되는 정도인 삽화가 있는 책(illustrated books)은 구분되어야 한다.

우리 사회나 학교는 글 중심이다. 그러나 미첼(W. J. T. Mitchell, 1994) 같은 학자는 학문적으로나 대중문화의 측면으로 보나 '그림 시대로의 전환'(pictorial turn)(p. 11)이 이루어지고 있고, 텔레비전과 영화, 인터넷을 포함하여 다양한 기술이 시작되었으며, 적어도 부분적으로나마 관련 디지털 매체가 완전히 언어가 우위를 차지하던 데서 벗어났다는 점을 지적하였다(Barry, 1997; Kress & van Leeuwen, 2006). 그럼에도 불구하고, 우리는 여전히 조금이라도 그림보다는 글을 우대하는 경향이 있다. 그러나 그림책의 경우, 전체적 효과를 위해서는 글과 그림이 똑같이 중요하므로 이야기는 달라진다.

앞서 글과 그림의 관계에 대한 음악적 비유와 영화적 비유에 덧붙여, 직물에서 이미지를 차용하는 이들도 있는데, 모스(Moss, 1990)는 "글과 그림이 직조"(p. 21)한다고 쓴 바 있다. 또 다른 이들은 물리학의 파동 이론의 "간섭"(interference)의 개념을 빌어 이미지를 설명한다. "간섭"은 두 유형의 파동이 결합하여 어떻게 새로우면서도 더욱 복잡한 유형의 파동을 만들게 되는지를 설명한다(Miller, 1992). 과학적 비유는 더 있다. 뫼비우스(1986)는 글과 그림의 "판구조"(plate tectonics)라는 표현을 한다. 루이스(Lewis)는 적어도 두 개의 용어, "다중체계"(polysystemy)("다른 종류의 의미 체계로부터 텍스트 조각을 맞추기", Lewis, 1996, p. 105)와 "상호활성체"(interanimation)(Lewis, 2001)를 사용한다. 상호활성체는 한 페이지 위의 그림과 글이 서로 활성화시킨다는 마가렛 미크(Margaret Meek, 1992)의 말을 참조한 것이다.

루이스(Lewis, 2001)는 또한 글과 그림의 관계가 페이지별로 달라질 만큼 유동적일 뿐 아니라 상호의존성이라는 점에 비추어 그림책의 "생태학적 성격"에 대해 생각해야 한다는 제안을 한다. 그림책의 생태학적 견해란 그림책이 마치 생물학적 생태계의 경우나 마찬가지로, 글이든 그림이든 단조롭지 않으며, 매우 복잡하고 그지없이 다양하다는 것이라고 힘주어 말한다. 다시 말해서, 우리는 단순히 글과 그림에 대해 말하는 것이 아니라, 같은 책 안에서 복잡한 관계를 맺으며 존재하는 수없이 많은 글과 수없이 다른 종류의 그림에 대해 말하는 것이다. 더구나 글 텍스트도 글씨 크기나 글씨체, 또는 채색된 글씨처럼 시각적 특징을 지닌 경우가 있는가 하면, 그림에는 말풍선이나 글과 통합된 형식의 것이 포함된 경우도 있다. 이런 경우 글과 그림을 아주 분명하게 구분 지을 수는 없다. 덧붙여, 앞서 언급했듯이, 어떤 현대 그림책은 글, 그림과 다른 요소를 통합시키기도 한다. 로버트 사부다(Robert Sabuda, 2003)가 "팝업북"에 움직임을 첨가하였듯이 샌닥(Sendak), 요링크(Yorinks), 레인하트(Reinhart, 2006)는 「이상한 나라의 앨리스 *Alice's Adventures in Wonderland*」와 「엄마? *Mommy?*」를 팝업북으로 만들어 움직임을 첨가하였다. 에릭 칼(Eric Carle)은 「아주 바쁜 거미 *The Very Busy Spider*」(1984)에서 독자가 입체적으로 튀어나온 거미줄을 만져보도록 함으로써 운동감각의 경험을 제공하고, 「정말 서투른 방아벌레 *The Very Clumsy Click Beetle*」(Carle, 1999)에서는 소리를 제공한다. 사부다(2005)는 겨울 이야기에서 반짝이는 빛을 통합시킨다. 그림책은 이런 모든 요소로 의미를 전달하며, 복잡하고 생태학적인 체계 내에서 글과 그림이 함께 기능한다.

그림책의 글과 그림의 관계 또는 다중 관계는 "시너지"라는 용어로 표현할 수 있다. 두 기호 체계가 함께 만들어내는 효과가 둘 중 하나가 만들어내는 효과보다 크며, 결과적으로 부분적 효과의 합보다 전체적인 미적 효과가 더 크기 때문이다. 기호학적 용어로 보자면, 시겔(Siegel, 1995)과 서호(Suhor, 1984)가 사용한 "상호중재"(transmediation)와 "기호 체계의 변환"(Suhor, p. 250)이라는 개념이 그림책 이해에서 핵심인 것이다. 독자는 그림책을 읽을 때, "글이라는 기호 체계에서 그림이라는 기호 체계로 옮겨 갔다가 반대로 그림 기호에서 글 기호로 옮겨 가며 두 기호 체계를 오고가야 하기 때문이다"(Sipe, 1998a, p. 102). 그림책은 글만 있는 책과 다르게 기호 체계가 하나 더 있다는 점 외에 두 체계를 오고가며 읽는다는 아주 복잡한 특징을 지닌 매체다.

미니 그레이(2006a)가 명확하게 밝혔듯이, 글과 그림은 그림책에서 다양한 관계를 맺을 수 있다. 글과 그림은 각각 "다른 역할"을 하고 다른 이야기를 들려준다. 어떻게 하면 이 두 다른 역할을 특징지을 수 있으며 이 둘 간의 역동성을 완전히 이해할 수 있을까? 슈워츠(1982)나 노들먼(1988), 골든(Golden, 1990), 니콜라예바와 스콧(Nikilajeva & Scott, 2000, 2001) 같은 소수의 학자만이 이 문제에 대해 눈에 띄는 이론을 제시하였다.

슈워츠(1982)는 글의 양과 관련지어 볼 때 그림의 양이 중요하다는 점을 지적한다. 글과 그림의 상대적인 비율은 "차등적으로(sliding scale)" 나타나고 그림책에서 그 비율은 "글과 그림의 복합 서술"의 가능성을 나타낸다(p. 11). 슈워츠는 글과 그림의 관계를 두 개의 일반적인 범주로 생각하였다. 하나는 "일치"(congruency)이고 다른 하나는 "불일치"(deviation)이다. *일치* 범주의 글과 그림은 조화로운 관계를 맺는다. 그림이 글을 직접 언급하는 상황에서조차 글과 그림은 단순히 중복되는 경우가 전혀 없다. 그림 작가는 글에 묘사된 상황을 정교화(elaborate)하거나 부연(amplify), 또는 확장(extend)한다. 그림은 때때로 "글에 앞서서 진행되고 행위를 밀고나감으로써" 글을 보완(complement)한다(p. 15). 또한 글과 그림은 차례로 이야기를 들려준다. 이것을 슈워츠는 "교대 진행"(alternate progress)이라고 불렀다(p. 15). 어떤 경우에는 글은 하나도 없이 그림이 글을 대신하여 이야기를 이어간다.

*불일치*는 글과 그림의 관계에 대한 슈워츠의 두 번째 범주로, 그림은 글과 어떤 식으로든 반대되는 내용을 보여줌으로써 글의 방향을 바꾸는 것이다. 그는 글로부터의 그림의 이탈을 '대위법'(counterpoint)이라 이름 지었는데, 이것은 그림이 글과 다른 이야기를 하는 것이다. 이런 유형의 이야기가 주는 즐거움은 글과 그림이 보여주는 두 개의 이야기를 독자이자 감상자가 동시에 지각할 때 가능하다.

노들먼(1988)은 『그림에 대한 글』에서 온전히 한 개 장(章)을 할애하여 그림책의 글과 그림의 관계에 대해 탐구하였다. 그는 글과 그림은 단순히 서로를 비추는 거울이 아니라는 점을 지적하면서 이야기를 시작한다(p. 193). 그림을 보지 않고 글 텍스트를 읽거나 반대로 글 텍스트를 읽지 않고 연결 그림을 보면 이 말이 사실이며, 두 기호 체계 각각이 말하는 바를 알게 될 것이다. 연결 그림만 있으면 그림책은 다양하게 해석될 수 있다. 글은 그림에 특정 서사를 부여한다. 노들먼은 분할 뇌(split-brain) 연구를 적용하여 글과 그림의 이해에는 두 가지의 서로 다른 사고(thinking)가 관여한다고 하면서도 이런 뇌 연구가 인간이 글과 그림을 분리하여 처리한다는 것을 의미하는 것은 아니라고 하였다. 그것은 "글과 그림을 관련지으면 어쩔 수 없이 둘의 의미는 변하고 좋은 그림책은 글과 그림 각각의 합이 아니라 그 이상의 경험이기 때문이다"(p. 199).

노들먼은 글이 그림 순서에 미치는 영향을 세 가지로 꼽았다. 첫째, "글은 인지 지도(cognitive map)를 제공한다. 즉, 세부 그림에 담긴 다양한 의미들을 파악하기 위해 아직은 성격이 규정되지 않은 그림에 적용시킬 수 있는 스키마를 제공해준다"(p. 213). 특히 글은 "그림에 나타난 몸짓이 지닌 정서적 또는 서사적 의미에 대한 정보를 준다"(p. 215). 둘째, 글은 인과 관계를 밝힘으로써 모호할 수도 있는 그림 순서를 잡아준다. 셋째, 글은 그림 순서에서 무엇이 중요하고 무엇이 중요하지 않은지, 다시 말하면 그림의 어떤 요소가 중요하고 어떤 요소가 중요하지 않은지를 말해준다.

노들먼에 따르면, 글과 그림은 정보를 전달하는 데 장점과 단점이 있다. "글은 세부 사항 간의 관계를 묘사하는 데 좋고, 그림은 전체적인 느낌을 부여하는 데 좋다"(p. 202). 또한 "그림책에서, 글은 시간 정보를 구체적으로 묘사하기에 더 좋고, 그림은 묘사적(descriptive) 성격의 정보에 더 좋다"(p. 214). 니콜라예바(2002)는 등장인물에 대한 그림이 있다면 "글은 대개 등장인물의 외모에 대해 부가적 정보(묘사)를 제공할 필요가 없는데, 만약 그랬다면 그것은 불필요한 중복 정보라 본다"(p. 184)며 노들먼의 견해를 지지한다. 그러나 글의 시간적 성격과 그림의 공간적 성격이 분명하게 구분될 수 있는 것은 아니다. 우리는 글과 그림 모두로부터 *공간적* 정보도 얻고(비록 다른 방식이기는 하지만) *시간적* 정보도 얻는다. 그러므로 "전체로 이해할 줄 알기 전에 시간과 공간을 통합하고, 글과 그림에 나타난 시간과 공간을 통합해야만 한다"(p. 200).

슈워츠(1982)는 그림이 글로 제공한 정보를 "확장"시킨다고 설명한다. 노들먼은 반대 입장을 표한다. 실제로는 그림이 글을 *제한시킨다*는 것이다. 많은 비평가들은 그림책에서 그림의 목적은 글을 '확장'시키는 것이라고 하지만 인지 이론에서는 확장이라는 비유가 잘못된 것이라고 한다. 그림이 글을 제한시키는 데 덧붙여 글 또한 그림을 제한시킨다고 말하는 게 정확한 표현일 것이다(p. 220).

노들먼은 「백설공주와 일곱 난쟁이 *Snow White and the Seven Dwarfs*」(그림 형제, 1972)를 낸시 엑크홀름 버커트(Nancy Eckholm Burkert)가 삽화를 넣어 만든 책 첫 페이지의 문장 하나, "흑단나무 창틀로 된 창 너머로 왕비가 앉아서 바느질을 하였다"를 예로 들었다. 버커트의 그림은 왕비가 어떻게 생겼는지, 왕비가 정확히 어디에 어떤 자세로 앉아 있는지 등에 대한 우리의 지식을 확장시켜주는 *동시에* 다른 왕비가 아닌 바로 그 왕비를 나타냄으로써 글에 대한 해석을 제한시키는 역할을 한다. "흑단나무 창틀로 된 창 너머로 왕비가 앉아서 바느질을 하였다"라는 문장은 우리의 주의를 제한시켜 그림에서 어떤 것이 중요한지를 알려준다. 왕비는 무엇을 바느질하고 있는지와 왕비가 입고 있는 옷, 방 안 가구, 이 모든 것들은 부가적인 글로 묘사되어 있다.

제한의 또 다른 예로 「괴물들이 사는 나라」의 앞부분을 생각해볼 수 있다. 그림에서 맥스(Max)는 털이 많은 꼬리, 단추, 수염, 귀가 달린 하얀색 옷을 입고 있고, 임시 텐트를 치기 위해 벽에 못을 박고 있다. 이에 대한 글에는 "그날 밤 맥스는 이리로 변장하고 이런 장난을 했습니다"라고 쓰여 있다. 이 부분의 그림은 맥스가 어떤 장난을 했는지, 맥스가 입은 늑대 옷이 정확하게 어떻게 생겼는지를 묘사함으로써 글을 제한시킨다. 글은 이에 상응하여 이 모든 일이 밤에 일어났고 이 인물은 맥스라는 이름의 사내아이라는 것을 알려줌으로써(그림 속 인물의 성은 모호함) 그림을 제한시킨다. 글은 또한 그 많은 것 중에서 우리가 주의를 기울여야 할 시각적 세부 묘사가 어떤 것인지를 알려줌으로써 그림을 제한시킨다. 글은 이렇게 그림이 생략한 것을 알려주고 그림은 글이 하지 않은 이야기를 해주므로, 잘 만든 그림책은 글이든 그림이든 단독으로 이야기를 할 수 없다.

노들먼(1988)은 또한 글과 그림은 절대로 아주 똑같은 이야기를 하지 않으며, 자주 상호 반어적이라고 한다. 예를 들면, 맥스가 괴물들을 만났을 때, 글에서는 "괴물들은 무서운 소리로 으르렁대며, 무서운 이빨을 부드득 갈고, 무서운 눈알을 뒤룩대며, 무서운 발톱을 세워 보였습니다"라고 이야기한다. 그러나 그림은 글과 일치하지 않는다. 괴물은 오히려 재미있고 통통하게 생겨서 무서운 괴물이라기보다는 헝겊을 채워 만든 동물 인형처럼 생겼다. 그러므로 이런 경우에 글과 그림은 서로 반어적 관계다.

사실상, 그림이 글을 확장시킨다는 슈워츠의 생각과 글과 그림이 서로를 제한시킨다는 노들먼의 생각은 처음 볼 때만큼 그렇게 반대되는 생각은 아닐지도 모른다. 슈워츠를 비롯하여 확장의 비유를 사용하는 학자들은 그림이 부가적 정보라는 것을 말하고자 하는 것으로, 이것은 확실히 맞는 말이다. 한편, 그림이 글을 더 특정의 구체적 성격의 것으로 만든다는 말 또한 맞는 말이다. 이런 의미에서 그림은 글의 의미를 제한시킨다.

노들먼은 바르트(Barthes)의 "중계"(relay)라는 개념을 사용하여 독자가 글과 그림을 관련시키는 과정을 묘사하였다. 바르트는 만화와 코미디에 대해 "여기 언어와… 이미지는 보완적 관계이다. 글은 더 일반적인 신태그머(syntagm)의 일부이고, 그림 또한 그러하며, 이 둘이 만들어내는 메시지의 통합은 더 높은 수준에서 일어난다"고 하였다(p. 200; Barthes, p. 30을 재인용). 노들먼은 "글과 그림은 서로를 제한시키면서 다른 한쪽이 없으면 가능하지 않을 의미를 함께 만들어 서로를 완성시키는데, 이를 바르트는 '중계'라 하였다"(p. 221).

골든(1990)은 글과 그림 중 어느 것이 의미 전달에 더 많이 "작용하는지"에 기초를 두어 글과 그림의 관계에 대한 유형학을 제시하였다. 그러나 이것은 주로 글과 그림이 지닌 상대적인 힘의 양에 의지하기 때문에, 노들먼이 말한 "글이 그림을 변화시키고 그림이 글을 변화시키는" 역동적 방식을 설명하기는 어렵다(p. 220). 글과 그림의 관계는 이 둘 사이의 힘의 균형의 문제라기보다는 이 둘이 서로 교류하고 서로를 변형시키는 방식에 대한 문제다.

글과 그림 간 관계의 유형 분류 중에는 니콜라예바와 스콧(2001)의 것이 가장 포괄적이고 고도로 잘 만들어진 것 같다. 그들은 그림책의 글과 그림의 관계를 연속선상에 위치한 유형으로 제안하였는데, 이것은 글과 그림이 실제적으로 같은, '대응'(symmetry) 관계로부터 이 둘이 완전히 "모순"(contradiction)을 이루는 관계에 이르기까지 다섯 가지이다. 연속선상 양 끝에 각각의 유형이 있고, 중간에 세 개의 유형이 있다. 그 세 가지는 글과 그림이 각자 독립적으로 하나의 서사에 기여하는 "보완"(complementarity) 관계와 글과 그림이 서로의 의미를 확장시켜주는 "강화"(enhancement) 관계, 그리고 글과 그림이 서로 반어적이 될 수도 있는, 서로 다른 이야기를 하는 '대위법' 관계이다. 니콜라예바(2002)는 또한 글과 그림 중 어느 하나의 정보를 *생략*하면 대위법이 된다는 점을 지적하였다. "예를 들면, 「괴물들이 사는 나라」에서 글에는 엄마가 등장하지만 그림에는 등장하지 않는다. 반대로, 글로 언급되지는 않았지만 그림에 이차적 인물로 등장하는 그림책도 아주 많다"(pp. 280~281). 이 다섯 가지가 "플롯, 배경, 등장인물, 시점 등과 같이 그림책 서사를 이루는 여러 요소에 제각각"(Nikolajeva, 2003, p. 238) 기능을 한다고 생각하면 그 복잡성은 아주 심해서 어지러울 정도다.

연구자와 교사를 위한 이론 연구들로부터 얻을 수 있는 중요한 시사점은, 유아는 글과 그림 사이를 계속 오가면서 그림을 글과 통합시켜 해석한다는 것이다. 그러므로 그림책에 대한 어떤 언급이나 반응이 글에 대한 해석의 결과인지 아니면 그림에 대한 해석의 결과인지를 확실히 알기는 어려울지도 모른다. 아주 어린 유아조차 어느 한 기호에서 다른 기호로 "번역"하는 역동적인 과정에 참여할 수 있어 보이기 때문이다. 우리는 독자나 감상자로서 항상 글은 그림을 통해, 그림은 글을 통해 해석하고, 복잡하면서 "상호중재"적인 과정에 따라 해석하고 있다(Siegel, 1995; Sipe, 1998a; Suhor, 1984). 이렇게 글과 그림을 연속적으로 오가며 '중재하기'(Barthes, 1985)란 그림책을 가장 잘, 그리고 가장 효과적으로 읽는 방법은 순서에 따라 죽 읽는 것이 아니라 여러 번 다시 읽고 이전 페이지로 되돌아가고, 다시 보고, 속도를 줄이면서 재해석하는 것임을 의미한다. 두난(Doonan, 1993)은 그림책에는 고유의 긴장감이 있다고 하였다. 글은 독자로 하여금 어떤 일이 일어날지 앞으로 나아가 알아보게 해주는 반면, 그림은 그것을 천천히 음미하게 해주는 것이다.

마지막으로, 글 작가이자 그림 작가인 스티븐 켈로그(Steven Kelogg, 2003)는 여러 기호 체계가 상호작용으로 만들어내는 가능성에 대해 설득력 있게 요약해주었다. 그는 예술가는 "글과 그림 간에 관계를 맺고 긴장을 설정하여 이 둘 사이에 이상하고 묘한 일들이 생겨날 수 있게 해야 한다. 이런 일이 생기면, 모든 요소들이 신기하게 서로 합쳐지고, 이렇게 생겨난 새로운 역동적 표현으로 인해 독자는 예술 세계로 안내된다"(10번째 단락)고 하였다. 이런 생각은 교사가 교실에서 그림책을 사용할 때 중요한 결과를 초래한다. 유아와 교사는 이렇게 미적으로 복잡한 예술 작품에 나타난 글과 그림의 관계를 시간을 두고 주의 깊게 해석하며 볼 필요가 있다.

그림책에 대한 아동의 반응 관련 연구

앞서 간단하게 살펴본 이론 연구들에 비하면 그림책의 그림이나 글과 그림의 관계에 대한 아동의 반응 연구는 상대적으로 적다는 사실에 좀 놀랄 것이다. 플러드와 랩(Flood & Lapp, 1995)은 이에 대해 "교육학자들은 아동의 언어발달과 문식성 발달에 그림책이 중요하다는 점을 정기적으로 확인해 왔지만, 글과 그림(언어 예술과 시각 예술)의 관계에 대해서는 아직 완전히 연구하지 못했다"(p. 9)라고 하였다.

여러 그림책에 대해 의미 구성하기

연구자들은 아동이 몇 권의 책을 연결 지어 의미를 구성하는 방식에 대해 연구해왔다. 예를 들어, 샤인과 로저(Shine & Roser, 1999)는 네 가지 장르(환상 그림책, 사실 그림책, 정보 그림책, 시 그림책)의 그림책에 대한 아동의 반응을 연구하였다. 대상 아동들은 장르에 따라 서로 다른 입장을 취하는 것으로 나타났다. 다시 말해서, 아이들의 반응은 각 장르별로 확실하게 달랐다. 연구자들은 두 개의 주요 분석 범주, 말의 초점(focus of talk)과 말의 유형(type of talk)을 개발하였다. 말의 초점은 다시 두 가지 범주로 나뉜다. 하나는 경험으로서의 텍스트(text as experience)로, 생생한 경험(lived through experience)으로서의 이야기에 대한 반응(Rosenblatt, 1978/1994)이고, 다른 하나는 대상으로서의 텍스트(text as object)로 책이라는 제작물에 대한 아동의 관심을 말한다. 경험으로서의 텍스트에는 7개의 하위 범주가 있는데, 그 중에는 "텍스트와 그림의 연결"(text-illustration links)도 있다. 글과 그림의 연결은 의미의 통합을 위해 모든 범주에서 이루어지는 일이기는 하지만 말이다. 두 번째 분석 범주는 말의 유형으로, 여기에 "분간해내다"(identify), "묘사하다"(describe), "추론하다"(infer), "연관 짓다"(connect), "예측하다"(predict), "탐구하다"(explore), "이야기하다"(narrate) 같은 하위 범주가 포함된다. 여기에는 글과 그림에 대한 반응이 모두 포함된다. 유아가 "풍부한 기대와 암묵적 지식, 네 종류의 텍스트에 대한 반응 방식을 개발해야 한다"(Shine & Roser, 1999, p. 244)는 말은 유아가 "시각 문법 요소"(Kress & van Leeuwen, 2006)를 사용하는 능력뿐 아니라 다른 유형의 텍스트에 시각적 해석 지식을 각각 적용할 줄 아는 능력을 길러야 함을 의미한다.

아리즈페와 스타일즈(Arizpe & Styles, 2003)의 『그림 읽는 유아: 시각 텍스트의 해석 *Children Reading Pictures: Interpreting Visual Texts*』은 4세부터 11세 아동을 대상으로 문화와 언어가 다른 7개 학교에서 2년간 연구한 보고서 형식의 책이다. 연구자들은 앤서니 브라운(Anthony Browne)의 두 권의 그림책, 「터널 *The Tunnel*」(1998)과 「동물원 *Zoo*」(1994), 그리고 기타무라 사토시(Kitamura Satoshi)의 「릴리의 산책 *Lily Takes a Walk*」을 사용하였다. 동일한 책에 대한 아동과의 면담과 집단 토의, 그림책의 그림에 대한 아동의 그림, 아동의 읽기 습관에 대한 질문지가 자료로 수집되었다. 이 연구의 중요성은 아동의 그림책에 대한 그림 반응을 유형별로 분석했다는 것이다. 아동의 그림에 대한 분석 범주는 (1) 축자적 이해("이야기와 내용을 전달하기 위해" 사건이나 사람을 그리는 것), (2) "이미지와 색, 명도, 형태, 선이 지닌 심미성"을 포함하여 그림의 전체적인 효과, (3) "물체나 등장인물과 그것들의 상대적인 크기 간의 균형과 관계"에 비추어 본 그림의 내적 구조(p. 118)이다. 아이들이 "어떤 생각에 지적으로 흥분하고 어떤 이미지에 미적 즐거움을 느끼는지"(Arizpe & Styles, 2003, p. 80)를 알게 해주므로 이 연구에서 그들의 반응은 주목할 만하다. 그림에 의한 미적 즐거움과 분석에 초점을 맞춘 점이 그림책에 대한 아동의 반응을 연구한 다른 연구들과의 차이점이다. 더구나 이 연구의 아동들은 당황스럽거나 모호한 그림을 찾아서 그 그림의 도덕적 또는 윤리적 의미(「동물원」에 나타난 동물의 외로움과 불모의 동물원 주변)와 그 그림에 대한 느낌을 토의하였다. 아동들은 또한 근접 장면으로 그려진 수직과 수평 쇠창살 안에 있는 고릴라의 모습을 "마치 예수의 십자가" 같다고 해석한다든지, 고릴라의 눈과 "할아버지의 눈"을 대조시킴으로써 그림 작가가 동물을 인간화시켜 표현한 방식을 인식하는 등 시각 이미지를 분석하였다. 이런 식의 언급에는 아동의 동물에 대한 동정심이 담겨 있다. 이 모든 반응은 오롯이 아동의 시각적 의미 구성에 기초한 것인데, 이것은 이야기를 다시 보면 볼수록 깊어졌다. 벨파티(Belfatti, 2005)는 1학년과 2학년을 대상으로 한 연구에서 「동물원」을 여러 번 접한 것의 효과를 확신하면서 "처음엔 아이들이 예측을 하거나 텍스트와 자신의 개인적 경험을 연결 짓는 데 초점을 두었지만, 나중에는 시점이 바뀜에 따라 인간과 짐승, 자유와 구속 간의 경계가 어떻게 흐려지는지에 대해 중요한 분석을 하였다"고 하였다(p. 1).

그림책의 주변텍스트

이 장 시작 부분에서 말했듯이, 그림책은 단순히 글과 그림으로만 이루어진 것이 아니다. 그림책에는 겉장과 앞표지, 뒤표지, 앞면지, 뒷면지, 표제지와 헌사 페이지도 포함된다. 이런 부가 요소를 보통 "주변텍스트"라 하는데, 이것은 쥬네트(Genette, 1997)의 연구와 히고넷(Higonnet, 1990)이 그림책에 적용한 연구 이후에 생긴 개념으로 시각적 의미 구성을 풍부하게 할 수 있게 해준다. 오늘날까지 주변텍스트에 대한 유아의 해석에 초점을 맞춘 연구는 몇 개 없다. 판탈레오(2003a)는 9권의 그림책 주변텍스트에 대한 1학년 유아의 논의 방식을 연구하였다. 유아들은 면지와 겉장 같은 주변텍스트 관련 용어를 배우고 등장인물과 플롯, 배경, 책의 논조를 예측하거나, 이것들에 대해 자신이 한 해석이 맞는지 확신하기 위해 여러 주변텍스트를 활용하였다. 주변텍스트에 대한 유아들의 말은 "책에 대한 미적 감상과 책에 대한 인지적 및 문학적 이해"(p. 74)에 아주 많이 기여하는 것으로 나타났다. 사이프와 맥과이어(Sipe & McGuire, 2006a)는 그림 이야기책 읽어주기 토의 시간에 유치원과 1학년, 2학년 유아의 주변텍스트에 대한 해석을 면지 하나에만 국한시켜서 살펴보았다. 그 결과 유아는 앞면지를 아주 적극적으로 활용하여 추측하게 되었고, 어떤 점에서는 면지가 이야기의 서두나 준비라고 생각하게 되었다. 앞면지와 뒷면지가 다른 그림책에 대해서는 책 디자이너나 그림 작가가 왜 다르게 했는지, 그리고 그 차이가 뜻하는 기호학적 의미는 무엇인지를 비판적으로 생각하였다. 유아들은 어떤 경우에는 면지가 스티븐 켈로그(1991)의 「잭과 콩나무 *Jack and the Beanstalk*」에서처럼 사실상 이야기를 시작하고 끝내는 역할을 한다는 것을 알았다. 평범한 색의 면지의 경우조차도 유아는 왜 그 색을 선택했는지를 알고 싶어 하면서 그 색과 책 디자인이나 내용, 또는 책 전반의 분위기와 관련지어 보려 하였다. 추후 연구에서 사이프와 맥과이어(2006b)는 만 5세 유치반과 1학년 유아의 혼합반을 대상으로 책 읽어주기를 하면서 나온 유아의 반응 중 이야기가 시작되기 전에 유아가 주변텍스트에 대해 한 논의에 초점을 두어 분석하였다. 그들은 주변텍스트에 대한 유아의 첫 토론 내용은 주로 아홉 가지라고 하였다.

1. 그림책 구성과 생산, 읽기 관습에 대한 언급
2. 묘사
3. 해석과 평가
4. 예측
5. 글자에 주의 기울이기
6. 텍스트 내 관련짓기(앞표지와 면지 같은 여러 가지 주변텍스트 간 관련짓기)
7. 책과 다른 문화물 간 관련짓기

8. 개인적 관련짓기

9. 연행(performances)(주변텍스트의 요소를 책 해석에 사용하는 것이 아니라 자신의 창의적 목적을 위한 출발점으로 사용)

포스트모던 그림책

"포스트모던"이라는 말은 사람마다 다르게 이해하지만, 포스트모던 문학의 핵심은 아마도 독자를 착각 속 다른 세계로 유인하는(Lewis, 2001) 대신 텍스트가 인공 구조물이라는 사실을 강조하는 데 목적이 있는 듯하다. 다시 말해서, 포스트문학의 텍스트는 상상의 "이차 세계"(secondary world)(Benton, 1992) 속으로 들어가는 투명 창의 기능을 한다기보다 *텍스트로서의* 책 자체에 주의를 기울이게 한다. 포스트모던이 지니고 있는 이러한 특성, *메타픽션 성격의 자기 언급*(metafictive/self-referential)(Stevenson, 1991; Waugh, 1984)에 대한 설명과 함께 포스트모던 그림책에 대한 이론적 연구들(Goldstone, 1999; Kummerling-Meibaure, 1999; Lewis, 1990, 1996, 2001; Nikola-Lisa, 1994; Paley, 1992; Trites, 1994)을 종합하여, 포스트모던 그림책의 일반적인 성질 다섯 가지를 다음과 같이 밝히고자 한다.

- *놀이성*(playfulness): 독자의 놀이터로서의 텍스트
- *다의성*(multiplicity of meanings): 플롯이 비선형적이고, 텍스트가 정해지지 않았을 뿐 아니라 모호하여 텍스트를 여러 갈래로 이해하게 됨
- *상호텍스트성*(intertextuality): 다양한 유형의 텍스트를 담고, 여러 개의 텍스트를 병치시켜 언급함
- *전복*(subversion): 문학적 전통을 흉내 내고, 반어법이나 패러디, 또는 풍자의 어조를 띰
- *흐려진 경계*(blurring distinctions): 고상한 문화와 대중문화, 저자와 독자, 장르 간 구분이 흐려짐

이런 요소들은 더 많은 그림책에서 발견되고 있는데, 그 중에서 존 셰스카(Jon Scieszka, 1992)의 익살스런 풍자 형식의 이야기, 「냄새 고약한 치즈맨과 멍청한 이야기들 *The Stinky Cheese Man and Other Fairly Stupid Tales*」에는 이런 요소들이 가장 포괄적으로 나타나 있어 볼 만하다. 이 책이 연구자들의 관심을 끄는 이유는, 이 책에는 전통적인 그림책 형식과는 다른 창의적인 방식의 표현 기법이 곳곳에 배치되어 있을 뿐 아니라, 유아로부터 새롭고도 깊이 있는 반응을 끌어낼 만한 가능성이 높아 보이기 때문이다.

판탈레오(Pantaleo, 2002, 2003b, 2004a, 2004b, 2005)가 다중 플롯과 다중 화자, 메타픽션 장치로 된 포스트모던 그림책에 대한 유아의 반응을 광범위하게 연구한 결과, 유아는 이런 복잡한 텍스트를 다룰 줄 아는 능력을 지니고 있는 것으로 나타났다. 판탈레오의 연구 대상 유아는 서로 다른 크기의 글씨처럼 세세한 시각 요소의 기호학적 의미를 구성해냈고, 그림과 다중 서사를 연관 지었다. 또한 그림이 글을 어떻게 표상하고 보완하고 확장하는지, 때로는 글과 어떻게 반대를 이루는지에 대해 이해하였고, 시각적인 주변텍스트를 활용하여 플롯을 예측하고 등장인물 간의 관계를 해석하였다. 판탈레오(2004a)는 포스트모던 그림책을 해석하는 데 필수적인 기술은 "웹 문식성"(web literacy)에 필요한 기술과 비슷하다고 하였다. 이는 "텍스트가 아닌 정보에 주의를 기울일 줄 아는 것으로, 다양한 근원지로부터의 정보를 습득하는 일이고 정보를 분석하는 일이며 연상 작용을 하는 일"(p. 17)이다.

포스트모던 그림책에 나타난, 이전보다 많아진 도전적 요소들은 아동이 더 적극적으로 의미를 구성하고 더 비판적 독자가 되게 하는 데 도움이 된다. 맥클래이(McClay, 2000)도 20명의 아동과 25명의 어른을 대상으로 맥컬래이(Macaulay, 1990)의 「흑과 백 *Black and White*」을 읽어준 연구에서, 아동들이 "텍스트 상의 다중 통로"(Lemke, 1993)를 탐색할 수 있다는 사실을 보여주었다. 이 그림책은 흥미로우면서도 모호한 성격의 그림책으로, 네 개의 분리된 이야기가 담겨 있는데 각 그림의 표현 방식은 아주 다르며, 전체적으로 통합되어 보이기도 하고 그렇지 않은 듯 보이기도 한다. 맥클래이는 아동이 어른보다 이런 텍스트를 대체로 더 창의적이고 더 유연하게 읽었으며, 한 발 더 나아가 초등학교 교사들 중에는 이야기 해석을 위해 글이 그림에 종속될 수 있다는 생각을 거부하는 어른이 많은 반면, 아동은 이런 읽기 방식을 즐기는 것 같았다고 하였다.

그림책에 대한 유아의 반응 유형

많은 연구자들이 그림책에 대한 아동의 반응 유형을 구조화하였다. 힉맨(Hickman, 1979, 1981, 1983)은 유치원과 1학년, 2학년과 3학년, 4학년과 5학년 아동을 대상으로 문학적 반응 양상을 연구하였다. 이 연구는 "자연스런 상황에서 아동의 반응을 연구한 선도적인 연구"(Martinex & Roser, 1991, p. 645)이므로 주목할 만하다. 힉맨은 자신의 연구를 그림책에 제한시키지 않았지만, 그 연구에서 아동들이 반응을 보인 많은 책들은 사실상 그림책이었고, 아동들의 많은 반응은 그림과 관련이 있었다. 힉맨은 "반응"을 언어든 비언어든 학급에서 일어난, 아동과 문학의 관계를 보여주는 모든 행동으로 폭넓게 정의하였다. 아동의 반응은 다음의 일곱 가지로 분류되었다.

1. 박수치기와 후렴구 따라 하기 같은 듣기 행동
2. 책을 훑어보거나 손에 들고 다니는 것처럼 책과 접촉하기
3. 함께 책을 읽거나 발견한 내용을 함께 나누는 것 같은 공유하기
4. 다시 이야기하기(retelling)나 이야기에 대해 자유로운 의견 말하기 같이 말로 반응하기
5. 연기하기와 드라마하기
6. 그림 그리기나 게임 만들기
7. 책에 대한 글을 쓰거나 책 속 등장인물을 넣어 글 쓰기

키퍼(1982)는 1학년과 2학년 유아들이 그림책의 그림에 어떻게 반응하는지를 연구하였다. 그는 연구를 위해 별도로 제작한 순서 있는 그림이나 낱장 그림이 아니라 실제 시판 중인 책을 사용하였고, 임상 상황이 아니라 자연스런 상황에서 연구하였다. 키퍼는 또한 어느 유아가 어느 매체를 더 좋아하느냐보다는 유아의 반응에 나타난 미적 질에 더 초점을 맞추었다. 그는 그림책에 대한 유아의 네 가지 반응 유형을 묘사하기 위하여 언어학자인 할리데이(Halliday, 1975)가 제시한 언어의 기능을 사용하였다. *정보적 반응*의 경우, 유아는 그림 내용을 알려주거나 그림과 실제 세계를 비교하였다. *발견적 반응*의 경우, 유아는 그림 속 사건에 대해 궁금해하고 그림 속 사건의 원인이나 그림이 그려진 방법

에 대해 추론하고 그림으로부터 결과나 사건을 예측하였다. *상상적 반응*의 경우, 유아는 책의 세계로 들어가거나 그것을 묘사하는 비유적 언어를 생성시켰다. *개인적 반응*의 경우, 유아는 자신의 경험을 책과 관련짓고, 책에 대한 자신의 감정을 표현하거나 책을 평가하였다. 키퍼는 유아가 그림책의 의미를 구성하는 것을 도와주는 데 교사의 역할이 매우 중요하다는 것을 알게 되었다. 교사가 유아에게 읽어주는 책은 교실에서 특별한 위치를 획득하게 되었고 유아들이 더 자주 찾는 책이 되었다. 어떤 책에 대한 교사의 말에는 유아가 간과했을 수도 있는 책의 뉘앙스나 특징이 종종 담겨 있었다. 또한 교사는 유아가 선생님을 따라 상호텍스트적 연관을 짓게 할 수 있었고, "어떤 느낌이 드니?"나 "무슨 생각이 드는지 이야기해주렴" 같은 질문으로 유아들의 반응을 탐색하였다. 그는 또한 그림책에 대한 반응은 지속되는 과정이라는 점과 유아가 자신의 반응을 제대로 펼치기 위해서는 시간이 필요하다는 것도 알게 되었다.

마두라(Madura, 1995, 1998)는 키퍼의 유형학과 플라인더스와 아이즈너(Flinders & Eisner, 1994)의 시각 예술 비평의 발달 단계에 대한 연구를 끌어들여 그림책의 그림에 대한 유아의 말 유형 네 가지, 즉 묘사, 해석, 평가, 주제에 대해 탐구하였다. 이 연구에서 유아는 "글보다는 그림에 더 반응을 하고" 글보다는 그림을 더 평가한다는 증거가 나왔다(Martinez, Roser, & Dooley, 2003, p. 224).

말로치와 던칸(Maloch & Duncan, 2006)은 노동자 계층이고 저소득층이며 다양한 민족적 배경을 지닌 2학년 유아에게 책을 읽어주는 동안 유아가 자발적으로 보인 반응을 몇 가지로 분류하였다. 그것은 연결 짓기(개인적 경험이나 다른 텍스트, 다른 텍스트의 세계, 미래 경험, 누군가와 함께한 경험 등), 예측하기, 불분명하거나 혼돈스런 정보를 분명하게 하기, 글과 그림에 대해 관찰하기, 마치 이야기 속에 있는 것처럼 행동하거나 자신이 작가인 것처럼 바꾸고 싶은 내용을 제안하면서 "이야기 세계 속으로 들어가기", 교사에게 책을 읽는 방법을 제안하거나 활동을 제안하기 등 여섯 가지다. 이런 분류는 앞서 인용한 다른 연구와 아주 비슷하지만, 유아가 교사의 책 읽어주기에 영향을 미치는 방법을 묘사함으로써 유아의 적극적 참여에 중재자(agency)라는 요소를 더하는 듯하다.

아리즈페와 스타일즈(2003)는 앞에서 언급한 연구에서 4세에서 11세의 아동이 나이에 따라 아홉 가지의 점차 높은 수준의 반응을 보였다고 하였다. "설명을 못 함", "잘못 이해하고 읽기", "축자적 설명", "텍스트에 얽매인 묘사"(engaged description), "의문(피상적, 텍스트에 얽매인, 예상)", "상상적 추론"(p. 258)이다. 아리즈페와 스타일즈는 또한 아동의 반응 분류를 위해 15가지의 "인식 범주"를 밝혔다. 예를 들면, 글과 그림의 관계를 묘사하기, 그림 작가의 의도에 대해 생각해보기, 색과 패턴 같은 그림 작가의 기교에 나타난 시각적 특징을 감상하기, 등장인물의 동기나 관계, 기대, 내적 동기를 해석하기 등이다. 이 연구 대상의 범위는 넓기 때문에 이 연구에서 밝힌 반응 범주와 해석 수준이 더 좁은 연령대의 아동에게 어떻게 적용될 수 있을지는 불확실하다.

마티네즈와 로저(2003)도 이야기한 바 있지만, 이런 유형학의 어려움 중 하나는 "반응을 분류하는 여러 분리 체계로 인해 연구 간 비교가 어렵다"는 것이다(p. 810). 자료에 기초하여 범주가 생성되는 근거이론(grounded theory)의 강점이 다른 연구와 다른 상황에 적용되는 면에서는 취약하다는 사실은 역설적이다. 질적 해석 연구는 연구를 읽는 이로 하여금 연구 내용을 스스로 다른 상황이나 다른 맥락과 관련지어볼 수 있게 완벽하고 미묘한 뉘앙스까지 묘사하고자 하는 것이 사실이다. 다른 한편으로는 "특정 상황의 발생학"(Stake, 1994, p. 240)을 넘어서, 아동이 문학적 의미 구성과 시각적 의미 구성을 포함한 서사 행동을 완전히 습득하는 위험에 대해서는 조심하면서 일반화시키는 일이므로 이것이야말로 진실한 도전이다. 마티네즈와 로저(2003)는 이런 문제를 교정하는 한 방법으로 "자신의 체계를 다른 연구에도 적용시켜 더 많은 복제 연구를 실행하도록"(p. 810) 제안한다. 이런 제안에 따라 나는 내가 제시한 유형 분류를 다른 연구에 적용해보았다. 또한 앞서 언급한 대부분의 유형 분류는 넓은 연령대 아동의 반응에 관심을 가졌지만, 내 연구는 훨씬 좁은 연령 집단, 유치원과 1학년, 2학년 유아의 문학적 이해에 초점을 맞추었다. 내 연구에 참여한 유아는 인종과 민족, 사회경제적 지위(부록 A를 보라) 같은 차원이 다양하다. 나는 질적 연구를 일반화시키는 데 있어서의 본유적 어려움을 이런 식으로 해결하고자 노력하였다.

다음 두 개 장에서 나는 문학적 이해의 구조를 위한 이론적 기초를 제시할 것이며, 이 중요한 구조가 이해되는 동시에 유아가 그림책과 나누는 상호작용 방식에 적용될 수 있는 여러 가지 관점을 제시할 것이다.

02

유아의 문학적 이해: 텍스트냐 독자냐

이 장과 다음 장에서는 다양한 학문과 주제로부터 얻은 여러 이론적 관점과 실험 연구 결과를 검토하고자 한다. 이것들은 유아의 문학적 이해를 다면적으로 이해하는 데 도움이 된다. 나는 사회적 구성주의라는 넓은 틀 안에서 여러 이론적 관점을 살펴볼 것이고, 각 관점에서 유아교육 현장에 이론이 적용될 때 문학적 이해를 어떻게 정의하는지를 살펴볼 것이다.

사회적 구성주의 패러다임과 비고츠키의 사회문화적 접근

20세기 후반, 실제를 보는 방식에 두 가지의 근본적 전환이 일어났다. 소위 "사회적 구성주의 패러다임"(Schwandt, 1994)은 이런 전환의 결과로 생긴, 일련의 폭넓은 존재론적이면서 인식론적 원리다. 두 전환 중 하나는 실제를 객관적 관점에서 주관적 관점으로 보는 것이다(Bleich, 1978). 실제를 전통적이고 객관적으로 개념화("거기 밖에" 있는 것)한다는 것은 실제에 객관적인 조직과 존재가 있고, 적절한 방법으로 그것의 성질과 구조를 발견할 수 있으며, 관찰자는 관찰 대상과 분명한 차이가 있다는 것이다. 반대로, 사회적 구성주의 패러다임에 따르면, 실제는 "거기 밖에" 있는 것이 아니라 집단의 사람들이 사회적으로 구성하는 것이다. 만약 실제가 발견된다기보다 만들어지는 것이라면, 관찰자와 관찰 대상과의 구분은 불분명해지거나 없는 상태가 된다(Gadamer, 1986). 그러므로 구성주의자들은 지식의 발견보다는 "지식의 생산"에 대해 말한다(Strauss & Corbin, 1998).

또 다른 기본 변화, 또는 전환은 언어의 기본 개념화의 변화다. 로티(Rorty, 1967)는 이를 "언어적 전환"이라 하였다. 우리는 그동안 전통적으로 언어에 대해 실제를 그대로 비춰주는 깨끗한 창이라며 실제를 직접 묘사 또는 투영하는 것으로 보아왔다. 그러나 소쉬르(Saussure)의 연구(1916/1983)와 퍼스(Peirce)의 연구(1931~1958) 등으로 언어에 대한 관점이 바뀌었다. 즉 언어는 실제를 투영한다는 생각으로부터 언어가 실제와 *직접적으로* 일치하지는 않고 언어 내적 일관성을 지닌 기호 체계라는 생각, "말은 언어가 아닌 실제와의 관계를 통해서가 아니라 말 사이의 관계를 통해 의미를 전달한다"(Blackburn, 1994, p. 256)는 생각으로 바뀌었다. 이 말은 사회적 구성주의의 관점에서 보면, 언어는 실제를 묘사하는 것이 아니라 실제를 구성하거나 실제 안에 써넣는 것(inscribe)이다. 우리는 언어를 벗어나서는 더 깊고 더 "진짜의" 경험에 도달할 수 없다. 특히 인간이 어떻게 서로 관련되는지를 이해하고자 할 때는 더욱 그러하다. 우리가 인간과 사회에 대해 이야기하고 쓰는 방식이 사실상 그 세계를 창조한다(Lather, 1986). 더구나 언어는 그것을 사용하는 사람들의 가치와 세계관을 담는다. 인간의 사고는 "언어의 감옥"에 머문다(Jameson, 1972). 그곳에서 의미는 사회적으로 구성되고 변환되고 불안정적이다. 따라서 모든 지식은 부분적이고 적절한 위치에 배치되는 것이며 사회적으로 구성되는 것이다.

사회적 구성주의 패러다임의 관점에서 보면, 실제는 인간이 만들어낸 것이라는 견해와 언어는 지식의 최소한의 기본이라는 견해로의 전환은, 유아에게 있어서 *사회적 상황에서*

*의 구어*는 유아의 인지 발달 구성에 아주 중요한 요소이고 유아의 학습에 가장 중요한 요인 중 하나라는 것을 암시한다. 이것은 러시아 심리학자인 레브 비고츠키(Lev Vygotsky, 1896~1934)의 기본 가정 중 하나다. 그는 특히 아동 발달에 관심을 가졌고, 그의 언어 이론과 사회적 상호작용 이론은 교육 분야에서 점점 더 높이 평가 받고 더 많이 활용되고 있다(Berk & Winsler, 1995; Moll, 1990). 비고츠키의 이론은 주변의 사회적, 문화적 영향력이 아동의 인지 발달에 어떻게 영향을 미치는지에 관심을 갖기 때문에 종종 "사회 문화적" 접근(Berk & Winsler, 1995; Wertsch, 1985)이라 불린다. 그의 이론의 특성 중 하나는 그가 사고를 "개인의 뇌나 마음에 제한되는" 것으로 생각하지 않고(Berk & Winsler, 1995, p. 12), 오히려 "마음은 피부 너머까지 확장된다"(Wertsch, 1991, p. 90)고 생각했으며 다른 마음과 기필코 연결된다고 생각했다는 것이다. 비고츠키는 피아제(Piaget)와는 다르게 인지를 개인적인 것이 아닌 사회적인 것으로 생각한 것이다. 비고츠키는 "아동의 문화적 발달상의 기능 하나하나는 모두 두 번씩 나타난다. 처음에는 사회적 수준에서 나타나고 다음에는 개인적 수준에서 나타난다"(Vygotsky, 1978, p. 57)고 주장하였다. 다시 말해서, 아동은 사회적 상호작용을 통해 인지적 과정에 노출되고 인지적 과정을 배우며, *그리고 나서* 이런 인지적 과정을 내면화시킨다.

아동의 인지 발달을 위해 사회적 장에서의 구어를 중시한 비고츠키는, 어른의 역할이나 인지적으로 좀 더 발달한 또래의 역할을 강조하였다. 언어를 이미 능숙하게 사용하는 사람은 아동이 언어를 발달시키는 것을 분명히 도울 수 있기 때문이다. 그러나 이런 도움이 가능한 이유는 무엇인가? 어떻게 이런 일이 일어날까? 이런 질문이 그로 하여금 "근접발달 영역"(zone of proximal development), 축약하여 ZPD의 구안을 가능하게 하였다. 비고츠키에게 있어서 아동 발달의 패러다임은 어떤 활동을 함께 하고 있는 어른과 아동으로 구성되었고, ZPD는 어른과 아동의 참여의 성격을 설명한다. 비고츠키(1978)는 아동의 인지 능력에 대해 이야기함에 있어서, 아동이 특정 과업을 할 때 도움을 받느냐 받지 않느냐에 따라 인지 능력을 다르게 정의할 수 있다는 점에 주목하였다. 그러므로 그는 아동의 능력을 두 수준으로 구분 지었다. 그것은 "실제적" 수준(그 아이가 독립적으로 기능할 수 있는 수준)과 "잠재적" 수준(그 아이가 어른이나 "다른 전문가"의 도움을 받아 수행할 수 있는 수준)이다. 잠재적 수준은 항상 실제적 수준보다 높고 그 둘 사이에는 일정 거리 또는 영역, 즉 근접 발달 영역이 존재한다. ZPD는 "*독립적으로 문제를 해결할 수 있는 실제적 발달 수준과 어른의 지도나 더 유능한 또래의 협조로 문제를 해결할 수 있는 잠재적 발달 수준과의 거리*"(Vygotsky, 1978, p. 86)다. 학습이란 어제 도움을 받아 할 수 있던 일을 오늘 혼자 할 수 있게 된 것을 말하는 것으로, 이것은 인지가 어떻게 발달하는가에 대한 것이기도 하다. 이런 순서는 상호작용이 더 진행됨에 따라 반복되고, 인지는 "서서히 증진된다".

다른 이론가들과 연구자들은 전문가가 아동을 어떻게 도울 수 있는지에 대해 더 설명하기 위해 ZPD를 재정의하였다(Rogoff & Wertsch, 1984). 어떤 연구자들(Rogoff, Mosier, Mistry, & Goncu, 1993)은 아동이 적극적으로 참여하는 동시에 어른이 그 아동을 어떻게 안내하고 지원하고 도전을 주는지에 대해 설명하기 위해 "안내된 참여"(guided participation)라는 용어를 사용한다. 우드, 브루너, 로스(Wood, Bruner, and Ross, 1976)는 어른이 아동을 민감하게 지원하는 방법, 즉 방향을 제시하기, 행위 순서를 "통해 그들에게 말해주기", 아동이 할 수 있는 것을 하도록 하기, 좀 더 어려운 과업을 제공하기 등을 묘사하기 위해 "비계"라는 용어를 개진하였다. 10장에서 아동의 문학적 이해력을 발달시키기 위한 교사의 역할에 대해 이야기하면서, 교실에서 그림책을 읽어주는 상황에서의 비계설정에 대해 다시 정의할 것이다.

교실에서 나누는 말

비고츠키의 이론은 교실 상황, 특히 문학 수업에 확실히 적절한 이론이다. 비고츠키 이론의 용어를 빌자면, 유능한 교사는 학급 아동들의 다양한 ZPD를 알고, 비계가 되는 경험을 구안해주고, 좀 더 발달한 아동이 친구를 위해 비계가 되어 줄 수 있는 경험을 제공할 줄 아는 사람이다. 그의 이론에 따르면, 학습은 아이들끼리 그리고 교사가, 아이들과 함께 말을 많이 하게 되는 활동에 참여하는 그런 사회적 상황에서 가장 확실하게 일어난다고 한다.

그런데 불행하게도 연구결과에 따르면, 실제 교실에서는 이런 유형의 상황이 별로 일어나지 않는다는 것이다. 교사들은 말을 좀 경직되게 하는 경향이 있다(Green & Wallat, 1981; Wells, 1986). 이런 경향은 소위 "좋은" 교사의 경우에도 마찬가지다(Dillon & Searle, 1981). 몇몇 연구자들(Bellack, Kliebard, Hyman, & Smith, 1966; Mehan, 1979)은 연속되는 세 개의 사태(event)로 이루어진 특별한 유형의 교실 담화의 성격을 밝혔다. 첫 번째 사태는 교사의 질문이고, 두 번째 사태는 교사의 질문에 대한 학습자의 반응, 그리고 세 번째 사태는 학습자의 반응에 대한 교사의 평가다. 이 순서를 짧게 표현하면 I. R. E.(Initiation-Response-Evalutation)(질문-반응-평가)이다. 분명히 첫 번째와 세 번째 사태는 완전히 교사의 통제에 의한 것으로 학습자의 참여는 이 두 사태 사이에 끼어 있다. 다시 말해서, 교사는 하나의 정답을 기다리고 있으므로(O'Connor & Michaels, 1996), I. R. E.는 교사가 학습자 주도의 학습과 탐구에 민감할 수 없는 구조다(Pappas, Kiefer, & Levstik, 1999, p. 43). 연구자들은 교실에서 I. R. E.가 계속 반복하여 순환되고 있는 사실을 발견하였다. 그것은 사실상 "교사 주도 담화의 특징"(O'Connor & Michaels, 1996, p. 95)이다. 이런 상황에서 학습이 일어나느냐 일어나지 않느냐는 이런 "절차의 진행"이 실행되고 있다는 사실보다 중요한 일 같지 않다(Bloome, Puro, & Theodorou, 1989).

반즈(Barnes, 1976)는 학급에서 의사소통을 위해 사용하는 구어는 실제로 가르치는 교육과정에 아주 중요한 요인이라고 힘주어 말한다. 그는 이를 "잠재적 교육과정"이라 불러 교수 매뉴얼이나 책에 쓰인 교육과정과 구분하였다. 기대하는 내용을 학습자에게 분명하게 가르치지 않고 모종의 형태의 구어로 상호작용할 때 문제가 발생한다. 특히 이런 종류의 상호작용을 하지 않는 가정에서 온 아동들의 경우에는 어려움을 느낄 수 있다(Cazden, 1988; Tough, 1977). 예를 들면, 히스(Heath, 1983)는 연구를 통해 사회경제적으로 낮은 계층의 아프리카계 미국인 아동들은 질문자가 답을 이미 알고 하는 질문에 답하는 일에 익숙지 않다는 사실을 알게 되었다. 이런 유형의 질문은 학급에서 교사들이 자주 하는 방식의 질문으로, 이런 아이들은 침묵하거나 소외되었다. 다른 문화의 아동들은 이런 질문 유형에 꽤 익숙하였고, 이런 학급 담화에 쉽게 적응하였다. 에드워즈(Edwards, 1979)는 이렇게 교사들이 이미 답을 알고 있는 질문을 할 때, 교사들은 아동들로부터의 답을 평가하는 위치에 있기 때문에 모든 힘을 쥐고 상황을 좌지우지 한다는 점을 지적하였다.

반즈는 또한 학급에서의 두 가지 유형의 언어, "전달"과 "해석"을 구분 지었는데, 이는 딜론과 설(Dillon & Searle, 1981)이 다음과 같이 설명한 내용과 같은 맥락이다.

> 전달의 관점에서 보면, 지식이란 학습자 외부에 존재하는 것이고 가르침이란 학습자에게 지식체를 전달하는 것이다. 해석의 관점에서 보면, 지식은 학습자 내부에서 계발되는 것이고 가르침이란 학습자에게 더 개인적 관점에서 지식을 계발하고 표현할 기회를 주는 것이다(p. 312).

이야기책 읽어주기 상황에 대한 이 연구와 이론이 의미하는 바는, 책에 대한 토의는 교사가 엄격하게 주도할 일이 아니라 아동들에게 이야기와 개인적 경험을 관련지을 기회를 주면서 이루어져야 한다는 것이다. 또한 교사는 자신이 답을 알고 있는 질문을 자주 할 때 어떤 힘이 관여하는지에 대해 알아야 한다는 것이다.

연구자들은 또한 모종의 구어 상호작용이 이루어지는 다양한 교실 일과에 대해 연구하였다. 검페르즈(Gumperz, 1986)는 이런 일과 시간을 "말하기 사태(speech events)라 불렀다. 이런 시간에는 교사와 아동이 따라야 할 기준과 규칙이 있다(Gilmore Glathorn, 1982; Green & Wallat, 1981). 이야기책 읽어주기는 이런 말하기 사태 중의 하나고, 아동들은 암묵적 또는 명시적 기준을 따르면서 이런 시간에 참여한다. 문학적 토의로 "간주되는" 것은 이런 기준에 의해서다.

아동의 서사 이해에 대한 인지적 관점

이제 폭넓은 개념적 배경에서 벗어나 이 장에서는 아동의 이야기와의 경험에 대한 여러 가지 관점의 토의로 초점을 좁혀가고자 한다. 인지 중심 학문 분야의 다양한 이론과 연구들은 서사 텍스트에 대한 아동의 이해력에 대해 알려준다. 1970년대 초 이후, "이야기 문법"(story grammar)이라든가 "이야기 지도"(story maps), 또는 "이야기 스키마"(story schemas)라는 이름으로 불리면서 이야기 구조에 대한 수많은 모델이 양산되었다(Black & Wilensky, 1979; Brewer & Lichtenstein, 1981; Graesser, Golding, & Long, 1991; Meyer & Rice, 1984). 이런 문법이나 지도는 서사 구조가 어떻게 마음에 표상되는지를 묘사하고자 하였기에 종종 *서사 표상*(narrative representation) 이론이라 일컬어진다. 이런 서사 이론은 좀 더 일반적인 스키마 이론(Adams & Collins, 1979; Anderson, 1984; Anderson & Pearson, 1984)에 기초를 두고 있다. 스키마 이론에서는 유입되는 정보를 처리하고 조직하는 일을 하는 스키마라 불리는 인지 구조가 있다고 가정하는데, 그 인지 구조는 새로운 정보에 의해 수정되고 다듬어진다. 스키마 이론이 지난 수십 년 동안 도전도 받고 다듬어지기도 했지만(Paivio, 1986; Sadoski & Paivio, 1994; Spiro, Coulson, Feltovich, & Anderson, 1994), 그 이론에서 가장 중시하는 시각 중 하나는 여전히 받아들여지고 있다. 그것은 우리가 책을 읽을 때나 어떤 경험을 할 때 사전 지식이라는 형태로 그 내용에 가져오는 어떤 것이 읽는 내용이나 경험 내용을 이해하는 데 아주 중요한 요인이 된다는 사실이다. 말하자면, 새로운 정보는 사전 지식을 통해 걸러진다. 이야기 문법이나 이야기 지도에 대한 이론의 경우, 연구자들은 이야기에 대한 스키마가 존재한다고 가정하는데, 스키마는 플롯을 이해하고 서사에서 일어날 일을 예측할 수 있게 해준다. 연구자들이 도달한 중요한 결론은 이런 모든 모델은 아주 복잡하지만, 어린 유아들조차 이 모델 안의 아주 복잡한 전제와 상호 관련성 그 이상의 이야기 구조 이해력을 작동시키는 것 같다는 것이다(Mandler & Johnson, 1977; Stein & Glenn, 1979).

스피로와 쿨슨, 펠토비치, 앤더슨(Spiro, Coulson, Feltovich, and Anderson, 1994)이 개진한 인지적 유연성 이론(cognitive flexibility theory)은 스키마가 "비구조적인 영역"(복잡한 구조의 서사나, 그림책에서 글과 그림의 관계 같은 것)에서 어떻게 발달하는지에 대해 잘 알게 해준다. 이 이론에서는, 사람들은 자신이 당면한 문제를 비교하고 대조하고, 여러 영역의 지식을 "교차"시키면서 더 추상적이고 더 고차원적인 스키마에 도달하게 됨으로써 다양한 문제에 걸쳐서 지식을 점진적으로 구성해간다고 가정한다. 이 이론에 따르면, 문학적 이해의 발달을 위해서는 많은 이야기에의 노출, 더 좋게는 특정 장르나 특정 유형의 이야기에의 노출이 필요하다.

어떤 연구에서는 이야기 지도 그리기(story mapping)를 가르치는 일이 서사 이해에 긍정적 효과를 가져다주는지를 연구 문제로 삼았다. 그런 식의 수업은 서사 이해에 아주 큰 도움이 되었다는 꽤 결정적 증거가 나왔다(Dimino, Gersten, Carnine, & Blake, 1990; Fitzgerald & Spiegel, 1983; Spiegel & Fitzgerald, 1986). 바우만과 버거론(1993)의 연구는 3학년 미만 유아를 대상으로 이야기 지도 그리기를 연구한 첫 번째 연구다. 그들은 1학년을 대상으로 이야기 지도 그리기 수업을 네 가지 방법을 가지고 했을 때 어느 방법이 "이야기의 중심 요소"에 대한 이해에 가장 효과적인가를 연구하였다. 이 연구는 발생적 문식 단계 유아를 대상으로 한 연구라는 점에서 주목할 만하다. 또한 연구자가 그림책을 연구 도구로 사용했다는 점에서도 주목할 만하다. 이전의 연구들은 생략된 짧은 이야기를 사용하거나 연구를 위해 특별히 만든 이야기를 사용하였기 때문이다. 바우만과 버거론은 이야기 지도 그리기를 가르치면 확실히 1학년 아이들이 등장인물과 플롯, 배경, 문제, 해결 같은 "서사의 중심 요소"를 밝히고 이해하는 데 도움이 된다고 결론지었다(p. 407). 이런 결과는 검사에 대한 아이들의 대답과 아이들에 대한 면담 내용을 질적으로 분석한 결과 모두에서 그러하였다. 그러나 이 연구에서는 아이들에게 다양한 반응을 격려하지 않았다. 이해와 관련되는 질문 중 하나로 "이 이야기에서 문제는 무엇이었지?"를 들 수 있는데, 이것은 답이 하나라는 것을 가정한 질문이다.

골든과 루멜하트(Golden & Rumelhart, 1993)는 "이야기 이해와 회상" 모델에서, 서사의 빈자리를 마음속으로 채우면서 이야기의 "서사 경로"를 따르는 것과 같은 독자의 과업을 개념화하였다. "이야기는 가상의 공간에서 특정 경로만 부분적으로 표상하므로 이야기 이해란 이 경로에서 가장 빠져 있는 것으로 보이는 특성을 추론하는 일이라고 정의할 수 있다"(p. 203). 이 모델에서 강조하는 것은 이야기 속에 없는 내용과 능동적인 독자가 채우는 내용이다. 이 모델의 관점에서 보면, 문학적 이해는 서사의 틈을 아동이 추론하여 채우는 것이다.

이야기 문법과 이야기 지도, 그리고 모델에 대한 이론에는 몇 가지 한계가 있는 것 같다. 첫째, 대개의 모델은 모델을 개발하고 설명하고자 하는 특별한 목적을 위해 연구자가 쓴 아주 단순하고 짧은 이야기에 기초한다. 그런데 모델에서 사용하는 서사는 교실에서 사용하는 길고 복잡한 구조의 상품화된 책과는 다른 서사에 기초한다. 다시 말해서, 교실에서 전형적으로 사용하는 서사에 대한 아동의 이해에 이런 모델을 적용할 수 있을지는 의문이다. 둘째, 이런 모델들은 문학적 이해를 배경과 등장인물, 플롯, 주제같이 "서사의 구성요소"에 대한 이해로 구성된다고 보는 전통적인 견해를 가정하는 것 같다. 이런 전통적인 견해는 사실상 아동의 문학적 이해에 대해 단 하나의 제한된 측면만을 반영할 수 있다. 셋째, 이야기 문법 지도와 모델에는 아동이 의미를 구성하는 데 있어 그림에 대한 주의나 그림이 지닌 잠재 가능성은 포함되어 있지 않다. 이것은 저학년 학급에서 사용하는 대부분의 서사가 그림책의 형식을 취하고 있어서 그림이 글과 마찬가지로 중요한 역할을 한다는 점을 고려할 때 문제다. 유아는 이야기 문법과 이야기 지도, 모델과 같은 것에 따라 고려되기보다 훨씬 더 복잡한 과정(1장에서 더 자세히 묘사했지만, 글이라는 기호 체계와 그림이라는 기호 체계의 조정과 통합이 관련되는 과정)에 관여할 수 있다. 넷째, 이야기 문법 지도와 모델에서는 독자보다는 텍스트의 특성에 더 초점을 두기 때문에 독자가 어떻게 같은 텍스트를 똑같이 타당하면서도 다르게 이해하고 해석할 수 있는지에 대해 설명하지 못한다.

미알과 쿠이켄(Miall & Kuiken, 1994)은 문학 이론에서 사용하는 개념으로 텍스트 중심의 이론(text-based theories)을 확장시키고 재정비하고 알리는 방법을 탐구함으로써 이야기 문법과 이야기 이해 모델을 한층 더 비판하였다. 이 개념 중 하나가 "낯설게 하기"(defamiliarization)로, 이것은 문학 텍스트가 그것의 모호함 때문에 다른 텍스트와 달라 보이는 것을 말한다. 문학적 텍스트는 아주 많은 해석이 가능하고, 더 개인적이고 사적인 읽기를 조장한다. 문학은 새로운 방법으로 보고 개념화하게 한다. 그것은 쉬클로브스키(Shklovsky, Miall & Kuiken, 1994, p. 343을 재인용)가 천명했듯이, "습관화"의 적이다. 습관화는 우리를 자동 기계처럼 만들어, 삶에서의 경험을 음미하는 것이 아니라 단순히 자동화된 기계처럼 "닥치는 대로 사는 것"이다. 미알과 쿠이켄은 이야기 문법으로는 이런 측면의 문학적 경험을 할 수 없다고 주장한다. 대개의 이야기 문법에서는 "마음이 이야기 속의 미로 같은 의미들 중에서 가장 가까운 지름길을 택한다고 가정하면서 경제적으로 이해하기"를 시도한다(p. 349). 반면에 낯설게 하기 이론에서는 독자가 모호한 텍스트를 곱씹기 때문에 문학적 텍스트는 반대 방식으로 읽어야 한다는 제안을 한다. 미알과 쿠이켄은 "우리는 문학 텍스트에 관심을 반영할 수 있고 참여할 수 있고 더 나은 텍스트를 발견하고 구조를 변경하고 우리가 갖고 있는 다른 관점의 아이디어를 낼 수 있기 때문에 문학 텍스트를 읽는다. 그러므로 독자 간 반응의 차이는 부수적인 것이 아니라 기본적인 것"(p. 351)이라고 결론지었다. 이 이론에 기초하면 문학적 이해는, (1) 다양한 해석을 제안하는 능력, (2) 자신의 삶과 세상에 대해 새로운 방식으로 생각하기 위해 다양하게 해석하는 능력으로 구성된다.

교실에서의 문학 사용에 대한 문학적 관점

바로 전 내용에서 아동의 이야기 이해에 대한 인지적 관점을 살펴보았다. 그러나 이야기에 대한 유아의 반응과 이해에 담긴 문학적 질이 주요 초점은 아니었다. *문학적 관점*에서 보면 문학 이론, 특히 (1) 텍스트의 문학성, (2) 독자의 문학에 대한 반응의 문학성을 다루는 *문학 이론*으로 자연스럽게 옮겨갈 필요가 있다. 이 부분에서는 두 가지에 초점을 맞추고자 한다. 첫째, 원형 비평뿐만 아니라 신비평과 러시아 형식주의 비평, 구조주의 비평을 포함한 텍스트 중심의 이론과 연구를 제시할 것이다. 다음으로 여러 가지 유형의 독자 중심의 이론에 대해 논의할 것이다. 여기서 독자 중심의 이론(reader-based theories)을 (1) 독자가 대부분 통제를 하는 이론, (2) 독자의 자유를 제한시키고 텍스트가 대부분 통제를 하는 이론으로 나누어 살펴보고자 한다. 그리고 다음 장에서는 독자와 텍스트를 똑같이 중요시하는 독자 중심 이론에 대해 살펴볼 것이다. 각 경우마다 문학적 이해의 구성에 대한 함의에 대해서도 알아볼 것이다.

텍스트 중심의 이론과 연구

마가렛 미크의 연구(1983, 1988)는 유아를 위한 문학 텍스트가 어떻게 읽기 초보자에게 "가르치지 않고 가르치기"를 하는지에 대해 설득력 있게 설명하므로 중요하다. 미크(1988)는 『텍스트는 학습자가 배우는 것을 어떻게 가르치는가 *How Texts Teach What Readers Learn*』라는 짧지만 아주 영향력 있는 책에서, 쉬운 텍스트로 이루어진 그림책 형식의 고품격 아동문학인 「로지의 산책」(Hutchins, 1968)이 어떻게 "저자와 독자, 그림, 그림의 해석"에 대한 "수업"을 가능하게 하는지 서술한다. 이런 수업 내용은 모두 문학적 능력이면서 읽기에도 중요한 능력이다. 미크는 다음과 같이 설명한다.

> 유아가 책 읽기를 배우려면 종이 위 글자를 단순히 식별만 해서는 안 되고 화자(작가의 견해와 목소리를 알기)와 청자(이야기의 수용자이자 해석자)가 되어야 한다. 이런 상징적 상호작용은 일찍 학습된다(p. 10).

유아는 「로지의 산책」을 통해 자신이 없으면 이야기도 없다는 것을 배우게 된다. 글과 그림은 이야기를 하고자 함께 작동할 뿐이고, 글과 그림이 말이 되게 하는 사람은 오로지 독자이기 때문이다. 그러므로 초보 독자는 그림책을 통해 능동적인 역할을 배우게 된다. 이어서 미크는 문학이 초보 독자에게 어떻게 "텍스트의 작동 방식"인 중요한 서사 수업 내용(등장인물, 플롯, 행위, 갈등, 해결에 대한 수업 내용)을 가르치는지에 대해 설명한다. 「로지의 산책」의 서사 형태는 아주 만족스러워서 유아들은 읽고 또 읽고, 심지어 "무슨 일이 일어났는지" 알게 된 다음에도 읽는다. 미크의 마지막 요점은, 이야기는 서로 연결된 대가족의 구성원이라는 것이다. 문학을 통해 아이들은 다양한 장르의 이야기 방식뿐만 아니라 상호텍스트적 관계를 배운다. 웜즐리와 필딩, 월프(Walmsley, Fielding, and Walp, 1991)의 연구에는 유아가 얼마나 놀랄 정도로 다양한 이야기 유형을 배우는지가 나타나 있다. 그들은 2학년 유아를 대상으로 가정과 학교의 문학 경험에 대해 장기 연구를 하였다.

미크와 공동 연구자들은 읽기 학습에 있어서의 서사 구조의 중요성에 대해 연구하였고, 문학적 이해는 주로 이런 구조를 학습하는 것으로 구성된다고 하였다. 다음의 텍스트 중심 문학 이론에서는 서사 텍스트의 형식과 내용에 초점을 맞춘다.

신비평

1920년대부터 1960년대까지 영어권 문학 비평 분야에서는 거의 텍스트 분석에만 초점을 맞추는 접근이 주를 이루었다. "신비평"으로 알려진 이 접근은 문학작품을 저자의 자기표현으로 보며, 텍스트 자체는 무시하고 저자의 전기적 정보와 역사적 정보에 초점을 맞추는 낭만주의 전통의 문학 비평에 대한 반발로 생겨났다(Selden & Widdowson, 1993). 미국의 신비평은 1920년대에 영국 작가 엘리엇(T. S. Elliot)과 리처즈(I. A. Richards)의 영향을 받아 생겼고, 1940년대와 1950년대에 아주 중요한 이론이 되었다. 리처즈는 시에 대한 대학생의 반응을 실제로 분석하였다는 점에서 독자 반응 비평의 창시자 중 한 사람으로 여겨진다. 그러나 시에 대한 올바른 해석이 하나만 있다고 생각했다는 점에서 그의 연구는 신비평적이다. 존 크로 랜섬(John Crowe Ransom, 1941), 클리앤스 브룩스(Cleanth Brooks, 1939/1965; 1947/1968), 로버트 펜 워렌(Robert Penn Warren)(Brooks & Warren, 1943), 윌리엄 윔새트와 몬로 비어즐리(William Wimsatt, and Monroe Beardsley)(Wimsatt, 1954)는 미국 신비평에서 가장 영향력 있는 인물들이다. 신비평은 객관성에 아주 큰 관심을 가지고 있었고, 과학적 특성의 문학 비평을 시도하였다. 연구자들은 문학의 전통적인 삼분법, 즉 작가, 텍스트, 독자 중 고정되고 안정되고 객관적 탐구가 가능한 요소가 하나 있다고 보았다. 물론 그 요소란 텍스트다. 텍스트의 글은 변하지 않는다. 그리고 점차 더 과학적 성격의 텍스트 비평으로 텍스트의 "진실성"을 지켰다. 텍스트에는 검정색과 흰색이 있고, 거기에는 작가와 독자는 없으므로 객관적인 탐구를 하기에 쉬웠다. 셰익스피어 같은 작가는 죽었고, 자신의 작품에 대해 어떤 이야기도 한 적이 없었다. 다른 작가들 중에는 자신의 작품에 대해 무엇인가를 쓴 작가도 있겠지만 이런 경우는 대체로 드물고 불분명하다. 현대 작가들은 자신의 작품에 대해 이야기하기도 하지만, 대개의 작가들은 아주 과묵하고 어떤 것에 대해 설명하거나 의미를 분명하게 말하는 데 대해 수줍다. 우리는 작가의 진정한 의도를 제대로 알 수 없을 것이다. 작가가 자신의 작품에 대해 한 말과 글은 반어적이거나 심지어는 의도적으로 오도한 것일 수도 있기 때문이다. 신비평은 삼분법에서 작가 부분이 제거된 것이다.

마찬가지의 논리로, 삼분법에서 독자는 객관적인 검토 대상에서 빠졌다. 신비평에서는 독자를 아주 의심스럽고 걱정스럽게 보았다. 왜냐하면 독자는 작가보다 객관적 비평에 어려움을 주기 때문이다. 독자의 해석은 지나칠 정도로 다양하다. 리처즈(1929/1964)는 대학생을 대상으로 한 그의 연구에서 이 점을 증명한 바 있다. 동질 집단의 대상이 같은 시를 읽었는데도 아주 다르게 해석하였기 때문이다. 그러므로 독자는 결국 상대주의와 유아론(唯我論)에 빠지게 되고 말 것이다. 이런 걱정은 윔새트와 비어즐리가 쓴 아주 영향력 있는 두 개의 논문에 명확하게 나타나 있다. "의도의 오류"(intentional fallacy)(1954b)에서는 작가의 의도를 결정지으려는 시도에 대해 독설을 퍼부었고, "감동의 오류"(affective fallacy)(1954a)는 독자가 텍스트에 대해 말한 것을 문학 비평의 기초로 삼는 관점을 위축시켰다. 텍스트 *하나만*이 탐구될 가치가 있는 것으로 생각하게 되었다. 텍스트의 형식과 구조, 이미지와 아이러니의 사용을 분석하게 되었다. 텍스트가 하나이므로 해석도 하나만 존재하며, 주의 깊게 읽으면 하나뿐인 해석을 알게 될 것이다. 해석에 논쟁의 여지가 있을 수는 있겠지만, 텍스트가 "말 기호"(Wimsatt, 1954) 그 자체로 존재하므로 비평의 목적은 텍스트에 *이미* 있는 의미에 도달하는 것이었다. 좀 별나게 이야기하자면, 신비평은 꽤 민주적인 입장이라 할 수 있다. 문학의 역사와 작가에 대해 아주 많이 알지 못해도 되기 때문이다. 필요한 것이라곤 텍스트와 좋은 사전이 전부다. 텍스트를 주변 맥락에서 분리시켰다. 심지어 대학 수업을 위한 선집 중에는 작가의 이름을 아예 빼버린 경우도 있을 정도다. 그러나 다른 한편으로 보면, 신비평은 독재적이다. 맞는 해석을 위한 분석 기법과 절차를 교사가 학생에게 가르쳐야 하기 때문이다. 텍스트와 좋은 사전과 함께 학생은 교사가 가르쳐주는 중요한 핵심 내용을 배워야 했다.

요약하자면, 신비평은 독자나 작가보다는 텍스트를 강조하였다. 이 입장은 읽기의 목적을 객관적으로 이해할 줄 아는 것이라고 생각하였다. 텍스트는 메시지고, 독자가 할 일은 메시지를 해독하는 일이라고 생각하였다. 아주 많은 변인 또는 요인(독자의 배경과 이보다 더 넓은 범위인 사회적 맥락과 문화적 맥락)을 무시하므로 전체 과정에 대한 과학적 객관성을 확보할 수 있었다. 초점을 개인과 텍스트에 맞추지 관계를 둘러싼 세상에 맞추지 않았는데, 여기서 관계는 텍스트에서 독자로 향하는 한 방향으로의 관계를 말하는 것이다. 텍스트는 "말하거나" 전달한다. 독자는 "이에 귀 기울여 듣고"(받아들이고) 이해한다. 다양한 연구자들은(Harker, 1992; Straw, 1990) 신비평과 행동주의 이론가들이 말하는 읽기의 유사점을 지적하였다. 행동주의에서의 읽기 또한 텍스트의 특성에 초점을 두고 저자가 텍스트를 통해 독자에게 의미를 일방적으로 전달하는 일로 보았기 때문이다. 이 둘이 비슷한 점은 또 있다. 둘 다 신성한 객관성을 매력적으로 보는 시각과 모종의 지식의 가능성을 높이 평가하기 때문에 아주 집요하다. 대체로 자신의 읽기 이론을 명확하게 말로 표현하지 못하는 사람들은 행동주의 이론에 기초하여 읽기를 가르치고 있는 것 같고, 문학 비평 이론을 갖추고 있지 못하다고 말하는 사람들은 신비평 원리를 사용하여 영어를 가르치고 있는 것 같다. 행동주의자와 신비평 원리는 자신의 입장을 명확하게 설명할 수 있는 학자들에게도 여전히 지지를 받는 이론이다. 대개의 읽기 표준화 검사는 신비평 원리에 기초하고, "이해"를 연구하는 연구자들은 의미는 텍스트 안에만 있다고 가정하고 있다.

몇몇 현대 문학 비평가(Eagleton, 1983)와 영어 교수에 관심이 있는 사람들(Thompson, 1987)은 신비평을 마치 악의 제국인 것처럼 쓰지만, 텍스트를 가까이에서 조심스럽게 읽어야 한다는 신비평의 주장은 계속되었다. 또한 텍스트에 대해 말하는 신비평 언어는 "아이러니", "복선", "플롯의 합병과 해결" 같은 용어를 사용할 때, 은유적 언어의 이해와 문학작품에서의 상징의 통합을 강조할 때 훨씬 더 활성화된다. 최근의 문학 이론일수록 텍스트가 아닌 다른 것에 초점을 두는 경향이 있다. 그러나 이런 이론들도 텍스트에 대해 다룰 때 신비평 개념을 많이 사용하는 것 같다. 신비평 관점에서 문학적 이해를 하려면 텍스트의 구조와 문형 해설하기, 상징과 이미지 또는 주제를 하나로 통합시키기를 통해 텍스트에서 단 하나의 의미를 찾아내야 한다. 그러므로 신비평 이론은 더 이상 새로울 것은 없는 이론이지만, 오늘날에도 여전히 유치원과 초등학교, 중등학교에 널리 퍼져 있는, 문학적 이해에 대한 암묵적 이론이다.

러시아의 형식주의, 구조주의, 그리고 서사학

다른 계열의 텍스트 중심의 문학 이론에서는 독자가 배울 필요가 있는 것을 텍스트가 어떻게 가르칠 수 있는지에 대한 통찰을 보여준다. 러시아 형식주의자들과 이와 관련되는 비평 학파인 구조주의자들은 민담과 신화 같은 오래 전 문학으로 연구한 결과, 이런 모든 텍스트는 플롯의 행위나 등장인물 간의 상호 관계에 있어서 같은 구조를 지니고 있다는 것을 발견하였다. 연구자들은 서사를 일련의 광범위한 범주와 문학적 장치(예를 들면, 시점)의 유형에 따라 분석하였다. 어떤 텍스트들은 이런 폭넓은 유형의 예로 여겨졌다. 쉬클로브스키(1966)가 지은 파블라(fabula)(이야기, story)와 수제(syuzhet)(플롯, plot) 간의 구분은 중요하다. 이야기란 실제 일어난 시간에 따라 연결된 일련의 사건을 언급하는 것인 반면, 플롯은 이런 사건을 다른 순서(예를 들면, 서사 과정에 플래시백(flashback)

글쓰기나 등장인물 측에서의 기억에 대한 서술)로 예술적 또는 문학적 재배열을 한 것이라고 정의할 수 있다. 브레슬러(Bressler, 2007)에 따르면, 이야기(파블라)는 "이야기의 원재료이며, 작가의 작품 윤곽과 어느 정도 비슷한 것으로 생각할 수 있다. 윤곽에는 이야기의 시간 순에 따른 일련의 사건이 포함"(p. 52)되며, 수제는 "작가가 이야기를 플롯으로 변형시키기 위해 사용하는 문학적 장치"(p. 52)를 일컫는 것이다. 이런 구분은 아동이 서사를 따라가려고 할 때 배워두어야 할 중요한 구분이다. 실제 일어난 연대순과는 다른 중요 서사 대목들이 아동을 혼동시킬지도 모른다. 그러므로 아동은 문학적 이해를 위해 실제 시간과 서사 시간의 구분을 일부라도 배워야 한다.

프롭(Propp, 1958)은 러시아 민담을 31개의 기본적 "기능"으로 분석할 수 있다고 가정하였다. 이 모든 기능은 등장인물과 등장인물의 행위의 조합이다. 예를 들면, 기능 25는 "영웅에게 어려운 과업이 놓이다"이고, 기능 31은 "영웅이 결혼을 하고 왕위에 오르다"이다. 당연히 모든 민담에 31개의 모든 기능이 들어 있는 것은 아니다. 그러나 프롭은 31개의 기능에는 민담의 보편적 가능성이 묘사되어 있으므로, 각 민담에는 몇몇 기능들이 포함되어 있으리라 단정한다. 그는 러시아 민담에 기초하여 분석하였지만, 그가 제시한 체계는 다른 민담에도 적용되고 다른 문학 형태에도 적용된다(Selden & Widdowson, 1993, p. 110). 그의 연구는 이야기(특히 전승문학)가 어떻게 전개되는가에 대한 아동의 이해력 증가와 관련지어 볼 때 가치가 있다. 이런 원리에 따르면, 아동은 문학적 이해를 통해 "누가 영웅인가?(또는 주인공인가?)"나 "영웅에게 닥친 문제나 갈등, 또는 어려움은 무엇인가?", "영웅이 문제를 해결할 수 있게 도와주는 이는 누구인가?"와 같은 논점을 포함하여, 텍스트에 대한 고차원의 추상적 일반화를 배울 것이다. 아동들은 이야기 간 공통점을 발견하기 위해 서로 여러 이야기를 일반화 시킬 수 있을 것이다.

쉬클로브스키(1966)의 연구에 대해 이미 언급한 바 있지만, 그는 같은 경험이 반복되면 우리의 감각과 감정이 자연히 무뎌진다고 주장하였다. 우리는 살아가면서 삶의 경험이 아주 친숙하기 때문에 주의를 덜 기울이는 경향이 있다. 쉬클로브스키는 문학의 주된 목적은 삶을 신선하고 생기 있게 경험하게 해주는 것으로, 이것은 삶을 "낯설게 하고" 다시금 새롭게 하는 문학적 기법과 실천을 통해서 가능하다고 강조하였다. 예를 들면, 그 중 한 가지 기법은 아주 짧은 순간을 아주 자세히 서술하며 시간을 끄는 것이고,

다른 기법은 며칠 또는 몇 달 간의 서사를 건너뛰면서 속도를 내는 것이다. 이것은 쥬네트(1980)가 서사 진행 또는 서사 속도에 관해 제안한 아이디어와 밀접한 관련이 있다. 쥬네트는 대체로 서사에서는 시간을 붕괴하거나("며칠 후…" 같은 전환 기법) 시간을 확장(예를 들면, 단 몇 초밖에 되지 않는, 극적인 한 순간을 여러 등장인물의 눈으로 봄으로써)시킨다는 점을 지적하였다. 쥬네트는 이를 서사의 가속과 감속이라 부르고, 더 나아가 속도 변화를 몇 개 유형으로 구분 지었다. 실제 시간은 안정적이고 예측 가능하다. 서사 시간은 불안정적이고 예측 불가능하고 돌발적이다. 우리는 실제 시간에 대해 선험적으로(칸트가 가정했듯이) 가지고 태어난지도 모르지만, 서사 시간은 명확히 배워야 할 어떤 것이다. 서사 시간에 대한 유아의 이해도에 대해 한 실험 연구는 거의 없다. 그러나 이야기가 어떻게 균일한 속도로 흐르는 실생활 속 경험의 시간과는 아주 다른 방법으로 시간의 경과를 표현해내는지를 이해하는 것은 서사학자들이 알아야 할 문학적 이해의 한 부분이라는 점은 가정할 수 있다.

서사 이론가인 토도로프(Todorov, 1977)는 서사에는 12개 유형의 변형(6개의 단순 변형과 6개의 복합 변형)이 있다고 가정하고, 이 변형이 단순한 설명어를 서사어로 바꿔준다고 하였다. 여기서 설명어란 브루너(1986)가 "패러다임의" 또는 "논리 과학적" 언어라 칭한 것을 말하고, 서사어는 의미의 범위를 확장시켜주고 실제를 "주관화시키거나" 이야기 속 등장인물이 "생각한 행위나 상태"를 보여주는 언어를 말한다(Hade, 1988, pp. 312-313). 예를 들면, "존은 아이스크림을 먹었다"라는 문장은 설명적이고 패러다임의 양식으로 단순히 진술을 한다. 이 문장의 방식(mode)을 바꾸면 "존은 아이스크림을 먹었을지도 모른다"이다. 의도를 개입시켜 변형시키면 "존은 아이스크림을 먹으려 한다"가 될 것이다. 이 두 가지에 덧붙여 10가지의 변형이 가능하다. 헤이드(Hade, 1988)는 토도로프가 연구한 "서사 변형" 체계를 이용하여 이야기의 텍스트와 이 이야기에 대한 세 유아의 다시 이야기하기(retellings) 내용 간 관계를 분석하였다. 헤이드의 방법은 토도로프의 변형 체계에 따라서 3세, 4세, 8세 유아에게 읽어준 두 개의 이야기를 분석하는 것이었다. 그는 또한 같은 체계에 따라 유아의 다시 이야기하기 내용 몇 개를 더 분석하였다. 연구 결과, "유아는 이야기에 나오는 언어 구문을 증폭시켜 말하고", "원래 텍스트의 언어를 자신의 이야기 언어의 일부가 되게 하는" 것으로 나타났다(p. 319). 이 연구가 의미하는 바는 유아에게 읽어주는 이야기의 유형(또는 유아가 읽는 이야기의 유형)은 유아의 서사에 대한 개념을 형성시켜 준다는 것이다. 헤이드는 "서사 변형은 '유아의 이야기에 대한 개념'"을 알 수 있게 해주는 구조적 도구가 될 수 있다고 결론지었다.

원형 비평

노스롭 프라이(Northrop Frye, 1957, 1964) 같은 문학 이론가는 문학 텍스트를 따로 떼어 보기보다는 인간에게 영원히 의미 있는 주제인 신화적 주제를 시와 소설, 희곡이 어떻게 작품화시키는지를 탐구하였다. 프라이는 융(Jung, 1934~1935)의 원형에 대한 아이디어(융이 모든 인간의 "집단 무의식"이라 믿은 인지 구조이자 주제, 개념)를 보편적인 문학 담론으로 확장시켰다. 융에 따르면, 모든 사회의 고대 신화와 민담은 심리 상태와 상징을 표상한다. 무의식의 주요 산물은 조셉 캠벨(Joseph Campbell)에 의해 유명해진 "영웅 신화"다. 영웅 신화는 싸움의 해결, 성년, 그 외 발달 주제를 다룬다. 프라이는 융의 아이디어를 사용하여 문학의 유형학을 만들어냈다. 이것은 네 가지의 원형적 지식인 로망스, 코미디, 비극, 풍자/아이러니를 구체화시킨 네 개의 기본 서사 유형이다. 프라이에게 문학과 그 외 예술은 자기 변형 가능성과 의미를 부여함으로써 인간을 고유한 존재로 만들어주는 것이다. 아동의 문학적 이해 습득에 관심이 있는 두 연구자, 글렌나 데이비스 슬로안(2003)과 캐이 밴더그리프트(Kay Vandergrift, 1980)는 프라이의 이론을 광범위하게 사용해왔다. 이 두 연구자들의 연구는 3장에서 다루어질 것이다.

신비평은 각 텍스트를 고유한 총체로 보는 반면 러시아 형식주의와 구조주의, 원형 비평은 텍스트를 하나로 통합시켜주는 공통의 틀을 발견함으로써 텍스트 간 연결 짓기가 핵심이다. 이 세 가지의 문학 비평에는 서사의 "문법"과 역동성 구분 짓기, 특정 장르와 특정 문학 유형에 나타난 공통적 원리 구성하기, 문학이 어떻게 가치와 목적, 꿈, 성격 유형에 대한 원형적 예의 제시를 통해 인간의 보편적 경험을 반영하는지를 밝히기 등에 대한 노력이 나타나 있다. 이 연구들에서는 모든 이야기의 기초 원리와 문학 장르의 특징을 이해하는 것만큼이나 이야기에 나타난 공통적인 내용과 구조를 가르치는 것을 중요하게 여긴다.

독자 중심의 이론: 두 개의 극단

텍스트 중심 이론의 주요 가정이 텍스트 *안에* 객관적 의미와 구조, 내용이 있다는 것(그러므로 한 텍스트에는 단 하나의 의미만 있을 수 있다는 것)이라면, 독자 중심 이론의 주요 가정은 독자마다 같은 텍스트를 자연스러우면서도 불가피하게 다른 의미로 구성한다는 것이다. 독자가 읽은 것을 이해하고 해석하는 방식에 초점을 두는 이론들을 보통 "독자 반응" 이론이라 부른다(Beach, 1993; Marshall, 1993; Suleiman & Crosman, 1980; Tompkins, 1980). 이런 이론에서는 공통적으로 문학적 의미를 구성할 때 독자의 역할을 강조하고, 보이는 것과 보는 사람은 서로 뗄 수 없다는 현상학적 가정을 공유한다(Nauman, 1994). 독자 반응 이론은 또한 텍스트에 단 하나의 객관적 의미가 있다는 생각을 거부한다. 그것은 모든 독자가 텍스트에 서로 다른 경험을 가져와서 그 텍스트를 자신의 고유한 문화적 · 심리적 여과 장치를 통해 이해하기 때문이다. 그렇지만 독자 반응 비평이 모두 똑같은 것은 아니다. 비치(Beach, 1993), 갤다(Galda)와 비치(2001)가 보여준 바와 같이 독자 반응 비평은 많은 가구로 이루어진 집이다. 이런 이유에서 나는 그림 2.1과 같이 독자를 텍스트에 의해 지배되는 존재로 보는 이론으로부터 독자를 완전히 자율적으로 생각할 수 있는 존재로 보는 이론을 연속선상에 나타내고자 한다.

그림 2.1 독자 반응의 연속선

작가/텍스트에 지배된 독자 ------------------|------------------ 완전히 자율적인 독자

연속선의 양 끝은 이 장에서 논의되고, 그 중간의 것들에 대해서는 다음 장에서 논의할 것이다. 왼쪽 끝은 독자가 작가나 텍스트에 의해 지배되는 지점이므로 당황스러울 수도 있다. 독자가 반응을 할 수 있기는 할까? 그러나 이 왼쪽 끝에 있는 이론의 초점은 여전히 *독자가 이야기를 읽을 때 마음속에 어떤 일이 일어나느냐*다. 예를 들면, 현상학자인 조르주 뿔레(Georges Poulet, 1980)는 책을 읽을 때 우리 마음에는 작가가 *자리 잡으*

므로(inhabit) 작가에게 마음을 "내주게" 된다고 믿는다. 우리는 작가를 대접하는 주인으로 보고, 작가의 생각을 생각(또는 다시 생각)하게 된다. 말하자면, "내가 책을 읽을 때 '내 속에서 생각하는' 나는 책을 쓰는 사람으로서의 나다"(p. 46) 라는 의미다. 뿔레에게 있어서 문학적 이해는 작가의 "소유물"에 대해 개방적일 때 가능하다. 그것은 영화 〈엑소시스트 *The Exorcist*〉를 연상시킨다. 이상한 이야기지만, 벡과 맥코운(Beck & McKeown, 2006; Beck, McKeown, Hamilton, & Kucan, 1997)의 "작가에 대해 의문 갖기" 기법은 작가가 독자로 하여금 텍스트에 대해 생각하길 원하는 것을 계속 생각하게 하므로 내재적으로 보면 독자 중심의 접근에 기초한 것이다. 이 연구는 허쉬(E.D.Hirsch)의 비평과 비슷한 점이 있다. 허쉬의 『해석의 타당성 *Validity in Interpretation*』의 주요 주제는, 모든 문학작품에는 작가가 결정해둔 하나의 "의미"가 있고 독자는 주의 깊게 분석하여 이를 찾아낼 수 있어야 한다는 것이기 때문이다. 그러나 허쉬는 모든 문화적 맥락과 사회적 맥락이 텍스트에 서로 다른 "의미"를 부여할 것이라고 주장한다. 이런 관점에서 보면 문학적 이해는 작가의 의도나 사고 유형을 뚜렷하게 알아야 가능하다. 독자는 아무리 적극적이더라도 언제나 작가의 조정을 받는 것이다. 그러나 다양한 시대와 문화, 사회적 맥락의 독자들은 같은 텍스트에 대해 다양한 유형의 의미에 도달하게 될 것이다.

스탠리 피쉬(Stanley Fish)의 초기 연구(1967, 1970/1980)는 연속선 왼쪽 끝에 위치하였다. 피쉬는 사고가 풍부한 연구자이고, 이전의 자신의 접근 방법을 크게 바꾸어 미국 문학 비평의 선두주자가 되는 특출한 연구를 하였다(Richter, 1989). 피쉬(1967)는 『죄업에 놀란, "실낙원"의 독자 *Surprised by Sin: The Reader in "Paradise Lost"*』에서 밀턴(Milton)의 명작을 읽는 순간순간의 과정을 훌륭하게 써놓았다. 물론 이렇게 하면서 피쉬는 시 자체보다는 시의 독자인 자신에 초점을 둔 것이므로, 신비평에서의 "감동의 오류"에 도전한 것이다. 피쉬는 읽기를 선형적인 용어로 설명한다. "이 연구 방법은 읽기 경험이 시간의 흐름에 따른 것이라는 생각에 기초한 것이며, 나는 독자가 온전한 말보다는 흐름에 반응한다는 가정을 하였다. 즉, 어떤 길이의 말이든, 독자는 그 길이가 얼마이든 첫 번째 단어, 다음으로 두 번째 단어, 그리고 세 번째 단어, 이런 식으로 그 어느 지점의 단어를 취하게 된다. 그러므로 독자에게 일어난 것을 담은 보고 내용은 항상 그 지점까지 일어난 것에 대한 보고 내용인 셈이다"(Fish, 1970/1980, p. 27)라고 하였다. 피쉬는 "시간이 경과됨에 따라 단어와 관련하여 이어져 나타난 독자의 반응"을 묘사하려고 노력하였다(p. 27). 그리고 이미 읽은 내용에 대해 새로운 단어나 구문 하나하나가 어떤 영향을 미치는지를 순간순간 상세하게 묘사한 내용이 해석 내용을 이룬다. 피쉬는 그의 분석 방법이 의식 수준에 이르는 과정의 속도를 늦춰준다는 점을 강조한다. 그래서 그가 묘사한 내용은 능숙한 독자보다 속도가 아주 느린 초보 독자의 읽기 과정과 놀랄 정도로 관련이 있는 것 같다. 이런 관점에서 보면, 텍스트는 더 이상 물체가 아니라 사태, "독자의 참여가 동반된 채 일어나는 어떤 것"(p. 25)이다. 그러므로 텍스트가 매 순간 독자를 속박한다 할지라도, 흥미로운 것은 독자의 텍스트에 대한 읽기 과정이다. 이런 견해에 따르면, 유아의 문학적 이해는 자신이 순간순간 읽은 구문이나 문장에 대해 상위인지적으로 생각하게 가르치는 것으로 구성될 것이다.

독자 반응 이론의 연속선상의 다른 쪽 끝인 오른쪽에는 독자에게 거의 전적으로 자율성을 부여하는 이론들이 위치한다. 독자의 통제하에 있는 텍스트는 단지 "독자가 반응하도록 무력하게 열려 있는 연상 주머니"(Grudin, 1992, p. 105)다. 이 입장의 가장 선봉에 선 연구자는 데이비드 블레이치(David Bleich, 1978, 1980)와 노먼 홀랜드(Norman Holland, 1968, 1975)다. 실제의 주관적 성격을 가정할 때, 블레이치(1980)는 "텍스트가 독자에게 작용을 한다는 환상이 있는 것은 사실이지만, 텍스트가 실제로 독자에게 작용하는 경우는 거의 없다"(p. 145)고 쓰고 있다. 같은 텍스트를 보고 단어의 "명목상의 의미"에 대해 동의하는 정도를 넘어서서 "어떤 텍스트에 대해 이룰 수 있는 단 한 가지의 의견 일치는 상징적 대상으로서의 그것의 역할에 대한 일치다. 이것은 그 텍스트에 대해 한 걸음 더 나아간 논의는 각 독자 편에서의 상징화, 그리고 그 상징화에 대한 재상징화에 근거한 것이지"(p. 145) 텍스트가 만들어내는 환상에 의한 상호교류에 근거한 것이 아니라는 의미다. 읽은 것에 대한 논의는 자신의 개인적 반응을 공유하는 것을 의미한다. 이런 견해의 교육학적 의미는 교사(또는 교수 – 블레이치는 주로 자신이 가르치는 대학에 관심을 갖고 있었음)가 문자 그대로 어떤 반응도 높이 평가하고 받아들여주는 상황을 만들 필요가 있다는 것이다. 그의 이론은 유아에게도 적용 가능하다. 블레이치의 이론에 따르는 교사라면 유아가 하는 모든 해석을, 심지어 그것이 이야기의 의미에 대한 교사의 가정과 다를 때조차 기꺼이 받아들일 것이고, 전혀 의견의 일치를 이루지 못한다 해도 개인적 해석을 활기 있게 교환할 수 있도록 격려할 것이다.

홀랜드의 입장도 비슷하기는 하지만, 그는 정신분석 이론의 관점에서 독자의 자율성에 접근한다. 그의 주 관심사는 독자의 문학에 대한 정서적 반응이고, 그의 초기 연구(1968)는 특정 텍스트가 우리가 갖고 있는 기본 환상과 정신적 갈등을 어떻게 증폭시키는지에 대해서 프로이드식 견해를 취하고 있다. 얼마 후(1975), 그는 어른 독자 다섯 명의 반응을 상세히 연구한 결과, 그들이 읽을 때 하는 일은 자신의 기본 인성 구조나 "정체성 주제"(identity theme)에 기초하여 문학 "속으로 들어가는 것"이었다고 결론지었다. 각자의 정체성 주제는 독자적이고 색다르기 때문에 각 독자의 해석 또한 독특하다. 홀랜드에게 있어서 텍스트에서 발견한 것은 문자 그대로 *우리 자신*이다. 메일럭스(Mailloux, 1982)는 홀랜드에 대해 "우리는 모두 책을 읽을 때 문학작품을 이용하여 상징화하고 마침내 우리 자신을 복제한다. 텍스트를 통해 우리 자신의 소망을 이루고 텍스트를 각색한다"(p. 25). 텍스트에 대한 해석은 우리가 텍스트에 불러들이는 내적 정서 구조에 전적으로 달려 있다. 그래서 홀랜드의 연구는 페이지 위에 있는 글은 완전히 무시한 채 독자의 경험을 강조하는 읽기 이론과 아주 비슷하다. "읽기에서 시각은 부수적일 뿐이다"(Flynn, 1983 재인용, p. 42)라는 콜러(Koler)의 짧은 글은 읽기 과정에 대한 이런 사고 유형을 반영하고 있다. 유아 교사가 홀랜드의 아이디어를 알면 유아가 이야기에 대해 어떤 말을 할 때 거기에 아이들의 인성과 관심사가 반영되어 있다는 것을 이해할 수 있을 것이다. 이때, 문학에 대한 이해는 자기 검토 및 자기 반영의 한 형태인 것이다.

각 개인이 단 하나의 정체성을 갖는다는 생각은 포스트모던식 사고방식(Derrida, 1976)으로는 당연히 도전받을 만한 것이다. 포스트모던 사고방식의 소유자들은 "주관성"(subjectivity)이라는 용어를 선호한다(Broughton, 2002). 주관성은 존재론적으로 불안정적이며, 우리 자신의 모습을 발견하는 사회문화적 맥락과 언어적 맥락에 기초하여 계속 변환된다. 그러므로 홀랜드와 블레이치가 말한 것처럼 *단 하나의* 정체성에 대해 이야기하는 것은 문제의 소지가 있다. 그러나 우리는 편안하게 느끼는 방식의 행동과 태도를 내보이므로 아동의 "주관성 주제"(subjectivity theme)를 알아내는 일은 여전히 가능하다고 할 것이다(Broughton, 2002, p. 4). 브로톤(Broughton)은 "초기 청소년기인 6학년 여아"를 연구하였지만, 이보다 더 어린 아이들이라고 해서 주관성 주제를 드러내지 못할 이유는 없다. 이런 경우에 문학적 이해는 아동이 처한 상태에서의 주관성에 기초한 이야기의 해석이 될 것이므로 아동의 학교 주관성은 학교 밖 주관성과는 꽤 다를 것이다. 그러므로 이 6학년 여아는 사회언어학적 맥락과 문화적 맥락에 따라 이야기를 아주 다르게 해석할 것이다.

나는 피쉬의 연구가 텍스트에 대한 상대적 중요성의 면에서 그 관점이 변했다는 점을 언급하였다. 『이 교실에 텍스트는 있는가? *Is There a Text in This Class?*』라는 논문집(Fish, 1980)에 나타난 그의 관점은 이전의 입장과는 정반대 쪽 끝의 입장을 취하고 있다. 이것은 거의 블레이치와 홀랜드만큼이나 극단의 주관적 견해를 보여주는 것이다. 예를 들면, 그는 텍스트에 객관적 의미란 없다고 주장한다. 어느 논문(1980)에서는 "감동 비평"이 "상위의 픽션"이라고 언급하면서 "그것은 바른 답을 찾아야 한다는 의무감을 덜어주고 흥미로운 것만을 요구한다"(p. 180)고 하였다. 피쉬는 같은 책의 다른 논문 시리즈에서 이런 견해에 반영된 극단의 상대주의(유아론이라 할 수는 없음)를 본인 스스로 거부하였다. 텍스트에는 본유적으로 내재한 의미가 절대적으로 있는 게 아니라는 주장을 계속하면서, "하나의 분파"로서의 독자가 아니라 다른 독자와의 관계 속에서 독자의 존재를 생각하기 시작하였다. 그는 의미란 개인이 속한 특정 사회문화적 "해석의 공동체"(interpretive communities)의 맥락에서 개인이 구성하는 것이라고 주장한다. 피쉬는 이런 핵심적인 개념에 기초하기 때문에 양쪽, 즉 독자의 자율성에 대한 생각을 유지하기와 동시에 무질서한 해석에 대한 부담 피하기를 모두 취할 수 있는 것이다. 해석의 공동체는 어떤 관습과 기준으로 문학작품을 해석할 것인지를 결정한다. 말하자면 지침을 정하는 것이다. 어떤 해석 공동체라도 구성원들 간에 완전한 동의란 분명 있을 수 없지만 공동의 해석 규칙은 모두 인식할 것이다. (일련의 규칙이나 규준, 관습에 대한 지식은 조나단 컬러[Jonathan Culler]가 1975년에 말한 "문학적 능력"(literary competence)과 비슷하다. 문학적 능력이 좀 더 보편적인 개념이지만 말이다.) 그러므로 피쉬는 "해석이란 문자적 풀이가 아니라 의미를 구성하는 것이다", "해석자는 시를 해독하는 것이 아니라 시를 구성하는 것이다"(p. 327)라고 표명하는 한편, 의미란 단순히 개인의 기분에 따른 문제가 아니라 해석 공동체 구성원들의 개인적 역할의 결과라는 점에 대해서도 확언한다. 해석 공동체의 아이디어가 현대언어협회(the Modern Language Association) 같은 위엄 있는 단체에 제한되는 것이 아니라는 점을 아는 것이 중요하다. 우리는 동시에 각각의 기준을 갖춘 여러 개의 해석 공동체의 구성원이 될 수 있다. 교실에서도 해석 공동체의 규칙은 교사와 아동의 타협을 통해 매해 새롭게 다시 만들어질 수 있다. 피쉬의 해석 공동체에 대한 개념이 의미하는 바는, 아동이 문학을 어떻게 생각하느냐라든지 문학에 어떻게 반응하는 것이 "적절한" 방법이냐에 대한 생각은 교실 공동체가 은연중에 정하는 정의에 달렸다는 것이다. 달리 말해서, 어떤 교실에서 반응으로 "받아들여지는" 것과 다른 교실에서 받아들여지는 것은 다를 수 있다는 것이다. 그러므로 유아의 문학적 이해는 각 교실의 해석 공동체의 암묵적 규칙과 명시적 규칙에 따라 발달할 수도 있고 제한받을 수도 있다. 이런 관점에서 보면, 문학적 이해에 대한 우리의 견해는 꽤 실용적이다. 단순히 교실 해석 공동체가 결정하는 대로 결정되는 것으로 보니 말이다.

03

유아의 문학적 이해: 텍스트와 독자의 사이

앞서 유아의 서사 이해에 대한 인지 중심의 이론들의 예와 독자 반응 이론의 연속선에 있는 양쪽 끝의 예들을 살펴보았다. 이번 장에서는 연속선상의 중앙 쪽에 좀 더 가깝게 위치한 독자 중심 이론에 대해 생각해보고자 한다. 이 이론은 텍스트 내의 정보이자 텍스트의 제약 요소들과, 독자의 특권과 통제 사이에서 절충을 시도한다. 연속선상의 중앙에 위치한, 문학에 대한 교실에서의 반응 연구 중 가장 영향력 있는 연구를 한 사람은 볼프강 이저와 루이즈 로젠블랫이다.

중간 입장: 이저와 로젠블랫

'심미적 반응 이론 *A Theory of Aesthetic Response*'이라는 부제가 붙은 이저의

『읽기 행동 *The Act of Reading*』(1978)에는 그의 읽기에 대한 이론이 가장 완벽하게 설명되어 있다. 블레이치와 홀랜드와는 다르게, 이저는 "텍스트가 개별 독자의 사적인 세계 속으로 사라진다"(p. 49)고 생각하지 않는다. 읽기는 "백일몽을 꾸도록 하는 게 아니라, 이미 텍스트 안에 만들어져 있는 조건들을 완성시키도록 한다"(p. 50)고 하였다. 이저는 읽기를 텍스트와 독자 간 "상호작용"으로 본다. "효과와 반응은 텍스트가 지닌 속성도 아니지만 독자가 지닌 속성도 아니다. 텍스트는 읽기 과정에서 실현될 잠재적 효과를 나타낸다."(p. ix) 이저는 피쉬가 말하는 '텍스트로부터 읽기'라는 일방적 진행과는 다른 논의를 전개하지만, 때맞춰 행하는 읽기를 강조한다. 이저는 독자가 "이동 시점"(wandering viewpoint)을 갖고 있고, 그것으로 여러 등장인물에 초점을 맞추기도 하고, 화자가 이야기하는 것과 자신이 알고 있는 것을 비교하기도 하며 이미 읽은 내용과 읽고 있는 내용 사이를 오고 가면서 새로운 정보가 더해질 때마다 자신이 기억하고 있는 내용을 수정한다고 하였다. 이런 읽기 과정은 "수정된 기대와 변형된 기억이 계속해서 상호작용하므로 본질적으로 회귀적"(p. 111)이라 할 수 있다. 이저의 이론에서 중요한 또 다른 개념은 "불확정" 또는 "빈자리"(gaps)다. 아무리 상세한 텍스트도 동작이나 상황, 등장인물의 모든 것 하나하나를 묘사할 수는 없다. 독자의 주 업무는 추론을 통해 이런 빈자리를 채우는 일이다. 이저는 "빈자리는 일종의 축의 기능을 하는데, 이 축을 중심으로 텍스트와 독자는 전체적으로 회전을 한다"(p. 169)고 말한다. 독자는 텍스트 내의 빈자리를 채울 때, 그 내용이 이전에 텍스트에서 접한 정보와 일관성이 있다고 확신해야 하고, 새로운 정보를 접하면 자신의 추론 내용을 수정하게 될 수도 있다. 이저는 이런 전체 과정을 "일관성 구축"(consistency building)이라 부르는데, 이것은 피아제가 말한 중요한 개념인 동화와 조절과 매우 흡사하다. 동화와 조절이 새로운 지식에 비추어 기대를 계속 수정해가는 과정(Piaget, 1985)이라는 점에서 그러하다. 읽기 과정에는 기대와 좌절, 회상, 재구성, 만족이 포함된다. 또한 이저의 빈자리 채우기 관점은, 이야기를 "부분적으로 구체화된 궤적"(partially specified trajectory)으로 보고 독자가 해야 할 일을 그 궤적에서 "빠진 내용 중 가장 그럴듯한 것"을 채워 넣는 일이라고 보는 골든과 루멜하트(1993)의 생각과 비슷하다(p. 203).

이저에게 있어서 의미는 텍스트 안에 있는 것이 아니라 능동적인 독자가 만들어내는 것이다. 그럼에도 불구하고, 능동적 독자는 자신이 의미를 만들 때 기초하는 틀이나 쉐마로서의 역할을 하는 텍스트의 지시를 따른다. 이저는 아마도 독자와 텍스트 중 텍스트에 약간 더 비중을 두는 것 같은데, 그것은 텍스트가 독자의 의미 구성에 필요한 "지시 사항 세트"를 제공하기 때문이다. 이저는 심지어 "내포 독자"(implied reader)로까지 이론을 확장시켰는데, 내포 독자란 텍스트 안에서, 텍스트 자체가 "반응을 불러들이는 구조"를 통해 정립한 독자를 의미한다. 텍스트 자체가 설정한 텍스트 안에 있는, 그러므로 우리가 제시한 연속선상에서 이저는 중앙에서 약간 왼쪽에 위치하게 될 것이다. 문학적 이해에 대해 이저의 견해를 따르는 교사는 (1) 유아의 해석을 존중하는 한편 텍스트의 힘을 조금 더 믿을 것이며, (2) 같은 상황에 있는 여러 등장인물의 생각이 각각 어떠한지, 또는 등장인물은 모르는데 화자는 알고 있는 것은 무엇인지, 어느 등장인물은 아는데 다른 등장인물은 모르는 것이 무엇인지를 물어봄으로써 유아가 이동 시점을 가질 수 있도록 해줄 것이다. 그리고 (3) 이야기에서 이야기하지 않는 것에 대해 말할 수 있게 해줌으로써 유아가 이야기 속 "빈자리"를 채워보게 도와줄 것이다.

문학 이론가들은 대개 루이즈 로젠블랫(1938/1996, 1964, 1978/1994, 1982, 1985, 1986, 2004)의 연구를 무시했지만, 앞서 다룬 모든 이론 중 현행 문식성 관련 연구와 교육 실제에서 그녀는 가장 중요한 학자다. "독자 반응" 비평이라는 용어가 만들어지기 오래전(신비평이 주류이던 때)에 로젠블랫은 독자의 중요성을 강조한 선구자였다(Clifford, 1988). 그녀가 보는 읽기란 독자와 텍스트를 동등한 파트너로 관련짓는 "상호교류"(transactional) 과정이다. 모든 이론가 가운데 그녀는 아마도 연속선상에서 가장 중앙에 가까운 접근을 하는 학자일 것이다. 그녀는 자신의 이론이 "항상 독자와 텍스트에 초점을 맞추어왔다"(1985, p. 103)고 주장한다. 실제로 그녀는 독자 반응 이론가란 텍스트보다 독자에게 특권을 준다는 의미를 내포하는 명칭이라며, 자신이 독자 반응 이론가라고 불리는 것을 좋아하지 않는다. 이저는 텍스트에 대해 "지시 사항 세트"라는 비유를 사용하는 반면, 로젠블랫(1978/1994)은 독자에게 좀 더 권위를 부여하는 비유를 사용한다. 로젠블랫은 텍스트를 독자 마음속에 "일어난 것을 선택하고, 거부하고, 순서 짓는 안내자, 즉 청사진"이라고 부른다(p. 11).

읽기 과정이 상호교류적이라는 그녀의 주장은 텍스트를 읽을 때의 독자의 *읽기 입*

장(stances)에 대한 논의 덕분에 가능한 것이었다. 그녀는 두 개의 기본 입장, "정보추출적"(efferent) 입장과 "심미적"(aesthetic) 입장에 대해 묘사한다. 이 두 가지의 입장은 이분법적한 쌍이라기보다는 연속선상의 양쪽 끝이다. 텍스트에서 정보를 얻을 목적으로 텍스트를 읽을 때, 독자는 정보추출적 입장을 취한다. "정보추출적"이란 단어는 "끌어내다"라는 의미의 라틴어 *effere*에서 유래되었다. 그러므로 정보추출적 읽기는 읽기 행동 *이후*에, 일어난 일에 초점이 맞추어진다. 로젠블랫은 어떤 사람이 약을 과잉 복용했을 때 처방약에 대한 설명서를 읽는 예를 든다. 이 설명서를 읽는 사람은 읽기 "경험"에 대해서는 관심을 갖지 않는다. 이런 경우에 읽기는 단순히 아주 긴급한 목적을 위한 수단일 뿐이다. 반면에, 희곡이나 소설, 시를 읽을 때 중요한 것은 분명히 생생한 체험(lived-through experience)이다. 우리의 관심의 초점은 읽은 후에 사용하게 될 어떤 정보라기보다는 읽는 동안 나누는 텍스트와의 경험이다. 이런 유형의 읽기를 할 때 우리는 로젠블랫이 말한 "심미적" 입장을 채택하는 것이다. 로젠블랫의 훌륭한 통찰력 중 하나는 텍스트의 "문학스러움"(literariness)이란 진정 환상이라는 것이다. 문학스러움은 텍스트 안에 있는 것이 아니라 독자 안에 있는 것이다. 독자가 심미적 입장을 취하기 때문이다. 시와 소설, 희곡을 단순히 정보를 구하기 위해서나 문학 형식에 대한 분석을 위해서, 또는 윤리적 "메시지"나 주제의 "메시지"를 알기 위해서 정보추출의 입장에서 읽는 것도 가능하다. 안타깝게도 몇몇 영어 수업에서는 이런 일이 아주 일반적으로 일어난다.

로젠블랫(1982)에게는 어떤 읽기 상황도 "심미적 읽기와 정보추출적 읽기의 양쪽 끝, 예를 들면, 서정적 시와 화학식의 사이 어딘가에 위치한다. 나는 주로 정보추출적 입장에 대해서 말한다. 텍스트와 독자의 목적에 따라 의식의 질적 요소가 어느 정도 개입될 수 있기 때문이다. 마찬가지로, 심미적 읽기에도 참조 요소나 인지 요소가 관련되거나 포함된다. 그러므로 읽기 과정에서 독자의 *선택적* 관심이 중요하다"(p. 269; 원문에 이탤릭체로 되어 있음). 로젠블랫은 정보추출적 읽기와 심미적 읽기 모두 가르쳐야 한다고 믿는다. 그러나 "일반적으로 정보추출적 읽기를 초보적인 '축자적' 읽기로 생각하는 것과는 다르게, 유아의 초기 언어 행동은 주로 즐거움을 추구하는 심미적 접근에 더 가까운 것 같다"(p. 271). 유아는 "심미적 입장에 대한 친근감"(p. 272)을 가지고 있는데, 이는 심미적 읽기가 초기 학교 경험에서 매우 중요한 요소가 되어야 한다는 것을 의미한다.

로젠블랫(1986)은 "독자가 종이 위의 물리적 텍스트와 상호교류를 하기 전까지 그것은 단순한 표시에 불과하다"는 말을 한다. 독자는 "개인적으로 저장하고 있는 고유한 공적 의미와 사적 의미의 보고(寶庫)를, 즉 삶에서 언어나 텍스트와 나눈 과거 경험의 잔여물"(p. 123)을 텍스트에 가져오기 때문이다. 다시 말해서, 텍스트 그 자체로는 아무 의미가 없으며, 독자는 상호교류의 과정을 통해 의미를 구성한다는 것이다. 그렇게 함으로써 독자는 로젠블랫(1978/1994)이 "시"라고 언급한 것을 창조해낸다. 그녀가 칭한 시란 텍스트가 불러일으킨 생생한 심미적 경험을 말한다. 시는 대상이 아니라 "그 순간의 사건"(1964, p. 126)이자 "경험"(p. 127)이다. 이런 점에서, 로젠블랫의 생각은 피쉬와 아주 비슷하다. 피쉬가 읽기의 순간적 경험을 강조했다는 점에서 그러하다. 그녀는 시를 "독자와 텍스트가 하나가 되어 공감한 사건"(p. 126)이라 부른다.

로젠블랫(1938/1996)에게 있어서, 교사의 영향을 받지 않은 개별 독자의 즉각적이고 사적인 반응은 문학적 경험을 *시작하는 데* 중요하다. "독자가 과거 경험과 현재의 관심을 연결 짓지 못한다면, 그 작품은 독자에게 '살아 있는 것'이 되지 못한다. 아니면, 독자가 작품을 재미있게 읽을 준비가 되어 있지 않은 것이라 보아야 할 것이다"(p. 112). 그러나 이러한 사적 반응이 문학적 경험의 목적은 아니다. 교사는 전체적인 해석 공동체를 비롯하여 중요한 역할을 해야 한다. 개인적 반응을 이끌어내고 격려하는 교실 환경을 만들어야 하는데, 이것은 단지 시작일 뿐이다. 학습자는 각자의 반응을 서로 나누면서 다른 사람들은 아주 다르게 반응한다는 것을 알게 될 것이다. 이로써 그들은 텍스트로 돌아가서 다시 살펴본 후 자신의 반응을 수정하고 다듬게 될 것이다. 저자에 대한 정보와 저자의 역사적 환경, 텍스트의 장르, 텍스트의 형식과 구조 등 모든 유형의 배경 정보가 학습자의 반응에 영향을 미칠 것이고, 이후 반응을 수정할 것이다. 로젠블랫이 학습자에게 처음에는 개인적이면서 서로 다르게 반응할 수 있는 자유를 줘야 한다고 주장하기는 했지만, 그녀가 중구난방의 해석을 격려했다고 본다면 그것은 그녀의 입장을 왜곡하는 것이다. 미술품이나 문학작품에 대해 자유롭고 거리낌 없는 정서적 반응을 하는 것이 온전한 문학적 판단에 절대적으로 필요한 조건이기는 하지만, 논리학적으로 말하자면 충분조건은 아니다(p. 75). 그녀는 또한 "사실상, 개인적으로 텍스트로부터 생성된 환기 내용 하나하나가 다 같다고 생각하지 않는다… 학습자가 텍스트를 점점 더 통제할 수 있고 점점 더 타당하거나 더 정당하게 반응할 수 있게 도와주는 것이 목적이다"(p. 281)라고 하였다. 모든 반응이 똑같이 유효하다고 보지 않는다는 것이다.

로젠블랫은 대개의 독자 반응 비평가들과는 다르게(그것은 아마도 박사 후 과정 동안 여러 해 인류학을 공부했기 때문인 것 같음), 읽기가 "특정 독자와 특정 텍스트 간에 특정 시간, 특정 조건에서" 일어나는 일이라고 주장하면서 사회문화적 맥락에 주의를 기울인다. 또한 "이런 모든 요인이 독자와 텍스트 간 상호교류에 영향을 미친다"(1986, p. 123)고 하였다. 그녀는 비슷한 사회문화적 배경을 지닌 독자는 똑같지는 않더라도 비슷한 해석을 할 수 있으리라 믿는다. 텍스트의 청사진이 반응을 "제한시키거나 통제"하듯이(1978/1994, P. 129), 이런 배경은 독자들의 가능한 반응 범위를 제한시킨다. 문학적 이해에 대해 로젠블랫의 견해를 취하는 교사들은, 유아가 텍스트로 다시 돌아가서 토의도 하고 텍스트를 다시 참조하면서 교사에 앞서 자발적으로 하는 심미적 반응을 강조하고 높이 평가할 것이다. 그러고 나서 이야기 자체로 돌아가 책을 다시 참조하고, 다른 친구가 하는 해석의 영향을 받아 이야기에 대한 자신의 해석을 수정하고 다듬고 확장시키도록 격려할 것이다. 이런 이론적 관점에서 보면, 문학적 이해는 텍스트를 "생생하게 체험"하는 것(완전히 사적인 감각의 형성)으로부터 이야기 나누기, 토론, 공공의 감각 만들기(Rosenblatt, 2004)의 순서로 이루어진다. 공공의 감각 만들기가 서로 다른 문화와 종족, 인종의 사람들과의 이야기 나누기를 통해서 이루어진다면 더욱 이상적일 것이다.

브리톤의 참여자 입장과 구경꾼 입장

제임스 브리톤은 문학계보다 교육계에서 훨씬 더 알아주는 이론가다. 브리톤(1984, 1993)은 할리데이(1975)의 언어적 관점뿐만 아니라 심리학자인 하딩(D. W. Harding, 1962)의 연구에 기초하여 우리가 문학작품을 읽을 때와 계약서나 형식적 담론 같은 설명적 언어를 읽을 때 또는 사용할 때 취하는 입장 간의 차이를 묘사하고자 하였다. 그는 이 두 개의 입장 또는 역할을 *참여자*(participant)와 *관찰자*(observer) 또는 *구경꾼*(spectator)이라 부른다. 브리톤(1993)에 따르면, "참여자 역할에서 언어는 일이 순조롭게 이루어지도록 하거나 세상일을 추구하는 데 사용된다. 반면 구경꾼 역할의 언어에는 말로 이룬 작품, 즉 어떤 일이 되도록 하는 것보다 어떤 것을 만들기 위해 사용된 언어가 포함된다(p. 28). 우리가 참여자로서의 언어를 사용할 때는 *상호교류적*(transactional) 언어를 사용하는 것이고, 구경꾼으로서의 언어를 사용할 때는 *시적*(poetic) 언어를 사용하는 것이다. 브리톤(1993)은 이 두 유형의 언어를 연속선상의 양쪽 끝으로 배치하고, *표현적*(expressive) 언어를 이 둘 사이의 중간에 위치한 언어로 정의한다. 브리톤은 참여자 입장은 로젠블랫의 정보추출적 입장과 비슷하고 시적 입장은 심미적 입장과 비슷하다고 하였다. 로젠블랫(1985)은 자신의 두 입장과 연관되는 상호교류적 언어와 시적 언어는 그 자체로 상호교류적 텍스트와 시적 텍스트가 있다는 의미를 내포한다면서 그의 생각에 동의하지 않는다. 로젠블랫은 어떤 텍스트도 정보추출적으로 또는 심미적으로 읽을 수 있고, 그 차이는 독자의 입장에 따른 것이지 텍스트 자체의 질에 따른 것이 아니라고 한다. 예를 들면, 불면증 환자가 잠이 오지 않는 밤에 요리책을 가까이에 두고 정독을 할 때 그녀는 아마 그 음식의 맛과 모양을 상상 속에서 생생하게 체험하기 위해 심미적 입장에서 그 책을 읽을 것이다. 만약 같은 사람이 저녁에 먹을 음식을 하기 위해 그 요리책을 읽는다면 그 책을 정보추출적 입장에서 읽을 것이다. 왜냐하면 그런 때의 읽기 목적은 무엇인가를 찾아내는 것으로, 이 경우에는 먹을 것을 찾아내는 게 목적이기 때문이다. 요리책은 브리톤이 참여자 입장에서 읽어야 할 상호교류적 언어라 할 수 있는 텍스트의 예다. 그러나 로젠블랫은 이 예에서도 알 수 있듯이 요리책이든 어떤 텍스트든 심미적으로도 읽을 수 있고 정보추출적으로도 읽을 수 있다고 주장한다.

이에 덧붙여, 로젠블랫(1985)은 "'구경꾼' 측면을 너무 강조하면 내가 말하는 텍스트와의 전체적인 상호교류 관계를 제대로 나타내지 못한다"(p. 102)고 하였다. 참여자 입장의 독자는 실제 세계에 있는 그들에게 유용할 어떤 것을 배우기 위해 읽는 반면에, 구경꾼 입장의 독자는 실제 세계에서의 결과에 대한 생각 없이 이야기 세계를 만들어내기 위해 언어를 사용한다. 브리톤에게 있어서 문학적 이해란 유아가 시적(문학적) 언어와 상호교류적(일상적) 언어의 차이를 인식할 수 있게 되고, 시적 언어에 적합한 구경꾼 입장을 취할 수 있게 되는 것을 의미한다.

브리톤은 문학의 특징이라 할 수 있는 시적 언어를, 독자가 마치 실제로 서사 속 사건에 참여하고 있는 것처럼 취급하지 않고 구경꾼 입장에서 다룬다. 이런 아이디어는 나의 문학 이론 수업에서 다양한 혼란을 야기시킨다. 학생들은 문학작품에 참여한다는 것을 긍정적인 일이라 생각하지만 브리톤의 생각은 이와 아주 다르기 때문이다. 참여자 언어는 은행에 가거나 물건을 사러갈 때 사용하는 언어다. 반면에 구경꾼 입장은 문학에 대해 관여하지 않는 태도가 아니라, 정서적으로 깊은 반응과 사적인 관련짓기를 동반할 수 있다. 그럼에도 불구하고 브리톤은 그것이 우리가 어떤 사건에 실제로 참여하고 있을 때 가질 수 있는 그런 종류의 정서적 반응이나 개인적 관련짓기는 아니라고 주장한다. 우리는 차 사고 사건에 대해 읽고 동정심, 공포, 그 외 구경꾼이 겪을 수 있는 정서를 경험할 것이다. 그러나 우리가 실제로 차 사고를 당했다면 실제 *참여자*로서 우리의 경험은 아주 다를 것이다. 우리는 이 점에서 브리톤의 의견에 동의하지 못한다. 그러나 그가 말하는 요점을 이해하는 것은 중요하다. 브리톤은 문학적 경험과 실생활에서의 경험을 일치시키는 것은 순진한 일이라 믿고 있다. 하딩(1962)과 함께 그는 문학이 대리 경험을 제공하지 않는다고 생각한다. 문학 텍스트에 크게 감동받거나 정서적으로 관여될 수는 있지만 말이다. 그러므로 브리톤에게 있어서 문학적 이해란 부분적으로는 아동이 이야기 언어와 "실생활" 언어가 꽤 뚜렷하게 구분된다는 사실을 인식하는 것이다.

이제는 독자 반응에 대한 논의에서 잘 다루어지지는 않지만, 그래도 독자의 마음에 일어나는 일에 초점을 맞추는 또 다른 독자 중심 문학 이론에 대해 살펴보고자 한다.

벤톤의 이차 세계

우리는 모두 "책 속에서 길을 잃은" 경험이 있다. 빅터 넬(Victor Nell, 1988)은 자신의 연구에서 이 현상에 대해 아주 멋지게 서술해 놓았다.

> 즐거움을 위한 읽기는 멋진 활동이다. 하얀 페이지 위에 검은색으로 그어진 흔적들은 묵직하면서도 흐릿한 느낌의 달빛 아래 사막처럼 고요하다. 그러나 그 흔적들은 유능한 독자에게는 사랑스런 육체를 만질 때만큼이나 짜릿한 즐거움, 바깥 실제 세상의 어떤 것만큼이나 활

> 기를 주는 즐거움, 색다른 즐거움, 우아하게 변모시키는 즐거움을 준다.… 이것들은 모두 읽기에서 쌍을 이루는 경이로움이다. 세상을 창조해내는 책의 힘과 곧 깨어질 책 속 가짜 세계로 자연스럽게 빠져드는 독자의 몰입, 잠시 머무는 외양과 사고, 지진이 일어나고 있는 중에 버티고 있는 대나무와 종이집 등, 읽기에는 쌍을 이루는 경이로움이 존재한다(p. 1).

이런 경험은 독자와 청자들 사이에서는 일반적인 경험이지만, 이를 읽기 과정의 중요한 요소로 진지하게 받아들이고 이론화시키기 시작한 것은 최근의 일이다. "책의 세상 창조의 힘"에 대해 아주 광범위하게 생각해온 이론가는 마이클 벤톤(1979, 1992; Benton, Teasey, Bell, & Hurst, 1988)이다. 벤톤은 우리가 문학작품을 읽을 때 "실제 삶"이나 "실제 경험"에 빠져든다는 수잔 랑거(Suzanne Langer, 1953)의 신념을 끌어들여 "이차 세계"에 대한 개념을 상세하게 펼쳤다. 그는 또한 위니콧(Winnicott, 1974)의 "세 번째 영역"을 인용하였는데, 그것은 "생물학적으로 결정된 개인적 실제나 정신적 실제와, 인간 공통의 속성인 실제 세계"(Benton, 1992, p. 23), 그리고 이 두 세계 사이에 존재하는 영역이다. 그러나 벤톤 이론에 주로 영감을 불러일으킨 것은 톨킨(J. R. R. Tolkien)과 어더(W. H. Auder)가 전개한 문학적 비유인 "이차 세계"라는 용어다. 코울리지(Coleridge)는 작가가 상상을 통해 재창조한 실제를 독자가 수용하는 것에 대해 묘사하면서 "의혹을 기꺼이 미뤄두기"라는 표현을 사용하였지만, 톨킨(1938/1964)은 이것이 책을 읽을 때 일어나는 일에 대한 묘사로는 부적합하다고 느꼈다.

> 책을 읽을 때 실제 일어나는 일은, 이야기 구성자가 성공적인 "부창조자(sub-creator)"임을 증명하는 일이다. 저자는 독자의 마음이 들어갈 수 있는 이차 세계를 만들어준다. 그 안에서 저자가 이야기하는 것은 "진실"이다. 그것은 세상의 법칙과 일치한다. 그러므로 독자는 그 안에 있는 동안 그것을 믿는다. 의혹이 일어나는 순간 주문은 깨지고 마법 또는 예술은 실패하게 된다. 그때 독자는 다시 밖에 있는 일차 세계로 나와서 실패로 돌아간 이차 세계를 밖에서 바라보게 된다(p. 36).

오든(Auden, 1968)은 사람들은 "자신이 태어나고 살아가고 사랑하고 미워하고 죽는 세계이자 자신의 밖에 주어진 일차 세계에 대해 알고 있다고 느끼고 있다"고 하였고, "스스로 새로운 이차 세계를 만들고 싶어 하는 바람이나, 스스로 그것을 만들어낼 수 없다면 그것을 만들 수 있는 사람들의 이차 세계를 공유하고 싶다는 바람"(p. 49), 이 두 가지의 바람에 대해 썼다. 벤톤(1979)은 이차 세계의 정신논리학적 역동성에 대해 묘사하려고 하였다. 그것은 다음과 같다고 주장하였다.

1. 능동적: 책에 빠져 있을 때 우리는 페이지에 있는 단어를 의식하는 것이 아니라 만들어진 의미를 의식하고 있기 때문에 기호로부터 의미를 구성한다.
2. 창의적: 독자는 작가나 마찬가지로, 소설을 읽을 때 소설을 재구성함으로써 "소설 안 소설"을 구성하는 "부창조자"(톨킨의 용어를 빌자면)이기 때문이다.
3. 고유한: 연극이나 각 악보가 고유한 것처럼 모든 독자는 텍스트에 서로 다른 경험을 가져오고, 각 독자는 계속해서 자신을 변화시키면서 텍스트를 다시 읽을 때마다 고유한 내용을 만들어내기 때문이다.
4. 협조적: 소설 읽기 경험에는 텍스트가 제공하는 것과 독자가 부여하는 것이 섞여 들어가기 때문이다.

읽기에 대한 이런 묘사는 로젠블랫의 상호교류적 견해와 분명히 밀접한 연관이 있다. 로젠블랫도 독자가 텍스트 속으로 들어가서 숨을 쉴 때까지 텍스트는 "페이지 위의 표시"일 뿐이라고 한다. 또한 책을 읽으면서 겪는 경험은 각 독자에게 고유하고, 음악 악보가 우리가 듣는 교향곡에서 중요한 것처럼 텍스트는 독자가 구성하는 의미에 중요한 청사진이라고 말한다.

벤톤은 이차 세계가 삼차원의 구조로 되어 있다고 묘사하는데, 이차 세계의 삼차원은 일차(물리적) 세계의 삼차원과 비슷하다. 그림 3. 1에서 보듯이, 그는 이것을 세 개의 축으로 된 좌표로 보여준다. 어떤 점도 물리적 공간에서 세 개의 좌표로 위치를 잡게 되는 것과 마찬가지로, 이 표를 보면 어떤 순간의 읽기도 읽기 과정은 정신적 공간에서 세 개 축의 교차점으로 위치를 잡게 된다는 것을 알 수 있다.

그림 3.1 이차 세계의 구조

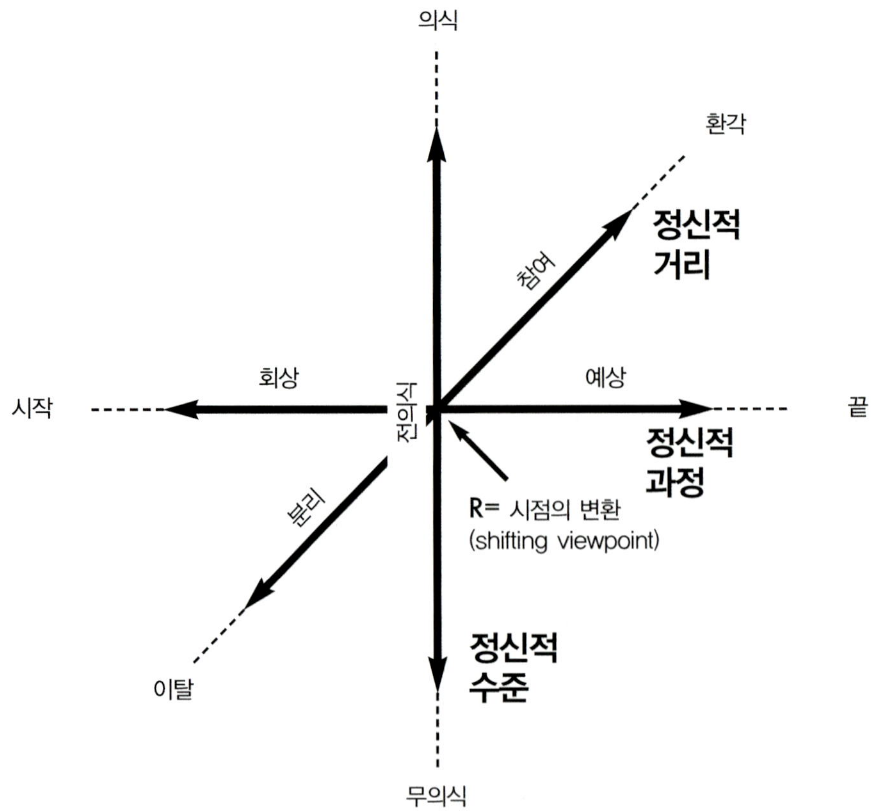

벤톤(1992), p.26을 인용

한 차원은 *정신적 수준*(psychic level)으로, 이것은 의식(conscious)에서 무의식(unconscious), 즉 우리가 통제할 수 있는 반응으로부터 의식적으로 알지 못하기 때문에 통제할 수 없는 반응에 이르기까지에 걸쳐 있다. 벤톤은 읽기와 쓰기에는 "의식적 아이디어와 무의식적 아이디어의 혼합체가 관여 된다"(1992, p. 27)는 일반적 견해에 동의한다. 두 번째 차원은 *정신적 거리*(psychic distance)로 분리(detachment)와 참여(involvement)에 걸쳐 있고, 텍스트에의 간여 정도를 묘사하는 것이다. 우리가 텍스트의 이차 세계에 완전히 참여할 때, 우리의 상태는 환각(hallucination) 상태와 비슷해진다(1992, p. 28). 세 번째 차원은 *정신적 과정*(psychic process)으로 회상(retrospection)(또는 이미 읽은 행위와 상황을 뒤돌아보는 것)과 예상(anticipation)(일어날 일을 미리 예측하기 위해 앞을 내다보는 것)이 포함된다. 이것은 이저의 "이동 시점" 개념과 비슷하다. R이라고 씌어 있는 교차점은 읽기의 어느 때라도 일어날 수 있는 일을 표시한 것이다. R은 계속 다음으로 전환된다.

> 우리는 이야기 세계 속에 참여하는 정도나 그 세계로부터 분리되는 정도(정신적 거리)도 다르고, 이야기가 의식적, 무의식적 마음을 참여시키는 정도(정신적 수준)도 다르며, 이야기를 회상하여 알고 있는 내용에 기초하여 앞으로 일어날 일을 예상하는 정도(정신적 과정)도 다르다(1979, p. 79).

벤톤은 이야기를 읽으면서 독자가 겪는 과정을 네 가지 특징으로 묘사한다.

1. 예상적: 독자는 앞으로 가는 방향에 주로 주의를 기울이기 때문이다.
2. 변증법적: 독자는 이전에 읽은 낡은 정보에 비추어 새로운 정보에 대해 가설을 세우고 그것의 정당성을 확인하거나 또는 그것의 부당함을 확인하면서 계속 동화와 조절을 해나간다는 점에서 그러하다.
3. 관습적: 특정 장르에 대한 독자의 관습적 지식이 예측에 영향을 미칠 것이기 때문이다.
4. 유추적: "우리는 읽은 이야기나 그 이야기의 부분에 기초하여 이야기를 구성하는 경향이 있기 때문이다. 그렇게 구성된 이야기로 인해 우리는 실제 경험을 회상하거나 변경할 수 있게 되거나 우리의 바람과 공포가 담긴 드라마를 연기하게 된다" (1979, pp. 80-81).

벤톤의 이론은 아주 정연한 이론이지만, 아주 내적인 경험을 다루기 때문에 그것을 연구에서 개념적 도구로 사용하는 방법을 알기는 어렵다. 그럼에도 불구하고, 벤톤이 말하듯이 "'이야기하기' 과정을 알고 싶다면 우리가 읽을 때 상상으로 만들어내는 허구의 비현실성을 정말로 고려할 수 있는 새로운 방법론을 개발할 필요가 있다"(1979, p. 73)고 본다. 이것은 엄청난 주문이다. 아동은 문학에 대해 상당한 정도의 언어적, 비언어적 반응을 하는 것으로 알려져 있다(Hickman, 1981; McGee, 1992a; Morrow, 1988). 그러나 알다시피, 반응을 연구하는 사람들은 일반적으로 아동이 이야기를 듣거나 읽은 다음에 하는 *말과 글*에 의존한다. 이것이 아동의 심미적 경험의 그림자나 지표가 될 수는 있다. 그러나 좀 더 아동의 심미적 경험에 다가갈 수는 없을까? 엔시소(Enciso, 1992)의 연구에서는 이 문제에 대한 독창적인 해결책을 제안한다. 그는 "상징적 표상 면담" 방법을 써서 5학년 소녀 세 명의 문학적 경험을 연구하였다(1992, p. 78). 한 아동은 읽은 직후 자신의 읽기 경험에 대한 "내적 회상"에 참여하였다(Benton, 1988, p. 26). 그 아동은 자신의 경험에 대해서 뿐만 아니라 이야기의 등장인물들 편에서 볼 때 빠져 있다고 생각하는 내용을 자신의 창의적 생각으로 채워서 표현하였다. 그 다음에 자신이 등장인물과 독자 편에서 채워 만든 이야기를 다시 읽었다. 다음에는 이야기의 저자와 화자의 입장에서 이야기를 보면서 빠진 부분을 채웠고, 다음에는 등장인물과 독자, 저자, 화자 편에서 빠진 모든 부분을 채워서 다시 읽었다. 이야기를 읽고 다시 읽는 동안 그 아동은 자신이 지각했던 경험과 상호 관계를 보여주기 위해 빠진 부분들에 대한 자신의 생각을 언어로 표현하였다. 이 연구는 그 아동이 책을 읽을 때 만든 이야기 세계를 들여다볼 수 있는 창을 제공해주었는데, 이 창에는 시각적 표상도 포함되어 있어서 구어적 반응을 풍부하게 해주었고 확장시켜주었다. 엔시소는 이 풍부한 자료를 분석할 때 벤톤과 이저, 로젠블랫이 아동과 텍스트와의 상호교류를 해석하면서 사용한 연구 방법을 활용하였다. 연구의 이론적 틀이 전체적으로 확실히 상호교류라든지 읽기 입장, 이차 세계 같은 문학 이론의 개념에 기초하였다. 그러므로 벤톤의 관점에서 보면, 문학적 이해는 독자가 텍스트와 저자의 의도와 협조를 이루는 한편, 저자를 따라가면서도 능동적으로 부창조자가 될 뿐 아니라 삼차원의 이차 세계를 따라 움직이는 것을 의미한다.

벤톤의 이론에서 한 가지 더 짚고 넘어가고 싶은 것은, 이차 세계로 들어가는 것에 대한 그의 개념과 심리학자인 미하이 칙센트미하이(Mihaly Csikszentmihalyi, 1998)의 "몰입"(flow)이라는 개념의 유사성이다. 칙센트미하이는 삶에서 가장 만족스런 몇몇 순간은 우리가 집중 또는 몰두를 경험할 때라고 주장한다. 이런 경험은 우리를 일상적인 일에서 떼어내어, 마치 한 순간이 영원한 순간이거나 초월적 순간인 것처럼 느껴지는 특별한 차원의 세계로 데리고 간다. 또한 그곳은 오랜 시간이 마치 순간인 것처럼 느껴지는 곳이다. 칙센트미하이는 이런 경험을 "몰입"이라 칭한다. 그것은 물리적 활동이나 지적 활동에 빠져 있을 때(심지어 문학적 이해에 대한 책을 쓰고 있을 때에도) 일어나거나 둘 다를 하고 있을 때 일어난다. 많은 사람들의 경우에 문학 읽기의 경험은 몰입의 경험이다. 벤톤의 이차 세계에 대한 이론은 이런 문학 읽기에 나타나는 몰입 경험의 차원을 묘사한다. 정신적 거리의 용어로 말하자면, 몰입을 경험하는 독자는 해당 차원의 끝인 "환각" 쪽에 위치하게 되고, 정신적 수준의 용어로 말하자면, 읽기에서 몰입 경험은 해당 차원의 끝인 "무의식" 쪽에 위치하게 된다.

랑거의 마음 속 그리기(envisionment) 모델

랑거(1990, 1995)의 연구는 독자가 텍스트에 관여하고 텍스트 세계로 들어가는 방식에 대한 또 다른 관점을 제공해준다. 랑거는 독자(유아로부터 고등학생에 이르기까지 폭넓은 연령대의 독자)의 텍스트와의 계속적인 변환 관계를 네 가지로 묘사한다. 또한 독자는 이 네 개의 관계 또는 입장을 읽기 자료의 유형에 상관없이(서사 텍스트와 정보적 텍스트, 설명적 텍스트 모두) 사용한다고 주장한다. "밖에 있기와 안으로 들어가기"(being out and stepping in)는 텍스트에 대한 독자의 첫 번째 입장으로, 독자가 텍스트를 이해하기 위해 이전 삶의 경험으로 이동하는 것을 말한다. 이런 위치의 독자는 읽기를 위해 맥락을 설정한다. 독자는 어려움이 있거나 혼돈스러우면 언제라도 이 입장으로 되돌아갈 수 있다. 두 번째 입장인 "안에 있기와 관통하여 이동하기"(being in and moving through)에서 독자는 편안하게 느끼고 텍스트에 빠지게 되며 의미를 구성하기 시작한다. 세 번째 입장인 "안에 있기와 밖으로 나오기"(being in and stepping out)는 독자가 자신의 삶과 이야기 속 등장인물이나 그의 삶을, 아니면 이야기에 표현된 감정이나 어떤 경험과 자신의 삶 속의 비슷한 경험이나 감정을 연관 지을 때 독자가 가정하는 위치를 말한다. 네 번째 입장인 "밖으로 나와서 경험을 객관화하기"(stepping out and objectifying experience)는 그 속에서 나와 독자가 뒤로 물러나 자신이 이해한 것에 대해 판단을 하는 입장을 말한다. 이 입장에서 독자는 텍스트와 텍스트가 독자를 위해 환기시킨 정서나 이해로 자신의 경험을 불러일으킨다. 독자들은 그들이 텍스트를 얼마나 정확하게 읽었는지를 평가하며 문학적 판단을 한다. 랑거와 클로즈(Close, 2001)는 이러한 전체 과정과 새로운 학교로 전학한 학생이 겪는 과정을 비교한다. 전학자들은 처음에는 외부자의 관점을 취하다가 자신의 경험을 불러일으키면서 새로운 곳에 동화될 수 있을 때까지 점점 더 많은 정보를 알게 되고 점차 적응을 하게 된다.

랑거는 독자가 이런 입장을 순서대로 따라 경험하는 게 아니라 회귀하고 순환하며 순간순간 앞뒤로 순서를 바꿔가며 경험한다는 점을 강조한다. 이와 같이 랑거의 모델은, 독자가 읽은 내용을 되새겨보는 일과 읽을 내용을 예상 또는 예측해보는 일을 계속 번갈아가며 한다는 벤톤의 아이디어와 비슷하다. 그러나 랑거의 범주는 아주 가변적이어서 이것을 특정 상황에 적용하면 좀 문제가 생긴다. 이런 이유에서 이 모델에 기초한 연구는 거의 없는 것 같다. 그럼에도 불구하고, 랑거의 네 가지 입장에는 문학적 이해에 대한 좀 다른 측면이 포함되어 있다. 첫 번째 입장의 문학적 이해는 임시 쉐마(이야기를 해석하는 데 유용한 사전 지식)를 활성화시키는 것과 관련이 있다. 두 번째 입장의 문학적 지식은 로젠블랫이 제시한 생생한 체험의 순간이라는 아이디어와 유사한데, 이 순간에 중요한 것은 문학적 이해가 아니라 문학적 경험이다. 세 번째 입장의 문학적 이해는 등장인물이나 사건과 실제 삶을 각자 연관 짓는 것으로 구성된다. 네 번째 입장에서의 문학적 이해에는 삶이란 무엇인지 또는 삶이란 무엇일지에 대해 이야기가 우리의 관점을 바꿔놓는 방법에 대한 분석과 반성, 숙고가 포함된다.

보그단의 독자 입장에 대한 이론

보그단(1990)은 독자의 반응에 대해 새로운 방식으로 썼는데, 이는 독자가 문학을 읽을 때 가정하는 입장(stance)에 대해 말한 로젠블랫의 아이디어를 확장하고 다듬은 것 같다. 보그단은 "문학의 내용은 우리를 안으로 끌어들이고, 형식은 우리를 문학에서 멀어지게 한다. 문학 경험이 지닌 대리성이 가능하고 즐거우려면 문학 형식에 담긴 내용으로 밀어넣고 끌어내는 과정이 있어야 한다"(p. 117)고 하면서, 문학의 내용과 형식을 분명하게 구분 짓는 프라이(1957)의 주장을 자신의 이론적 기초로 삼고 있다. 보그단은 문학작품을 충분히 경험하려면(그녀는 이를 "전체적 이해"(apprehension of total form)라 함)

형식에 대한 이해와 내용에 대한 경험이 모두 포함되어야 한다고 주장한다. 독자는 이것을 "짧고 쉬운 방법과 길고 어려운 방법"(p. 119)의 두 가지 방법 중 한 가지 방법으로 할 수 있다. 쉬운 방법이란 독자가 구하지 않아도, 또는 별도로 배우거나 별다른 준비를 하지 않아도 가능한 방법이다. 이는 독자가 "일종의 영적인 눈에 의한 통찰력으로 문학적 대상을 인식(수용)하기" 때문이다(p. 119). 보그단은 이런 흔치 않은 무아지경의 체험을 정(stasis)이라 부른다. 어려운 방법(독자들이 더 자주 택하게 되는 방법)이란 "더 낮은 수준의 해석적 탐구의 길로, 텍스트에의 참여와 텍스트로부터의 분리 사이를 왔다 갔다 해야 하는 길"이다(p. 119). 이것은 합(dialectic)이라 부른다. 텍스트에의 참여 때 우리는 텍스트의 내용이 지닌 정서적 힘을 느끼는데 이것은 로젠블랫이 말하는 심미적 경험과 비슷하다. 분리 때에는 텍스트의 문학 형식에 대해 생각하고 이해할 수 있다. 이것은 문학적 분석에 참여하는, 정보추출적 유형과 비슷하다. 보그단은 참여와 분리 모두 문학을 전체적으로 이해하는 데에는 필수적이라고 본다. 그녀는 "[심미적 입장]에 참여하는 것과 [정보추출적 입장]을 경험하고 있음을 의식하는 것을 동시에 누리는, 정이라는 상태는 사실상 불가능하다"는 점을 인정한다(p. 120). 그녀는 이어서 다음과 같이 이야기한다.

> 독자는 습관적으로 사고와 정서 간에 불균형을 이루며 문학에 반응한다. 즉, 감정은 부족한 채 지나치게 인지적으로 생각하거나, 진실은 모르는 채 감상에 젖고 만다.… 이 둘의 조화를 이룬다는 것은 로젠블랫이 제시한 두 종류의 읽기, 심미적 읽기와 정보추출적 읽기(1978)를 연합시키는 것과 비슷하다. 이렇게 되면 독자는 읽은 내용으로부터 시적 경험의 의식을 끌어낼 수 있을 것이다(pp. 120-121).

그러나 "정"과 같은 행운은 드물고, 계획될 수 있는 것이 아니다. 멀고 어려운 길인 "합"은 문학에의 참여가 먼저 이루어지고 *그런 다음*, 경험한 바에 대한 반성적 사고가 일어나는 순서일 때 가능하다. 이것이 교사가 학급에서 채택해야 할 방법이다. 그냥 주변에 서 있으면서 번득이는 정의 상태가 아이들이나 우리에게 나타나주기만을 기다릴 수는 없다.

보그단은 정과 합은 전체적 형태로서의 문학을 이해하는, "완전한 반응"에 이르는 두 개의 길이라고 주장한다. 그러나 전체적 형태가 아닌, "부분적 형태"에 대한 이해인 불완전한 반응도 있다. 보그단은 이런 불완전한 반응을 세 가지로 밝혔다.

- 잠재적 반응(stock response)은 "텍스트를 단지 그 작품이 독자의 의식적 또는 무의식적 세계관을 구성할 아이디어와 가치, 감정의 뒤섞임을 강화할지 못할지의 기준으로만 해석하고 평가하는 것이다"(p. 124). 이 반응은 "문학의 의미를 문학 외적 용어, 보통 그 문학작품의 역사적 대응물이나 도덕적 또는 사회적 대응물로 축소시키고"(p. 124), 문학에서 중요한 것은 메시지를 전달하거나 사회적, 도덕적 요지를 이해하는 것이라고 가정한다. 이 반응의 관점에서 보면, 문학적 이해는 텍스트 세계와 독자 자신의 세계 사이의 유사점과 차이점을 볼 줄 아는 것뿐만 아니라 이야기의 메시지나 도덕성을 이해하는 것이다.
- 활성화된 반응(kinetic response)은 이와 반대로 문학의 목적을 "독자의 즐거움을 더해주는"(p. 127), 정서적 만족감을 제공하는 것이라 본다. 이 반응은 "즐거움의 원리를 문학적 해석의 중요 공리로 격상시킨다. 즉, 독자는 작품이 반응을 얻어내느냐 그렇지 않으냐에 따라 그 작품을 평가한다"(p. 126). 이 반응의 관점에서 보면, 문학적 이해는 이야기가 환기시킨 감정에 대한 독자의 반사 작용이다. 그러므로 독자는 작품이 즐거움의 정서에 "영향을 미치느냐 아니냐"에 기초해서 그 작품을 평가한다.
- 관찰자 반응(spectator response)은 신비평이나 마찬가지로 문학 분석에만 관심이 있다. 엘리엇이 속한 "레몬즙 압착기" 문학 비평 학파처럼 문학 텍스트의 정서적 측면과 상상적 측면에 대해서는 무관심"(p. 128)하다. 여기서 알아두어야 할 것은 보그단의 "관찰자 입장"(spectator stance)이라는 용어는 브리튼의 그것과는 완전히 다르다는 것이다. 사실상, 이 두 용어는 거의 반대되는 개념으로 사용된다. 브리튼의 "구경꾼 입장"은 텍스트에의 심미적 참여를 의미하는 반면, 보그단은 객관적이고 분석적인 입장을 언급한다. 관찰자 반응은 결국 신비평의 특징으로 이미 묘사했던 문학적 이해의 방식, 즉 텍스트의 유형과 이미지, 구조, 성격 묘사, 플롯, 배경, 주제를 이해하는 것이 된다.

보그단은 이런 세 가지 각각의 반응 형태는 불완전하지만 서로 다르다고 주장하면서 "이들 반응 각각은 분리되어 있고, 완전한 문학적 반응의 한 측면, 즉 잠재적 반응은 진리 추구를, 활성화된 반응은 바람을, 관찰자 반응은 문학에 대한 지식을 구체화한다"(p. 129)고 말한다. 보그단은 학습자가 하는 반응의 유형을 이해하고, 그것을 다른 반응으로 확대시켜나가도록 해주는 것이 교사의 할 일이라 생각한다. 예를 들면, 만약 학습자가 관찰자 반응만 한다면, 보그단은 교사에게 학습자로 하여금 텍스트에서 전달하는 이데올로기와 학습자 자신의 이데올로기와 세계관을 비교 또는 대조하도록(잠재적 반응) 격려해야 한다고 할 것이다. 뿐만 아니라 이야기의 표현 방법을 정서적이고 개인적으로 느끼도록(활성화된 반응) 격려하고, 이야기에서 사회적 메시지나 도덕성을 찾아낼 수 있게 격려해야 한다고 할 것이다. 중요한 것은, 예리한 교사라면 각 입장을 두 개의 또 다른 입장으로 확대시킴으로써 학생들이 텍스트를 전체적으로 이해할 수 있게 해주어야 한다는 것이다.

보그단의 이론은 그것이 문학적 경험과 문학적 분석 둘 다를 조합하여 개념화하는 영향력 있는 방법, 즉 심미적 – 정보추출적 연속선으로는 제공하기 어려운 방법을 제공하기 때문에 길게 설명하였다. 보그단에게 있어서 진정한 심미적 경험은 로젠블랫의 용어인 심미적 입장과 정보추출적 입장 모두를 포함된다. 로젠블랫은 두 개의 양쪽 끝점으로 된 선형적 연속선을 따라서 독자가 계속 앞뒤로 오가는 것에 대해 이야기하는 반면, 보그단의 이론은 세 가지 문학 이해의 측면을 도입하고 그것이 서로 어떻게 상호작용하는지에 대해 이야기한다. 이런 식으로, 보그단의 이론은 로젠블랫의 아이디어를 확장시키고 수정하여 문학적 반응과 이해에 대한 논점에 좀 더 세련된 관점을 제공하고 있다.

문학을 그냥 즐길 수는 없을까? 즐거움의 이론화

이즈음에서 여러분은 이론에 싫증이 나면서 이야기를 유아에게 그냥 읽어주고 함께 생각하고 *즐길 수*는 없는 것인가 하는 의문이 들지도 모르겠다. 문학 이론에 대해 이야기하는 이 부분을 이제까지 모호하게만 다루어 왔던 즐거움이라는 문학 경험의 한 측면을 살펴보는 것으로 끝내는 것이 좋겠다. 즐거움의 경험은 분명히 문학을 읽거나 듣는 주된 이유 중 하나지만, 이에 대한 이론적 지침은 드물다. 투펀스(Touponce, 1996)는 신비평에서는 즐거움을 완전히 무시한 채 그것을 "형식적인 유형의 의미"(p. 177)로 지각하고 있다고 주장한다. 그리고 즐거움의 이론을 개발할 것으로 기대되는 독자 반응 이론 역시 냉담한 신비평가들과 마찬가지로 즐거움을 확고하게 무시한다. 예를 들어, 이저(1978) 같은 학자는 독자가 불확정 상태의 텍스트가 완성될 수 있도록 적극적으로 의미를 찾아야 한다며 독자의 역할을 개념화하고, 독자가 이렇게 고도의 인지적 작업을 "가볍게 읽기"를 통해 할 수 없다면 그런 문학에 대해서는 무시한다. 투펀스는 "로젠블랫은 즐거움에 대해 부정적이지는 않지만, 그것을 논의하는 것에 대해 아주 조심스러워 하면서 계속 다른 사람의 생각을 인용하는 형식으로, '텍스트의 특정 부분을 구체적으로 명기하여 심미적 즐거움을 정의하는 시도들에는 결정적이지 못하다'고 하였다. 또한 로젠블랫에게 독자의 주요 목적은 텍스트가 지닌 잠재적 의미 속에 가능한 한 완전히 참여하는 것"(Touponce, 1996, p. 177)이라고 하였으며, 신비평에서는 즐거움과 분석을 하나로 섞었듯이 심미적 읽기에서는 즐거움과 "생생한 체험"을 그냥 섞는 것 같다고 하였다.

롤랑 바르트의 『텍스트의 즐거움 *The Pleasure of the Text*』(1975)은 짧으면서도 기발한 내용으로, 문학적 즐거움에 정면 돌파 방식으로 접근한다. 바르트는 텍스트의 두 유형을 구분 짓는다. 하나는 즐거움(plaisir)이고, 다른 하나는 즐김(jouissance)이다. 즐거움은 영어로 pleasure로 번역하고 즐김은 영어로 bliss로 번역되는 게 일반적이다. 텍스트를 쉽게 이해할 수 있을 때 우리는 즐거움을 느낀다. 바르트는 즐거움은 "편안한 읽기"와 연결된다고 쓰고 있다(p. 14). 이런 종류의 텍스트는 문화적 경험과 사회적 기대를 강화시킨다. 즉 "그것은 문화로부터 오고 문화를 깨지 않는다"(p. 14). 반면에 즐김의 텍스트는 편안한 가정(assumption)을 휘젓고 경험에 대한 새로운 전망을 열어 우리를 초조하게 만든다. 즐김의 텍스트는 우리 밖으로 우리를 데리고 가는 반면, 즐거움을 주는 텍스트는 감정과 태도, 가치를 확신시켜주고 그것들을 마음에 다시금 새기게 해준다. 우리는 즐거움의 텍스트를 정복하고 즐거움은 그것을 정복할 경우 생기지만, 즐김의 텍스트는 *우리를 정복한다.* 이런 즐김의 텍스트 읽기의 경험에 대한 생각은, 텍스트란 작가(독자가 읽을 때 독자를 통해 자신의 생각을 재검토하는 사람)가 거주하고 소유하고 지배하는 것이라는 뿔레의 아이디어와 비슷하다. 바르트는 "텍스트는 감정을 일으키는 대상이고, 이런 대상이 나를 열망한다"는 말을 한다(p. 27). 텍스트는 우리를 순간순간 자유롭게 해주고 낯설음과 불확실성 쪽으로 나아갈 수 있게 해주므로 즐겁다. 바르트는 즐김의 텍스트에 대한 경험은 다시 읽고자 하는 충동을 느끼게 한다고 말한다.

로젠블랫(1978/1994)은 바르트가 즐거움을 독자가 아닌 텍스트에 둔 것을 비판한다. 맥코믹(McCormick, 1988)에 따르면, 바르트의 범주는 텍스트보다는 읽기 경험에 더 잘 적용될 수 있다. 어떤 경우든, 바르트가 한 많은 말들은 분명히 독자를 언급한 것 같다. 예를 들면, 그는 "즐거움은 말로 표현될 수 있지만, 즐김은 그럴 수 없다"고 주장한다(p. 21). 문학적 이해에 대해 바르트의 모델을 따르는 교사들은 즐거움과 즐김에 대한 유아의 표현에 관심을 가질 것이다. 다시 말해서, 그들은 새롭고 신비로운 이야기로 보이도록 하는 것은 무엇인지와 친숙한 이야기로 보이도록 하는 것은 무엇인지에 대해 유아들이 이야기를 나누도록 격려할 것이다. 즐김은 말로 표현할 수 없기 때문에 교사는 이야기를 말없이 극으로 표현하거나 움직임과 몸짓으로 표현하게 할 뿐 아니라 그리기나 색칠하기 같이 비언어적 반응을 격려할 것이다. 또한 처음에는 과업에서 벗어나 엉뚱해 보일지도 모르는 유아의 반응을 참아주고, 유아가 이야기에 놀이처럼 접근하는 것을 높이 평가해줄 것이다.

교실에서 나누는 문학적 이야기에 대한 연구

이제 교실에서 나누는 문학 이야기에 대한 실험 연구들에 초점을 맞출 것이다. 이 연구들은 마지막 절에서 간단히 살펴본 문학 이론에 대한 관점들을 적용하고 있다. 그러나 대체로 이 연구들은 상대적으로 몇 안 되는 문학 이론가의 연구들을 적용하고 있다. 나우먼(Nauman, 1994)은 문학에 대한 독자 반응 연구들을 살펴본 연구에서 로젠블랫이라든지 이저, 피쉬 같은 학자가 가장 많이 인용되는 이론가였고 다른 이론가들은 별로 인용되지 않았다고 하였다. 이 절은 네 부분으로 나뉜다. 독자의 입장에 대한 연구, "문학 토의 그룹"에 대한 연구, 아동에게 문학 비평가 수업을 하는 방법에 대한 연구, 아동의 문학적 이해에 초점을 맞춘, 그림 이야기책 읽기에 대한 연구가 그것이다.

독자 입장을 취하는 연구

읽기 입장은 독자의 특징이지 텍스트의 특징이 아니다. 그리고 그것은 특정 독자가 특정 텍스트에 대해서 특정한 시간에 갖는 특정의 가정과 기대 꾸러미를 언급하는 것이다. *독자 입장*(reader stance)을 취하는 연구들은 제임스 브리톤의 연구(Galda, 1982, 1990)와 루이즈 로젠블랫의 연구(Cox & Many, 1992; Many & Wiseman, 1992; Wiseman, Many, & Altieri, 1992)를 직접 사용한다.

읽기 입장에 대한 갤다의 연구(브리톤이 제시한 구경꾼 역할에 대한 개념을 활용함)는 어린 독자에 관심을 갖지는 않지만, 읽기 입장의 개인차에 대한 탐구(1982)라는 점에서도 중요하고 읽기 입장에 대한 장기적 연구 관점을 제공한다(Galda, 1990)는 점에서도 중요하다. 세 명의 5학년 여아를 대상으로 했던 1982년 연구에서 갤다는 같은 연령이면서 같은 읽기 능력을 가진 아동이 자신이 읽은 소설에 대해 구경꾼의 입장을 취하는 능력이 굉장히 달랐다는 것을 보여주었다. 예를 들면, "세 명의 참여자는 모두 텍스트의 실제에 대한 해석이 서로 다르다는 것을 알기는 했지만, 그런 해석을 타당한 것으로 받아들인 아동은 세 명 중에서 앤(Ann)뿐이었다"(p. 18). 다른 두 명의 아동은 에이단 체임버스(Aidan Chambers, 1985)의 용어로 말하자면, "완고한" 독자로, 자신이 한 해석이 아닌 해석은 받아들이지 못하는 아동이었다. 앤은 또한 저자의 작품을 이해하고 감상하면서 "플롯 이상을 읽을" 줄 알았다. 갤다는 문학에 대한 진정한 구경꾼 역할을 담당하는 능력은 피아제가 제시한 형식적 조작기의 발달 단계와 관련이 있다고 하였다. 만약 이것이 사실이라면, 초보 독자는 인지적으로 구경꾼 역할을 맡을 수 없을 것이다. 그러나 이것은 논란의 여지가 있다. 체임버스(1985)는 아주 어린 유아도 구경꾼 역할을 한다는 것을 보여주는 반응의 예를 많이 보여주었다.

갤다(1990)는 또 다른 연구에서 시간의 흐름에 따른 구경꾼 입장의 발달을 탐구하였다. 이 연구에서는 4학년에서 9학년 아동으로 구성된 한 집단을 2년간 살펴보았고, 4학년에 시작하여 7학년까지의 다른 집단을 4년간 살펴보았다. 갤다는 애플비(Applebee, 1978)가 제시한 반응 분석 체계를 활용하였는데, 4학년 아동의 반응은 주로 평가적 범주(개인적 경험의 범주와 가깝게 연결되어 있고 "모험적이고 흥미진진한" 범주와도 관련되어 있음)에 속하였고, 더 높은 학년 아동의 반응은 더 분석적(문학 텍스트가 작동하는 방식을 이해하는 것과 관련됨)이었다. 또한 장르에 따라 반응의 차이가 있었다. 아이들은 판타지에 대해서 더 여러 가지 범주의 반응을 하였고, 사실주의 소설에 대해서는 분석적 반응을 더 하였다. 일반화 반응(애플비의 최상의 단계로, 이 단계에서는 텍스트가 어떻게 사람들이 세상을 이해하는 방식을 변화시키는지에 몰두함)은 8학년과 9학년 수준에서만 나타났다. 이 결과 또한 초보 독자에게 중요한 의미가 있다. 일반화 반응은 유아가 훨씬 더 자라야 생긴다는 것을 알려주기 때문이다. 그러나 유아 중에도 어느 정도 일반화를 하는 유아가 있거나 일반화 단계를 보여주는 유아가 있을 수도 있다.

다른 연구는 브리톤의 연속선보다는 로젠블랫의 정보추출적 – 심미적 연속선을 활용하는 경향이 있고, 주로 초등학교 고학년을 대상으로 하는 경향이 있다. 눈에 띄는 예외적 연구는 매니와 와이즈먼(Many & Wiseman, 1992)의 연구와 와이즈먼, 매니, 알티에리(Wiseman, Many, and Altieri, 1992)의 연구다. 그들은 3학년을 대상으로 서로 다른 교수법이 문학에 대한 그들의 반응에 미치는 영향을 연구하였다. 매니와 와이즈먼은 세 개의 실험 집단을 대상으로 연구하였다. 연구 대상 집단은 "문학적 분석"(이야기를 읽어주는 동안과 읽어준 다음에 문학적 요소를 밝히고 이를 해석하는 데 초점을 둠) 집단, "문학적 경험"(이야기를 읽어주는 동안과 읽어준 다음에 생생한 체험과 개인적 반응을 하는 데 초점을 둠) 집단, 그리고 이야기를 읽어준 다음 아무런 토의도 하지 않는 집단이다. 이 세 집단 모두에게 "조금 전에 읽은 이야기에 대해 쓰고 싶은 것을 써봐라"(p. 269) 하고 유아들이 쓴 내용을 분석하였다. 문학적 분석 집단은 문학적 요소와 관련 있는 반응을 더 많이 쓰는 경향이 있었고, 문학적 경험 집단은 그들이 이야기 세계로 들어갔었다는 것을 보여주는 내용을 더 많이 썼다. 아무 토론을 하지 않은 집단은 이야기를 단순히 다시 이야기하는 내용의 글을 쓰는 경향이 있었다.

3학년을 대상으로 한 와이즈먼과 매니, 그리고 알티에리의 연구(1992, p. 285)는 세 가지의 교수 접근법을 사용하였다. 그것은 "학생 중심의"("연구자가 아무런 안내도 하지 않은 채 하는 자유토론") 접근법과 "교사 안내에 의한 심미적 처치"("이야기에 대한 학생의 사고와 반응 중심") 접근법, 그리고 "문학적 분석이 뒤따르는 교사 안내에 의한 심미적 접근법"(심미적 처치를 하고 이야기에 대한 문학적 분석과 개인적 반응을 하는 토론이 이어짐)이다. 매니와 와이즈먼의 연구에서처럼 세 개의 처치 집단 유아들에게 방금 전에 들었거나 토의한 이야기에 대해 쓰고 싶은 것을 무엇이든 쓰라고 요구하였고, 아이들이 쓴 내용을 심미적 반응 수준 척도로 분석하였다. 그 결과는 다음과 같았다.

> 학생 주도 토론 집단의 학생들은 문학적 분석에 더 초점을 두는 것 같았고, 순수하게 심미적인 반응은 거의 하지 않았다. 반면에 심미적 집단이나 심미적-분석적 집단의 학생들은 자신의 감정을 설명하는 심미적 반응이나, 실제 삶에서 일어난 일, 이야기의 사건을 떠올리는 사람, 다른 작품의 등장인물을 묘사하는 심미적 반응에 고도의 집중력을 보였다(p. 286).

심미적 집단과 심미적 – 분석적 집단의 반응에는 큰 차이가 없었다. 이것은 "책을 읽는 자신의 경험에 문학적 요소의 영향을 분석했던 유아들은 순수하게 심미적 토의 집단에서 심미적 입장의 반응을 한 학생들과 같았다"(p. 287)는 의미다. 이 결과는 분석적 측면의 문학적 이해를 발달시킬 목적으로 행하는 토론이 적어도 문학적 경험을 손상시키지는 않는다는 점을 암시한다.

이런 연구들의 어려움 중 하나는 로젠블랫 자신은 절대 위의 인용문에 나타난 것과 같은 "심미적 반응"에 대해 쓴 적이 없다는 것이다. 대신 심미적 경험을, 읽는 *동안*의 생생한 체험으로 보았다. 이야기를 읽어준 후의 토론조차도 심미적 경험과는 다른 것이고, 토론 후의 글쓰기는 더더욱 동떨어진 것이다. 또 다른 문제는 정보추출적이라 여겨지는 반응이 종종 여러 개의 유형이라는 점이다. 어떤 유형은 문학적 이해를 나타내는 진술일 수도 있을 것이고(예를 들면, "등장인물의 성격이 잘 구현되었다"와 같은 것), 어떤 유형은 "등장인물은 키가 크고 붉은 머리를 가지고 있었다"와 같이 순수하게 정보추출적 입장의 반응일 수도 있을 것이다. 이 연구는 (1) "이 시로 어떤 사실을 배웠나요?" 또는 "주인공은 무슨 색의 머리카락을 갖고 있었나요?" 같은 정보추출적 질문에 대한 정보추출적 반응과, (2) 유아의 "계속되는 반응"을 적절하게 "조직하고 상세하게 하는" 반응이나 질문을 똑같이 취급하려는 경향이 있다. 문학적 요소가 유아의 심미적으로 듣고 읽는 능력을 키울 것이라면서 말이다. 읽기 입장에 대한 연구들의 경우, 분석적 양식의 문학적 이해에 대해서는 언급하지 않은 채 "반응"에 대해 논의하려는 경우가 잦다. 이 때문에 반응은 그 반응을 "조직하고 상세하게 드러나게 하려는" 교사의 시도 때문에 오염될 수밖에 없다는 암묵적 논쟁을 만들어낸다. 이러한 암묵적 논쟁은 아마도 독자는 고려하지 않은 채 텍스트에 대한 분석만을 강조하는 신비평에 대한 과잉 반응일 수 있다. 그러나 그것은 보이는 그대로 *과잉* 반응인데, 몇몇 연구들에서는 이런 과잉 반응을 계속 이어가는 경향이다. 이런 연구들은 교사가 유아의 문학적 이해의 발달을 도와야 할 것이냐 아니냐가 문제가 아니라, 얼마나 *드러나게* 도움을 줄 것이냐가 문제라는 점을 암시한다. 이런 의문은 다음 두 개 절에서 검토한 연구에 나타나 있다.

문학에 대한 교실 내 대화

교사와 아동이 문학에 대한 토론에 어떻게 참여하느냐에 대한 연구들(Commeyras, 1994; Eeds & Wells, 1989; Gilles, 1994; McGee, 1992a, 1992b, 1992c; McGee, Courtney, & Lomax, 1993; 1994; Raphael & McMahon, 1994; Roller & Beed, 1994; Scharer, 1992; Wiencek & O'Flahavan, 1994)과 연구에 기초한 교수법(Chamber, 1993; Daniels, 2002; Eeds & Peterson, 1991; Peterson & Eeds, 1990; Roser & Martinez, 1995; Short & Pierce, 1990)이 점차 늘고 있다. 사실상 이런 모든 연구는 독자 반응 비평, 주로 로젠블랫과 이저 연구의 이론에 아주 많이 의존해왔다. 대개의 연구는(교수법 관련 연구 중에도 많은 연구가) 초등학교 고학년(4학년에서 6학년) 또는 그 이상의 아동을 대상으로 하였다. 예를 들면, 이즈와 웰즈(Eeds & Wells, 1989)의 연구는 이후의 많은 연구에 자극을 준 연구인데, 5학년과 6학년을 대상으로 하였다. 이즈와 웰즈는 교실에서 이루어지는 문학에 대한 많은 토론은, 아동이 읽은 것을 이해했는지를 알아보기 위해 교사가 정보추출적 방식으로 질문하는 "부드러운 조사"(gentle inquisitions) 형식이라고 주장한다. 그들은 아동 중심의 이야기, 그리고 심미적 읽기가 반영되어 있는 개인적 반응에 초점을 맞춘 "훌륭한 대화"(grand conversations)라는 토론 형식을 제안한다. 그들은 상대적으로 훈련을 덜 받은 교생이 소집단 아동과 "훌륭한 대화"를 더 잘 할 수 있다는 것을 알아냈다. 중요한 발견 중 하나는, "등장인물의 문제 해결 방식이나 시간, 장소, 주제, 분위기, 언어는 작품에 의해 환기되고 작품 안에 포함되어 있기 때문에,

아동과 교사가 책에 대해 함께 이야기할 때 이러한 문학의 요소는 대화의 수면 위로 자연스럽게 떠오를 수 있다"(p. 23)는 것이다. 다시 말해서, 문학적 이해의 여러 가지 분석적 측면의 요소는, 책을 개인적 경험과 연결 지어 이야기의 사회적 의미를 구성하거나, 등장인물이나 그들의 행위에 대해 가설을 세우는 과정에서 자연스럽게 포함되는 일부였다.

이즈와 웰즈는 토론을 수행하는 교생들에게 "가르칠 수 있는 순간"이라고 느낄 때 문학 요소를 마음껏 가르쳐보라고 하였다. 연구 결과, 문학적 경험과 문학적 이해가 서로 얽혀 있다는 아이디어는 지지되었다. 게다가, 교사가 문학적 이해의 구성에 적극적으로 참여하는 아이디어 또한 지지되었다. 다른 연구자들(Scharer, 1991, 1992)은 문학 토론에서의 교사의 역할을 좀 더 구체적으로 연구한 결과, 교사가 부드러운 조사에서 "훌륭한 대화"로 접근을 바꾸는 것은 아주 어렵다는 것을 발견하게 되었다. 크노벨(Knobel, 1993)은 교사가 학생의 반응을 중요시하려는 노력에도 불구하고 학생들은 텍스트보다는 교사에게 자주 반응한다고 보고하였다. 그녀가 내린 결론 중 하나는, "문학이나 독자 반응 이론과 관련지어 볼 때, 실제에 대한 교사의 의미 구성과 해석이 학생들의 의미 구성과 해석에 어떤 영향을 미치는지, 때로는 학생들의 그것과 어떤 갈등을 빚는지에 대해 교사가 알 필요가 있다"(p. 302)는 것이었다. 연구자들은 각자의 반응이 중시되는, 비경쟁적 학습자 공동체 생성의 중요성(이것은 주로 교사의 책임임)에 대해서도 탐구하였다(Scharer & Detwiler, 1992; Short, 1990).

어떤 연구자들은 "문학 토의 그룹"의 내용과 조직에 대한 제안을 하였다. 체임버스(1993)는 아동이 책에 대한 자신의 개인적 열성을 다른 사람들과 공유할 수 있게 하는 질문의 "틀"을 제안하였다. 그것은 책에서 이해하기 어려웠거나 "수수께끼" 같았던 점을 공유하고, 한 권의 책에서 발견한 유형 간 관련짓기나 다른 책과의 상호텍스트적 관련짓기를 공유하기 위한 것이다. 그는 이 틀을 기계적으로 사용해야 한다는 것이 *아니라고* 경고하고, "어떤 연령의 독자에게나 질문 목록을 제공해야 한다는 것이 *아니고*, 아이들이 말하거나 쓸 때 한 사람씩 질문에 대답하도록 해야 한다는 것도 *아니다*"(p. 87; 원문에 이탤릭체로 되어 있음)라고 한다. 체임버스의 질문의 틀은 세 부분으로 되어 있다. 그것은 *이 책에서 좋았던 것/ 싫었던 것이 있었니?* 같은 "기본 질문"과 *이 책을 처음 보았을 때나 이 책을 읽기 전에 어떻게 진행되는 책이라고 생각했니? 이제 이 책을 다 읽었는데, 네가 기*

대했던 대로니? 같은 "일반적인 질문", 그리고 *너는 어떤 등장인물에 가장 관심이 있니?* 같은 "특별한 질문"(pp. 87~90)이다. 또 다른 연구자들(Daniels, 1994)은 "문학 토의 그룹"이나 "이야기책 읽어주기" 시간의 아동들은 토론에 초점을 맞추도록 돕는 특정 역할을 할 수 있을 것이고, 이런 시간은 아동에게 목적의식을 갖게 해줄 것이라고 하였다. 그러나 대부분의 연구자들은 다니엘즈(Daniels)가 최근 연구(2002)에서 스스로 인정했던 바와 같이 아동에게 특별한 역할을 맡기는 것이 반응을 억제할까 두려워 이런 역할을 맡기는 것을 지지하지 않는다.

초등학교 고학년과 중학교 학생에게 시도한 "훌륭한 대화"(grand conversations), "문학 토의 그룹"(literature discussion groups), "문학 서클"(literature circles), "책 이야기"(booktalks) 등 여러 가지의 접근이 성공하자 연구자들은 더 어린 아이들에게 이 접근법을 사용하여 연구하였다. 앞서 인용한 바 있는 맥기(McGee)는 "훌륭한 대화"에서의 교사의 역할과 함께 유아를 대상으로 "훌륭한 대화"를 연구한 몇 안 되는 연구자 중 한 사람이다. 맥기는 1학년 유아에게 그림 이야기책을 읽어준 후 그들과 나눈 토론을 녹음하여 전사하였다. 로젠블랫의 상호교류 모델과 이저의 상호작용 모델에 따라 맥기(1992c)는 "독자 반응의 한 쪽 끝에는 읽기로 인해 환기된 독자의 개인적 경험과 정서가, 다른 한쪽에는 텍스트에 주의를 기울이는 반응이 위치한 연속선이 나타나리라 기대한다"(p. 178)고 하였다. 맥기는 유아가 언급한 내용의 범위와 초점을 반영하기 위해 유아의 반응을 "독자에 속한" 진술과 "텍스트에 속한" 진술로 정리하여 코딩하였다. 맥기(1992b)는 세 가지 유형의 이야기 구조를 알아냈다. "배회하기"(mucking about)(관련이 없는 것 같은 아이디어를 이것저것 이야기함)와 "가로지르며 엮기"(weaving through)(유아가 순서 없이 이전 아이디어로 돌아감), 그리고 "초점 맞추어 들어가기"(focusing in)(이때 유아들은 같은 아이디어에 대해 계속 이야기하면서 순서대로 나온 서로의 생각에 기초하여 자신의 생각을 쌓아감)이다. "훌륭한 대화"에 대한 연구에서 토론을 이끌었던 맥기와 교사들은 아무런 해석적 논평을 하지 않았다. 그러나 토론 중간에 교사들은 미리 준비한 "해석적 질문"을 하였다. 이런 질문은 "일반적인 아이디어에 대해 지속적으로 초점을 맞추어 탐색해 들어가기"(1992b, p. 21)를 하도록 하고, "해석적 반응 비율을 더 높였으므로"(1992a, p. 186) 대화에 중요한 역할을 했음이 밝혀졌다.

한 걸음 더 나아가 1학년 책 토론에서의 교사의 역할에 초점을 맞춘 연구에서, 맥기와 동료들은 교사가 몇 가지의 역할을 한다는 것을 알아냈다. 그 역할이란 *촉진자* (예를 들면, 순서 정해주기), *조력자/ 주의 환기자*(요약하기, 다시 이야기해주기, 명료화하도록 요청하기), *반응자*(주제를 소개하고 확장시키고 상세하게 설명해주기), *문학 큐레이터*(가르칠 수 있는 순간에 문학적 이해를 넓혀주기), *독자*(이야기 읽어주기) 역할이다. 문학 큐레이터 역할은 별로 실행되지 않던 것이기는 하지만 분명히 해석적 질문만큼이나 긍정적인 효과를 주는, 아주 흥미로운 역할이다. 한 예로, 맥기(1995, p. 17)는 「안녕하세요, 알씨 *Hey, Al*」(Yorinks, 1986)라는 환상 이야기에 대한 두 유아의 "그건 아주 바보스럽다고 생각해요", "앵무새 빼고는 새는 말할 수 없어요" 같은 정보추출적 반응을 보고하였다. 이때, 교사는 "이런 이야기를 판타지라고 해"라고 설명하거나 "판타지에서는 이것처럼 어떤 일도 일어날 수 있어"라고 설명할 기회(가르칠 수 있는 순간)를 잡았다. 멋진 일은 교사의 짤막한 설명 이후 한 유아로부터의 반응이다. 그 유아는 "난 그 섬에 있는 벌레가 되고 싶지 않아요. 그러면 벌레가 날 잡아먹을 거니까요!"라고 말했다. 그 아이는 책에 대한 생생한 체험을 넓히기 위해 교사가 제공한 문학적 언질을 발판으로 섬에 있는 벌레가 되는 것의 의미를 생각한 것이다.

맥기의 연구는 또한 토론에 "해석 공동체"(Fish, 1980)를 생성시킴으로써 문학 이론을 연구에 적용시킨 것으로 유명하다. 독자는 해석 공동체에서 자신이 한 해석에 대해 설득력 있게 토론하면서 의미의 타협점을 찾고 의견 일치에 도달하도록 상호 의견 교환을 한다. 그녀는 이런 상호작용에 대해 묘사하고, 연구 결과를 통해 "1학년이 해석 공동체의 구성원이 될 수 있는 문학 비평가라는 점을 지지한다"(McGee, Courtney, & Lomax, 1993, p. 22)고 하였다.

비평가로서의 유아

1학년이 문학 비평가라는 맥기의 주장은 좀 과도하게 들릴지도 모른다. 그러나 유아가, 심지어 아주 어린 유아조차도 비평가가 될 수 있다는 아이디어는 약 20년 동안 널리 통용되어왔고 꾸준하게 주목을 끌고 있다(Chambers, 1985; May, 1995; Sloan,

2003; Scott, 1983, 1987; Vandergrift, 1980). 체임버스(1985)는 "그러나 유아가 비평가인가?"라고 의문을 제기하고 교사들을 위해 다음과 같은 말을 하였다.

> 비평이란 즐거움을 파괴시키는 분석을 위한 고집스런 취향일 뿐 아니라 훈련이 필요한, 부자연스러운 전문가로서의 활동이자 어른들의 활동이라고 본다. 비평은 추상성, 감정이 없는 지적 작업, 냉혈의 해체 같다. 유아와 함께 비평할 수 없으며, 만약 그렇게 한다면 유아로부터 문학을 완전히 멀어지게 할 뿐이다. 많은 동료들은 중등학교에서의 수업과 대학에서의 문학 수업 동안 비평이라 생각했던 것으로 인해 문학에서 멀어진 것으로 나타났다(p. 144).

체임버스는 이어서 "우리는 연구를 통해 민감한 교사가 이끌어주고 다듬어주면 유아에게는 타고난 비평가적 자질이 있다고 믿게 되었기 때문에 우선 질문을 했다"(p. 144)고 쓰고 있다. 체임버스는 비평이라 일컫는 것 중 많은 것들은 유형("언어, 서사적 코드, 플롯 사건, 이미지, 성격 등의 유형"(p. 147))의 발견과 같고, 인간의 인지는 기본적으로 유형을 발견하는 문제라고 믿는다. 유형의 발견은 의미의 구성이고 "우리는 의미를 구성할 때 즐거움을 경험한다"(p. 147)고 하였다. 체임버스(1985)는 텍스트의 "책 속 독자"로 가정하는 추상적 독자, "내포 독자"에 대한 이저의 아이디어를 취하고, 그것을 실제 유아 독자와 관련짓는다. 유아 독자는 자신의 경험에 일대일로 대응되는 이야기를 기대하므로 그렇게 대응되지 않는 이야기는 종종 거부하는 "융통성 없는" 독자라고 주장한다. 그러나 문학적 이해를 키워주는 교사의 도움을 받으며 이야기를 계속 경험하다보면, 유아는 이야기에 순응하며 텍스트 안의 내포 독자가 되어 그 이야기를 "내부"로부터 경험할 수 있게 된다. 체임버스는 텍스트 "빈자리"나 "공백" 채우기에 대한 독자의 적극적 참여와 이야기 관점에 대한 독자의 이해를 특히 강조한다. 이와 같은 능력이 키워진다면, 유아의 비판적 재능은 아주 어려서부터 발달할 수 있을 것이다.

많은 연구자들은 유아의 문학적 경험과 나란히 문학적 이해를 도와주기 위해 행하는, 문학적 요소나 장르, 형식에 대한 모종의 형태의 명시적인 교수는 타당하다고 믿고 있다. 스콧(Scott, 1983, 1987)과 랜디스(Landes, 1983)는 초등학생들의 문학 비평이나 "비평적으로 심미적" 읽기의 학습을 위한 교육과정 모델을 제안하고 이것을 유아에게 실시하였다. 스콧(Scott, 1987)은 2학년을 대상으로 5년에 걸쳐 "나선형으로 계열화된 이야기 교육과정"(spiralled sequence story curriculum)을 개발하고 실행한 후, 결국 초등학생을 위한 계열화된 교육과정을 만들었다. 그녀는 구조주의자의 원리와 일부 프라이의 원형 비평에 기초를 둔 이 교육과정의 일반적 목적은 "유아에게 문학적 분석 방법과 기본 요소를 소개하는 것이고, 어떤 이야기라도 완전히 이해하는 사람은 그것을 훨씬 더 잘 즐길 수 있다는 것이 나의 확고한 믿음이다"(Scott, 1987, p. 165)라고 하였다.

랜디스(1983)는 어떻게 2학년 유아를 대상으로 "문식성 이상의 문학의 세계로 데리고 들어가기 위해" 짜놓은 교육과정을 실시했는지에 대해 묘사하였다(p. 161). 그녀는 유아들이 어떻게 베아트릭스 포터(Beatrix Potter)의 「피터 토끼 이야기 *The Tale of Peter Rabbit*」(1902/1987)에 나타난 문학성을 감상하는 방법을 배웠는지를 그림책의 각 페이지별로 분석하였다. 그녀는 이 고전 그림책을 조악하게 각색한 책을 읽어주었는데, "그것은 마치 포터의 글과 그림이 지닌 문학적 측면 하나하나를 썼다가 제거한 것처럼 보였다"(p. 163)고 하였다. 유아들은 이를 보고 처음에는 놀라더니 다음에는 언짢아했으며, 각색본의 글과 그림보다 포터의 세련된 글과 그림을 훨씬 더 좋아했고, 왜 그런지 이유를 말할 수 있었다. 아이들은 이런 것을 통해 문학적 비평 능력을 보여주었다.

슬로안(2003)은 자신이 제시한 "비평가로서의 아동" 개념을 위한 가장 중요한 이론적 틀로 프라이의 연구를 사용하였다. 프라이가 『교육받은 상상력 *The Educated Imagination*』(1964)에서 아동에게 문학에 대해 가르쳐야 한다고 했던 제안을 고스란히 되풀이하면서, 그녀는 모든 문학에 반복해서 나타나는 원형적 인물, 상징, 주제, 이미지, 모티브에 대한 지식을 아동이 습득하도록 하기 위해 신화와 전설, 성경 이야기를 가르치는 것이 중요하다고 강조한다. 그녀는 문학적 경험이 개인적 반응에서 시작되어야 하지만 거기서 끝나서는 안 된다고 생각한다. 그녀는 아동들에게 "너도 X(이야기 속 등장인물)가 했던 것처럼 할래? X 같은 친구를 갖고 싶니?" 같은 질문을 하는 것은 "무의미하다"고 주장하는데, 이것은 "문학이 개인적 삶의 경험을 연결 지어 주기는 하지만 이런 관련성이 체계적인 비평의 기초가 될 수는 없다"(p. 118)고 생각하기 때문이다. 그녀는 문학에 대한 질문에는 옳고 그른 답이 없다는 점을 강조한다. 그녀가 제안하는 질문 목록(pp. 119-124; 128)에는 *이 이야기의 기본 모양은 어떠한가? 누가 주인공인가?* 같은 질문이 포함되어 있다. 아동은 몇 개의 기본적인 관습적 유형의 이야기를 배울 수 있다. 예를 들면, 집-모험-집 이야기나 회귀 구조의 이야기가 그것이다. 이런 이야기에서 등장인물은 집을 떠나 일련의 모험을 겪고 떠난 자리로 다시 돌아온다. 그녀는 아동의 문학적 이해를 높이려면 아동에게 프라이가 제시한 네 개의 기본 서사 유형(코미디, 로망스, 비극, 아이러니/풍자)을 도입해야 한다고 제안한다.

밴더그리프트(1980) 또한 프라이의 접근을 추천하면서, 아동은 서사 유형에 대한 이해력을 이용하여 더 첨예해진 문학에 대한 지각력으로 문학을 읽고 더 효과적으로 이야기를 쓰는 법을 배울 수 있다고 하였다. 그는 증가하는 드라마나 이야기 속 등장인물의 정서적 수준을 따라가면서 "줄거리" 잡기를 하도록 권한다. 또한 아동이 다양한 문학 장르에 노출 되는 것을 아주 중요시한다. 프라이의 개념에 기초하면, 모든 문학은 포괄적인 체계의 부분이기 때문이다. 프라이의 아이디어가 서부 유럽의 문학 전통과 문화 전통에만 근거를 둔 이론이라는 비판을 받지만, 아동이 읽기와 쓰기를 하는 데 사용할 수 있는 발견적 교수법으로서의 가치를 부정하지는 못한다.

비평가로서의 아동에 대한 메이(May, 1995)의 연구에서는, 교사가 문학 이론을 배워서 문학적 원리를 적용하여 아동을 가르칠 필요가 있음을 강조한다.

> 어른들은 아동이 배울 이야기의 양을 결정할 수 있고, 아동과 함께 읽은 이야기에 대해 아동이 자신의 생각과 느낌을 이야기할 수 있도록 도울 수 있다. 아동 스스로 이야기의 작동 원리를 발견하기를 바라는 어른들은 아동이 어른과 함께 읽은 문학에 새로운 의미를 구성해갈 수 있게 협조할 것이다. 이런 어른들은 토론의 기본을 가르쳐야만 하기 때문에 이야기의 구조와 비평 이론에 대해 알아야만 한다. 그런데 안타깝게도 교사들은 비평 이론을 거의 공부한 적이 없기 때문에 협동 학습을 격려하는 읽기 방법을 강조하지 못할 때가 종종 있다(pp. 14-15).

메이는 교사가 "아주 우수한 독자가 일반적으로 사용하는 해석 기술의 틀"을 알지 못한다면, 아이들은 "문학 감상이 문학적 구조나 저술 구조에 대한 이해에 의존한다는 점을 이해하지 못한 채 텍스트 내의 유형에 억지로 반응하는"(pp. 15-16) 상황에 놓이게 된다고 믿는다. 메이의 책에는 교사와 연구자가 함께 아동문학을 사용하여 아동의 문학적 경험과 이해를 높이는 방법을 연구한 몇 개의 짧은 연구가 포함되어 있다. 이 연구에는, 문학 이론을 아는 교사라면 초보 읽기자와 초보 쓰기자가 이야기에 대한 감각을 발달시키도록 도와줄 것이라는 주장과, 초보자들이 문학에 대한 비평적이고 해석적 읽기 자세를 배울 수 있게 도와줄 것이라는 주장을 뒷받침할 만한 실증적 증거가 담겨 있다.

이야기책 읽어주기와 문학적 이해

이 책의 서론에서 나는 이야기책 읽어주기에 대한 수많은 연구 중에 아동의 문학적 이해에 관심을 가진 연구는 드물다고 하였다. 대신 문식성 발달에 관련한 다른 측면의 연구, 즉 인쇄 활자의 시각적 특징에 대한 관심의 증가, 아동이 자신이 쓴 글을 듣는 것의 효과, 구어의 발달과 "책 언어"의 습득, 나중에 혼자 읽을 줄 알 때 가장 큰 영향을 미치는 교사의 읽어주기 방식에 대한 연구는 아주 많다. 그러나 분명한 예외가 하나 있다. 학령전 유아의 문식성 학습에 대한 메릴린 코크런-스미스(Marilyn Cochran-Smith, 1984)의 유명한 연구, 『독자의 발전 과정 *The Making of a Reader*』은 매일 유아교육기관에서 이야기책을 읽어주고 유아의 문학적 비평가로서의 능력에 초점을 맞춘 연구였다. 코크런-스미스는 읽어주기 시간에 대한 검토를 위한 이론적 틀을 구성하면서 문학 이론을 광범위하게 사용하였다. 그녀가 인용한 문학 이론가들 중에는 롤랑 바르트, 웨인 부스(Wayne Booth), 조나단 컬러, 볼프강 이저, 한스 로버트 야우스(Hans Robert Jauss), 제럴드 프린스(Gerald Prince)가 포함되어 있다. 그녀는 이런 이론가들이 보여준 중요한 통찰 내용과 발생적 문식성에 대한 좀 더 유용한 이론적 자료를 멋지게 조직하였다. 또한 3, 4, 5세의 문학적 발달의 맥락에 적용하기 위해 그녀가 이론가들이 밝힌 내용을 수정한 방식은 흥미롭다. 코크런-스미스는 발자크(Balzac)의 짧은 이야기를 분석하기 위해 바르트(1974)가 활용한 다섯 개의 부호(또는 서사의 이해를 가능하게 해주는 기호 체계) 중 두 개의 부호를 언급하였다. 바르트의 "문화적" 부호란 대개의 어른 독자가 읽어주기를 하는 동안 무의식적으로 접근하는 폭넓은 문화적 지식과 사회적 지식을 말한다. 이것은 정확하게 말하면 유아에게 부족한 유형의 지식이고, 이야기를 읽어주는 사람이 이야기를 읽어주는 동안 공급하는 지식 유형이다. 또 다른 바르트식 부호인 "해석적"(hermeneutic) 부호란 퍼즐이나 수수께끼, 또는 텍스트가 제기하고 나중에 해결되거나 답이 주어지는 질문을 말한다. 이야기를 읽어주는 사람은 텍스트에서 제기한 질문에 대해 앞의 내용이 드러나게든 드러나지 않게든 어떻게 답을 하는지 언급해줌으로써 유아에게 부호를 중재해준다.

코크런-스미스는 부스와 이저의 "내포 독자" 개념에 초점을 맞추어 이야기를 읽어주는 사람(유아에게 이야기를 읽어주는 어른)의 역할을 분석하였다. 읽어주기에 사용되는 책의 저자들은 분명히 유아교육기관의 특정 유아를 만나지 않았다. 저자는 책의 "내포 독자"를 마음에 새기며 썼다. 때때로 이야기를 듣는 실제 독자와 텍스트의 내포 독자는 똑같은 특성을 가지고 있다. 그러나 또 어떤 때는 허구의 내포 독자는 실제 독자에게 부족한 것을 갖고 있다는 정보가 들어 있다. 코크런-스미스는 이야기를 읽어주는 사람이 하는 주요 역할 중 하나는 텍스트의 내포 독자와 자신의 앞에 있는 청자이자 실제 독자인 유아를 연결 짓는 매개자의 역할이라는 점을 발견하였다. 이것이 읽어주는 이로서 코크런-스미스(1984)가 말하는 "삶과 텍스트"를 연결 지을 수 있도록 유아를 도와주는 주요 방법의 하나다. 즉 "유아가 문학을 이해하기 위해 자신이 갖고 있는 지식을 사용할 수 있도록 돕는 것을 목적으로 한 의견교환"(p. 183)이 그것이다. 코크런-스미스는 이저의 다른 개념, 독자의 "이동 시점"에 대한 아이디어는 채택하지 않았다. 그러나 그녀가 이야기를 읽어주는 어른에 대해 묘사한 내용을 보면, 이야기를 읽어주는 어른은 유아에게 이야기를 매개해 주었음이 분명하다. 이야기를 읽어주는 어른은 유아가 자신의 지식과 텍스트의 내포 독자가 갖고 있다고 생각되는 지식 간의 거리를 좁혀주고, 서사 속 지나간 사건에 유아의 주의를 모아주고 그 사건과 이 순간 등장인물의 행위를 연결 지어주며, 여러 등장인물이 무엇을 느끼고 무엇을 알고 있는지에 대해 토의한 것으로 봐서 그러하다. 이런 방식으로 이야기를 읽어주는 어른은 이야기를 읽어주는 동안 유아에게 이동 시점을 채택해야만 한다는 것을 알게 도와주고, 유아 스스로 이동 시점을 구성하도록 도와주었다.

코크런-스미스는 또한 컬러(1975)의 "문학적 능력"(literary competence)이라는 아이디어를 사용한다. 그것은 독자 자신이 읽고 있는 것을 이해하기 위해 저자와 독자가 함께 공유해야만 하는 문학적 관습에 대한 지식을 말한다. 그녀는 이 아이디어를 수정하여 더 넓은 범주의 문학적 관습을 포함시킨다. 책 관습과 장르 관습이 그것이다. 책 관습에는 책이 "작동하는" 방법이 포함된다. 즉 표지의 의미와 표제지, 페이지의 순서, 페이지를 넘기는 과정, 등장인물이 말하고 있다는 것을 나타내는 말풍선의 사용 등은 모두 유아들이 배워야만 하는 관습이고, 그들의 문학적 능력의 일부다. 컬러의 관심은 장르 관습, 즉 사실주의 소설이나 민담 같은 특정 문학 유형의 규준과 기대에 있다. 장르의 관습에 대해 말할 때, 코크런-스미스는 야우스가 말한 "기대 지평"(horizon of expectations)의 개념을 사용한다. 그것은 독자가 어떤 유형의 책을 선택할 때 채택되는 것으로, 예를 들어 민담을 읽는다고 할 때, 기대 지평으로 인해 성격 설정이나 배경 설정은 거의 없이 플롯이 아주 빨리 시작될 거라는 가정을 하게 된다. 그리고 주인공은 초자연적 존재로부터 신비한 형태의 도움을 받을 것이며, 이야기는 행복하게 끝이 날 것이라는 등의 기대를 하게 된다. 그런 기대 지평은 민담을 들려주거나 그것을 글로 써서 전달하는 수많은 세월에 걸쳐서 형성되어왔다. 모든 장르에 대한 유아의 경험은 제한적이다. 코크런-스미스는 이야기를 읽어주는 어른이 읽어주기 시간에 읽어주는 이야기의 다양한 장르에 대한 기대 지평을 유아가 형성할 수 있도록 도와주었다는 점을 발견하였다. 코크런-스미스의 연구는 읽어주는 이야기를 듣는 것이 바로 문학적 자각을 만들어내는 시련일 수 있음을 보여주며, 문학 이론은 이렇게 아주 중요한 영역에서 흥미롭고 새로운 관점의 발달을 가능하게 해줄 수 있음을 보여준다.

1부를 결론지으면서 나는 유아가 경험하는 기본 문학 형태인 그림책에 특히 관심을 둔 이론과 연구를 요약하였다. 또한 다양한 학문의 이론에 기초하여 유아의 문학적 이해에 대한 다면적인 견해를 설명하였고, 문학에 대한 대다수의 유아 반응 연구가 상대적으로 적은 이론을 사용했다는 점을 지적하였다. 이런 점에서 1부는 2부에 제시될 문학 이해에 대해 내가 제시하는 근거 이론의 기초라 할 수 있다.

2부

다섯 가지 측면의 문학적 이해와 그것들 간의 상호관계

2부에서는 교사가 그림책을 읽어줄 때 유아가 하는 다섯 가지 반응 유형을 살펴볼 것이다. 이것은 개념적 범주로서, 유아의 반응을 전사한 내용을 분석한 것이다. 이 다섯 가지 유형의 반응은 분명하게 다른 측면의 문학적 이해로, 분석적(analytical), 상호텍스트적(intertextual), 개인적(personal), 동화된(transparent), 연행적(performative)이다.

분석적 반응의 경우, 아주 많은 양의 자료가 이 범주에 속하므로 이것을 다시 다섯 개의 하위 범주로 나누었다. 4장에서는 이 중 첫 번째 하위 범주(1A)인 서사적 의미 구성에 대해 다룰 것이다. 5장에서는 다른 하위 범주를 다룰 것이고, 6장과 7장에서는 상호텍스트적 반응과 개인적 반응을 각각 다룰 것이다. 8장에서는 마지막 두 개의 문학적 이해의 측면인 동화된 반응과 연행적 반응에 대해 다룰 것이다. 마지막으로, 9장에서는 유아의 문학적 의미 구성에 대한 근거 이론을 제시하기 위해서 1부에서 살펴본 문학적 이해에 대한 이론적 관점과 이 다섯 개의 문학적 이해의 측면을 관련지어 그 위치를 설정할 것이다.

04
반응 범주에 대한 소개와 분석적 반응

이 장에서는 우선 유아의 문학적 반응에 대한 다섯 가지의 개념적 범주를 개괄적으로 살펴본 다음에, 첫 번째 개념 범주인 분석적 반응을 살펴볼 것이다. 분석적 반응은 복잡하고 중요하기 때문에 다시 다섯 개의 하위 범주로 나뉜다. 그리고 마지막으로 다섯 개의 하위 범주 중 서사적 의미의 구성에 대해 살펴볼 것이다.

유아의 반응 범주

범주 1: 분석적 반응

텍스트를 서사적 의미 구성의 기회로 다룬 것으로 보이는 반응들이 포함된다. 유아들은 분석적 입장을 반영한 언급을 했다. 예를 들면, 글 텍스트의 구조와 의미, 그림의 순서, 글 텍스트와 그림이 서로 관련되는 방식, 관습적인 시각적 기호, 서사의 전통적 요소(배경, 등장인물, 플롯, 주제), 암시라든지 서사 시간의 조작과 같은 서사 기법에 대해 토론하였다. 만들어진 물건 또는 문화적 생산물로서의 책, 이야기에서 사용된 특정 언어에 대한 분석, 그림의 디자인과 기호학적 의미에 대한 분석, 허구와 실제와의 관계에 대한 언어적 반응들도 이 범주에 포함되었다. 코드화된 유아의 대화 내용 중 약 73%나 되는 반응이 이 범주에 포함되었다.

범주 2: 상호텍스트적 반응

읽어주는 텍스트를 다른 문화적 성격의 텍스트나 물건들(다른 책, 다른 예술가와 일러스트레이터의 작품, 영화, 비디오, 선전, 텔레비전 프로그램, 급우가 쓴 글이나 그림)과 관련짓는 능력을 반영한 반응들이 이 범주에 포함된다. 이 범주에서 텍스트는 상호 관련된 문화 텍스트라는 매트릭스의 한 요소의 역할을 하면서 다른 텍스트와 관련지어지는 것 같다. 이 범주에 속하는 반응은 약 10% 정도였다.

범주 3: 개인적 반응

이 범주에 포함된 반응들은 텍스트를 유아 자신의 삶과 관련지은 것들이다. 이 반응에 두 개의 방향이 있었다. 텍스트에 삶을 연결 짓는 것과 삶에 텍스트를 연결 짓는 것이 그것이다. 텍스트에 삶을 관련짓기(a life-to-text connection)는 유아가 텍스트를 이해하거나 분명하게 하기 위해 자신의 삶의 경험을 활용하는 것이다. 삶에 텍스트를 관련짓기(a text-to-life connection)는 유아가 자신의 삶의 어떤 것을 이해하고 분명하게 하기 위해 텍스트를 활용하는 것이다. 이 둘에 덧붙여 유아가 이야기를 개인화하는 몇 가지 다른 방법이 더 있다. 이 범주에 속하는 반응은 본질적으로 개인적이며, 텍스트는 개인적 연관성을 위한 자극으로 작용하는 것 같았다. 이 범주에 속하는 반응은 약 10% 정도였다.

범주 4: 동화된 반응

이야기의 서사 세계 속으로 들어가서 그것과 하나가 되었음을 암시하는 반응들이 포함된다. 그 순간 텍스트의 세계는 유아의 세계와 하나가 되고, 유아의 세계를 훤히 비추는 것 같았다. 이 범주에 속하는 언어적 반응은 추측상 얼핏 유아의 마음속에서 일어났을 것같이 보이는 반응들이라서 드물었다. 이 범주에 속하는 반응은 약 2% 정도였다.

범주 5: 연행적 반응

유아들이 자신의 목적을 향해서 텍스트를 조종하거나 텍스트의 세계로 들어갔음을 나타내는 반응들이 이 범주에 포함된다. 말하자면 범주 4의 유아들은 텍스트에 의해 조종되었지만, 범주 5에 속한 유아의 반응은 유아가 텍스트를 조작하였음을 암시한다. 텍스트는 유아 자신의 창의성이나 상상력을 위한 발판의 기능을 하는 것처럼 보였다. 아니면 텍스트는 "야단스런 놀이"라 할 만한 놀이터가 되었다. 아이들은 책 속의 어떤 상황이나 사건을 택하여 그것을 재미있는 공연이나 "의미 부여하기"(signifying)(Gates, 1988) 형식인, 상상의 비행을 위한 기초로 사용하였다. 이 범주에는 약 5%의 반응이 속하였다.

이 다섯 개의 범주와 그것들 간의 상호 관련 패턴을 함께 살펴보면, 유아의 언어 반응에도 나타났듯이 무엇이 유아의 문학적 이해를 구성하는지를 알 수 있다. 또한 유아가(또는 유아와 교사가) 문학적 능력을 펼쳐 보이기 위해 취해야 할 적합한 방법이 무엇인지를 알게 된다. 유아들은 텍스트를 분석하고, 텍스트를 다른 텍스트나 문화적 생산물과 관련짓고, 텍스트와 자신의 삶을 연관 지어 보고, 텍스트 세계로 들어가서 그것과 자신의 세계가 하나가 되게 하고, 텍스트를 자신의 창의성 계발을 위한 발판으로 활용하였다.

다섯 개의 개념적 범주의 예

다음의 긴 예문은 비글러 맥카씨 선생님이 1학년과 2학년 교실에서 「그레이스는 놀라워 *Amazing Grace*」(Hoffman, 1991)를 읽어주면서 아이들과 나눈 이야기를 전사한 내용에서 발췌한 것이다. 많은 대화가 포함되지 않았으면서도 다섯 범주의 이야기가 모두 포함되어 있기 때문에 이 부분을 선택하였다. 「그레이스는 놀라워」는 학교 연극 공연에서 피터팬 역할을 하고 싶어 하는 아프리카계 미국 여자 아이 그레이스의 이야기다. 반 아이들 중에는 그레이스가 흑인이고 여자라서 피터팬이 될 수 없다며 그 아이의 기를 꺾는 아이들도 있었다. 그러나 그레이스의 엄마는 그레이스를 데리고 〈로미오와 줄리엣 *Romeo and Juliet*〉발레 공연에 가서 주인공으로 춤을 추는 아프리카계 미국인을 보여준다. 그레이스는 이 경험으로 용기를 얻어 피터팬 역할을 위한 오디션을 보았고 주인공으로 뽑혔다.

책의 텍스트(교사가 읽어주는 것)는 볼드체로 썼고, 각 반응의 해당 범주를 괄호 안에 적었으며, 전사 내용에 따른 해석을 용이하게 하기 위해 대화 번호를 100번부터 순서대로 적었다. "열림면"(opening)이라는 용어는 새로운 페이지로 넘겼음을 의미하고, 양쪽 펼침면을 나타낸다. "첫 번째 열림면"은 이야기 텍스트가 시작하는 양쪽 펼침면을 말하는데, 그림책에는 페이지 번호가 없기 때문에 첫 번째 열림면에 대한 명시는 꼭 필요하다. 밑줄 친 부분은 그림에 대한 묘사가 포함된 경우다. 의문 부호는 누가 말한 것인지 몰라서 표시한 것이다(전사 규칙을 알려면 부록 C를 참조). 줄리(Julie), 샐리(Sally), 고든(Gordon), 테리(Terry)가 참여 유아다. 이 소집단의 또 다른 아이인 찰스(Charles)는 책 읽어주는 이 시간에는 없었다.

열 번째 열림면 - 오른쪽 페이지에 그레이스가 여덟 가지의 다른 자세로 춤을 추는 모습(슈워츠[1982]가 "연속 서사"(continuous narration)라 한 예)이 담겨 있다.

100 교사: [읽기: 볼드체는 이야기의 텍스트] **그레이스는 줄리엣 역할을 맡아 짧은 발레복을 입고 춤을 추면서 방을 빙글빙글 도는 상상을 한 후, 원하는 것은 무엇이든 할 수 있다는 생각을 하였다.**

101 [4] 고든: 그럼, 그렇지, 그렇고말고. [비꼬는 투로 속삭이며]

102 [3] 줄리: 내 여동생도 그거-발레- 했었는데.

103 [5] 테리: 발레구나, 발레! [노래를 부르고 자기 몸을 앞뒤고 흔들며]

104 교사: 왜 이렇게 그레이스가 많이 그려져 있다고 생각하니?

105 [1] 샐리: 그러고 싶어서요.

106 [1] 줄리: 그레이스가 모든 움직임을 한 거예요.

107 [1] 샐리: 그레이스가 어떻게 움직이는지를 보여주고 싶어서요.

108 [1] 고든: 이것은 이것이랑 똑같아요[페이지 위쪽에 있는 그림과 아래쪽에 있는 그림을 가리키며]. 아냐, 아냐, 똑같지 않아.

109 교사: 비슷하구나, 그래.

열한 번째 열림면 - 반 친구들이 바라보는 가운데 그레이스가 춤을 추고 있는 그림

월요일에 누가 어느 역할에 가장 잘 맞을지를 뽑는 오디션을 위한 학급 모임이 있었어요. 피터팬 역할의 그레이스 차례가 되었을 때, 그녀는 무슨 말을 어떻게 해야 할지 정확하게 알고 있었어요. 그레이스는 일주일 내내 피터팬이었거든요. 숨을 깊게 들이마시고 자신이 나는 모습을 상상했어요. 역할을 뽑는 시간이 되었을 때, 친구들은 라이(Raj)를 후크 선장으로 뽑고 나탈리(Natalie)를 웬디로 뽑았어요. 누가 피터팬이 되었을지는 의심의 여지가 없었어요. 모든 친구들이 그레이스를 뽑아주었어요. "넌 정말 멋졌어!" 나탈리가 속삭였어요.

110 [5] 고든: "그레이스, 그레이스, 너 굉장했어!" [높고 과장된 목소리로]

111 [3] 테리: [교사에게] 비밀이 있어요, 아무에게도 말하면 안 돼요. [낮은 목소리로] 전 집에서 발레하는 거 좋아해요.

112 교사: 멋진데, 발레는 재밌지.

열두 번째 열림면 - 왼쪽에 피터팬 모습을 한 그레이스 그림이 있다. 옅은 초록색 옷을 입고 춤을 추고 있고, 오른쪽에는 그레이스와 엄마, 할머니의 얼굴 그림이 있다.

113 [2] 샐리: 내가 보았던 피터팬과 다른걸.

114 [2] 테리: 그래, 조커 같다.

115 교사: **연극은 아주 성공적으로 끝났어요. 그레이스는 굉장한 피터팬이었지요. 연극이 끝난 후, 그레이스는 "집까지 날아서 갈 수 있을 것 같아!"라고 말했어요.**

116 [5] ?: [비행기처럼 점차 음 높이를 낮추면서 내는 고음의 휘파람 소리]

117 [1] 고든: [실망하여] 왜 누가 할머니인지 안 알려줘요?

118 [1] 샐리: 그럴 필요 없어. [오른쪽을 가리킨 다음에 왼쪽 그레이스 위의 얼굴을 가리키면서] 엄마가 더 젊어 보이고 할머니는 더 늙어 보이잖아.

119 교사: 교실에 있던 친구들은 누가 피터팬이 되면 좋을지 마음을 바꾸었을 것 같니?

120 [5] 테리: 네, 제가 피터팬이 되면 좋겠어요. 제제제발!

121 [1] 샐리: 그레이스가 전념을 다했기 때문에 제 생각에는 그레이스가 뽑혔을 것 같아요.

이 세 열림면에 대한 토론 과정에 다섯 가지의 반응 유형이 모두 포함되어 있기 때문에 이 부분을 선택하였다. 다음은 각 유형의 반응을 유아의 구체적인 말을 참고하여 설명한 것이다.

1. 분석적 반응

105, 106, 107, 108, 117, 118, 121에서 유아들은 텍스트를 분석하고 해석할 의도로 반응한 것으로 보인다. 105, 106, 107의 샐리와 줄리의 반응은 교사가 해당 페이지에 있는 그레이스의 복합적인 이미지에 대해 묻는 질문에 대한 대답이다. 샐리와 줄리는 그레이스가 춤을 출 때의 움직임을 지표로 이미지를 해석해낸다. 108의 고든은 두 개의 이미지가 약간 다르다는 생각을 하면서, 이 두 개의 이미지가 같은지를 의문시한다. 117과 118에서 고든과 샐리는 그림에 나타난 등장인물의 신원을 확인하는 대화를 서로 나눈다. 샐리는 121에서 이야기 대부분의 내용을 요약하는 말, 즉 그레이스는 "그것에 전념했기 때문에" 목표를 달성했다는 말에서 보듯이, 일반화시키기 또는 준 주제문(quasi-thematic statement) 만들기를 한다. 이런 반응들은 범주 1의 분석적 반응의 예로, 글과 그림으로부터 주로 서사적 의미를 구성하는 기능을 한다. 모든 반응은 텍스트 내에 초점이 맞추어져 있고, 의도는 해석적이다.

2. 상호텍스트적 반응

113번과 114번의 샐리와 테리는 그레이스의 피터팬 이미지와 다른 문화적 산물을 은연중에 비교한다. 샐리가 언급하는 것이 영화인지 연극인지, 아니면 삽화책(illustrated books)인지는 알 수 없지만, 샐리는 넓은 의미에서 몇 개의 다른 텍스트와의 비교를 하고 있는 게 확실하다. 테리의 상호텍스트적 연결은 좀 더 명백하다. 이후의 전사 내용을 보면, 테리는 그레이스가 조커를 닮았다는 자신의 생각을 반복해서 이야기하고, 여기에 "난 배트맨이 싫어요"라는 말도 덧붙인다. 이런 연결은 텔레비전이나 영화에서 본 〈배트맨 *Batman*〉에 나오는 조커라는 인물과의 연결임을 알 수 있다. 이 두 가지 반응은 범주 2의 예로 상호텍스트적이다.

3. 개인적 반응

102번과 111번의 줄리와 테리는 텍스트와 자신의 생활을 연결 짓는다. 줄리는 자신의 여동생이 발레를 배웠던 것을 기억해내고, 테리는 집에서 발레 무용수처럼 춤을 춘다는 것을 수줍게 이야기한다. 이런 반응은 범주 3인 개인적 반응의 예다.

4. 동화된 반응

101번에서 고든의 "그럼, 그렇지, 그렇고말고" 같은 말은 텍스트 안의 세계에 있으면서 텍스트 안의 세계에 응답하고 있음을 나타내는 것이다. "나는 원하는 것은 무엇이든 할 수 있어"라는 그레이스의 생각에 대해 고든은 비관적으로 답을 한 것이다. 고든이 속삭였다는 사실은 고든이 자신의 말을 다른 사람이 듣지 않게 하고 싶다는 의도를 자연스럽게 나타낸 것이다. 이것은 범주 4인 동화된 반응으로 분류되는 반응의 예다. 그 순간에 고든의 세계와 텍스트의 세계는 하나다. 이것을 개념화하는 다른 방법은 투명성에 비유하는 것이다. 고든은 자신의 세계를 텍스트 세계에 나타냈거나 옮겨놓았고, 자신의 세계를 텍스트 세계에 투명하게 내놓았다.

5. 연행적 반응

103, 110, 116, 120에서 테리와 고든의 반응은 범주 5의 연행 반응의 예다. 그들은 텍스트를 자신의 창의적 표현을 위한 발판으로 삼는다. 103에서 보듯 몸을 앞뒤로 흔들며 노래하는 테리의 반응("발레구나, 발레!")은 별것 아닌 투로 표현하는 공연(sprezzatura performance)의 축소판이라 할 수 있다. 110번의 고든은 남자아이가 여자아이 목소리를 흉내 내기 위해 종종 취하는 높은 톤의 과장된 목소리로 이야기 속의 나탈리 역할을 하는 것이다. 116번에서 누군지는 모를 한 아이는 그레이스의 "집까지 날아"갈 수 있겠다며 흥분된 기분을 소리 효과음으로 나타내었다. 120번에서 테리는 "내가 피터팬이 되면 좋겠어요. 제제제발!"이라고 간청하는 희극적 내용의 말을 한다. 이런 다양한 반응들은 이야기를 조정하고 연행을 위한 발판으로 삼는다. 이렇게 앞의 발췌문들은 이야기책을 읽어주는 동안 유아가 말한 내용에 나타난, 다섯 개의 범주 각각에 해당되는 예를 보여준다.

분석적 반응 1A: 서사적 의미의 구성

분석적 반응 중 첫 번째 하위 범주의 반응을 한 유아들은 서사의 전통적인 요소인 배경, 플롯, 등장인물, 주제를 광범위하게 사용하였다. 아이들은 행위나 성격, 플롯에 대해 묘사하거나 평가하거나 깊게 생각하거나 추론하였다. 플롯을 예측한다든지 대안이 되는 플롯을 제시하기도 하였다. 그들은 이야기의 구조에 대해 이야기하기도 하고, 몇 개의 사건이나 에피소드를 관련짓기도 하고, 이야기의 주제문 만들기나 주제문 비슷한 문장을 만들기도 하였다. 서사에서 벌어진 일을 이해하고자 노력하면서 텍스트에 대한 질문을 하였고, 등장인물의 외모나 위치, 정체성, 다른 사람과의 관계 등 등장인물의 *외적* 특징에 대해 묘사하거나 궁금해하였다. 아이들은 또한 등장인물의 감정이나 생각, 인성, 능력 같은 *내적* 특징에 대해서도 묘사하거나 궁금해하였다. 그들은 또한 어떤 등장인물이 이야기에서 했을 수도 있는 말이나 했어야 하는 말이 무엇인지에 대해서도 깊이 생각하였다. 그림으로 이야기의 글 텍스트를 해석하였고, 글 텍스트로 그림을 해석하였다. 아이들은 이야기 요약문이나 준 주제문을 만들어 이야기를 세부 사항의 모음으로가 아니라 전체로 이해하는 능력을 보여주었다. 아이들은 이야기를 해석하기 위해 낱개의 일반적인 배경 지식을 사용하였다. 즉, 사건이나 대상을 상징적으로 해석해보려 하고 이야기에 대해 일반적인 평가를 하였다. 그들은 이야기의 서사가 실제 시간의 경과와 다른(또는 비슷한) 이유가 무엇인지를 이해하려고 애써 노력하였다. 1A의 반응들은 범주 1에 속한 반응의 반 이상을 차지하였다. 문학적 분석은 유아의 문학적 이해 능력의 발달에 가장 중요한 게 확실하였다. 1A의 반응들에는 유아가 서사적 의미를 구성하는 다양한 방식들이 담겨 있어서 복잡하다.

주변텍스트 분석

독자는 보통, 어른 대상의 전통 소설에서 텍스트는 그 자체로 단 하나의 중요한 대상이고, 책의 다른 측면의 물리적 특징, 즉 크기와 모양, 표지, 목차, 표제지 같은 것은 저자의 말인 "진짜 책"을 이해하기 위해 건너뛸 수도 있는, 상대적으로 덜 중요한 것들이라고 생각한다. 쥬네트(1997)와 몇몇 비평가들은, 1장에서 이미 설명한 바와 같이 이렇게 텍스트의 말 외에 책 주변에 있는 모든 특성을 주변텍스트라 불렀다. 이 연구에서 "주변텍스트"란 양쪽 페이지에 일련의 순서에 따라 펼쳐진 글 텍스트와 여기 수반되는 그림 *이외의 것*들을 말한다. 앞표지와 뒤표지의 글자나 그림, 겉장, 면지, 약표제지와 표제지, 헌사가 모두 이에 포함된다.

유아들은 주변텍스트를 글 텍스트만큼이나 잠재적 의미를 많이 지닌 것으로 생각하였다. 이것은 책을 읽어준 교사 행동의 결과였을지도 모른다. 교사들은 유아들에게 주변텍스트의 특징을 생각할 기회와 시간을 꼭 주었다. 결과적으로, 덜 예리한 교사가 읽어주었다면 대충 훑었을지도 모르는 그림책의 부분을 유아들은 자세히 살피고 아주 조심스럽게 해석하였다. 이 책 서론에서 무대의 커튼 역할을 하는 「아기 돼지 세 마리」(Marshall, 1989)의 면지에 대한 브래드의 언급에 대해 다룬 바 있다. 그것은 주변텍스트의 특징에 대한 가장 세련된 해석의 예다. 브래드는 면지를 기호학적 용어를 사용하여 다른 기호와 관련지어 잠재적 의미가 있는 기호로 해석하였다. 교사가 책을 다 읽어주고 뒤표지를 보여준 다음, 브래드의 해석은 가능성이 있는 해석이었음이 확인되었다. 뒤표지에는 무대에 다시 등장한 세 마리 돼지의 뒷모습이 그려져 있었다. 이어지는 책 읽어주기에서 교사는 브래드의 용어를 차용하여 앞면지를 보여주면서 "커튼이 닫혀 있다. 우리는 연극이 시작하기를 기다리고 있다"고 자주 말하고, 책의 마지막까지 읽고 나서는 "커튼은 닫혔고 연극은 끝났어"라면서 뒤표지를 보여주었다.

유아들은 주변텍스트에 대한 분석을 통해 그림책의 플롯, 등장인물, 배경, 어조, 주제를 자주 예측하였다. 이런 모습은 특히 마틴(Martin) 선생님 반에서 그러했는데, 마틴 선생님은 그림책을 읽어줄 때마다 아이들에게 이야기가 어떻게 될지 예측해보도록 권하면서 앞, 뒤표지와 앞, 뒷면지를 자세히 살피면서 읽어주었다. 아이들의 예측은 플롯 상에서의 특별한 행위에 대한 것도 있었지만, 어느 장르에 속하는지에 대한 것들이었다. 「참새 소년의 모험 *The Adventures of Sparrowboy*」(Pinkney, 1997)의 경우에 몇몇 아이들은 표지의 제목이 "만화책 제목 같다"고 하였고, 카트린(Katrin)은 "그는 대단한 영웅이야!"라고 소리쳤다. 케빈(Kevin)은 "슈퍼맨 같은 이름이다"라며 훨씬 더 정확한 말로 장르와 연결 지었다. 앞표지에 약간 기울여 쓴 두꺼운 블록체 글씨는 확실히 만화책, 특히 슈퍼맨과 연결되는 책임을 암시하였다. 아이들은 앞표지만으로도 이 이야기를 굉장한 영웅 만화 장르로 여기는 것 같았다. 아이들이, 만화책에서 볼 수 있는 "칸"(cells)(McCoud, 1994)으로 된 장면 배정 방식을 보고 "땅, 탕탕!" 같은 만화책 용어를 사용하는 것을 볼 때, 그런 해석은 더욱 그럴듯하였다.

「날개 *Wings*」(Myers, 2000)를 읽는 동안 마틴 선생님은 앞표지와 뒤표지를 아이들에게 보여주었고, 아이들은 시각적 정보와 언어적 정보에 기초하여 다음과 같은 예측을 하였다.

100 벨라(Bella): 어떤 사람들, 그 사람이 날아가고 있을 때에 대한 이야기라고 생각해.
101 죠(Joe): 내 생각에는 사람들이 그 사람을 좋아하지 않아서 날아가버린 것 같아.
102 나이샤(Naisha): 그는 날아가려고 하는 거야, 엄마와 아빠로부터 날아가려고 하는 거야.
103 아만다(Amanda): 이건 어린 소년에 대한 이야기고, 그 아이는 천사와 함께 있을 수 있는 곳으로 날아가고 있어.

104 마틴(Martin): 내 생각에는, 음, 음, 그는 날아가려고, 음, 엄마와 아빠에게 날아가려고 하고 있어.

105 교사[뒤표지를 보여주며]: 뒤표지에 이야기에 대한 또 다른 힌트가 있어. 이렇게 쓰여 있네. **네 영혼(spirit)이 솟구치게 하라.**

106 ?: 네 영혼이 솟구치게 하라, 내 정신(soul)은… 네 영혼(spirit)을 나의 정신(soul)으로 채워라!

100번에서 벨라는 소년이 "날아가고 있었다"고 예측하고, 101번의 죠는 이에 대해 "사람들이 그를 좋아하지 않기" 때문에 그가 날아가고 있는 것이라고 부연 설명한다. 이것은 사실상 꽤 선견지명이 있는 언급이다. 많은 아이들은 이야기를 읽어주는 동안 날개가 있는 소년, 이카루스 잭슨을 거부하거나 모욕하였다. 나이샤(102)와 마틴(104)은 반대 내용의 예측을 한다. 그 소년은 "엄마와 아빠"*로부터* 날아가버리거나 그들*에게*로 날아오는 것이다. 아만다(103)는 나는 것과 날개를 천사가 되는 것과 관련짓는다. 이는 토론에 신선한 의미를 부여해주었다. 교사가 "네 영혼을 솟구치게 하라"라는 멋진 말을 하며 뒤표지를 보여줄 때 안타깝게도 누군지는 알 수 없는 어떤 아이(106)가 다른 종류의 정신적 연결, 어쩌면 찬송가일지도 모르는 것과 연결을 짓는다. 아이들은 이 문구에서 이미 이야기 주제에 대한 몇 가지 중요한 발견을 하고 있다. 그것은 분명히 죠가 관찰했던 내용, 즉 거부당하는 것에 대한 이야기와 사람의 영혼을 해치는 것에 무관심해지지 않을 수 있는 방법에 대한 이야기가 될 것이다.

비글러 맥카씨 선생님 교실의 고든은, 면지(교실에서는 "마지막 페이지"(endpages)라는 용어를 사용함)의 기호학적 의미에 특별히 주의를 기울였던 유아다. 고든은 작가가 색이나 디자인을 선택할 때는 언제나 이유가 있다고 생각하였다. 그 아이에게 「달라질 거야 *Changes*」(Browne, 1990)를 일대일로 읽어주는 동안 고든은 옅은 황갈색 바탕에 조금 짙은 갈색의 작은 점이 그려진 면지(역자 주: 한국 번역 그림책의 면지 색은 푸른 색)에 대해 궁금해하였다.

고든: 음. 왜 다른 종류의 면지를 선택했는지가 궁금해요. 왜 그들은 이것을 선택했는지 말이

에요. 잠깐만요, 책을 죽 살펴보면 어쩌면 알게 될지도 몰라요. [고든은 책 페이지를 넘기다가 비슷한 색으로 된 벽 그림을 보면서] 그건 여기랑 같은 종류의 질감인데요.

교사: 그래, 그런 것 같구나.

고든: 어쩌면 똑같을지도 몰라요. 어쩌면 벽이 같을지도 몰라요. [면지 쪽으로 다시 넘김]

교사: 그래서 면지가 벽을 나타낼 수도 있다는 거니?

고든: 어쩌면요. 점이 있잖아요. 그건 안 보일 수도 있어요. 온 데 다 작은 점과 긁힌 자국이 있어요. 온 벽에 작은 점과 돌이 있어요. 아니면 땅일 거예요. 그건 땅이나 다른 것 위에 있는 것처럼 느끼게 해줘요.

주변텍스트에 대한 토의는 또한 이야기의 구조와 형식에 대한 이해를 가능하게 하는 것 같다. 「낮잠 자는 집 *The Napping House*」(Wood, 1984)을 읽은 다음 크리스틴(Kristin)은 대개의 그림책과 다르게 앞면지가 뒷면지와 다르다는 점을 지적하였다. 사실상, 어두운 청회색의 앞면지는 옅은 파란색의 뒷면지와 확실히 대비된다. 다음과 같이 토론이 이어졌다.

샐리: 말 되네. 이야기가 시작될 때는 날이 어둡기 때문에 어두운 면지가 있는 것이고 이야기가 끝날 때는 날이 더 밝아. 그래서 뒤에 있는 면지가 더 밝은 색이야.

고든: 그래, 말 된다. 더 어두운 색이다가 더 밝은 색이 된 거야. 앞, 뒷면지의 색이 같은 책들과는 다르네.

교사: 그래, 아주 재미있구나. 나도 이렇게 면지가 앞의 것이랑 뒤의 것이 다른 경우는 별로 보지 못했구나. 그림 작가가 아주 탁월한 선택을 했는걸. 브래드?

브래드: 이 이야기에서 벼룩이 자명종이네요~

??: 맞아, 그렇네!

교사: 브래드가 참 재미있는 생각을 했구나. 좀 더 이야기해 주겠니?

브래드: 있잖아요, 벼룩이 모두를 깨웠잖아요. 다 자고 있는데 벼룩이 그들을 깨웠으니까 벼룩이 자명종이죠.

?: 따르르르릉! [자명종 소리를 흉내 냄] 얘들아, 모두 일어날 시간이야!

이 예화에서 샐리와 고든은 주변텍스트로부터 제공받은 정보에 기초하여 구조적 언급, 즉 이야기 구조와 관련한 언급을 하였다. 또한 이 이야기에서 벼룩은 자명종 같은 역할을 했다는 브래드의 일반화 문장은 이 토론으로 가능했던 것 같다. 구조적 정보란 유아가 이야기를 분리시켜 부분적으로 생각하기보다 전체적으로 생각하게 해주는 정보를 말한다. 이것은 브래드가 이야기에 대한 자신의 생각을 일반적인 용어로 표현할 수 있게 불을 붙였을 뿐 아니라 브래드가 벼룩에 대한 말을 하도록 자극한 것 같다. 이어서 브래드의 말은 예화 마지막 부분에 제시되어 있는 재미있는 반응을 자극한 것 같다.

마틴 선생님의 유치원 아이들에게도 앞, 뒷면지가 서로 다른 그림책, 「비야, 내려라! *Come On, Rain!*」를 보여주었다. 이 그림책은 캐런 헤스(Karen Hesse, 1999)가 한여름 도시의 숨 막히는 더위와 모든 것을 식혀주는 소나기에 대한 이야기를 담아 만든 그림책이다. 이 그림책의 앞면지는 밝은 빨간색이고 뒷면지는 편안한 느낌의 파란색이다. 마틴 선생님은 표제지를 읽은 다음 아이들에게 책을 펼쳐서 빨간색 앞면지를 보여주었다.

100 교사: 여기는 왜 빨간색일까? 난 왜 그런지 모르겠는걸. 난 그냥 너희들 생각을 물어보는 거야.

101 앙뚜안느(Antoine): 내가 그 색을 좋아하니까요.

102 ?: 「빨간 모자」! 빨간 모자니까 그렇죠!

103 교사: 아, 어쩌면 빨간 모자가 여기 나올지도 모르겠구나. 우리 「빨간 모자」를 여러 번 읽었지.

104 터렐(Terrell): 그 물감 때문이에요. [앞표지의 제목이 빨간색으로 보임]

105 교사: 아, 제목이 빨간색이니까, 그래야 제목 색이랑 잘 어울린다고 생각한 거니? 나도 그렇게 생각하고 있었는데. 어쩌면 그게 이유일지도 몰라. 같이 읽어보자.

그러고 나서 마틴 선생님은 그림책 첫 번째 열림면을 읽었다. 거기에는 "멈추지 않는 더위"라고 묘사되어 있고, 주인공의 엄마에 대해 "엄마는 시들어버린 덩굴을 쳐들더니 한숨을 쉰다. 엄마는 바싹 마른 나무들 때문에 축 처진 모습으로 '3주 동안 한 방울도 내리지 않는군'이라고 말했어"라고 묘사되어 있다. 그러자 아만다에게 생각이 떠올랐다.

106 아만다: 음, 왜 면지가 빨간색인지 알아요. 날이 더워서 그래요. 그리고 비가 오니까 마지막 면지는 파란색일 거예요.

107 교사: 아! 비가 오니까 마지막 면지는 파란색일 거라고! 아마도! 정말 멋진 생각이구나… 그럼 같이 보자꾸나.

이야기 마지막에 마틴 선생님은 뒷면지를 보여주었다.

108 교사: 그리고 여기 보면….

109 많은 아이들: 파란색 면지예요! 와! [손뼉]

100번~105을 보면 마틴 선생님은 앞면지를 왜 빨간색으로 했는지에 대한 아이들의 해석을 기꺼이 받아준다. 첫 장을 읽은 다음 아만다(106)는 빨간색과 찌는 듯한 더위를 연관 짓고 비와 파란색을 연관 지어 새로운 해석을 하고, 교사는 이를 인정해준다(107). 비가 모든 것을 시원하게 가라앉히는 것으로 이야기가 끝날 무렵, 마틴 선생님(108)은 뒷면지를 보여주었고 아이들은 즐거워했다(109). 「낮잠 자는 집」에서처럼 앞면지와 뒷면지의 색이 달라지는 것(주변텍스트가 중요한 이유임)은 일반적으로 서사의 전개를 나타낸다. 「낮잠 자는 집」의 경우 어두움에서 밝음으로, 「비야, 내려라!」는 더위에서 시원함으로 이야기가 전개된다.

이야기 어조나 분위기의 설정에 덧붙여, 색으로만 된 면지 또한 플롯상의 사건이나 특정 등장인물처럼 이야기의 구성요소를 더 구체적으로 표현할 수 있다. 마틴 선생님 반 아이들은 인간 모습을 한 바람, 불, 비가 누구 힘이 제일 센지 알아보는 대회를 여는 이야기인 「비는 오는데, 누가 가장 위대할까? *In the Rainfield, Who is the Greatest?*」(Olaleye, 2000)에 대한 해석을 하였다. 앞표지와 이야기 전체에 걸쳐서 바람과 불은 남성을 나타내고, 비는 라벤더색 피부를 가진 여성을 나타낸다. 이야기의 마지막 부분에서 비가 승리하였을 때 아이들은 라벤더색 면지의 중요성에 대해 토론하였다. 이에 대해 도나(Donna)는 "그분[그림 작가인 앤 그리팔코니(Ann Grifalconi)]이 아마 보라색을 좋아하는데 비가 가장 위대한 소녀니까 보라색을 칠한 걸 거예요"라고 하였다. 여기서 도

나는 비의 승리와 라벤더색의 면지를 영리하게 연결 지었다. 도나는 책 제목에서 제기한 질문에 대한 답을 알려주는 면지의 힌트를 이해한 것이다. 또 다른 책인 「윌러미너의 심부름 *Wilbe'mina Miles: After the Stork Night*」(Carter, 1999)을 읽어줄 때 마틴 선생님은 짙은 보라색 면지를 보여주었고 아이들은 그것의 의미를 해석하였다.

알리야(Aaliyah): 왜냐하면, 음, 앞표지가 왜 남보라색이냐면요. 그건 하늘이니까요.

죠: 음, 이건 어둡고 저것도 어두우니까요.

알리야: 밤에 일어난 일이니까요.

교사: 그래, 많은 이야기가 밤에 일어나지.

어떤 그림책에서는 주변텍스트로 서사를 시작한다. 스티븐 켈로그(1991)의 「잭과 콩나무 *Jack and the Beanstalk*」의 경우를 예로 들면, 앞면지에는 토네이도를 타고 하늘의 성에서 내려오는 거인과 훔친 금, 노래하는 하프, 해적선에서 가져온 금 달걀을 낳는 암탉이 있다. 표제지에서 이야기가 시작되는데, 여기에 토네이도를 타고 자신의 성으로 돌아오는 거인의 모습과 가라앉는 해적선, 왕과 왕비의 소유물을 바라보고 있는 잭, 말 등에 실린 여러 가지 물건들이 그려져 있다. 헌사 페이지에는 이야기 끝부분에 결혼 상대자로 나오는 공주에게 잭이 꽃다발을 건네는 모습이 담겨 있다. 그러므로 이 책의 주변텍스트에는 글 텍스트가 본격적으로 시작되기도 전에 많은 양의 배경 정보와 예비 서사가 담겨 있다고 할 수 있다. 유아들은 이런 모든 세부 사항을 알아본다. 로버트(Robert)는 "이야기에 거인이 어떻게 금을 얻었는지가 나와요"라고 말했다. 돈은 "처음엔 거인이 해적선에서 금을 훔쳤고, 잭은 거인에게서 금을 훔쳤어요"라고 말했다.

켈로그의 「잭과 콩나무」 면지와 표제지, 헌사 페이지에는 별 무늬 옷을 입은 턱수염이 있는 남자와 열기구 이미지가 있다. 이 남자는 첫 번째와 두 번째 열림면에도 그려져 있다. 이 남자는 글 텍스트가 시작하는 첫 번째 열림면에서 자신이 그림을 그리고 있는 작은 책을 들고 있다. 이 작은 책에 그려진 금덩어리의 배치는 우리가 손에 펼쳐 들고 있는 책에 그려진 커다란 금빛 텍스트 덩어리의 배치와 일치한다. 이는 마법사가 이 이야기를 쓰고 있다는 것을 암시한다. 두 번째 펼침면에서 마법사는 잭에게 마법의 콩을 파는 사람으로 묘사되어 있다. 돈은 교사가 이야기를 다 읽어준 다음에야 마법사의 의미를 알았다.

> 이봐요, 저 사람이 책을 쓰고 있어요! 이것[마법사가 쥐고 있는 책의 왼쪽 페이지에 직사각형의 금덩어리를 가리키며]은 이거[책 자체의 왼쪽 페이지에 직사각형의 덩어리를 가리키며]예요. 그리고 이것[마법사가 쥐고 있는 책의 오른쪽 페이지의 정사각형 덩어리를 가리키며]은 이거[책 자체의 오른쪽 페이지의 정사각형 덩어리를 가리키며]예요! 그 사람은 어쩌면 예술가일지도 모르고 어쩌면 마법사일지도 몰라요!

돈은 책의 마지막으로 가서 뒷면지에 묘사되어 있는 마법사를 가리키며 "그는 여기 다시 끝부분에 나와요. 그리고 책에 '끝났음'(finished)이라고 되어 있어요. [마법사가 쥐고 있는 그 작은 책에는 '끝났음'(finis)이라는 단어가 있다.] 그 사람이 책을 만들었어요. 그는 마법사고 책 전체를 만든 사람이에요!"라고 말한다. 돈은 다른 것도 발견하였다. 두 번째 열림면을 보고 흥분하면서 마법사를 다시 가리키며 "이봐요, 잭에게 콩을 팔았던 사람도 그 사람이에요!"라고 말한다. 돈이 발견한 일련의 내용으로 봐서 주변텍스트는 서사에 대한 유아의 이해를 넓혀주고 다듬어줄 수 있는 가능성이 있으며, 그림만으로도 줄거리를 전달할 수 있는 방법이 있다고 할 수 있다.

그림책의 그 외 주변텍스트로는 움직임이 가능한 것(당길 수 있는 탭, 접어 넣은 부분, 튀어나와 펼쳐지는 팝업)이나 불 켜짐, 소리를 들 수 있다. 후자의 두 가지는 컴퓨터 칩을 통해 가능하다. 에릭 칼(1995)의 「외로운 개똥벌레 *Very Lonely Firefly*」에서 외로운 개똥벌레는 이야기 끝부분에서 한 무리의 친구를 발견한다. 독자가 마지막 페이지에 다다랐을 때 마이크로 칩은 활성화되어 노란색 빛의 개똥벌레들이 문자 그대로 반짝이기 시작한다. 소집단의 책 읽어주기 시간 동안 비글러 맥카씨 선생님 반 아이들은 이런 것으로 인한 놀라움으로 즐거워했다.

> 트루디(Trudy): 음악 연주 하는 것 같아요. 볼 수 있는 음악 같아요.
>
> 케니(Kenny): 음악적인 개똥벌레들의 합창!

실제 들을 수 있는 음악이 있었던 것은 아니지만 트루디는 하나의 기호 체계를 다른 기호 체계로 해석하였기 때문에 불빛을 "볼 수 있는 음악"으로 지각한 것이다. 케니의 "음악적인 개똥벌레들의 합창!"이라는 말도, 많은 개똥벌레에 대한 시각적 경험을 음악 집단으로 해석한 것이다. 개똥벌레들은 빛과 함께 반짝인다. 마치 사람들이 집단을 이루어 서로 음악적 소리를 만들어내는 것처럼 말이다. 주변텍스트에 대한 아이들의 감각적이고 시적인 해석이 놀라울 뿐이다.

구조적 해석

구조와 관련한 유아들의 언급을 보면, 유아들은 앞에서 토론했던 특정 에피소드나 그림을 한층 더 포괄적인 눈으로 볼 수 있다는 것을 알 수 있다. 요정담과 설화에 나오는 "세 가지"는 유아에게 친숙했던 구조적 특징의 한 예다. 케니(비글러 맥카씨 선생님 반 아이 중 한 명)는 이 구조적 특징에 아주 익숙하여 사소한 세부 사항까지 그 패턴을 따라 자신의 이야기(「세 마리 염소 *Three Billy Goats Gruff*」를 각색함)를 썼다고 주장하였다. 염소들이 건넌 "딱딱 소리 나는" 다리에 대해 쓸 때 케니는 "그건 설화기 때문에 세 번의 '딱딱 소리'를 넣어야만 한다"고 하였다. 션(Sean)은 제임스 마샬(1988)의 「금발 소녀와 곰 세 마리 *Goldilocks and the Three Bears*」를 읽으면서 그림 작가가 아기 곰을 위해 세 개의 블록 외에도 셋이라는 유형을 많이 삽입했다는 사실을 알아차렸다. 교사가 「곰 세 마리」(Galdone, 1985)를 읽어줄 때 고든은 "이 책은 여러 페이지에 걸쳐서 계속 같은 말을 반복한다"고 하였다. 「낮잠 자는 집」(Wood, 1984)을 다시 읽어주는 동안 아이들은 축적 이야기(cumulative tale)인 이 책의 구조에 대해 몇 가지 일반적인 진술을 하였다. 아이들이 "그것은 점점 더 작아진다"고 말하는 것으로 봐서 그들은 순서대로 나오는 각 등장인물이 앞에 나온 인물보다 점점 작아지고 있음을 알고 있다고 할 수 있다. 각 페이지에는 "점점 더 많은" 텍스트가 포함되어 있다는 것도 알고 있었다. 어느 아이인지는 모르겠지만, 한 유아가 "글자는 작은 것에서 점점 커지고, 동물은 큰 것에서 점점 작아진다"고 요약하였다.

아이들은 플롯의 행위들을 이어 맞추고 원인과 결과의 관계를 이해하는 데 많은 힘을 쏟았다. 하이먼(Hyman, 1983)의 「빨간 모자」를 읽는 동안 교사는 늑대가 빨간 모자를 저녁 식사로 먹으려 한다는 것을 암시하였다. 그러자 크리시(Krissy)는 "늑대가 배가 아주 고팠기 때문"이라며 이에 동조하는 말을 하는 한편, "아니에요, 그들은 방금 전에 일어났으니까 아침 식사예요"라며 어느 식사인지에 대해서는 교사의 생각에 반대하는 말을 하였다. 이 경우에 크리시가 맞다. 이야기에서 빨간 모자의 엄마는 빨간 모자를 "아침 일찍" 보냈다고 했고, 할머니 댁에 있는 시계가 가리키는 시각은 늑대를 잡아서 죽였을 때가 낮 12시가 되기 전이었으니까 말이다.

유아가 이야기 예측을 한다는 사실을 보여주는 예가 있다. 검은 고양이가 빨간 모자 뒤를 따르고 있거나 그림마다 빨간 모자 가까이에 있다는 것을 유아들이 알아낸 이후, 찰스는 "그 고양이는 언제든 거기 있을 거예요. 빨간 모자의 집이든, 늑대가 할머니를 잡아먹으면 고양이는 집으로 돌아가서 빨간 모자의 엄마에게 야옹야옹 할 거고 엄마는 사냥꾼을 부르러 갈 거예요"라고 말했다. 찰스는 고양이가 빨간 모자와 할머니의 구조에 간여하게 될 것임을 예측하였는데, 이 이야기의 경우 고양이가 빨간 모자의 엄마에게 가지 않고 직접 사냥꾼에게 가기는 하지만 고양이가 구조에 개입한다는 찰스의 예측은 맞았다. 찰스의 말에서 특히 흥미로웠던 것은, 찰스가 고양이에 대한 글이 전혀 없이 그림의 순서만으로 이런 예측을 했다는 사실이다.

또한 아이들은 대안이 되는 플롯을 제안하였다. 샐리는 「빨간 모자」 이야기에서 빨간 모자가 숲속에서 늑대에게 처음에 말을 할 때 "빨간 모자가 늑대를 무시했어야 했어요"라고 했고, 고든은 그렇게는 되지 않았을 것이라며 이에 동의하지 않았다.

고든: 아니에요, 늑대는 대답 듣기를 원했어요.

찰스: 늑대는 아마 "대답해, 아니면 널 씹어 먹을 거야"라고 했을 거예요.

연쇄적으로 추리적 가설 세우기

구조와 예측과 관련한 언급은 때때로 훨씬 더 길게 이어진다. 등장인물의 생각과 느낌, 그리고 행위나 사건에 대한 유아들의 추리는 끊임없이 이어지는 가설의 연속이라 할 수 있다. 그것은 일어났을지도 모르는 것을 예측하거나 이미 일어난 것을 설명하려고 하는 것을 말한다. 토론에서 일련의 논평이 이루어졌는데, 이 과정에서 가설이 세워지고 다듬어졌다. 이런 가설 중에는 때때로 이야기에 의해 확인될 수 있는 것도 있었지만, 대개는 유아들이 생각만으로 글과 그림 사이에 채워 넣은 빈자리였다.

마틴 선생님 반이 제임스 마샬의 「빨간 모자」(1987)를 읽어주는 동안, 교활한 늑대의 "안녕, 아가야.… 잠깐 이야기 좀 할래?"라는 말에 대해 빨간 모자가 할 수 있었을 반응에 대해 오랫동안 많은 예측성 가설과 함께 토론이 이루어졌다.

100 나이샤: 빨간 모자는 싫다고 할 거예요.

101 라마(Ramar): 엄마가 모르는 이와 말하지 말라고 했으니까요.

102 야스민(Yasmin): 엄마가 소리칠 거니까요.

103 교사: 어떻게 생각하니? 빨간 모자가 멈춰서 늑대에게 말을 할까?

104 알리야: 네.

105 아만다: 분명히 말을 할 거라고 생각해요.

106 교사: 빨간 모자가 어떻게 하는지 보자. [읽어주기] **빨간 모자는 말했어요. "어쩌지, 엄마가 모르는 이와 말하지 말라고 했는데."**

107 벨라: 그는 모르는 사람이에요.

108 케빈: 그는 적이에요!

109 알리야: 그리고 빨간 모자 엄마는 모르는 이랑 돌아다니지 말랬어요.

이 토론에서 몇 가지의 주제가 떠올랐고, 이 주제로 꽤 오랫동안 이야기가 이어졌다. 첫째, 아이들은 빨간 모자의 엄마가 모르는 이와 말하지 말라고 했고, 늑대는 모르는 이, 심지어 적이라는 점을 지적하였다(101, 107, 108, 109). 야스민(102)은 엄마 말을 거역하면 생길 결과를 지적한다(102). 어떤 아이들은 빨간 모자가 늑대에게 말을 걸지 않으리라 믿는다(100). 또 다른 아이들은 빨간 모자가 말을 걸 것이라고 생각한다(104, 105).

「리버벤드 마을의 이상한 하루 *Bad Day at Riverbend*」(Van Allsburg, 1995)

를 소집단에서 읽어주는 동안 아이들은 책 속 환경을 점점 더 뒤덮는 "끈적끈적한 물질"에 대해 묘사적, 설명적 가설을 연달아 세웠다. 영리하고 자기참조적(self-referential) 특징의 이 그림책의 그림은 색칠책의 그림을 닮았고, 황색을 띤 흰색 종이에 검정색 윤곽선으로 되어 있다. 이 책이 진행되는 동안, 리버벤드라는 변방 도시 거주자들은 여러 가지 색깔의 "반짝거리고 기름기가 있는 끈적끈적한 물질"로 묘사되는 어떤 것의 출현으로 인해 고통을 겪는다. 이 물질은 검정색 선으로 그려진 그림 위에 묻어 있다. 이 책 마지막을 보면 이 이상한 물질이, 사실은 알스버그의 어린 딸인 소피아가 그린 색연필 그림이었음을 알게 된다. 알스버그는 이 책을 딸에게 헌정하였고 알스버그와 딸이 함께 찍은 사진이 책 겉장 뒤쪽에 실려 있다. 책을 읽으면서 아이들은 그 끈적이는 물질의 성질과 효과에 대해 13개나 되는 가설을 세웠다. 이 가설을 나온 순서대로 적어보면 다음과 같다.

1. 크리시: 작가가 왜 낙서를 했는지 궁금해요. 작가는 선 밖으로 나가게 색을 칠했어요. 그건 마커로 칠한 것 같아요.
2. 케니: 낙서를 하면 어떻게 되는지를 보여주고 싶었던 거예요.
3. 브래드: 음, 꺼끄러운 것이 붙어 있는 것 같아요.
4. 크리시: 음, 그것 끈적거리는 것, 끈적거리고 미끈거리는 것 같고, 손에 묻는 끈적거리는 것 같아요. 그것은 여러 가지 색이고 사람이나 물건과 섞여서 뒤죽박죽이 돼요.
5. 짐(Jim): 그것은 아마도 끈적거리는 것, 사람과 물건에 붙는 어떤 것 같아요.
6. 케니: 그것은 끈적끈적한 물질이라고 쓰여 있어요.
7. 크리시: 아, 어떻게 된 건지 알 것 같아요! 어떤 사람이요, 어떤 사람이 마차를 공격하였고(attacked), 그다음에 아마 그것에 달라붙었고(attached)[잘못 말한 원문 그대로 썼음], 말에 달라붙었고[잘못 말한 그대로임], 세상을 파괴하려고 했어요.
8. 케니: 그것은 땅 위에 있기 때문에, 그들은 어쩌면 땅 위 끈적거리는 것 위에 넘어졌기 때문일 거예요.
9. 짐: 그것은 무지개일 거예요. 무지개였을 수도 있어요. 그 사람을 치고 나서 색이 나온 거예요.
10. 케니: 아마도 햇빛이 그것을 쏟아낸 걸 거예요. 뱉는 것처럼 말이에요. 그다음에 사람에

게로 온 거죠.

11. 트루디: 아마도 그것은 물일 거예요. 물이 색이 된 거예요.

12. 크리시: 아마도 태양이 진짜로 뜨거워서, 땀이 나게 정말로 뜨거워서 이 무지개가 나왔고 이 줄이 나왔고, 그다음에, 그다음에, 음, 태양에서 이 물질이 나왔을 것이고 이 끈하고 섞여서 색으로 변한 거예요.

13. 케니: 아마도 태양이, 무지개가 나왔고, 그다음에 햇빛이 그것, 무지개를 쳤어요. 그리고 그것, 색깔이 그것들 위에 녹았어요.

여기서 우리는 아이들이 추리에 기초한 추론을 아주 열심히 이어가다가 결국 햇빛과 물, 무지개(10~13)와 관련된 과학 이론을 전개시키는 것을 본다. 아이들은 각자의 이론을 동화하고 조절하는 과정에 참여하였다. 이 책의 마지막 페이지에서 어린 소녀와 크레용이 있는 그림을 보자 앞서 조심스럽게 구성하던 각자의 이론을 쉽게 포기하였다. 이것은 텍스트 속 정보가 유아들의 추론화와 부분적으로 불일치를 이룬 경우다.

「신데렐라 *Cinderella*」(Galdone, 1978)를 읽어주는 동안 미키(Mickey)가 일련의 가설들을 촉발시켰다. 왕자가 자신의 아름다운 댄스 파트너가 놓고 간 구두의 임자를 찾기 위해 신하를 보낸 부분에서였다. 미키는 "구두는 왜 사라지지 않지?" 왜 그럴까? 구두는 마법으로 만든 옷과 마구 등의 물건 중 하나였고, 그것들은 자정에는 사라질 거라고 했는데 말이다. 구두는 왜 다른 것들과 함께 사라지지 않은 걸까? 이 질문은 이저(1978)가 말한 텍스트 내의 빈자리나 불확정성을 나타낸다. 즉, 텍스트에서 알려주지 않고 그림도 도움을 주지 않는다. 아이들은 이에 대해 열 개나 되는 가설을 끈질기게 세웠다. 어떤 아이들은 구두 크기와 관계가 있을 것이라고 생각하여 어쩌면 구두가 너무 작아서 마법으로는 영향을 미치지 못했을 것이라고 하였다. 또 다른 아이들은 구두의 재료, 유리는 영원하다고도 했다. 특별히 매력적인 가설이 하나 있었는데, 그것은 "활기가 넘치는 버니(Bunny)" 이론이라 할 만한데, 대모의 마법 지팡이의 위력이 다 떨어졌을지도 모른다는 것이다. 몇몇 아이들은 대모의 의도와 뭔가 관련이 있다는 생각에 기초하여 추론을 전개시킨 아이들도 있었다. 그 아이들은 모든 것이 대모의 계획으로 이루어진 것으로, 신데렐라는 왕자와 결혼할 것이고 결국 그 구두는 신데렐라를 찾기 위한 방법이라는 결론에 이르게 된다. 이 가설들이 텍스트와 일치하느냐 불일치하느냐가 중요한 게 아니라, 그런 생각 자체가 의미 있다고 본다.

이 두 개의 가설은 유아가 한 질문에서 나온 것이다. 이 두 예를 통해 아이들은 이런 질문에 답하기 위해 많은 양의 해석적 에너지를 기꺼이 쏟는다는 것 또한 알 수 있다.

등장인물 분석

서사의 의미 구성에는 이야기책 속 등장인물의 행위와 감정, 사고, 의도, 외모에 대한 분석이 포함된다. 아리스토텔레스(Aristotle, 1997)는 『시학 *Poetics*』에서 플롯을 "행위하는 인간에 대한 모방"이라고 하였다. 플롯과 등장인물은 서로 분리할 수 없게 얽혀 있다. 그러나 나는 등장인물에 대한 유아의 해석을 별도로 떼어 제시하고자 한다. 물론 유아가 등장인물과 플롯을 분리하여 해석하는 것은 아니지만 문학적 이해에서 등장인물에 대한 분석이 중요하다는 점을 강조하고 싶기 때문이다.

세세하게 표현된 얼굴 표정은 말이 생략된 이야기의 일부를 채우기도 하고, 플롯과 다층적 등장인물의 전개를 가능하게 해준다. 예를 들면, 모리스 샌닥이 「저 너머에」(1981)에서 보여주는 믿을 수 없을 정도로 상세한 그림은 몇 개 안 되는 글 텍스트에 깊이와 풍부함을 더해준다. 이 그림책의 첫 번째와 두 번째 열림면에는 "아빠가 바다 저 멀리 떠나셨을 때… 그리고 항구에 있는 엄마는…"이 쓰여 있다. 그림은 단순히 아빠와 엄마의 위치를 알려주기보다 훨씬 더 많은 것을 보여준다. 엄마의 표정이 마음 상태에 대한 창이 된다. 마틴 선생님의 만 5세반 아이들은 글의 맥락 내에서 이 그림을 살펴보더니 토론을 펼쳤다.

교사: 엄마가 지금 어떤 느낌이라고 생각하니?

죠: 슬퍼요!

교사: 엄마가 왜 슬프다고 생각하니?

죠: 엄마는 배가 타고 싶기 때문이에요!

교사: 엄마는 누구랑 배를 타고 싶기 때문일까?

죠: 아빠랑요!

교사: 아빠, 남편이랑, 물론 그렇지! 데션(Deshawn)은?

데션: 그들이 집을 떠나야 해서, 엄마는 갈 수 없어서 슬퍼요.

교사: 그들이 집을 떠난다고? 그래, 아기가 울고 있는 게 보이네. 아기를 안고 있는 어린 소녀가 있고 엄마는 매우, 매우 슬퍼 보이는구나.

바이올렛(Violet): 남편이 죽었다고 생각해서 슬픈 거예요.

이런 풍부한 대화는 텍스트와 그림을 연관 지어 자세히 분석했기에 가능한 것이다. 마틴 선생님은 아이들에게 부모가 어디 있느냐를 묻는 대신에 등장인물의 감정에 대한 깊이 있는 질문을 한다.

마틴 선생님은 또한 아이들에게 등장인물이 무엇을 생각할지에 대해 추론해보게 하였다. 「괴물들이 사는 나라」(Sendak, 1963)를 읽어줄 때, 맥스가 모험을 끝내고 "자신의 방"으로 돌아오자 아이들은 다음과 같은 반응을 하였다.

알리야: 그는 생각하고 있어요!

죠: 그는 괴물들이 바깥에 있다고 [생각하고 있어요].

나이샤: 이제 그는 더워졌고… 배가 고픈 거예요.

아만다: 그는 "난 오랫동안 밖에 나갔다 왔어. … 먹을 준비가 되었어!"라고 말하고 있어요.

이것은 유아가 두 등장인물, 엄마와 소년의 서로 다른 관점을 해석할 능력이 있다는 것을 보여주는 예다.

폴 갤돈(Paul Galdone)의 「곰 세 마리」(1985)에서 금발 소녀는 이가 빠진 모습이다. 비글러 맥카씨 선생님이 이 책을 자신의 1, 2학년 아이들과 읽은 다음 금발 소녀가 몇 살로 보이는지 그림을 보고 맞혀보라고 하였더니, 고든은 "우리들 나이로 보이게 한 거죠"라고 답하였다. 그림 작가는 이런 중요한 사항을 유아의 생활과 통합시킴으로써 텍스트와 독자 간의 유대를 형성시켜준다. 이 빠진 소녀의 그림은 유아에게 주인공과의 시각적 동일시를 강화시켜주기 때문이다. 이것은 갤돈이 금발 소녀를 이 빠진 모습으로 묘사한 이유가 된다. 다시 말해서, 이것은 독자가 금발 소녀와 동일시하여 이야기의 상상 세계 속으로 들어가게 도와주기 위한 것이다. 갤돈은 금발 소녀를 5, 6세 정도로 보이게 하여 사회적 선악 구분이 가능한 "이성적 나이"(age of reason)가 되기 전으로 설정함으로써 금발 소녀에게 순진한 성격을 부여한다. 금발 소녀를 단순히 남의 재산에 손대는 버릇없는 아이로 보이지 않게 하는 대신 자기중심적인 행동에 대해 양해가 가능한 유아다운 순진성을 지닌 아이로 보이게 한다.

등장인물의 옷차림이나 머리 모양 또한 독자가 성격을 해석하는 것을 도와주고 어떤 등장인물에 대해서는 좀 더 가깝게 동일시하는 것을 도와줄 수 있다. 데이비드 델라매르(David Delamare)의 「신데렐라」(1993)에는 무도회에서 춤추는 몇 쌍의 사람들의 모습이 담긴 그림이 있다. 그러나 신데렐라가 제일 앞에 그려져 있고 독자를 정면으로 바라보는 유일한 인물이다. 다른 등장인물들은 정교하면서도 예의를 갖춘 머리 모양을 하고 있다. 이와 반대로 신데렐라는 소박하면서도 손대지 않은 자연스런 머리 모양을 하고 있다. 또한, 신데렐라의 무도회 복장은 얌전하고 고상하지만 그녀의 이복동생들의 옷은 야한 색과 무늬로 되어 있다. 이런 옷의 선택은, 이복동생들의 성격은 조악하고 거칠고 신데렐라의 성격은 부드럽고 순수하다는 것을 나타낸다.

비글러 맥카씨 선생님 반의 1학년 유아인 죠이(Joey)는 이 무도회 그림에 대해 "왜 신데렐라만 빼고 모두 머리를 펑키 스타일로 했어요?"라고 묻는다. 교사가 이에 대한 다른 아이들의 생각을 묻자 줄리는 "작가는 아마도 내가 신데렐라를 좋아하게 하고 싶었나 봐요. 다른 사람들은 바보로 보이게 하고 싶었고요"라면서, 독자로 하여금 신데렐라와 동일시하도록 하고 싶었던 게 작가의 의도였으리라는 가정을 하였다. 아이들은 옷과 머리 모양에 대한 작가의 묘사 방식을 살펴보더니, 작가가 현대 독자로부터 공감을 이끌어내면서 이복동생과 독자 간에는 정서적 거리를 두게 하기 위해서 신데렐라를 현대 젊은 여성으로 보이게 그렸다고 하였다.

등장인물은 이야기의 문학적 장르를 암시하기도 한다. 「세상에서 가장 큰 여자아이 안젤리카 *Swamp Angel*」(Isaacs, 1994)는 여성 영웅에 대한 과장된 이야기(tall tale)다. 가장자리에 그림틀을 두른 앞표지에는 아래쪽에 한 쌍의 남녀가 위를 바라보고 있는 그림이 있다. 그들 위쪽으로 거구의 여자아이가 한 손으로는 책의 제목을 잡고 있고 다른 한 손으로는 책의 그림틀을 받치고 있다. 그녀는 그림틀 안쪽으로 키를 맞추기 위해 몸을 구부렸는데, 어깨 윗부분과 머리 윗부분은 보이지 않는다. 이 이미지는 독자에게 과장된 이야기로서의 성격을 이해하고 플롯을 예측할 준비를 하게 한다. 비글러 맥카씨 선생님 반 아이들은 이 표지에 대해 다음과 같이 반응하였다.

찰스: 그녀는 그림에 들어가기에는 너무 커요!

줄리: 그녀는 몸을 구부렸어요. 밖으로 나오려고 해요!

교사: 이 여자아이가 아주, 아주 크다는 것을 작가가 보여주기 위한 방법이야.

베아트릭스 포터의 「피터 토끼 이야기」(1902/1987)가 시작되는 페이지의 이미지에서도 볼 수 있듯이, 등장인물을 어떻게 모아 그리는가는 등장인물 간의 관계에 대한 실마리를 제공한다. 포터는 엄마 토끼와 플롭시(Flopsy), 멉시(Mopsy), 커튼 테일(Cotton-tail)을 함께 모아서 그리는 반면, 피터(Peter)는 가족으로부터 멀리 떨어져 얼굴을 돌린 채 서 있는 모습으로 그렸다. 이 그림에서의 피터의 위치는 이후 일어날 사건의 전조가 된다. 피터는 순종적인 여자 형제들과 대조를 이루면서 맥그리거(McGregor) 씨의 정원에 곧 들어갈 것이다. 비글러 맥카씨 선생님 반의 1학년 아이들은 이런 세부 묘사를 알아차렸다.

주디(Judy): 피터는 돌아서 있어요. 피터는 이미 문제를 일으킬 생각을 하고 있는 거예요.

교사: 그는 플롭시와 멉시, 그리고 커튼 테일처럼 엄마에게 주의를 기울이고 있지 않구나, 그렇지?

이렇게 등장인물의 위치는 텍스트의 사건을 구현해주고, 아이들이 피터의 성격과 이야기의 사건에 대해 예측할 수 있게 해준다. 주디가 한 말을 보면 이 이야기를 이미 알고 있는 것 같기는 하지만 이야기의 맨 처음부터 피터의 의도를 해석하고 있음을 알 수 있다.

요약, 주제문, 준 주제문

마틴 선생님의 만 5세반 아이들은 작가가 전달하고 싶었던 "메시지"가 무엇일까를 묻는 교사의 질문에 아주 자주 준 주제문으로 답했다. 예를 들면, 「아름다운 것들 *Something Beautiful*」(Wyeth, 1998)의 어린 소녀는 이웃이 자신을 속상하게 하고 슬프게 하는 점을 몇 가지 발견하지만 동시에 자신을 행복하게 해주고 격려해주는 점을 더 많이 발견해낸다. 그 책을 다 읽었을 때, 마틴 선생님은 그 소녀가 무엇을 배웠을지에 대해 질문하였다.

교사: 저자가 왜 이 책을 썼다고 생각하니? 누군가 책을 쓸 때 이야기 속에는 어떤 종류의 메시지가 있단다. 저자는 이 책을 읽는 사람들에게 무슨 말을 하고 싶었다고 생각하니?

야스민: 너 자신을 좋아할 수 있다는 거요!

아만다: 자신을 사랑해야 한다는 거요!

교사: 비록 네가 아름답지 않은 곳에 살아도 말이니?

아만다: 여전히 자신을 사랑할 수 있어요.

교사: 너 자신을 사랑할 수 있고, 네가 있는 곳을 아름답게 만들 수 있어.

비글러 맥카씨 선생님 반의 1학년 유아, 짐은 반성적이고 반추하는 방식(짐은 거의 말을 하지 않았지만 항상 통찰력을 갖춘 말을 함)의 반응을 하였다. 짐은 일반화를 하고 주제문이나 준 주제문을 만드는 경향에서도 알 수 있듯이 책 이야기와 토론 내용을 적극적으로 듣고 난 후 많은 내용을 끌어내는 방식으로 이야기를 하였다. 짐은 종종 플롯의 많은 부분을 요약하는 요약문을 만들었다. 학급의 누구보다도 더 많은 주제문과 준 주제문을 만들었다. 「처음 친구 집에서 자는 날 *Ira Sleeps Over*」(Waber, 1972)의 작가가 흑백으로 된 페이지에 왜 곰 인형을 갈색으로 칠했을지 그 이유에 대해 토론할 때, 몇 아이들이 그럴듯한 이유를 댔는데, 짐만은 전체 줄거리와 관련지어 그 이유를 말하였다.

고든: 곰이 갈색이니까요.

조이: 아마도 작가가 그것을 했을 테니까요. 아마도.

교사: 그래, 글 작가이자 그림 작가가 그렇게 했지.

고든: 곰은 갈색이에요. 갈색으로 하게 되어 있어요.

조이: 곰은 짙으니까요.

교사: 짐, 넌 어떻게 생각하니?

짐: 모두 그것에 대해 이야기하고 있고 모든 게 그것에 대한 거니까요.

교사: 그렇구나. 너희들 모두 들었니? 짐, 아주 크게 다시 한 번 말해주겠니?

짐: 모두 그것에 대해 이야기하고 있고, 이 이야기가 장난감 곰에 대한 이야기라고요. 전체 이야기가 장난감 곰에 대한 이야기요.

짐은 교사가 집단으로 책을 읽어주는 동안 교사가 격려해야만 반응을 하였고, 그 반응은 이야기 전체에 대한 것이었다. 이렇게 짐은 계속해서 일반화된 경향의 반응, 폭넓은 관점의 반응을 하였는데, 이것이 짐의 반응에 나타난 특징이었다. 짐은 「집으로 날아가 *Fly Away Home*」(Bunting, 1991)를 소집단에서 읽어줄 때 작가가 새를 뒤표지에 또 그린 것은 "새가 소년에게는 중요하기" 때문이라고 하였다. 짐의 이런 반응은 이야기 속의 세부 사항들을 하나로 조합하여 일반적인 의미를 찾고자 하는 그의 경향을 잘 보여준다. 교사는 대집단으로 「괴물들이 사는 나라」(Sendak, 1963)를 읽어주었는데, 이때 짐이 가장 많은 반응을 하였다. 그 반응에는 책 전반부에서는 맥스의 환상 세계가 커짐에 따라 그림 크기가 커지고, 맥스가 괴물들과의 모험을 끝내고 집으로 돌아올 때는 그림 크기가 작아지는 것에 대한 토론이 포함되어 있었다. 이에 대한 토론 과정은 다음과 같다.

[교사는 페이지를 죽 넘기면서 그림을 순서대로 빨리 보여준다.]

케니: 점점 커져요.

크리시: 이제 그림이 페이지 전체를 채우고 있어요. [괴물들의 소동 에피소드]

고든: 나무가 점점 더 커지기 때문이에요.

교사: 왜 이 그림은 이렇게 작을까? 주변은 모두 하얗고[첫 번째 열림면을 보여주며] 여기[여섯 번째 열림면을 보여주며]는 샌닥이 전체 페이지에 그림을 채운 이유가 뭐라고 생각하

니? 이 페이지에서 어떤 일이 일어난 걸까? 빌?

빌: 거기 대부분은 아주 작아져요. 그다음에 점점 커지고 나무는 점점 더 커지기 때문이에요.

짐: 음, 어떤 정글들은 그렇게 커요. 그리고 음, 그게 전체 이야기에 대한 거예요. 거기 괴물들이 있는 곳이라 그래요. 그리고 그 장소가 중요해요. 거기 괴물들이 있기 때문이죠. 샌닥은 그림이 점점 더 커지기를 원했어요. 그래서 우리가 더 큰 것을 볼 수 있는 거예요.

바로 이렇게 "전체 이야기에 대한 것"에 관심을 갖는 것이 짐의 전형적 반응 방식이다. 짐은 세부 묘사에 관심을 갖기보다는 그것들을 조합하고자 하였다.

앤서니 브라운의 가장 초현실적 그림책인 「달라질 거야」(1990)에 나타난 세부 묘사는 꽤 매력적이다. 짐도 가구의 변형이나 다른 물체의 동물로의 변형을 모두 즐기기는 했지만 이 책의 핵심, 엄마와 아빠가 병원에서 새로 태어난 여동생을 데리고 올 때 그림책 속 주인공이 경험하게 되는 훨씬 큰 변화 또한 잊지 않았다. 내가 이 책을 읽어준 10명의 아이들 중에서 짐만이 내가 물어보지도 않았는데 자발적으로 준 주제문, "엄마는 임신을 했고, 그래서 사물들이 변하는 것이고, 아이는 이제 그 집에서 외동이가 아니기 때문이죠"라는 말을 하였다.

요약 문장 만들기는 짐의 특기였다. 스티븐 켈로그(1985)의 「걱정 많은 닭 *Chicken Little*」에서 여우는 닭을 잡아 멋진 식사를 할 꿈을 꾼다. 그러나 여우는 자신의 음식 판타지를 실현시키지 못하고 잡혀서 감옥에 투옥된다. 그리고 그의 식사가 된 "초록색 콩으로 만든 멀건 죽과 잡초 주스"는 책 뒷표지에 그려진 감옥 창문을 통해 그에게 쏟아져 들어온다. 전체 이야기에 대해 짐은 "그가 머릿속에서 진짜 바랐던 것들은 하나도 일어나지 않았어요. 그가 바라지 않던 모든 일들이 일어났어요"라는 예리한 말을 하였다.

비글러 맥카씨 선생님의 1, 2학년 반 아이들 중, 1학년 아이인 페기(Peggy)도 준 주제문을 곧잘 만드는 아이이다. 페기는 「고래들의 노래 *The Whales' Song*」(Sheldon, 1990)를 읽어줄 때 이 능력을 잘 보여주었다. 이 시적이고 환상적인 그림책은 릴리라는 어린 소녀에 대한 이야기다. 릴리는 할머니로부터 고래가 "노래 부를" 수 있다는 말과 언젠가 고래가 할머니의 이름을 불렀다는 말을 들었다. 릴리의 큰삼촌인 프레드릭(Frederick)은 그런 것을 모두 쓸데없는 이야기라 여기지만, 릴리는 바닷가로 가서 기다린다. 큰삼촌 프레

드릭은 릴리를 데리러 와서 시간 낭비하고 있다며 투덜거린다. 그러나 그날 밤 릴리는 자신의 이름을 부르는 것 같은 소리를 듣고 다시 바닷가로 뛰어간다. 고래들이 바닷가 근처에 와서 정말로 릴리의 이름을 부르고 있다. 아이들이 마지막 장면에 대해 이야기를 나눌 때 페기는 아주 추상적 수준에서 이야기를 요약하였다.

> 페기: 비밀을 이야기해도 돼요?
>
> 교사: 그럼, 비밀이라고 생각하는 것을 이야기해도 돼.
>
> 페기: 믿는 바가 있으면 그것을 위해 견뎌야 해요. 그건 실현될 테니까요.
>
> 교사: 페기가 생각을 정말로 멋지게 정리했구나.

"비밀"에 대한 아이디어는 비글러 맥카씨 선생님 반에서 책의 메시지나 주제를 언급할 때 일반적으로 사용하는 용어가 아니다. 그런데 페기가 마법의, 신비스런 요소가 담긴 책인 「고래들의 노래」에 대해 이야기 나누기를 하는 자리에서 이 단어를 사용한 것은 흥미롭다. 페기는 이야기의 여러 가지 요소들을 이 간결한 문장으로 잘 조합하였다.

플래시백과 시간 관련 다른 서사 장치에 대한 인식

유아에게 들려주는 그림책 중 아주 소수만이 복잡한 시간 개념과 관련되어 있다. 요정담과 민담은 구체적으로 밝혀지지 않은 장소에서 모호한 "옛날 옛날에" 일어나는 이야기다. 「윌러미너의 심부름」(Carter, 1999) 같은 이야기는 역사 소설로, 과거에 기초한다. 「우주와 로봇 *Cosmo and the Robot*」(J. B. Pinkney, 2000) 같은 판타지는 미래에 일어나는 이야기다. 회고담은 현재 서술되지만 사건은 과거에 일어났던 것들이다. 이 연구에서는 시간적 복잡성을 지닌 책으로 「어릴 적 산골에서 *When I Was Young in the Mountain*」(Rylant, 1982)와 「할머니 댁 *Bigmama's*」(Crews, 1998)을 사용하였다. 두 책에서 어른 화자는 자신의 젊은 시절을 회상한다. 비글러 맥카씨 선생님의 1학년, 2학년 반 아이들은 신시아 라일런트(Cynthia Rylant)의 자전적 이야기인 「나의 산속 어린 시절」에 나타난 회고담의 개념을 아무 문제 없이 이해하였다. 이런 사실은 "저자는 자신이 소녀였을 때에 대해 쓰고 있어요"라든지 "그녀는 이야기를 하고 있는 거예요" 같은 앨리스(Alice)의 말에서 알 수 있다. 줄리는 "그래요, 이것은 내가 작은 아기였을 때의 일에 대해 쓰는 것과 같아요"라며 이를 부연하였다. 라일런트의 책은 일련의 회상 내용으로 되어 있는데, 각 회상 내용은 "내가 어렸을 때 산에서…"라는 구문으로 시작된다. 이런 서사 구조는 이야기를 썼을 때와 서술된 사건이 일어난 과거 시점 간의 시간적 차이를 이해하는 데 도움이 되는 것 같았다. 도널드 크루스(Donald Crews)의 회고담 「할머니 댁」에는 마틴 선생님의 만 5세반 아이들이 알아차릴 만한 실마리가 있기는 했지만 반복되는 서사 구조는 없다. 그런데도 아이들은 그 이야기가 과거에 일어난 일을 담고 있는 서사 구조라는 점을 이해하고 있었다. 할머니는 물이 안 나오는 집에 산다. 집 안에 목욕탕은 없지만, 대신 "집 밖"에 펌프가 있다. 그러나 이런 이야기가 회고담이라는 증거는 화자인 크루스가 어른의 모습으로 그려진 마지막 페이지에 있다. 교사는 이야기의 마지막 글을 읽어준다.

교사: **어떤 날 밤에는, 심지어 지금도 나는 아침에 잠에서 깨면 여름 내내 할머니 댁에 있게 될 것이라 생각하지.** 누가 이렇게 말하고 있을까? 그는 **"때때로 심지어 지금도"**라고 말하는구나. 이 이야기가 지금 일어난 일일까, 아니면 오래전에 일어난 일일까?

도나: 지금요.

교사: 지금? 아만다는 어떻게 생각하니?

아만다: 오래전에요. 모든 일들이 지금 같지 않으니까요.

교사[끄덕이며]: 다른 힌트가 있어. **"어떤 날 밤에는, 심지어 지금도…"** 이 사람 좀 봐. **"나는 아침에 잠에서 깨면 여름 내내 할머니 댁에 있게 될 것이라 생각하지"**라는데, 이 사람은 누굴까?

케빈: 내 생각에는 할아버지 같아요.

교사: 할아버지라고 생각해? 케빈이 추측을 잘 했구나. 넌 누구라고 생각하니?

에드워드(Edward): 예수요.

교사가 도와주었는데도 아이들은 이렇게 좀 더 복잡한 회고 내용에 대해서는 이해하지 못했다. 이 이야기에서 화자가 어른이라는 사실은 이야기 제일 마지막에서 밝혀진다. 에드워드가 이 어른을 "예수"로 해석한 것은 이해할 만하다. 크루스의 턱수염은 꽤 길기 때문이다. 그리고 크루스의 "할아버지"(할머니의 남편)라는 대답 또한 이치에 맞는다. 그러나 이 서사의 시간성을 제대로 이해하지는 못했다.

그러나 마틴 선생님반 아이들은 플래시백은 이해하였다. 제임스 랜섬(James Ransome)은 「내 친구 *The Old Dog*」(Zolotow, 1995)에 아름다운 그림을 그렸다. 어린 아프리카계 미국 소년이 죽은 자신의 개를 애도한다. 소년은 개와 보냈던 행복한 시간들을 추억한다. 어느 장면에는 근접 장면으로 그려진 개만 있고 배경에는 아무것도 없다. 에드워드는 "저것은 이제 그 개가 아니에요. 그[그 소년]가 떠올리고 있는 거예요"라고 하였다. 에드워드는 이 그림이 개가 살아 있을 때의 플래시백이라는 것을 알 뿐만 아니라 이 그림은 지나간 추억을 묘사하고 있는 것이라는 사실을 알고 있는 것이다. 결론적으로, 복잡한 시간성이 나타난 책은 거의 없지만 이렇게 어린 유아도 복잡한 서사 시간을 이해하기 시작했다고 할 수 있다. 서사학의 이론적인 용어로 볼 때, 유아는 선형적 시간에 일어나는 이야기(fabula)와, 플래시백 같은 서사 장치를 차용하는 플롯(syuzhet)의 차이를 배우고 있는 것이다(Bressler, 2007).

이야기에 대한 비평적 저항

유아들은 문학에 대한 반응의 폭과 깊이를 더해감에 따라 이야기에 대한 분석적 평가 기준을 차차 더 세련되게 구축시켰다. 그래서 때때로 어떤 이야기는 결함이 있다는 이유로 읽지 않으려 했다. 그들은 작품의 결점에 대해 비평적이었다. 그들은 무엇이 좋은 이야기를 만들고 무엇이 나쁜 이야기를 만드는지에 대해 자신의 생각을 발전시켜 나가고 있었다. 비글러 맥카씨 선생님 반 아이들은 「몽땅 먹어치운 아이 *The Boy Who Ate Around*」(Drescher, 1994)는 "말이 안 된다"며 불평을 하였다. 좀 더 자세히 말해보라고 하자 마이크(Mike)는, "글쎄요, 여러 가지 내용이 있는 것 같은데, 그것들이 어떻게 연결되는 건지 이해할 수 없어요"라고 말하며 구조가 일관되지 못한 것에 대해 의문을 제기하였다. 마찬가지로, 크리스 반 알스버그(Chris Van Allsburg, 1990)의 「이건 꿈일 뿐이야 *Just a Dream*」에 나타난 노골적인 생태학적 메시지에서 풍기는 교훈주의를 "저급하다"면서 이의를 제기하였다. 아이들은 "마치 작가가 그것[메시지]으로 머리를 치는 것 같다"고 하였다. 한편, "그림은 좀 더 몽환적이고 좀 더 초자연적이고 꿈속에 있는 것 같아야 하는데, 너무 현실적으로 보인다"며 이 그림책의 글과 그림이 조화롭지 못하다는 의견을 내는 아이도 있었다.

유아들의 논평에는 때때로 이야기의 도덕성이나 메시지, 주제에 대한 비평적 저항이 반영되어 있었다. 가장 놀라운 저항의 예 중 하나는 「빨간 모자」에 나타난 어둡고 사악한 결론에 대한 크리스토퍼 코디(1991)의 비평이었다. 페로(Perrault)판을 따른 코디(1993)의 「빨간 모자」에서는 빨간 모자와 할머니가 죽는 것으로 끝이 나고 페로가 창작 옛이야기에 포함시켰던 도덕성이 첨가되어 있다. 비글러 맥카씨 선생님은 결론 부분을 읽어준다.

> **이 때부터 빨간 모자의 슬픈 이야기는 모든 아이들에게 교훈이 되었습니다. 이런 이야기가 뜻하는 바는 아이들이 늑대 같은 것을 두려워해야 한다는 것입니다. 그런 존재는 가까이 있을 때 기분 좋게 해주고 매력적일 수 있습니다. 그러나 이런 존재는 빨간 모자가 알게 되었듯이 분명히 아주 위험한 존재랍니다.**
>
> 찰스: 빨간 모자는 아무것도 배운 게 없어요. 죽어버렸는걸요!

찰스는 이 교훈이 이치에 닿지 않는다며 거부하였다. 허클베리 핀은 모세가 죽었다는 사실을 알게 될 때까지 "모세와 불러셔"(Moses and the Bulrushers)를 찾아다니느라 "땀에 흠뻑 젖었다"고 하면서 "나는 죽은 사람의 물건은 절대 가져가지 않아"라고 했던 말이 떠올랐다. 이 말은 이렇게 어린 유아도 불완전한 이야기에 대해 그 이유를 말할 수 있다는 것을 보여준다.

05
그 외의 분석적 반응

그림책에 대한 유아 반응의 약 73%가 분석적 반응에 속하기 때문에 나는 이 커다란 범주에 속하는 여러 가지의 반응 유형을 좀 더 세부적으로 구분지어 분석하였다. 한결 더 세밀하게 분석한 결과, 범주 1은 5개의 하위 범주로 나뉘었다. 4장에서 나는 그중 첫 번째 하위 범주, 서사적 의미 구성(1A)에 대해 설명하였다. 분석적 반응의 나머지 하위 범주는 다음과 같다.

1B. 가공물 또는 문화적 생산물로서의 책

1C. 텍스트의 언어

1D. 그림 분석

1E. 허구와 실제 간의 관계

분석적 반응 1B: 가공물 또는 문화적 생산물로서의 책

이 하위 범주의 유아들은 글 작가와 그림 작가가 책을 만들면서 하는 결정과 선택에 대해 의문을 제기하는 토론을 벌였다. 학급의 모든 유아들은 "글 작가"(author)와 "그림 작가"(illustrator)라는 용어를 빠르고 쉽게 배웠고, 한 사람이 이 두 가지 역할을 다 하는 경우도 있다는 것을 알게 되었다. "그것은 그녀가 글을 쓰고 그림도 그렸다는 말이에요"라고 하였다. 질문은 대개 이렇게 시작하였다. "나는 왜 그림 작가[또는 작가]가 … 했는지 궁금해" 이런 식이다. 글 작가나 그림 작가에 대한 평가, 예를 들면 크리시가 제리 핑크니(Jerry Pinkney)의 훌륭한 수채화에 아주 열광한다든지, 찰스가 「걱정 많은 닭」(Kellogg, 1985)의 앞표지를 보고 "스티븐 켈로그는 제대로 잘했어요!"라며 높이 평가하는 말을 하는 것 또한 이 하위 범주에 포함되었다. 유아들은 또한 책이 받은 상이나 메달에 대해서도 이야기를 나누었다. 이런 토론의 촉매제는 대체로 책 표지에 붙은 금메달이나 은메달 표시였는데, 이것은 각각 칼데콧 메달을 받았거나 칼데콧 명예상을 받았다는 표시다. 출판 연도, 딱딱한 표지(hard cover)의 책인지 부드러운 표지(soft cover)의 책인지, 편집과 출판이 이루어지는 과정 등, 출판 정보에 대한 이야기가 이 하위 범주에 포함되었다.

테일러 선생님 반의 만 5세 아이들은 처음에는 그림책 앞표지에 있는 칼데콧 메달을 "쿼터"(quarter: 역자 주 - 25센트짜리 동전)라고 불렀다. "선생님, 이것 보세요. 쿼터예요!" 하는 것이었다. 제대로 된 용어를 배운 후에도 아이들은 실수로 이 용어를 계속 사용하였다. 이 아이들 중에는 2~3주 내에 "칼데콧 메달"과 "칼데콧 명예상"이라는 명칭을 배운 아이들도 있었다. 다른 아이들은 이 명칭을 배우는 데 더 오랜 시간이 걸렸지만, 책 표지에 있는 둥근 표시의 의미를 알기는 하였다. 예를 들면, 「친구는 좋아! *Yo! Yes?*」(Raschka, 1993)에 대해 이야기를 나누는 중에 마틴 선생님은 은메달을 가리켰다.

교사: 이것에 대해 누가 이야기해볼 수 있겠니?

아이작(Isaac): 이 책이 특별하다는 뜻이에요.

유아들은 「괴물들이 사는 나라」(Sendak, 1963)에도 금메달 표시가 붙어 있는 것을 알아보고 "그 책은 칼데콧 금메달을 받았어요. 그것은 최고의 책이라는 뜻이에요!"라고 말했다.

선생님들은 대중판 그림책을 사용하기 때문에 겉장(dust jacket 또는 dust cover)을 벗겨 내어 단단한 표지가 겉장과 동일한지를 아이들과 확인할 수 있었다. 아이들은 "겉장"이나 "면지"(endpages) 같은 용어를 빠르게 배웠다. 유아들은 우선 교사를 여러 번 모방하다가 다음에 그 언어를 스스로 자랑스럽게 사용하는 과정을 거치면서 그림책에 대한 상위언어를 배우게 되는 것 같다. 상위언어 관련 용어는 "양쪽 펼침면", "망상선"(coss-hatching), "풀 블리드"(full bleed: 부록 참조) 등이고, 그 외 용어들은 부록 B를 보기 바란다. 이것은 단순히 용어의 학습을 의미하지 않는다. 그 용어를 학습하게 되면 유아는 그림책의 디자인과 구성요소에 주의를 기울임으로써 이런 특징을 더 자세히 그리고 더 민감하게 볼 수 있게 되는 것 같았다(Sipe, 1998b). 이 하위 범주에 속한 유아의 주변텍스트에 대한 반응은 앞 장에서 서술했던 1A의 주변텍스트와 관련한 토의와는 다르다. 1B의 경우, 아이들이 주변텍스트에 대해 갖는 관심은 이야기에 대한 예측보다는 그림책의 디자인에 대한 이해와 관련이 있기 때문이다.

마틴 선생님이 「살색은 다 달라요 *The Colors of Us*」(Katz, 1999)를 읽어주는 동안에 글 작가와 그림 작가에 대한 흥미로운 이야기가 펼쳐졌다. 이 책의 글 작가와 그림 작가는 같은 사람이고, 게다가 헌사 페이지에는 "세상의 모든 유아, 특히 내 예쁜 딸 레나(Lena)에게"라는 글이 있었다. 이야기는 "내 이름은 레나야. 난 일곱 살이고, 계피 색깔이야"라는 말로 시작된다. 이어서 화자(레나)는 엄마가 예술가라고 말한다. 다시 말해서, 글 작가이자 그림 작가인 캐런 카츠(Karen Katz)는 자신의 딸에게 이 책을 헌정한 것이고, 이 책을 서술하고 있는 화자는 작가의 딸이다. 놀랍게도 라키아(Lakia)는 이런 관계를 이해하고 있었다.

라키아: 책장을 넘겨서 앞으로 다시 가봐요. 내 생각에는 그녀가 그림을 그리고 있었던 것 같아요.

교사: 그녀가 그림 그리기를 하고 있네! 그림을 그리고 있어. 그런데 엄마가 갈색이 서로서로

다르다고 말씀하니까 레나는 이웃을 모두 돌아다니며 본 다음 정말 모든 사람의 색이 다르다고 했지.

라키아[주장하듯이]: 이 책을 만든 *그림 작가* 말이에요.

마틴 선생님은 순간적으로 라키아의 요점을 오해하여 "그녀"가 레나를 말하는 것이라고 생각했지만 라키아는 "책을 만드는" 사람은 그림 작가(레나의 엄마)라는 점을 지적하고 있었다.

라키아: 그녀의 엄마는 글을 썼어요.

교사: 누구를 위해서?

라키아: 그녀요[레나 그림을 가리키며].

라키아는 글 작가, 그림 작가, 화자의 복잡한 관계에 대해 이해하고 있었던 것이다.

비글러 맥카씨 선생님 반에서 하위 범주 1B의 예가 다음의 예화에 포함되어 있다. 다음은 「빨간 모자」(Hyman, 1983)를 읽어줄 때의 전사 내용에서 뽑은 것이다.

[교사는 칼데콧 은메달이 붙어 있는 앞표지를 보여준다.]

페기: 칼데콧 명예상을 받았어요. [수상에 대한 말]

??: 그래, 은메달이네. [수상에 대한 말]

케니: 그건 두 번째로 잘했다는 거야. [수상에 대한 말]

교사: 그래. 메달이 은색이면 그것은 페기가 말한 것처럼 칼데콧 명예상을 뜻하는 것이지. 금메달이면 1등을 의미하는 것인데, 이건 칼데콧 명예상을 받은 책이야. 이 그림 작가는 그해 그림책 중에서 가장 그림을 잘 그린 작가들에 속한다는 뜻이지.

미키: 어느 해에 그린 그림이에요? [출판에 대한 말]

표제지. 오른쪽 페이지에 제목과 출판 정보가 있다. 왼쪽 페이지에는 빨간색 망토를 입은 어린 소녀 그림이 있다. 소녀는 집 옆 벤치에 앉아서 책을 읽고 있다. 소녀가 읽고 있는 책은 「빨간 모자」인데, 그 책의 앞표지는 독자인 우리가 들고 있는 책의 앞표지와 같다.

교사: 「빨간 모자」는 소녀가 가장 좋아하는 책이지. 그 책을 읽으면서 소녀는 빨간 모자 아이를 그린 거야.

고든: 소녀는, 음, 아마도 같은 책을 읽고 있는 걸 거예요. 그 책을 완성한 다음에 그 책을 읽었을 거예요. 그 책을 다 쓴 다음에요. [글 작가/그림 작가에 대한 말]

교사: 그 책을 쓴 다음에 그 책을 읽었을 거라고?

미키: 그들은 아마도 책을 모두 완성시켰을 거예요. 책을 모두 완성했을 때 그것을 소녀가 볼 수 있게 다시 보내주었을 거예요. [글 작가/그림 작가에 대한 말, 출판에 대한 말]

비글러 맥카씨 선생님 반의 짐은 정확하게 아는 일에 관심이 있었으므로 당연히 글 작가와 그림 작가가 어떻게 일을 완성시키는지에 관심을 가졌다. 「괴물들이 사는 나라」를 읽는 동안 짐은 크리시의 질문, "글 작가가 왜 마지막 페이지에 그림을 그리지 않았을까"에 다음과 같이 답을 하였다.

내가 크리시의 질문에 답할 수 있어요. 왜냐하면, 아마 어떤 책에는 시간이 더 필요할 거예요. 아마 작가는 글을 쓰고 그림을 그리려고 했는데, 어쩌면 시간이 부족했고, 책을 그냥 출판사에 넘겨야 했을 거예요. 아마 어떤 책은 완성시킬 시간이 충분할 거예요. 그런데, 아마 그는 책을 깔끔하게 하고 싶었기 때문에 시간이 더 필요했는데 마지막 페이지를 끝냈을 때, 글은 다 썼는데 출판사에서 시간이 더 이상 없다고 말한 것 같아요. 그래서 그는 책을 완성시킬 시간이 없이 책을 돌려줘야만 했던 거예요.

여기서 숙제(깔끔하고 효율적으로 끝마쳐야 하는 일)에 대한 짐의 생각이 모리스 샌닥의 출판 마감 날짜에 전이되어 나타난 것을 알 수 있다. 이것은 홀랜드의 용어를 빌자면 "정체성 주제"를 일부 나타낸다.

이 발췌문을 보면 유아들은 책에 주어진 메달에 대한 이야기를 나눈다. 다른 사람(글 작가와 그림 작가)이 만든 물체로서의 책에 대한 이야기를 나누고 책을 출판하는 과정에 대한 이야기를 나눈다. 유아들에게 책이 만들어지는 방법과 책을 만드는 사람들에 대한 지식은 문학적 이해의 한 측면이다. 유아들은 또한 저작권이나 출판 연도, 이런 것들의 의미에 대해서도 이야기하였다. 그리고 출판 연도 앞에 붙은 작은 ©에 매료되어 항상 그 표시를 자세히 보았다. 교사와 내가 "저작권"이 무슨 의미인지 설명해준 다음, 비글러 맥카씨 선생님 반의 1학년 유아인 앨리스는 위에 자신의 이름이 있고 그 옆에 자그마한 저작권 표시를 한 수학 숙제를 내게 가져와서 "사이프 선생님, 이것 보세요. 나는 내 숙제에 대한 저작권을 갖고 있어요!"라고 하였다. 유아들에게서 나타난 또 한 가지 놀라우면서도 일관된 반응은 아이들은 자신들에게 읽어주는 그림책이 뉴욕에서 출판되었다는 사실을 들을 때마다 놀라고 즐거워했다는 것이었다. 교사가 이 사실을 읽어줄 때마다 거의 매번 아이들은 환호하며 박수를 쳤다. 비글러 맥카씨 선생님 반의 케니는 이에 대해 "왜 모든 책이 뉴욕에서 출판돼?"라는 질문을 하였다. 이 질문은 교사가 그 이유, 미국에서 뉴욕은 출판의 중심지라는 설명을 할 기회를 주었다. 또한 책이 어떻게 출판되고 이 과정에서 생길 수 있는 어려움과 시간의 문제는 무엇인지에 대해서도 흥미로운 토의를 할 수 있게 해주었다.

분석적 반응 1C: 텍스트의 언어

이 하위 범주에 속하는 유아들의 언급에는 시각적 특징에 대한 관심이나 인식이 나타나 있었다. 초기 독자에게 자연스럽게 나타나는 호기심과 관심은 텍스트를 읽고자 하는 시도로 이어졌다. 또한 이 하위 범주에 속하는 유아들의 반응에는 이야기에 나오는 언어를 반복하면서 그것을 모방하고, 어떤 단어나 구문의 의미를 의문시하고, 대안이 되는 단어를 제안하고, 이야기에 사용된 언어를 묘사하거나 평가하고, 텍스트에 나오는 특정 언어를 언급함으로써 주장하는 바를 증명하고자 하는 시도가 포함되었다. 이 모든 반응은 텍스트 자체의 언어에 초점을 맞춘 것이므로 이 하위 범주로 분류되었다.

마틴 선생님과 그 반의 만 5세 유아들은 보통 한 단어나 구문의 의미를 물었다. 「저 너머에」(Sendak, 1981)의 첫 문장, "아빠(papa)가 바다 저 멀리 떠나고 엄마는 나무 그늘에 있을 때…"는 유아들을 당황하게 만들었다. 마틴 선생님은 그림을 가리키며 "나무 그늘은 꽃이 자라 있는 자리고, 엄마가 거기 앉아 있구나"라고 설명했다. 그러나 몇몇 아이들은 분명히 아버지(father)를 "아빠"(papa)라고 불러본 적이 없었던 것 같았다.

교사: 누가 배를 타고 멀리 가버렸지?

데션: 그 남자요!

교사: 그 남자가 누구야?

데션: 할아버지요!

교사: 아빠(papa)가 다른 말로 뭐지?

아만다: 아빠(daddy)요! [웃음]

샌닥의 다른 책, 「괴물들이 사는 나라」(1963)의 괴물들이 축제를 벌이는 장면에서 케빈은 "그[맥스]는 머리에 왕관을 썼어요"라고 하였고, 아만다는 대부분의 유아들이 잘 알지 못하는 단어를 사용하여 "그는 왕권을 가졌어요"라고 하였다. 아만다는 "왕과 왕비가 가지고 있는 것이 이 막대기예요. … 그들은 의자에 앉을 때나 서 있을 때 그것을 가지고 있어요"라는 설명을 하였다. 또한 「비야, 내려라!」(Hesse, 1999)의 마지막에 비가 와서 도시를 식혀주었을 때 어려운 구문의 의미를 설명하였다.

교사[읽어주기]: **나는 엄마를 세게 안고 엄마도 나를 꼭 안아주었어요. 비가 우리를 다른 사람으로 만들어 주었어요.** 이것은 무슨 뜻일까?

앙투안느: 그들은 항상 재미있게 놀아요.

교사: 항상 재미있게 노는구나. 비가 우리를 다른 사람으로 만들어 주었다는 것은 무슨 뜻일까?

아만다: 날씨가 더울 때는 기분이 언짢았는데 이제 기분이 훨씬 좋아진 거예요.

비글러 맥카씨 선생님의 1학년과 2학년 교실에서 하이먼(1983)의 「빨간 모자」를 읽어주고 전사한 내용에서 발췌한 하위 범주 1C는 다음과 같다.

교사[읽어주기]: **어느 날 할머니는 손수 만드신 빨간색 벨벳의 모자 달린 망토를 엘리자베스**

에게 생일 선물로 주었어. 그것은 아주 예뻤지. 엘리자베스는 그 옷이 너무 좋아 다른 옷을 입으려 하지 않았어. 그래서 모두들 엘리자베스를 빨간 모자라고 불렀지.

트루디: 하지만 엘리자베스는 아무것도 타지(ride) 않아요.

찰스: "두건"(hood)은 어떻고요? 단어 마지막에 붙은 "두건" 말이에요. 엘리자베스는 모자를 머리에 썼어요.

페기: 아마 그것은 경주마(riding horses)나 자전거, 또는 말을 탈 때 쓰는 두건(hood)일 거예요.

교사: 재미있구나. 사람들은 말을 탈 때처럼 때때로 짧은 망토를 입는단다.

이 예화를 보면, 유아들은 이야기에 나오는 "탄다"(riding)는 단어의 뜻을 몰랐지만, "탄다"라는 단어는 "두건"을 꾸며주는 말이므로 riding hood는 타는 데 사용되는 두건이라는 결론에 함께 이르게 된다. 유아들은 때때로 다음의 예화에서 볼 수 있듯이 이야기에 나오는 단어를 다른 것으로 대치해보자는 제안을 하였다.

교사[읽어주기]: **"얘야, 빗장을 열고 안으로 들어온" 할머니는 소리쳤어요. "힘이 없어서 침대에서 일어날 수가 없구나."**

페기: 할머니가 "너무 어지러워서"라고 말할 수도 있었을 거예요.

비글러 맥카씨 선생님 반 아이들 중에 테리는 "증명하는" 진술문을 말하는 데 가장 관심이 있는 아이로, 텍스트 앞쪽으로 다시 돌아가서 정확한 단어를 찾아내어 언급하였다. 예를 들면, 교사가 아프리카의 신데렐라 이야기인 「무파로의 아름다운 딸들 *Mufaro's Beautiful Daughters*」(Steptoe, 1987)을 읽어줄 때 두 딸(순종적인 딸과 버릇없는 딸) 그림 중 누가 누구인지에 대한 토론이 있었다.

교사: 하는 행동을 볼 때 누가 누구인 것 같니? 왜 얘가 니아샤(Nyasha)[손을 잡은 채 오른쪽에 있는 소녀를 가리키며]고 왜 [팔꿈치를 올리고 손을 볼에 댄 채, 왼쪽에 있는 소녀를 가리키며] 얘가 만야라(Manyara)인지 그 이유를 말할 수 있겠니?

케니: 만야라는 성격이 못되었으니까 못되게 보이고, 니아샤는 착하니까 착하게 보여요.

교사: 그림 작가는 [니아샤를 가리키며] 그녀가 차분하게 보이도록 그렸고 [만야라를 가리키며] 그녀는 약간 허풍스럽게 보이게 그렸어. 그런 점을 그림에 그린 거지.

고든: 앞표지에 있는 건 만야라예요.

교사: 그래[앞표지로 넘기며], 얘는 좀 뽐내는 것 같지 않니? 그래, 테리는?

테리: 다른 페이지로 넘겨보세요. [교사는 뒤로 넘긴다.] 네, 그 페이지요. [두 번째 열림면] 그 페이지를 읽어주세요.

교사: 지금? [읽어주기] **만야라는 거의 언제나 기분이 나빴어요. 아버지가 가시면 언제나 언니를 놀렸어요.**

테리: 보세요, 만야라는 항상 기분이 나빴다고 쓰여 있잖아요. 그녀는 화가 난 것처럼 보이기 때문에 [교사가 방금 읽어준 텍스트 바로 아래 있는 여자아이 그림을 가리키며] 거기 있는 게 만야라예요.

테리는 텍스트에 실제 있는 언어를 참조해서 논쟁을 해결해야 한다고 주장하였다. 이런 점에서 테리가 집요하게 굴었음을 보여주는 자료는 많았다.

이 하위 범주에 대한 예를 통해, 유아들의 문학적 이해에는 작가가 이야기에서 사용하기로 결정한 특정 언어를 자세히 검토하고 감상하는 능력도 포함된다는 점을 알 수 있다.

분석적 반응 1D: 그림과 그 외 시각적 자료에 대한 분석

이 하위 범주의 반응에는 그림에 대한 분석적 접근이 나타났다. 유아들은 글과 그림을 중재하는 언급을 자주 하였지만(범주 1A의 서사적 의미 만들기에도 포함되어 있었음) 분명히 그림이나 그 외 *오직* 시각적 자료에 대해서만 하는 반응이 있었다. 그렇다고 유아가 순수하게 정보를 얻기만 한다는 의미는 아니다. 시각적 분석은 그림책 전체에 대한 이해에 중요한 요인이다. 그러나 유아가 의미 해석을 하는 데 있어서 얼마나 많이 시각적 분석에 의지하는가를 알려주기 위해서는 시각적 분석을 따로 생각해보는 것이 유용하리라 생각했다. 다섯 개의 범주에 배치된 전체 자료 중 약 1/4정도가 이 하위 범주에 속하였다. 유아들은 그림을 그리는 데 사용한 예술 매체에 대해 이야기를 나누었다. 그들은 그림의 배열이나 그림의 순서에 대해서 서술하였는데, 이는 주로 양쪽 펼침면과 가장자리, 그리고 페이지 내에서의 글과 그림의 물리적 배치에 대한 언급을 통해서였다. 그들은 또한 색이라는 부호, 움직임이나 그림자를 그리는 관습적 방식, 원근법과 관점을 통해 공간을 착각하게 묘사하는 법 등 다양한 종류의 부호와 그림 관습이 지닌 기호학적 의미를 구성하였다. 또한 그림의 일반적 배경이나 세부 묘사에 대해 묘사하였고, 그림 간 비교를 하였다.

그림의 장면 배정, 디자인, 매체, 양식

그림의 장면 배정과 디자인, 매체의 사용과 그림 양식은 비글러 맥카씨 선생님 반 아이들에게 계속 생각할 거리와 흥미를 주었다. 하이먼(1983)의 「빨간 모자」를 읽어주는 동안, 다음의 대화가 오갔다.

크리시: 면지에 이런 게…. [가리키며]

미키: 가장자리를 말하는 건가 봐요. [그림의 장면 배정과 배열]

고든: 그것은 페이지 전체에 걸쳐서 있어요. [그림 간 비교]

코디(1991)의 「빨간 모자」를 읽기 시작하면서 유아들은 그림에 사용된 예술 매체에 대해 깊이 생각하였다.

100 크리시: 난 그 그림이 좋아요.

101 교사: 크리시는 이 그림이 좋구나.

102 크리시: 네, ### 수채화 같아요.

103 앨리스: 아니에요.

104 교사: 앨리스야, 아니라고 했는데, 넌 이게 뭐라고 생각하니?

105 앨리스: 그건 화장지일 거예요.

106 교사: 그것은 화장지만큼 가볍지는 않은데? 그것은 아크릴화나 유화 같다는 생각이 드는구나. 그리고 ###

107 크리시: [앞표지를 가리키면서, 잠깐 동안 몸을 몇 번 움직이더니] 그것은 스크래치보드 같아요.

108 ?: 전체 다 스크래치보드 같아요.

109 ?: 스크래치보드다!

110 교사: 아, 스크래치보드 같은 느낌이구나.

111 크리시: 샐리처럼, 제리 핑크니[브라이언 핑크니(Brian Pinkney)를 말함]처럼 스크래치 한 거예요.

112 교사: 그건 스크래치보드야. 스크래치보드는 이것과는 다르게 보이지. 내가 너희들에게도 스크래치보드 그림을 보여줄게. 이건 유화거나 아크릴화야. 유화나 아크릴화는 진짜 두꺼워.

113 ?: 난 여전히 그게 스크래치보드라고 생각해요.

114 교사: 음, 아니야, 그건 그냥 붓 그림이야. 우리가 사용하는 템페라보다 훨씬 두껍지. 우린 유화 물감과 아크릴 물감은 없어.

이 예화에서 우리는 유아들이 크리스토퍼 코디의 그림에 대해 어리둥절해하면서도 그림의 다양한 기법에 대해서는 친숙해하는 것을 볼 수 있다. 이 그림은 확실히 "스크래치"를 닮았다. 물감 칠이 아주 두터워서 개별 붓 자국이 선명할 뿐 아니라 붓으로 그린 머리카락 선 또한 분명하였다. 그림 기법에 매료되고 제리 핑크니의 얼룩이 있는 인상주의적 수채화를 좋아하는 크리시는 처음에 그 그림이 수채화(102)라는 의견을 냈다. 앨리스는 이에 동의하지 않고(103) 화장지(105)라는 의견을 낸다. 이 가설이 비현실적인 것은 아니었다. 유아들은 주글주글한 표면에 붓그림의 질감이 강하게 느껴지는 화장지로 그린 그림을 본 적이 있기 때문이다. 비글러 맥카씨 선생님은 106의 제안을 하였는데, 크리시만이 브라이언 핑크니가 사용했던 주재료가 스크래치보드라고 확신하여 그와 같은 해석을 하였다. 누군지 모르는 아이들이 계속해서 이에 동의하였다(108. 109, 113). 111번에서 크리시는 같은 반 샐리가 집에서 만든 책에 스크래치보드 기법을 사용했던 사실에 주의를 환기시켰다. 그리고 제리 핑크니(아버지)와 브라이언 핑크니의 이름을 혼동하고 있기는 했지만, 이 기법을 사용한 전문 그림 작가의 예를 들었다. 유아들의 가설이 맞는 것은 아니었지만 이런 예화는 그들이 그림의 매체에 매력을 느낀다는 점을 보여준다.

유아들의 이런 관심은 1년 내내 이어졌다. 특별히 보람 있는 연구 성과는 크리시가 앞서 언급한 제리 핑크니의 수채화 양식에 관심을 갖게 되었다는 것이다. 그의 그림은 얼룩이 있는 색채, 어른거리는 표면의 표현 방식을 사용하는 인상주의자들을 닮았다. 이에 따라 비글러 맥카씨 선생님은 인상주의자 그림이 담긴 책을 학급에 가져왔고, 유아들은 특히 쇠라가 여러 색을 조심스럽게 점으로 찍어 표현한 기법에 매력을 느꼈다. 쇠라의 그림 감상 이후 유아들은 「세상에서 가장 맛있는 무화과 *The Sweetest Fig*」(Van Allsburg, 1993)를 보았는데, 그 그림은 입자가 아주 굵고 거친 느낌을 주었다. 미키는 "그건 점으로 된 그림을 그린 사람, 이름이 뭐였죠? 쇠라였던가요? 그 사람 그림 같아요"라고 하였다. 아이들은 진정 "보는 법을 배웠고" 그림의 양식에 아주 민감해졌다.

시각적 텍스트로부터 의미 구성하기

유아들은 시각적 정보를 광범위하게 사용하여 의미를 구성하였다. 글을 중요하게 여기기는 했지만 의미가 있을 수도 있는 그 외의 모든 특징을 고려하려는 경향을 보였다. 아른하임(1986, p. 306)은 영화에서처럼 시각 이미지를 말과 결합하여 제시하거나 그림책에서처럼 글과 결합하여 제시하면 "시각 이미지가 경험의 인지적 측면에 우세한 영향을 미친다"고 주장하였다. 이는 내 연구 자료에서도 분명하게 나타났다. 이 절에서는 시각적 의미 구성의 몇 가지 측면을 고려해보았다.

움직임을 그리는 관습

그림은 정적이기 때문에 그림 작가들은 움직임을 표현하기 위해서는 어떤 관습적 방식을 발전시켜야만 했다. 예를 들면, 같은 인물을 몇 개의 연속 동작으로 보여줄 수 있는데, 슈워츠(1982)는 이것을 "연속 서사"라고 하였다. 「터널」(Browne, 1989)의 일곱 번째 열림면에는 소녀가 터널을 기어서 통과하는 모습이 가로 방향으로 그려져 있다. 처음 세 개 그림(왼쪽에서 오른쪽으로)은 소녀가 기는 자세를 여러 가지로 보여주고, 네 번째 그림에서는 그림 오른쪽 편에 다리만을 보여준다. 내가 케니에게 일대일로 이 책을 읽어줄 때 케니는 "얘가 가고 있어요, 마치, 여기까지[첫 번째 그림을 가리키며] 가고 좀 더 가까이 가고 [두 번째 그림을 가리키며] 더 가까이 가요[세 번째와 네 번째 그림을 가리키며]"라고 말한다. 이것은 연속 그림으로 움직임을 묘사하고 있다는 것을 케니가 알고 있음을 나타내는 것이다. 케니는 이 지식을 활용하여 이 페이지에 있는 텍스트의 내용을 확장시키고 부연한다.

교사[읽어주기]: **터널 속은 컴컴하고, 축축하고, 미끈거리고, 으스스했어요.**

케니: 그리고 길어요.

이 예화는 유아가 그림 속 시각 정보(양쪽 펼침면에 길게 연결된 "연속 서사"의 그림)를 어떻게 사용하는지를 보여준다. 케니는 터널이 길어 보인다며 언어 텍스트를 보완하고 있다. 다시 말해서, 케니는 페이지에 펼쳐진 그림들을 보면서 의미를 구성하고 그것을 글이 제공하는 정보와 통합시켰다.

움직임을 묘사하는 또 다른 "연속 서사"의 예가 「그레이스는 놀라워」(Hoffman, 1991)의 열 번째 열림면에 있다. 이 장면에는 그레이스가 방에서 마치 발레리나가 된 듯 발끝으로 돌기를 하는 그림이 연속적으로 그려져 있다. 여덟 개의 이미지에는 그레이스가 춤을 추는 모습이 서로 다른 관점에서의 묘사로 담겨 있고, 이런 배치로 여러 가지 춤 동작과 회전하는 모습에 대한 표현이 가능하였다. 이 그림에는 심지어 치맛자락의 흔들림과 회전하는 발 모양도 담겨 있다. 이 그림에는 그레이스가 혼자 추는 춤의 분위기가 잘 포착되어 있고, 그레이스에게 느껴지는 에너지와 "우아함"(그레이스), 결심이 시각화되어 있다고 할 수 있다. 이런 것들은 모두 그레이스의 성격 묘사에 기본적인 것들이다. 1학년 유아 한 명은 이 그림에 대해 다음과 같이 반응하였다.

다이앤: 영화 같아요!

교사: 그래, 영화 같구나. 때때로 그림 작가들은 이처럼 일련의 그림을 그려서 움직임을 보여 주기도 하지. 등장인물이 움직이는 것같이 보이게 말이야.

그림 작가는 빠른 움직임을 표현하려고 하는 경우에는 인물의 일부를 흐릿하게 표현하기(blur) 방식으로 그린다. 「터널」(Browne, 1989)에서 어린 소녀는 두려워하며 뛰기 시작한다. 이 에피소드에 대한 그림을 보면, 페이지 오른쪽 끝쪽에 위치한 소녀는 한쪽 다리를 앞으로 쭉 내딛고 있다. 소녀가 입은 빨간 코트의 등 부분과 하얀색 스타킹은 색이 얼룩져 보이게 그려졌다고 할 수도 있고 흐릿하게 그려졌다고 할 수도 있다. 이 페이지에는 글이 없다. 그림이 전체 페이지를 차지하고 있다. 이전 장의 펼침면에는 "하지만 그럴 수가 없었지요. 혼자 돌아가 버리면, 오빠는 어떻게 될까요? 마침내 동생은 겁에 질려 마구 뛰기 시작했어요. 더 빨리 더 빨리…"라는 부분이 있다. 줄리에게 「터널」을 일대일로 읽어주는 동안, 나는 이 글을 읽어준 다음에 책장을 넘겨 소녀의 모습을 보여주었다. 그러자 줄리는 "소녀가 더 빨리 더 빨리 달리기 시작해요"라고 말했다. "어떻게 알아?"했더니 줄리는 "왜냐하면, 빨간색이 옷 밖으로 나가는 것 같잖아요"라고 대답했다. 이것을 보면 줄리는 움직임을 묘사하는 관습에 대한 자신의 지식을 활용하여 글 텍스트에 있는 정보를 확신하였다고 할 수 있다.

유아들은 때때로 움직임을 나타내는 흐릿하게 표현하기 기법을 "그림자"라고 표현하였다. 테리는 「터널」을 읽어주는 동안 사람들이 *왜* 흐릿한 그림 또는 그림자를 움직임으로 해석하는지를 설명하려는 시도를 하였다. 어른들이라면 그런 설명을 하려면 아마 심한 압박감을 느끼겠지만 테리는 용감하게도 이에 대한 시도를 하였다.

테리: 전 사람들이 아주 빨리 달려서 그 모습을 잘 볼 수 없을 때 왜 그럴까 생각하곤 해요. 음, 제 생각에는 사람들이 아주 빨리 달릴 때, 두 가지 이유가 있다고 말하고 싶어요. 하나는 아마도, 음….

교사: 사람들이 뛰고 있을 때 이렇게 보이는 [흐릿하게 그려진 부분을 가리키며] 이유가 두 가지란 말이지?

테리[끄덕임]: 한 가지는, 사람은 바로 여기 [흐릿하게 그려진 부분을 가리키며] 있어요. 그리고 점점 더 빨리 달려요. [소녀 그림의 오른쪽을 가리키며] 마치 가고 있는 것처럼요. 또 하나는, 이유가 있기는 한데 그걸 말로는 못하겠어요!… 아주 빨리 달려서 어쩌면 그림자가 나타나는 것일 거예요. 음, 마치 여기[손을 왼쪽에서 오른쪽으로 옮겨 짚음]처럼요. 그들은 여기서부터 아주 빨리 뛰어서 그래서 조금만 보이는 거예요.… 여기 조금만 보이는 거예요[흐릿하게 그려진 부분을 가리키며]. 그리고 그건 사라져요.

테리는 그림 속 흐릿한 부분이 빠른 움직임을 나타낸다는 것을 확실히 알고 있지만 이해한 것을 말로 잘 표현하지 못해서 애를 먹고 있다. 어른이나 더 우수한 또래가 제공하는 비계설정에 대해 다룬 10장에는, 유아가 알고 있는 것을 말할 수 있게 도움을 줄 뿐 아니라 유아에게 사고의 도구를 제공함으로써 더 많은 것을 이해할 수 있게 도움을 주는 말(용어)을 제공하는 것이 비계의 한 방법이 된다는 내용이 담겨 있다.

착시를 일으키는 공간 묘사

이차원의 평면에 삼차원의 공간을 묘사하는 일은 그림 작가들이 직면하고 있는 최대 도전 과업의 하나다. 이것은 원근법(perspective)의 문제(삼차원으로의 착시를 가능하게 하는 기술적 법칙)일 뿐 아니라 관점(point of view)의 문제기도 하다. 관점이란 감상자의 위치와 묘사되고 있는 장면이 상호 관련되도록 그림 작가가 그리는 방식을 말한다. 그러므로 유아가 의미를 구성하려면 착시를 일으키는 이런 공간 묘사 방법들에 대해 아는 것이 중요하다.

「부엉이와 보름달 *Owl Moon*」을 읽는 동안, 그림의 관점에 대한 토의로까지 이끈 그림 두 개가 있었다. 그중 하나(「부엉이와 보름달」의 열두 번째 열림면)는 나뭇가지에 앉아 있는 부엉이를 보여준다. 부엉이 모습이 공간의 대부분을 차지한다. 유아들과 교사는 이 그림을 어떻게 해석할지 생각하였다.

?: 부엉이가 진짜 가까이 있는 것 같아요!

?: 하지만 부엉이가 아주 가까이 있는 건 아니에요. 그들 위에 있는 거니까요.

교사: 그래, 부엉이는 멀리 떨어져 있었어. 아마 이렇게 말이야. [책을 머리 위로 올려 부엉이

의 위치를 흉내 내면서 그림을 보여줌]

?: 난 부엉이처럼 노려볼 수 있어요. 아주 강하게요.

교사: 아마 부엉이는 멀리 떨어져 있었을 거야. 훨씬 위에, 이렇게 높이 말이야[의자에 올라서서 아이들의 머리 위쪽에 책이 위치하게 함].

이 예화에서, 유아들은 부엉이가 아주 가까이 있는 것처럼 보이지만 아빠와 아이의 위에 위치하고 있었으므로 사실은 멀리 떨어져 있다고 하였다. 교사는 책을 물리적으로 유아들의 머리 위쪽에 놓아봄으로써 이를 분명하게 이해시켰다.

유아들은 약간 경사진 곳을 오르는 여자아이와 아빠의 옆모습이 담겨 있는 열다섯 번째 열림면(역자주: 사이프의 진술 내용으로 봐서는 여섯 번째 열림면에 대한 이야기임)을 읽는 동안 또다시 그림의 관점을 이해하기 위한 토의를 하였다. 그들은 작게 그려져 감상자로부터 멀리 떨어져 있는 것처럼 묘사되었다. 인물들의 뒤쪽에는 상록수 숲이 짙은 초록색으로 펼쳐져 있다. 그림 앞쪽 바닥에는 거의 1/3이 하얀 눈으로 덮여 있다. 고든은 손가락을 왼쪽에서 오른쪽으로 움직이면서, "눈이 점점 더 많이 오는 것 같아요"라고 하였다. 교사는 아이들에게, "눈이 이렇게 두껍게 쌓인 길을 걸을 때 어떤 느낌이었는지 기억하니? 느낌이 어떻지? 두껍게 쌓인 눈을 밟으며 걸을 때 어떨지 내게 보여줘"라고 하였다. 다음의 토의는 유아들이 두 가지의 옆모습, 즉 진짜 옆모습(이 경우, 그림에 나타난 아래 1/3의 흰 띠 부분은 눈의 두께로 해석됨)과 많은 양을 차지하고 있는 전경(前景) 묘사가 포함되어 있는 옆모습 간의 차이를 이해해보려고 노력하는 모습이 나타나 있다.

돈: 쑥 빠지는 느낌이 들어요.

교사: 보여줘.

줄리: 늪에서처럼요.

돈: [일어서더니 발을 올렸다가 아주 천천히 내린다.]

교사[돈이 걷는 동안 말함]: 걸으니 아주 힘들게 느껴지지. 눈에서 걷는 건 아주 힘이 많이 들지 않니?

선: 눈 때문에 무겁게 느껴져요.

교사: 내 생각에는 그것이 바로 제인 욜런(Jane Yolen)이 너희들에게 느끼게 하고 싶던 바인 것 같아. 그녀는 너희들이 이 페이지를 읽을 때 눈 속을 걷는 것같이 느끼기를 바랐던 거야. 그래서 아래쪽에 이렇게 많은 눈을 그린 거겠지.

페기: 하지만 그건 눈의 두께를 보여주는 게 아니잖아요.

교사: 그래, 페기야. 그건 눈의 두께를 보여주는 게 아니지.

페기: 그건 여기서 보니까 그런 것일 뿐이에요.

여기 유아들은 교사의 도움을 받으며 많은 양을 차지하고 있는 눈 전경이 감상자에게 미치는 효과에 대해 이야기를 나누었다. 교사는 두껍게 쌓인 눈 위를 걷는 것의 어려움을 상기시켰다. 그러나 페기는 그림의 아래쪽 1/3을 눈의 두께로 해석해서는 안 된다는 점을 상기시켰다. 앞의 예화에 나타난 토론 직후, 테리는 "그 페이지에 눈이 더 많아진" 이유는 "만약 눈이 그렇게 많지 않다면 아마도 눈 위의 글씨를 읽을 수 없을지도 모르기 때문이에요. 글씨 쓸 공간이 없었을 거예요"라고 하였다. 다시 말해서, 테리는 많은 양의 눈 전경 묘사에 대한 *현실적인* 이유를 언급하고 있었다. 그 하얀 공간은 글씨를 위해 필요한 공간이었다는 것이다.

색의 기호학적 의미

그림 작가들은 분위기나 정서를 나타낼 때를 포함하여 다양한 방식으로 색을 사용한다. 유아들은 크리스토퍼 코디(1991)의 「빨간 모자」를 읽으면서 색의 기호학적 의미를 탐색하였다. 코디는 샤를르 페로(1993) 판 「빨간 모자」를 따르는데, 여기서는 놀랍게도 소녀나 할머니를 구하는 사냥꾼이 등장하지 않고 빨간 모자가 갑자기 죽는 것으로 끝난다. 코디의 그림은 이에 걸맞게 어둡고 불길한 예감을 느끼게 한다. 이 책의 표제지에는 벌거벗은 나무 그림이 타원 모양 안에 그려져 있고 뒤로는 보름달이 그려져 있다. 나뭇가지와 그림 아래쪽은 붉은색을 띤다. 다음은 표제지에 대한 토의 내용 일부다.

100 션: [표제지 작은 그림을 가리키며] 달 위에 붉은색 붓 자국이 있어.

101 교사: 달 위에 붉은 붓 자국이 있구나.

102 션: [작은 그림의 아래쪽 굴곡 부분을 가리키며] 그리고 아래에도 있어요.

103 교사: 그래, 달 위에 붉은 붓 자국이 있고 여기 그림 위로 붉은색이 있구나. 니콜?

104 니콜: 빨간 모자니까요.

105 미키: 음, 사냥꾼이 배를 열었을 때 피가 나왔다고 했으니까요.

106 교사: 전조라고 생각하는 거니? 전조란 무슨 일이 일어날지 예측할 수 있게 해주는 것이지. 그림 작가와 글 작가가 다음에 어떤 일이 일어날지 미리 알 수 있는 작은 실마리를 줘서 다음에 어떤 일이 일어날지 알려주는 것이지. 줄리?

107 줄리: 나뭇잎이 나무에 없는 걸 보니 10월이에요.

108 교사: 그리고 달을 봐. 보름달이야.

109 찰스: 할머니를 잡아먹을 늑대로부터의 피의 경고예요.

이 토의는 유아들이 그림에 나타난 시각적 은유를 "읽는" 방법을 배우고 있다는 사실을 보여준다. 빨간색은 흥분과 환희를 나타내기도 하지만 위험, 경고, 피의 기호(기호학적 의미에서의 기호)이기도 하다. 코디의 「빨간 모자」에 나오는 피와 빨간색의 연합은 책 끝까지 계속된다. 아이들은 이야기가 진행됨에 따라 그림에 "점점 더 많은 빨간색"이 있다고 말하면서 이 둘을 연합시키고 있었다. 이야기가 마지막에 이르렀을 때, 빨간색과 피의 연합은 너무 강해서 아무도 없고 빨간색 침대 덮개로 어지럽혀진 침대를 본 아이들의 반응은 "침대 좀 봐! 피가 가득해!"에 나타나 있듯이 공포였다.

이 그림의 또 다른 효과는 빨간 모자와 변장한 늑대 간에 나누는 일련의 극적인 대화에 독자 참여가 적다는 것이다. 대개 이 이야기는 "할머니, 눈이 정말 크시네요"로 시작된다. 좀 즐거운 다른 판(versions)의 그림책을 읽어주는 동안에 유아들은 교사와 함께 아주 기분 좋게 말을 하면서 이 장면에 이르러도 같은 어조로 반응한다. 그러나 코디의 「빨간 모자」를 읽어주는 동안에는 그렇지가 않다. 교사 혼자 읽고 아이들은 완전히 조용하였다. 그다음에 유아들은 그림 작가가 "공포"의 효과를 거둔 다른 방법들에 대해 토의하였다. 유아들은 그림이 어둡고 이야기가 진행됨에 따라 점점 더 어두워진다는 점을 지적하였다. 교사는 코디가 선택한 기이한 원근법을 지적하고 이런 묘한 관점 때문에 "우스운 집, 공포의 우스운 집"이 떠오른다고 하였다. 돈은 이 책의 그림을 「황혼 지대 *The Twi-*

light Zone」와 비교하였다. 이것은 유아들이 이야기의 전반적인 분위기를 제대로 해석하였다는 증거이고, 유아들은 이런 해석에 도달하는 데 주로 그림을 사용했다.

마찬가지로, 「우락부락 염소 삼 형제 *3 Billy Goats Gruff*」(Dewan, 1994)를 읽어주는 동안 찰스는 빨간색과 공포의 정서를 자발적으로 연결 지었다. 이 책의 일곱 번째 열림면의 왼쪽 페이지의 그림에는 겁먹은 어린 염소가 묘사되어 있다. 그 뒤에는 괴물의 검정색 그림자가 있다. 이 그림의 배경은 어두운 빨간색이다. 찰스는 스스로 묻고 대답하였다. "왜 여기 뒤에는 빨간색이에요? 아, 알았다. 그는 아주 무섭기 때문이에요."

색의 기호학적 의미에 대해 가장 복잡한 토의 중 하나는 「고래들의 노래」(Sheldon, 1990)를 읽어주는 동안 일어났다. 이 그림책은 신비스럽고 조용하며 진지한 이야기로, 4장에서 다루었다. 트루디는 그림이 "어둡다"는 점을 언급하였고, 교사는 왜 그림 작가가 어두운 색을 선택했을지를 물었다.

> 줄리: 고래가 파랗기 때문이죠.
>
> 교사: 음. 또 다른 생각은?
>
> 케니: 이야기가 아주 느리기 때문에 색이 어두워요.
>
> 미키: 느긋함을 주는 책이기 때문이고 바다처럼 느려요.
>
> 케니: 음, 색이 어두워지면 이야기는 점점 더 늦어져요.

그때 교사는 케니에게 어디가 그러한지 해당 페이지를 짚어보라고 하였고 고래가 릴리의 이름을 부른 열림면을 찾아보라고 하였다. 교사가 그림을 보여주자 케니는 말했다.

> 케니: 그것을 다시 한 번 읽어주실래요? 그리고 그것을 느린 목소리로 읽어주실래요? 책이 느려요. 그런 것 같아요. 색이 느린 것 같고 말도 느린 것 같아요.
>
> 교사: 색이 느리기 때문에, 글을 느리게 읽어주니 어떤 느낌이 드니?
>
> 케니: 느긋해져요.

그때 교사는 두 가지 방식으로 그 페이지의 글을 읽었다. 천천히 그러면서 꿈꾸듯이, 그리고 빠르면서 끊어지는 말투로 말이다. 다음으로 페기는 자원하여 읽었다. 교사의 해석에 덧붙여 천천히, 그리고 신중하게 읽었다. 유아들 모두 천천히 읽는 것이 이 이야기의 분위기에 가장 잘 맞는다고 하였다.

이 토의의 초점인 그림은 정도를 달리 한 파란색만으로 칠해져 있다. 이 예화에서, 우리는 유아들이 어두운 색과 느림, 느슨함을 연결 짓는 고도의 연상 능력을 지니고 있음을 알았다. 코디의 「빨간 모자」의 어두운 색은 유아들에게 두려움이나 불편함을 주었지만, 유아들은 어두운 색에 대한 또 다른 기호학적 측면도 인식할 수 있었다. 이런 예는 유아들이 텍스트를 해석하기 위해 그림을 사용하고, 그림을 해석하기 위해 텍스트를 사용했다는 것을 보여준다. 유아들이 교사에게 책을 천천히, 그리고 조용하게 읽어야 한다고 했을 때 그것은 그림을 사용하여 텍스트를 해석한 것이다. 그리고 유아들이 그 색을 두려움이나 불편함이 아닌 느림으로 해석했을 때 그것은 텍스트를 사용하여 그림을 해석한 것이다. 다시 말하자면, 유아들은 이야기의 일반적인 어조(내적 경험에 대한 관조적, 사색적)를 주로 그림, 특히 그림 작가가 선택한 색을 통해 해석하였다.

그림책에 대한 유아의 문학적 이해에서 중요한 것은 그림의 형식과 내용에 대한 감식적 이해이고, 이런 이해를 가능하게 하고 표현하게 해주는 시각적 분석 언어를 배우는 것이다.

분석적 반응 1E: 허구와 실제의 관계

분석적 반응의 마지막 하위 범주에 속한 반응에는 유아들이 이야기(글 텍스트와 그림 텍스트 모두를 말함)와 "실제 삶"을 관련지으면서 보여준 반응들이 포함되었다. 이 하위 범주에는 늑대가 빨간 모자와 할머니를 삼켰을 때 씹어서는 안 된다고 한 찰스의 생각이 포함된다. 만약 씹는다면 사냥꾼이 늑대 배를 가르고 그들을 구했을 때 온전한 몸을 구하지 못할 것이기 때문이라는 것이다. 이것은 이야기에서 일어나는 먹는 일에 실생활에서의 먹는 일을 적용시킨 것이다. 크리시가 "빨간 모자가 진짜 사람이에요?"라고 물었을 때 그녀는 이야기와 실제의 관계에 대해 고민하고 있는 것이다. 이런 질문으로 인해 논의는 민담의 기원(고대 신화에 대한 합리주의자들의 설명을 떠올림)으로 이어졌다. 여기에는 아마도 늑대가 아이들을 진짜로 잡아먹었으므로 이야기는 아이들에게 숲속에 혼자 가는 것이 위험하다고 경고하고자 했으리라는 생각이 포함되어 있다. "낯선 이와 말하지 말라"는 유아가 내리게 되는 또 다른 결론이다. 이런 경우 유아들은 프랑스 왕실의 젊은 여성들에게 페로가 첫 번째 판의 문학적 이야기에서 한 경고에 근접한 것이다. 이 책의 마지막에서 페로는 "모든 늑대가 네 발로 걸어다니는 건 아니죠"라고 경계하며 외모가 멋지더라도 어떤 남성들은 늑대와 마찬가지로 사악하다고 주장한다.

유아들은 이야기 세계와 실제 세계 간에 차이를 느낄 때 이야기에 저항하는 경향이 있었다. 그것은 마치 그들이 "그것은 삶의 방식과는 다른데요"라고 말하는 것과 같다. 내 연구의 만 5세 유아들은 허구와 실제의 구분에 기초한 이런 유형의 거부 반응을 한 적이 거의 없다. 그들은 환상적 요소에도 불구하고 이야기를 의문 없이 받아들이는 경향이 있었다. 그러나 1학년, 2학년 유아는 대개 이런 구분을 하였고, 허구와 실제 간의 관계에 대해 복잡한 이해 과정을 겪고 있는 것처럼 보였다. 「세 마리 염소」(Dewan, 1994)에 대해 괴물은 존재하지 않는다며 그림책의 내용에 대해 반대하는 1학년 샐리의 말에는 진짜인 척하는 것과 진짜인 것을 구분하고자 하는 유아의 노력이 담겨 있다. 샐리는 괴물에 대해 반대하는 것이 아니라, 말하는 염소에 대해 반대하는 것이다. 염소는 유아 문학에 등장하는 아주 보편적인 동물인데 말이다. 마찬가지로, 셰스카(1992)의 「냄새 고약한 치즈맨과 멍청한 이야기들」의 그림을 관찰하더니 누군지 모를 2학년 아이가 조롱하듯 "베이컨은 어쨌든 말을 할 수 없어요!"라고 한다. 이런 유형의 언급은 유아의 경험 안에 이야기 속 사건이나 등장인물과 유사한 것이 없다는 것을 나타내거나(Cai, 2002), 그 이야기는 유아의 사전 경험이나 세계관과 배치된다는 것을 나타낸다. 이야기는 "실제 세계"에 대한 것이어야 한다는 유아들의 가정을 나타내는 것이기도 한다. 물론 세상이 어떠하다는 감각은 부분적으로는 경험과 관련된 이념이 점차 발달해가면서 형성된다. 유아는 실제와 허구 간의 구분에 대한 암묵적인 규칙을 만들어간다. 어른들도 그럴지 모른다. 2001년 9월 11일의 대재난이 텔레비전에서 펼쳐질 때, 그것을 보고 있던 많은 사람들은 그것이 실제 사건이라기보다는 재난 영화를 보는 것으로 알았다고 말한 것을 들어보면 그러하다.

어떤 아이들에게는 이런 관심이 다른 아이들보다 더 우세한 것 같았다. 샐리의 경우는 특히 그랬다. 샐리는 비글러 맥카씨 선생님 반의 1학년 아이인데, 이야기의 두 군데에서 단호하게 "괴물 같은 건 없어요"라고 말했다. 「걱정 많은 닭」(Kellogg, 1985)을 읽을 때 샐리는 "하늘이 무너질 수는 없어요"라고 했고, 헬리콥터에서 탈출한 커다란 하마에게 낙하산은 너무 작다고도 했다. 그러나 이런 관심이 이야기를 감상하는 데 방해가 되는 것 같지는 않았다. 오히려 이런 관심은 허구와 진실의 복잡한 관련성을 찾아내는 방법이 되는 것 같았다.

허구와 진실을 구분 지으려는 유아의 노력은 「빨간 모자」와 「세 마리 염소」, 그리고 「걱정 많은 닭」처럼 판타지의 경우에만 나타나는 것은 아니었다. 이런 노력은 사실적 허구와 실제 간의 훨씬 복잡한 관계에서 더 분명하게 겉으로 드러났다. 어떤 면에서 "사실주의 소설"은 모순적인 용어다. 사건은 "의도적으로 만들어지"지만 사실일 수 있으므로 문학 장르에는 혼종의 성질이 들어 있다. 역사 소설도 마찬가지다. 이것은 실제 역사적 사건과 등장인물, 대화, 그럴듯한 플롯을 함께 녹이지만 실제로 일어난 일은 아니다. 사실주의 소설의 모순적 성질을 이해하려는 유아의 노력 중 최상의 것은 「집으로 날아가」(Bunting, 1991)를 읽어주는 동안 일어났다. 이것은 노숙 소년과 아버지의 이야기로, 소년의 어머니는 죽고 경제적 위기를 맞은 후 이들은 비행장에서 살게 되었다. 비행장은 따뜻하고, 안전하고, 씻고 먹을 수 있는 시설이 갖추어져 있다. 그들이 터미널을 계속해서 옮겨 다니기만 한다면 안전 요원은 그들을 알아채지 못할 것이다. 이렇게 계속 살 수도 있는 소년과 아버지는 실제가 아닌 것처럼 보일 수도 있다. 그러나 그러한 불행한 일은 벌어진다. 소년은 1인칭 서술자이고, 글도 그림도 환상적 요소가 없다. 그런데도 찰스는 이 이야기를 믿기 어려워하였고, 결국 찰스의 이런 태도로 인해 이야기와 실제의 관계에 대한 토의가 이루어졌다.

100 찰스: 이건 사실이 아니에요.

101 샐리: 있을 수도 있는 일이야.

102 찰리: 아냐, 아냐.

103 샐리: 그럴 수 있다니까.

104 고든: 가능한 일이야. *가능해.*

105 교사: 너희는 돈이 없어서 집을 갖지 못하는 사람들이 있다고 생각하니?

106 찰리: 그렇게 생각하지 않아요.

107 고든: 그렇게 생각해요. 사막에 있는 사람들은 집이 없어요, 그들은.

108 찰리: 내가 사막에 대한 영화를 봤어요. 그들은 나뭇가지나 그런 것으로 집을 지어요.

109 고든: 나뭇가지가 없다면 어떻게 하는데? 나무를 발견하지 못하면 어떻게 하냐고?

110 교사: 사람들이 여기 [도시에] 사는데 돈이 없다면 어떨까?

111 테리: 죽게 될지도 몰라요.

112 찰스: 사람들은 돈 없는 사람이나 아무것도 없는 사람을 호텔에 공짜로 머물게 해줘요.

113 샐리: 우리 할머니께서 주유소 뒤에 사는 여자를 만났어요. 그리고 그 여자한테 돈이랑 먹을 것을 주었어요.

114 찰스: 난 여전히 그건 사실일 수 있다고 생각하지 않아요. 왜냐하면 그것은 만화잖아요.

[박수]

115 찰스: 그건 누구도 그렇게 할 수는 없어요.

116 고든: 하지만 누군가는 그렇게 할 수 있을 거예요.

117 찰스: 만약 글 작가에 의한 것이면, 그리고 음, 그림 작가에 의한 것이면, 그것은 바로 거기 있는 게 아닐 거예요. 그것은 그 책을 쓴 사람이 있는 바로 거기에 있을 거예요. 그림 작가는 없을 거예요. [앞표지에 글 작가와 그림 작가의 이름이 있음]

118 고든: 그들은 글 작가에게 자신의 모험에 대해 이야기했을 것이고, 그래서 글 작가가 그것에 대해 썼고, 그 이야기를 글로 썼고, 그래서 그건 가능할 수 있었다는 거야. 찰스야.

119 테리: 그들이 이야기를 했고, 글 작가가 그것을 알았고 그래서 그것을 쓴 거야. 그다음에 그림 작가가 알게 되었고, 그래서 그림으로 그린 거야. 그가 생각한 대로 그린 거야.

찰스는 왜 그 이야기가 실제일 수 없는지에 대한 몇 가지 이유를 말한다. 첫째, 찰스는 돈이 부족하면 무주택자가 될 수도 있다는 교사의 생각(105)에 동의하지 않는다. 찰스는 돈이 없는 사람은 "호텔에 공짜로 머문다"고 주장(112)한다. 찰스의 지적은 옳다. 몇 개 도시에서는 소위 "복지 호텔"이라는 곳에서 가난한 사람을 재워준다. 둘째, 찰스(114)는 그 책의 그림이 사실임을 나타내는 사진이 아니라는 의미에서 "그건 만화잖아요"라고 했다. 115와 117에서 찰스는 세 번째 이유를 말한다. 앞표지에 글 작가와 그림 작가 이름이 쓰여 있다는 사실은 이야기가 사실일 리 없다는 것을 의미한다는 게 찰스의 논리다. 나는 찰스가 이야기를 서술하는 사람이 그 *어린 소년*이라는 사실 때문에 당황하는 것이라고 생각한다. 사실, 바로 그 소년과 그 아버지(어쩌면 책에 등장하는 모든 인물)가 공항에 실제로 살고 있는 것은 아닐 것이다. 그것은 글 작가인 이브 번팅(Eve Bunting)이 허구를 꾸며낸 것이고, 등장인물들은 그가 무주택자에 대해 조사한 내용을 기초로 꾸며낸 구성원들이다. 그러므로 어떤 면에서는 찰스가 맞다. 그 이야기는 실제는 아니다. 진실을 나타낸 것이기는 하지만 말이다. 샐리와 고든, 테리는 모두 찰스의 주장에 반대 입장을 나타낸다. 118과 119에서 고든과 테리는 책이 실제로 어떻게 쓰였고, 어떻게 만들어졌는지에 대해 생각한다. 아마도 "모험"을 한 사람들이 자신의 이야기를 글 작가에게 말했고, 글 작가는 그 이야기를 글로 썼을 것이다. 그때 글 작가가 그 이야기를 연구해서 그림으로 그렸는데, 그것은 실제 일어난 대로가 아니라 "그러리라 생각하는" 방식으로 그린 것이다. 이 부분에서 고든(118)은 이야기를 "모험"으로 언급하였고, 이것은 꽤 중요한 의미를 지니고 있다. 그것은 고든이 이야기를 "가능한 것"으로 여기지만 허구로 여긴다는 의미다. 만약 무주택자에 대한 기록 영화였다면 고든은 그것을 "모험"이라 부르지는 않았을 것이다.

그러므로 찰스의 저항은 사실주의 소설은 사실이면서 *동시에* 허구라는 것에 대해 아이들이 아주 열심히 생각해보게 하는 계기를 만들어 주었다. 이런 고차원적 성격의 예화는 교사가 아주 최소한의 개입만 한 상태에서 이루어진 것이었다.

마지막 하위 범주에서 강조되는 유아의 문학적 이해의 측면은, 실제와 이야기가 각각 밀폐되어 봉해진 것이 아니라 서로 복잡한 방식으로 상호작용을 한다는 사실을 유아가 알게 된다는 점이다. 유아들이 이야기 세계와 실제 세계 간의 관계를 식별(이에 덧붙여 이 두 관계를 이해하려는 노력)하는 모습은 이차 세계를 받아들이는 동시에 거부하는 모습을 통해 드러난다(Benton, 1992).

4장과 5장에서 분석적 범주의 모든 하위 범주들을 살펴보았는데, 유아들은 이야기 속에 머물며 글 작가이자 그림 작가의 작품에 주의를 기울이면서 이야기를 해석한다는 것을 알 수 있었다. 그들은 또한 이야기책을 인공물로 생각하게 되었고, 텍스트의 언어를 주의 깊게 살폈고, 그림의 내용과 형식을 분석하였으며, 이야기와 실제를 관련지으려는 시도를 하였다. 이런 모든 반응에 나타난 문학적 이해 유형들은 신비평가들이 가치를 두었던, 텍스트 자세히 읽기였다. 다음 장에서는 유아들이 문학적 의미를 구성하기 위해 텍스트 해석에 도움이 되는 다른 텍스트에 집중하면서 이야기 밖으로 움직이는 예에 대해 논의할 것이다.

06

상호텍스트적 반응: 어떻게 이야기가 이야기(다른 텍스트)에 "기대는가"

유아는 이 장의 주제인 상호텍스트적 반응을 할 때, 지금 읽고 있는 텍스트로부터 자신이 알고 있는 또 다른 텍스트와의 관련짓기로 관심을 옮겨갔다. 이런 점에서 "텍스트"라는 단어는 언어와 시각적 예술이 관여된 다른 문화물인 텔레비전 프로그램이나 노래, 인기 순위 프로그램, 비디오나 영화, 그림, 다른 반 친구들의 글, 또는 심지어 티셔츠를 의미한다. 유아들은 관련 텍스트로 이루어진 머릿속 매트릭스 안에, 읽고 있는 텍스트를 배치시키면서 매트릭스를 짜맞춰 나갔다. 대개의 경우 상호텍스트적 관련짓기의 의도는 해석학적이었다. 즉, 유아들은 이야기를 해석하기 위해 상호텍스트적 망을 사용하였다. 상호텍스트적 범주를 통해 강조하는 유아의 문학적 이해의 내용은, 제인 욜런이 이야기했듯이, 이야기는 그 자체로 성립하지 않고 "다른 이야기에 기댄다"(Yolen, 1981)는 것이다.

세 가지 유형의 상호텍스트적 관련짓기

상호텍스트적 관련짓기의 목적이나 기능은 달랐고, 복잡성의 수준 또한 달랐다. 유아들은 세 가지 유형의 상호텍스트적 관련짓기를 하였다. 이 세 가지는 연상적 관련짓기, 분석적 관련짓기, 종합적 관련짓기로, 이것들의 성격은 점차 추상적이라 하겠다.

연상적 관련짓기

유아의 연상적 관련짓기는 정교하지 않은 직유법 문장들로 표현되었다. 유아들은 "그것은 _______ 같다" 또는 "그것으로 _________가 떠오른다" 같은 문형을 따르는 언어를 구사하였고, 그림 또는 이야기로 인해 관련짓기를 시도하였다. 마틴 선생님이 만 5세반 유아들에게 자기보다 훨씬 키가 큰 아이들과 농구를 하면서도 팀의 승리에 도움을 주는 작은 소년의 이야기를 담고 있는「농구 골대로 씩씩하게 *Strong to the Hoop*」(Coy, 1999)를 읽어주는 동안, 나이샤는 "이것은「사랑과 농구 *Love and Basketball*」이야기 같아요"라고 하였다. 이 영화는 11세의 두 아이가 만나서 농구를 하고 싶어 하는 내용으로 시작된다. 여기에 한 아이 아버지의 경쟁 심리가 개입되어 있다. 케빈도「거미 아난시와 이끼 낀 돌 *Anansi and the Moss-Covered Rock*」(Kimmel, 1988)을 읽는 동안 "나는 거미 영화를 보았어요. 그거 집에 있어요"라고 하였다. 비글러 맥카씨 선생님 반에서「부엉이와 보름달」(Yolen, 1987)을 읽고 이야기 나누기를 하는 동안, 앨리스는 부엉이가 날개를 뻗어서 나는 모습의 그림(「부엉이와 보름달」의 13번째 열림면)과「아기 부엉이들 *Owl Babies*」(Waddell, 1992)에서 부엉이가 나는 그림을 관련지었다. 앨리스는 책꽂이에서「아기 부엉이들」을 찾아와서 반 아이들에게 이 두 그림이 분명히 비슷하다는 것을 확인시켜주었다. 비글러 맥카씨 선생님이 반 아이들에게「못생긴 소녀 *The Rough-Face Girl*」(Martin, 1992)를 읽어주었을 때, 유아들은 그것이 신데렐라를 변형한 이야기라는 것을 바로 알고 그것은 신데렐라 "같다"는 말을 하였다. 이 미국 원주민판 변형 이야기에는 "가난한 한 남자에게는 딸이 셋 있었어요. 위의 두 딸은 잔인하였고 몰인정하였으며, 막내동생을 불가에 앉혀 놓고 불꽃을 먹게 했어요"(Martin, 1992)라고 되어 있다. 막내는 데고 상처가 났다. 언니들은 막내를 "거친 얼굴 소녀"라고 놀렸는데, 이는 신데렐라가 화로 속 재 위에서 잠이 들어서 얻게 된 이름과 같은 것이다.

분석적 관련짓기

분석적 관련짓기는 상호텍스트적 연상적 관련짓기를 하고 나서 "상호텍스트적 분석"이라 부르는 것, 즉 텍스트상의 유사점과 차이점을 묘사하는 것을 말한다. 마틴 선생님이 「세 마리의 작은 돼지 *The Three Little Javelinas*」(Lowell, 1994)를 읽어주는 동안 누군지 모를 한 아이의 말에 이런 분석 유형의 간단한 예가 나타나 있다. 이 책은 「돼지 삼형제 *The Three Pigs*」의 남서부 판인데, 그 이름 모를 아이는 "이것은 짚으로 집을 짓지 않는다는 것만 빼면 「돼지 삼 형제」 이야기랑 아주 비슷해요"(첫째 돼지는 남서부라는 맥락에 적합하게 잡초로 집을 지음)라고 하였다. 유아들은 「내 동생이 태어났어요 *Silver Rain Brown*」(Heldorfer, 1999)를 읽는 동안 「윌러미너의 심부름」(Carter, 1999)과의 유사점을 언급하였다. 유아들은 두 이야기 모두 아기를 가진 여성이 중심이 되는 이야기라는 점을 지적하였다. 그들은 또한 「비야, 내려라!」(Hesse, 1999)와 관련지으면서 두 이야기 모두 뜨거운 여름, 도시에서 일어난 일에 대한 이야기라고 하였다. 브라이언 콜리어(Brian Collier)의 할렘 지역에 찬사를 보내는 「부자 동네 *Uptown*」를 읽어주는 동안 그곳의 명소인 아폴로 극장 그림은 몇몇 아이들로 하여금 텔레비전을 통해 본 아폴로 극장에서의 공연 경험을 떠올리게 하였다. 돈나는 "그거 TV에서 했어요. 거기는 노래하고 춤추는 것을 보는 곳이에요"라고 하였다. 비글러 맥카씨 선생님의 1학년, 2학년 반에서 줄리가 「못생긴 소녀」에 대해 한 말, "그녀는 허드렛일을 하는 부분에서는 「신데렐라」이야기 같아요. 신데렐라도 그런 일을 했으니까요"도 분석적 관련짓기의 간단한 예다.

이런 예들은 상대적으로 간단한 상호텍스트적 관련짓기라 할 수 있다. 그러나 상호텍스트적 분석은 아래 예화에서 보듯 꽤 복잡할 수도 있다. 다음은 앞서 언급한 「세 마리의 작은 돼지」(Lowell, 1994)를 읽어주는 동안의 대화에 대한 전사 내용으로, 이 그림책은 「돼지 삼 형제」의 변형이다. 마틴 선생님은 유아들이 분석을 해보도록 분명하게 안내하고 유아들의 분석을 더 확장시켜 나갔다.

100 교사: 그래서, 이 두 이야기가 어떻게 닮았는지 누가 이야기해볼 수 있을까? 이 이야기들이 서로 비슷한지 누가 이야기해볼까? 비슷하다는 것은 닮았다는 의미야. 똑같지는 않아도 좀 닮은 거 말야.

101 야스민: 두 이야기 모두 돼지가 나오고 옷을 입고 있어요.

102 아이작: 어쩌면 두 늑대 모두 이야기에서 타버렸기 때문일 거예요.

103 교사: 맞아. 한 마리는 가마솥 안에서 다쳤고 다른 늑대는 스토브 안에서 끝났어요.

104 에드워드: 그들에게는 엄마가 없어요.

105 앙뚜안느: 여기[교사가 「세 마리의 작은 도야지」 옆, 이젤 위에 올려놓아 둔 마샬이 지은 책을 가리키며]에 "입김을 불어서 네 집을 쓰러뜨릴 거야"라고 쓰여 있어요.

106 죠: 그들은 같은 재료로 집을 짓지 않았어요.

107 벨라: 그리고 소녀는 블록으로 집을 지었어요! 벽돌이요! [어도비 벽돌]

108 교사: 그래서 이 세 마리 돼지의 차이가 뭘까? 이 세 마리 돼지 사이에는 아주 다른 점이 있어. [여전히 이 책과 마샬 책을 비교하면서]

109 아만다: 한 마리는 털이 많고 또 한 마리는 털이 없이 분홍색이에요.

110 교사: 또 무엇이 다를까?

111 딘: [도야지] 그들은 경마복을 입었고요. [마샬 책] 그들은 입지 않았어요.

112 교사: 맞아. [도야지] 이것들은 서부에 사는 돼지고, [마샬 책] 이것들은 여기 근처에 사는 돼지 같아요.

113 마틴: 네, 그들은 여기 주변에 살아요. 그들은 진흙에서 놀아요.

114 나이샤: 이것은 같을 수 없어요. 암컷 돼지가 없고 거기엔 우산도 없잖아요. [도야지에게 내리쬐는 태양을 우산으로 막아준다.]

115 교사: 고마워. 여기에는 암컷 돼지가 없구나. 여기[마샬 책] 하나 나오기는 하는데 엄마야. 엄마는 자식들을 집 밖으로 내보내지. 엄마 돼지는 새끼 돼지들을 내보내는 거야. 하지만 여기 이건 소녀야. 그리고 누가 가장 튼튼한 집을 지었지?

116 많은 아이들: 그 소녀요!

117 야스민: 소녀는 똑똑하니까요!

118 에드워드: 그들에게는 털이 있고 다른 것에는 털이 없어요.

119 교사: 맞아. 이것들은 도야지들이야. 그들은 털이 있고 돼지와 관련이 있지.

120 아이작: 그 이야기는 다른 것 같아요. 그들은 돼지같이 보이지 않고 다른 돼지들은 돼지처럼 보이니까요.

121 교사: 그래, 이것들은 우리가 보아온 돼지들과는 아주 다르게 생겼구나. 그렇지만 그것들은 코가 비슷하니까 분명히 돼지랑 관련이 있겠지.

122 딘: 아마 그들은 돼지처럼 옷을 입었을 거야!

123 죠: 그들[도야지]은 까만색이고 다른 돼지들[마샬 책]은 하얀 색이라고 생각해요.

이 예화에서 알 수 있듯이, 마틴 선생님은 유아들이 두 이야기의 유사점과 차이점을 찾을 수 있게, 그리고 상호텍스트적 분석을 계속 할 수 있게 격려하는 말(100, 108, 110)을 열심히 하였고, 유아들의 반응을 전개시키고 확장시켜주었다. 이런 노력의 결과 유아들은 다수의 유사점과 차이점을 말할 수 있었다. 또한 마틴 선생님은 도야지들이 검정색이고 마샬 책에 나오는 "다른 돼지들"은 하얀색이라는 죠의 말을 더 이상 따라가지 않았지만, 여기에는 인종에 대한 상호텍스트적 분석이 암묵적으로 포함되어 있거나 적어도 전래이야기의 특징인 다양성에 대한 부분적인 이해가 담겨 있다. 그러나 이들 이야기의 그림책 판은 최근에야 나오기 시작했다.

미국 원주민의 「신데렐라」인 「못생긴 소녀」(Martin, 1992)를 읽는 동안 비글러 맥카씨 선생님 반에서는 보다 확장된 상호텍스트적 분석의 예들이 있었다. 대화 중에 미키는 동네 아가씨들이 모두 결혼하고 싶어 하는, 보이지 않는 존재(the Invisible Being)를 언급하였는데, 그는 유럽의 「신데렐라」에 나오는 왕자와 꼭 닮았다.

100 교사: 자, 미키야, 이야기 내내 너는 이것이 우리가 읽었던 다른 이야기와 비슷하다고 이야기했는데, 그 이야기를 좀 더 들려줄 수 있겠니?

101 미키: 「신데렐라」요. 왜냐하면, 두 여동생이요, 음, 동생들이 못되게 굴잖아요. 그런데 중간에 그렇지 않다는 걸 알았어요. 그건 「신데렐라」랑 좀 달라요.

102 교사: 어떻게 다르지?

103 미키: 그녀가 아버지한테 요청한 거요. 아버지는 「신데렐라」에는 없었잖아요. 하지만 약간 관계가 있기는 한 것 같아요. 아버지가 요정대모(a fairy godmother) 같은 존재라고 생각하니까요.

104 교사[끄덕이며]: 못생긴 소녀가 그 보이지 않는 존재와 결혼할 수 있게 돕는 물건을 준 거 말이구나. 아버지와 대모, 여동생 말고 또 「신데렐라」와 관련지을 것이 있을까?

105 미키: 못생긴 소녀에게만 보이는 존재, 그리고, 음, 신발이 신데렐라에게만 맞는 것이요.

106 교사: 음. 찰스.

107 찰스: 그건 「신데렐라」랑 좀 비슷해요.

108 교사: 더 이야기해 보렴.

109 찰스: 신데렐라 혼자만 허름한 드레스를 입어요. 그 책의 소녀[못생긴 소녀]가 그러하듯이 말이에요. 음, 그리고 그 보이지 않는 존재의 여동생은 대모 같아요.

110 교사: 보이지 않는 존재의 여동생은 요정대모와 같은 존재란 말이구나. 재미있는 생각이구나. 더 이야기해 보렴.

111 찰스: 그 보이지 않는 존재의 여동생은 요정대모 같아요. 그녀가 예쁜 옷을 못생긴 소녀에게 주잖아요.

112 교사: 그 보이지 않는 존재의 여동생이 못생긴 소녀를 위해 한 일이란 말이지? 그 보이지 않는 존재의 여동생이 영원히 행복하게 살도록 해준 거구나.

113 찰스: 그런 셈이죠. 그 여동생이 요술지팡이 같은 것을 가지고 있다가 잃어버린 것 같아요. 그래도 그녀는 요술을 부릴 수 있어요.

101에서 미키는 「신데렐라」의 이복동생들과 「못생긴 소녀」의 잔인한 두 여동생을 비교함으로써 상호텍스트적 분석을 하기 시작한다. 신데렐라의 아버지는 유럽 이야기에는 거의 나타나지 않지만, 「못생긴 소녀」의 아버지는 딸이 보이지 않는 존재를 만나러 갈 때 입고 갈 옷을 주는 인물로 등장한다. 미키는 「못생긴 소녀」의 아버지가 「신데렐라」의 요정대모랑 같기(103) 때문에 이 두 이야기는 "약간 관계가 있다"고 생각한다. 미키는 못생긴 소녀만이 보이지 않는 존재를 볼 수 있고, 신발이 한 짝밖에 없으며, 보이지 않는 존재를 볼 수 있는 사람은 단 한 사람이라는 점 등, 두 이야기를 고차원적으로 관련짓는다. 109와 111, 113을 보면, 찰스는 「못생긴 소녀」에 요정대모 역할을 하는 멋진 등장인물이 나온다고 주장한다. 그것은 보이지 않는 존재의 여동생을 말한다. 이 이야기에서 보이지 않는 존재의 여동생은 못생긴 소녀에게 호수에서 몸을 씻으라고 말해준다. 씻음으로써 못생긴 소녀는 놀랍게도 아름다워진다. 보이지 않는 존재의 여동생은 또한 못생긴 소녀에게 고귀한 옷을 준다. 찰스는 보이지 않는 존재의 여동생이 "마법을 쓸 수 있고", 못생긴 소녀에게 "예쁜 옷"을 줄 수 있기 때문에 못생긴 소녀의 아버지보다 더 요정대모에 가깝다고 한 것이다.

종합적 관련짓기

종합적 관련짓기는 여러 이야기를 일반화하고 이에 대해 결론을 짓기 위해 행하는 다중(multiple) 상호텍스트적 관련짓기다. 예를 들면, 유아들은 그림책의 앞표지와 뒤표지가 종종 이야기에 등장하는 주인공과 다른 인물들을 묘사한다는 것을 알고 있다. 때때로 앞표지는 "착한" 인물을 묘사하고 뒤표지는 "나쁜" 인물을 묘사한다는 것 또한 알고 있다. 비글러 맥카씨 선생님 반 유아들은 몇 권의 책 사이의 상호텍스트적 관련짓기를 통해 이런 일반적 이해를 할 수 있게 되었다. 제임스 마샬(1987)과 크리스토퍼 코디(1991)의 「빨간 모자」와 테드 드완(Ted Dewan, 1994)의 「우락부락 염소 삼 형제」 모두 이런 유형을 따른다는 것을 알고 있었다. 마샬과 코디의 「빨간 모자」의 경우, 빨간 모자는 앞표지에 등장하고 늑대는 뒤표지에 등장한다. 드완의 「우락부락 염소 삼 형제」에서 세 마리의 염소는 앞표지에 나오고 괴물은 뒤표지에 나온다.

일반화를 위한 상호텍스트적 관련짓기는 효과적인 해석 전략이었다. 이에 대해서는 유아의 문학적 이해의 발달 과정에서 특징적으로 나타나는, 상호텍스트적 관련짓기의 다른 방식들과 함께 살펴볼 것이다.

연상적 관련짓기와 분석적 관련짓기, 종합적 관련짓기와 같은 세 가지 유형의 상호텍스트적 관련짓기는 점차 더해가는 인지적 복합성의 세 수준을 나타낸다. 세 가지 수준은 서로에 기초하여 형성되는 것 같다. 즉 연상적 관련짓기는 분석적 관련짓기를 가능하게 하였고, 분석적 관련짓기는 종합적 관련짓기를 가능하게 하였다. 동시에 유아의 언어는 그들의 인지 과정을 들여다보는 동화된 창 역할을 하지 못한다는 것을 알아두어야 한다. 다시 말해서, 연상적 관련짓기는 (비언어적) 분석 과정을 포함하거나 심지어 종합적 과정을 포함하는 것일 수도 있다. 결국 우리는 어떤 순간에도 유아가 단지 텍스트 간의 연상적 관련짓기를 하고 있는지, 아니면 종합적 수준에서 그것들을 눈에 보이지 않게 비교하고 대조하거나 일반화시키고 있는지 알지 못한다.

상호텍스트적 관련짓기의 역할

세 수준의 인지적 복잡성에 덧붙여, 유아들의 상호텍스트적 관련짓기는 수많은 해석적 동인이 되었다. 유아들이 자주 상호텍스트적 관련짓기를 한다는 사실은 흥미롭기도 하지만 이보다 훨씬 더 중요한 것은 어떤 관련짓기가 유아들의 해석을 가능하게 했는지이다. 유아들이 상호텍스트적 관련짓기를 하는 방식은 적어도 8가지가 있다.

1. 유아는 *상상적 경험을 하거나 실제 개인적 경험을 해석*하기 위해 상호텍스트적 관련짓기를 하였다. 그것은 유아가 이야기를 자기 일로 받아들여 남들과 경험을 공유했다는 것이다. 마틴 선생님 반에서 「부자 동네」를 읽는 동안, 벨라는 "내가 네 살 때 아폴로 [극장] 쇼에서 노래하고 춤을 추었어요"라고 말하였다. 이것은 사실일 것 같지는 않았지만, 벨라는 「부자 동네」에 나타난 아폴로 극장에 대한 묘사와 그림에 자극되어 자신의 경험을 해석하고 있었다. 마찬가지로, 나이샤는 「나는 달라요 *Shades of Black*」(Pinkney, 2000)의 피부색에 대한 은유적 언어를 사용하여 마틴 선생님에게 농담조로 "선생님, 선생님은 아이스크림콘처럼 하얘요"라며 마틴 선생님의 피부색을 해석하고 그림책과 같은 유형의 언어를 사용하였다. 이 그림책에는 다양한 피부색의 유아 사진이 있다.

비글러 맥카씨 선생님 반에서 「처음 친구집에서 자는 날」(Waber, 1972)을 읽어주는 동안, 유아들은 아이라(Ira)가 레쥐(Reggie)와 베개로 싸운 것에 대해 이야기를 나누었는데, 크리스틴은 개인적 연결 짓기를 하였고 죠이는 다른 텍스트를 연결 지었다.

크리스틴: 언젠가, 음, 엄마가 잠옷을 입혀주고 있을 때 난 침대 위에서 뛰고 있었고 침대에서 떨어져 창턱 모서리에 머리를 부딪쳤어요. 그래서 병원으로 가서 꿰맸어요.

죠이: 「원숭이 다섯 마리 *Five Little Monkeys*」처럼 침대에서 뛰었구나!

교사: 나도 그것을 생각하고 있었는데, 죠이[웃음]. 원숭이야, 더 이상 침대에서 뛰면 안 돼!

돈[노래를 하며]: 크리스틴아, 더 이상 침대에서 뛰면 안 돼!

2. 유아는 *텍스트의 시각 요소를 상징적으로 해석하기 위해* 상호텍스트적 관련짓기를 하였다. 트루디는 소집단으로 「집으로 날아가」(Bunting, 1991)를 읽어줄 때 상징적 해석을 하였다. 5장에서 언급한 사실적 허구인 이 책은 노숙 소년 이야기다. 소년의 엄마는 돌아가셨고, 소년은 아버지와 공항에서 산다. 이야기를 서술하는 그 소년은 공항 안에 갇혀 밖으로 빠져나가지 못하고 있는 새 한 마리를 보게 된다. 결국 그 새는 잠깐 열린 문 사이로 밖으로 날아가게 되었다. 대개의 어른은 아마도 그 새가 이 이야기에서 소년과 소년의 아버지의 비행을 은유한 것이라는 생각을 할 것이다. 그들 또한 공항에서의 삶에서 벗어나려고 하기 때문이다. 그 새의 그림이 뒤표지에 있는데, 다음은 "그[새]가 그[소년]에게 중요한 것 같아요"라는 짐의 말을 더 들어보기 위해 시도한 대화 내용이다.

교사: 그 새가 소년에게 특별할지도 모른다고 생각하니?

트루디: 그 새는 소년을 보고 있는 것일 수도 있어요. 어쩌면 그 새는 소년의 엄마인데 새로 변한 것일지도 몰라요.

교사: 그 생각 참 좋다. 난 그렇게 생각해보지 못했어. 그 새는 엄마의 영혼 같은 거, 어쩌면 엄마가 소년을 바라보고 있는 거란 말이지?

짐: 네, 소년이 엄마를 원하는 거죠.

교사: 그리고 새가 공항을 빠져나갈 때,

트루디: 아마도 그 새는 아빠를 돌보러 가는 것일 거예요. 난 그 새가 소년의 엄마일 거라고 생각해요. 「아이를 데리고 결혼하기 *Married with Children*」에서 버드(Bud)는 다른 개로 변하기 때문이죠. 그가 나빴기 때문이에요.

짐: [먼 하늘로 날아가는 새 그림이 있는 일곱 번째 열림면을 보여주며] 그 새는 하늘로 날아

가고 있는 것 같아요.

시트콤(situation comedy), 「아이를 데리고 결혼하기」는 그런 아름다운 아이디어와 상호텍스트적으로 연관 지을 수 있을 것 같지 않지만, 다행히 트루디의 상징적 해석의 근원 자료에 대해서는 추론의 여지가 없다. 트루디는 그것이 그 쇼에 나오는 등장인물 중의 하나에 대한 변형이라고 말한다. 별로 관련 없을 것 같은 것과의 이런 병치는, 유아들이 잘 쓰여진 그림책만큼이나 영향력 있는 대중적 문화 텍스트를 아이디어의 자원으로 사용한다는 것을 보여준다. 또한 이런 예화를 보면, 짐은 상호텍스트적 관련짓기 덕분에 트루디의 아이디어를 확장시킬 수 있었던 것 같다. 짐은 새의 상징적 정체성, 즉 "하늘로 날아가는 것"에 대한 트루디의 가설을 확인시켜주었다.

3. 상호텍스트적 관련짓기의 가장 일반적 기능 중 하나는 *유아들로 하여금 서사에서 일어났을 일을 예측하게 도와주는 것*이었다. 마틴 선생님의 만 5세 유아들은 「모자 장수와 원숭이 *The Hatseller and the Monkeys*」(Diakite, 1999)를 읽어주는 동안 플롯과 등장인물에 대해 예측하기 위해 상호텍스트적 지식을 사용하였다. 이 이야기는 이 반에서 이전에 읽은 적이 있었던 「모자 사세요! *Caps for Sale*」(Slobodkina, 1947)와 놀라울 정도로 비슷한 서부 아프리카의 옛이야기였다. 이야기 속으로 몇 페이지 들어가면, 모자 장수 바무사(BaMusa)는 망고나무 아래에서 휴식을 취하며 잠이 든다. "바무사는 원숭이가 나무 열매에 매력을 느끼는지 몰랐어요. 바무사의 코고는 소리는 원숭이들의 주의를 끌었어요." 이 지점에서 아만다는 "이건 꼭 「모자 사세요!」 같아요!"라고 말하고 학급 도서관에서 그 책을 찾아오려 했고, 나무 아래에서 모자 장수가 자고 있는 그림을 보여주었다. 이것은 「모자 사세요!」에 대해 알고 있는 바에 기초하여 다음에 어떤 일이 벌어질지에 대한 일련의 예측을 촉발시켰다.

에드워드: 난 원숭이가 나무 아래로 모자를 가지러 내려갈 거라고 생각해요.

야스민: 난 원숭이가 나무에서 열매를 따서 먹을 거라고 생각해요.

교사: 너희들 말이 맞을지도 몰라. 나무에 망고가 많이 있고 망고는 맛있는 과일이지.

원숭이들이 색색의 모자에 매료되어 나무 위로 모자를 가지고 올라가는 대목을 교사가 읽어줄 때, 아만다는 "난 그럴 줄 알았어!"라고 소리쳤다.

교사: 이 책, 전에 읽어본 적 없었니?

아만다: 없었어요. 하지만 원숭이들이 흉내쟁이란 건 알고 있었어요.

이야기 뒷부분, 모자 장수가 원숭이들에게 소리를 지르고 원숭이들도 모자 장수에게 소리를 맞받아 지르는 부분에서 칼릴(Khalil)은 "원숭이들이 모자 장수를 따라하고 있어요"라고 말했다. 그리고 모자 장수가 돌 하나를 찾아서 그것을 나무로 던지니 원숭이가 망고를 바무사에게 던졌다. 망고를 먹은 바무사는 "생각이 분명해졌다", 이때 마틴 선생님이 말했다.

교사: 이제 그는 자신이 하고 싶은 일이 무엇인지를 알았어. 그게 뭐라고 생각하니?

마틴: 나무 위로 올라가서 모자를 몽땅 가져오려 할 거예요.

야스민: 모자를 벗어 던지려고 할 거예요.

교사: 모자를 벗어 던지려고 해? 그 다음에는 어떤 일이 일어날까?

야스민: 그 다음에는 원숭이들이 모자를 던질 거예요.

이런 예측은 분명히 「모자 사세요!」의 플롯을 염두에 둔 것이었다. 교사는 유아들에게 "서로 어떻게 다르니?"라고 물으면서 아프리카 이야기와 유럽식 이야기의 차이를 분석해보도록 격려하였다. 유아들은 몇몇 중요한 차이를 이해하였다.

야스민: 다른 모자와 다른 나무요.

아만다: 그들[「모자 사세요!」에게는 색색의 모자가 없었어요.

카린: 그 남자는 "모자 사세요!"라고 말했고, 다른 사람은 "히 마누…"라고 했어요.

몇몇 유아: "히 마누 닌코이 카디 싸!"

교사: 그리고 그는 [유럽 이야기를 가리키며] "모자 사세요!"라고 말하고 있었어요.

아만다: 그는 영어로 말했고 [「모자 사세요!」를 가리키며], 그는 아프리카어로[「모자 장수와 원숭이」를 가리키며] 말했어요.

에드워드: [두 책을 가리키며] 이 남자는 하얗고 그 사람은 까매요.

아만다: 그리고 그들은 다른 옷을 입고 있어요.

예측하기에 상호텍스트적 관련짓기를 사용하는 것에 덧붙여, 이 예는 학급에서 수시로 볼 수 있는 책이 있는 것이 중요하다는 점을 보여준다. 그래야 유아들이 자신이 연관 짓는 책을 쉽게 찾을 수 있기 때문이다.

고래에 매력을 느끼고 고래가 자신의 이름을 부르는 것을 들은 어린 소녀에 대한 신비스런 작품인 「고래들의 노래」(Sheldon, 1990)를 읽어주는 동안, 비글러 맥카씨 선생님 반 유아들은 고래가 어떤 선물을 줄지에 대해 다양한 추측을 하였다.

교사[읽어주기]: **"할머니, 그런데 고래들은 왜 할머니한테 왔을까요?" 하고 릴리가 물었어요. "어떻게 고래들이 할머니가 거기에 계신 것을 알았을까요?" 할머니는 빙그레 웃으시며 말씀하셨어요. "아, 고래들에게 뭔가 특별한 것을 가져다주어야 한단다. 성한 조개껍데기나 예쁜 돌멩이 같은 것을 말이야. 그래서 고래들이 널 좋아하게 되면, 네가 주는 선물을 받을 거고, 고래들도 너에게 멋진 선물을 줄 거야."**

크리시: 고래가 무엇을 줄지 궁금해요.

교사: 크리시야, 고래가 무엇을 줄 거라고 생각하니?

크리시: 조개요.

빌: 네게 조개를 돌려줄 거야. 〈프리 윌리 *Free Willy*〉에서 한 아이가 풍선을 떨어뜨리자, 음, 윌리가 그것을 따라 물속으로 들어갔다가 그것을 입에 물고 밖으로 헤엄쳐 나와서는 입을 벌린 다음 그의 손을 잡더니 그것을 쥐어주었다가 빼앗아 갔어요.

빌이 고래가 "조개를 돌려줄 거야"라고 예측할 수 있었던 것은 영화, 〈프리 윌리〉와 관련짓기를 했기 때문인데, 이는 유아의 사고에 미치는 대중문화의 힘의 다른 예이기도 하다. 또한 텍스트를 이해하기 위해 어떤 텍스트라도 사용하려는 유아와 교사의 의지가 반영된 것이기도 하다.

4. 유아가 *사회에 대한 스키마를 창조하고 수정하는 데 있어서* 상호텍스트적 관련짓기의 기능은 텍스트를 예측하는 능력과 밀접한 관련이 있다. 인지적 유연성 이론(Spiro et al., 1994)에서는 읽은 것(읽어주는 텍스트도 마찬가지일 것임)을 이해하려면 여러 사례를 가로지르는 지식을 구축함으로써, 그리고 지식을 함께 묶음으로써 스키마를 만들어내야 한다고 제안한다. 이 이론에 따르면, 스키마는 새로운 정보로 인해 수용적 인지 구조가 수정됨에 따라 계속 변한다. 다시 말해서 아주 유동적이다. 유아의 스키마가 유동적이라는 사실은 마틴 선생님이 「릴러와 킹카주: 금발 소녀와 세 마리 곰 *Leola and the Honeybears: An African American Retelling of Goldilocks and the Three Bears*」(Rosales, 1999)을 읽어주는 동안에 여실히 드러났다. 아프리카계 미국 소녀, 릴러는 숲에서 만난 족제비로 인해 놀란다. 이것이 소녀가 킹카주의 "매력적인 작은 여관" 안으로 들어간 이유다. 킹카주는 "메기 떼를 잡으러" 나갔다. 유아들은 무서운 족제비가 나오는 앞부분이 「빨간 모자」와 비슷하다는 것을 알고 있었다. 「빨간 모자」에도 숲 속에서 늑대를 만나는 부분이 나오기 때문이다. 사실, 유아들은 처음에 족제비를 늑대로 해석했다. 야스민은 "두 이야기가 섞였다"고 소리쳤는데, 이것은 「곰 세 마리」와 「빨간 모자」에 대한 야스민의 스키마가 아주 잘 발달되어 있고, 「릴러와 킹카주」에 나타난 이 두 가지 이야기의 요소를 이해하고 있음을 나타내는 것이다. 교사가 이야기 읽어주기를 끝냈을 때, 유아들은 이 두 이야기를 다시 혼합시키기 시작했고, 아이작은 「곰 세 마리」의 다른 판에는 족제비가 소녀를 잡아먹으려 하는 부분이 없다는 점을 지적했다. 이름 모르는 몇몇 유아들이 릴러를 "검은 머리"라고 불러야 한다고 말하는 걸 들어보면, 유아들은 「곰 세 마리」에서 금발의 유럽 소녀가 필수적인 요소는 아니라는 것을 알고 있는 것 같았다. 이렇게 상호텍스트 간 연결 짓기로 유아는 유럽식 등장인물을 넘어서 다양한 인종과 종족을 포함시킴으로써 옛이야기 스키마를 확장시켜 나간다. 그것은 죠가 「세 마리의 작은 돼지」에서 발견했던 바와 마찬가지로, 유아들이 「모자 사세요!」(이 책과 유사한 「모자 장수와 원숭이」)의 주인공과 「돼지 삼 형제」의 여러 판에 나오는 돼지가 하얀색일 수도 있고 검정 색일 수도 있다는 것을 이해하는 것과 같다.

그러나 「돼지 삼 형제」에 대한 유아의 스키마를 가장 많이 확장시키고 다듬고 변화시킨 것은 「릴러와 킹카주」의 마지막이었다. 이 책에서 곰들은 다시 돌아와서 릴러가 행한 짓을 알고 있었지만 아주 오래 화를 내거나 속상해하지 않았다. 그들은 릴러를 바로 용서하고 과일 한 바구니를 주고 릴러가 집으로 안전하게 도착하도록 "찌르레기 아가씨"에게 부탁하였다. 이 마지막 부분은 일반적인 「곰 세 마리」 판과는 꽤 다르다. 대개는 금발 소녀가 자신이 저지른 행동을 그대로 두고 재빨리 도망 나오는데 말이다. 처음에 유아들은 「곰 세 마리」에 대해 이전에 갖고 있던 스키마를 적용하여 마지막 부분을 예측하였다.

알리야: 그들은 "내 침대에서 나가!"라고 할 거예요.

나이샤: 음, 창문 밖으로 뛰어내릴 거예요.

아이작: 그들은 "우리 집에서 당장 나가"라고 할 걸요.

그러나 이 이야기의 부드러운 어조와 릴러에 대해 우호적인 모습을 하고 있는 그림은 유아들의 스키마를 바꿔놓기에 충분하였다.

야스민: 그들은 "검은 머리야, 여기 있어도 돼"라고 할 거예요.

케빈: 음, 그들이 뭐라 할지 알아요. 음, 족제비가 집으로 돌아갈 때까지 머물러라 할 거예요.

마틴: 내 생각에는 곰이 그녀를 창문 밖으로 나가게 할 것 같아요.

교사: 그들이 그녀를 창문 밖으로 나가게 할 거라고?

마틴: 아니면, 아니면 그녀와 함께 나갈 거예요.

교사: 계속 들어보자. [읽어주기] **릴러의 얼굴에 눈물이 흘러내리자 엄마 킹카주는 릴러가 자신의 아기와 다를 바 없는, 어린아이,** "얘는 어린 소녀잖아!"… **라는 걸 알았어요. 그래서 곧 모든 것을 용서했어요.**

그래서 유아들은 「곰 세 마리」에 대한 스키마에 「릴러와 킹카주」를 동화시킨 것이고, 새로운 스키마의 생성을 위해 이 아프리카계 미국인 등장의 이야기 속에 있는 새로운 정보를 조절(accommodate)하였는데, 그 정보는 훨씬 더 행복한 마무리를 포함하고 있다.

비글러 맥카씨 선생님 반에서 「못생긴 소녀」(Martin, 1992)를 읽어주는 동안, 상호텍스트적 관련짓기는 대개 요정담과 민담의 두 가지 특징에 대한 논의였다고 할 수 있다. 선과 악의 대조와 등장인물에 대한 은유가 잦으니 말이다. 이런 두 가지 특성은 이런 종류의 이야기에 대한 스키마에서 중요한 요소다(Kiefer, Hepler, & Hickman, 2006). 유아와 교사는 처음에는 요정담에서 선이 항상 악을 이긴다는 일반적 내용에 대해 논의하였다. 케니는 "저 것[못생긴 소녀]은 오래오래 행복하게 살았다고 되어 있고, 「신데렐라」에서도 오래오래 행복하게 살았다고 되어 있고, 「백설공주 *Snow White*」 또한 그래요"라고 하였다. 찰스는 「백조 공주 *The Swan Princess*」(Singer, 1994)에서 주인공 중 하나는 죽는다는 점을 지적하면서 반대 의견을 냈다. 교사는 케니가 지적한 내용으로 돌아갔다.

> 교사: 케니야, 많은 요정담은 오래오래 행복하게 살았습니다로 끝난다고 말할 수 있을까? 모든 이야기가 그런 것은 아닐까?
>
> 션: 모두 그런 건 아니에요. 어떤 것만 그러니까요.
>
> ?: 〈배트맨이여, 영원하라 *Batman Forever*〉처럼요, 그것도 그래요. 왜냐하면:
>
> ?: 배트맨은 죽지 않아요.
>
> 교사: 배트맨이 요정담일까?
>
> ??: 네! 아니오! ###[아주 큰 소리]
>
> 션: 하지만 그건 행복한 결말이에요.
>
> 미키: 「론포포 *Lon Po Po*」는 행복한 결말이 아니에요. 왜냐하면 늑대가 죽거든요.
>
> 교사: 그건 모두 누구의 관점에서 보느냐, 늑대의 관점에서 보느냐, 아이의 관점에서 보느냐, 누구의 관점에서 보느냐에 따라 달라진단다. 그렇지?

유아들은 「빨간 모자」에서 늑대는 죽지만, 늑대는 분명히 악이고 요정담에서 선은 항상 이긴다는 가설을 확인시켜 주었다는 이야기를 나누며 이 긴 토론을 계속하였다. 그러나 다른 유아들은 「곰 세 마리」의 금발 소녀는 나쁜 인물이고 그녀가 이기는 인물이 되는 것 같다는 점을 지적하였다. 토론에서 8개 정도의 텍스트가 다루어졌고, 검증되었다.

어떤 유아는 이 과정에서 요정담에서는 선이 언제나 악을 이긴다는 기존 스키마의 일부를 변화시키는 것 같았다.

이 토론에서 주의를 끌었던 요정담의 또 다른 일반적 특징은 등장인물의 변형이었다. 「못생긴 소녀」에서, 보이지 않는 존재의 얼굴은 자연 세계 속 요소들을 섞어 놓은 패스티쉬(pastiche) 그림으로 표현되어 있다. 보이지 않는 존재의 눈은 새 모양이고 무지개와 구름으로 나머지 얼굴 부분의 윤곽을 그렸다. 다른 그림의 보이지 않는 존재는 잘 생긴 남자 모습을 하고 있다. 유아들은 세 개의 텍스트, 「라이온 킹 *The Lion King*」(심바의 아버지는 하늘에 나타남), 「개구리 왕자 *The Frog Prince*」, 「백조 공주」에 나타난 등장인물의 변형과 그것들을 비교하면서 변형에 대해 토론을 하였다. 유아들은 이런 상호텍스트적 참조를 통해, 보이지 않는 존재가 이러저러한 모양으로 바뀔 수 있고 많은 모양을 취할 수 있다는 결론에 도달하게 되었다.

이런 예는 요정담 같은 문학 장르의 특징에 대한 유아들의 지식이 상호텍스트적 관련짓기의 기본 지식에 기초한다는 것을 보여준다. 게다가 장르 개념에서는 우리에게 각각의 이야기를 함께 묶어 이야기를 이 장르인지 저 장르인지 구분하고 분류할 수 있는 인지 구조가 있다고 가정한다. 또한 유아들은 자신의 "상호텍스트적 역사"(intertextual histories)(Cairney, 1992)를 구축할 뿐 아니라 유동적인 스키마를 수정하고 다듬는 과정을 보여준다. 이 과정은 다음의 "텍스트 세트의 위력"에서 더 자세히 다룰 것이다.

5. 상호텍스트적인 관련짓기가 유아들의 이야기 스키마 구축을 가능하게 했듯이, 서로 다른 텍스트에 그려진 그림 간의 관련짓기는 *그림 양식에 대한 아이디어를 구안하고 다듬어* 주었다. 유아들은 특정 예술가의 그림 양식을 알아보았다. 브라이언 핑크니의 스크래치보드, 에릭 칼의 콜라주, 제리 핑크니의 수채화, 토미 드 파올라(Tomie dePaola)의 부드러운 색과 둥근 윤곽선으로 된 모양 등이 그것이다. 이런 인식이 가능했던 이유는 유아들이 여러 예술가가 그린 텍스트를 많이 보았기 때문이고, 어떤 경우에는 그 예술가들이 사용한 미술 기법을 직접 사용해봤기 때문이다. 사실상, 마틴 선생님 교실에서 일단 유아들이 브라이언 핑크니가 스크래치로 그린 그림이 있는 이야기를 몇 개 듣고 나면 마틴 선생님과 나는 미술 용품 가게에서 스크래치보드 몇 개를 사다가 아이들에게 가져다주었

고, 아이들은 즐겁게 작업을 하였다. 에드워드가 흥분해서 한 말, "브라이언 핑크니가 한 방법이다!"가 이에 대한 마음의 표현이다. 이런 경험을 했기 때문에 유아들은 우리가 읽어준 모든 그림책이 스크래치보드로 만들어진 것이라며 일반화하기 시작하였다. 이것은 유아에게 많은 종류의 그림 매체와 기법을 경험해볼 기회를 주는 것이 얼마나 중요한지를 알게 해준다. 그러나 이 유아들은 스크래치에 관한 한 확실히 전문가가 되었고, 다른 교실에서 브라이언 핑크니의 다른 종류의 책을 보아도 그의 책을 쉽게 식별할 수 있었다.

친구들과 자신의 작품을 상호텍스트적으로 연관 지어보는 것 또한 유아들이 그림 양식에 대해 이야기할 수 있게 도와주었다. 「그레이스는 놀라워」(Hoffman, 1991)를 소집단으로 읽어주는 동안 면지는 다음의 토의를 자극하였다.

> 케니: 그건 미키가 책에서 했던 것처럼 분필 같아 보여요.
>
> 크리시: 분필 아닌데!
>
> 케니: 맞아, 너 분필로 스케치하는 거 좋아하니까, 넌 그것으로 스케치를 할 수 있어. 음….
>
> 크리시: 그건 수성 페인트 같아. 흰 점 때문에, 그게 이유야.
>
> 케니: 그래, 하지만 그는 이렇게, 이렇게 했을 거야. [공중에 대고 스케치를 하고 칠을 조금 하는 시늉을 함] 그리고 나서 그것을 물속에 담그는 거야.
>
> 브래드: 아니면, 어쩌면 분필을 잡아서 물에 넣은 거야:
>
> 크리시: 그것을 긁는 거지!
>
> 브래드: [면지를 가리킴] 물속에서 그것을 긁고, 그러고 나서, 그러고 나서 종이를 담그고 미끄러뜨린 다음, 미끄러뜨리고 그러고 나면 그런 모양이 되는 거야.

이 예화에서 보듯이, 유아들은 자신의 작품과 친구들의 작품(미키의 책처럼) 덕분에 면지가 그려지는 방법에 대한 이야기를 나눌 수 있었다. 브래드와 케니는 물 채운 팬 속에서 색분필을 긁어낸(비글러 맥카씨 선생님이 그들에게 가르쳤던, 대리석 무늬로 채색하는 것) 다음 조심스럽게 종이 한 장을 물속으로 "미끄러뜨리고 미끄러뜨려서" 분필 가루가 묻게 하는 기법을 묘사하였다. 이 기법은 「그레이스는 놀라워」의 면지와 아주 비슷한 효과를 만들어낸다. 수성 물감을 사용한다고 한 점에서는 크리시가 옳을지도 모르지만 말이다.

6. 유아는 *이야기 등장인물의 감정이나 동기, 행위를 해석하기 위해* 상호텍스트적 관련짓기를 하였다. 「그레이스는 놀라워」(Hoffman, 1991)를 소집단에서 읽어주는 동안 트루디는 그레이스가 학교 연극에서 피터팬이 되려는 동기를 이해하기 위해 자신의 상호텍스트적 지식을 사용하였다. "음, 피터팬을 연기하는 소녀가 *있어요*. 난 피터팬 테이프가 있기 때문에, 테이프 두 개를 갖고 있어요"라고 하였다. 사실, 역사적으로 대개의 피터팬 공연에서는 젊은 여성이 피터 역할을 맡아서 하였다. 트루디는 영화로 된 피터팬 공연 작품을 갖고 있는 것 같았고(매리 마틴[Mary Martin]이 했던 유명한 공연이었던 것 같음), 아마도 디즈니 만화로 된 또 다른 테이프("테이프 두 개"를 갖고 있다고 했으므로)를 갖고 있는 것 같았다. 트루디가 상호텍스트적으로 기초하고 있는 논리는 여성이 피터 역을 하는 다른 텍스트가 있으므로 그레이스도 피터 역할을 할 가능성이 있다는 것이다.

7. 상호텍스트적 관련짓기를 함으로써 유아는 *역동적인 서사의 위에 위치*하게 되었다. 그것은 이야기와 관련지어 새로운 관점을 취하기 위해 서사 밖에 서 있거나 서사 위에 서 있는 것이다. 배빗 콜(Babette Cole, 1987)의 「신더 왕자 *Prince Cinders*」는 전승되는 신데렐라 이야기의 성 전복 패러디로, 주인공은 젊은 왕자고 그는 자신보다 나이도 많고 몸집도 더 크고 털도 더 많은 형들이 여자 친구와 궁전 디스코장에 간 동안 집안일을 모두 해야만 한다. 요정은 그가 형들처럼 몸집도 커지고 털도 많아지게 해서 디스코장에 갈 수 있게 해주겠다고 약속을 한다. 그러나 요정이 좀 서툴러서 신더 왕자는 실수로 크고 털 많은 고릴라로 변하고 만다. 그는 디스코장 밖에서 사랑스런 짠순이 공주(Princess Lovelypenny)를 만나는데, 그녀는 고릴라 때문에 놀라지만 이 순간에 시계가 자정을 알리고 신더 왕자는 사람 모습으로 돌아온다. 공주는 그가 고릴라로부터 자신을 구했다고 생각하고 자신을 구한 그에게 사랑에 빠진다. 그러나 신더 왕자는 너무 수줍어서 공주와 말도 못하고 너무 급하게 도망을 쳐서 바지를 잃어버린다. 이 이야기에서 바지는 유럽식 「신데렐라」에 나오는 슬리퍼와 같은 역할을 한다고 할 수 있다. "공주는 커다란 털 많은 고릴라에게 잡아먹힐 뻔했던 자신을 구해준 왕자가 잃어버린 바지를 입어서 맞는 사

람이면 바로 그 사람과 결혼할 것이라고 공표를 하였지요"라는 글을 보았을 때 그러하다. 소집단으로 이야기를 읽어주는 동안 이 즈음에서 크리시와 트루디, 짐, 브래드는 「신더 왕자」와 다른 세 개의 텍스트, 즉 「신데렐라」의 전통판(Galdone, 1978), 슬리퍼의 역할을 새로 발명된 자전거가 맡은 「악 *Ugh*」(Yorinks, 1990), 배빗 콜(1986)의 또 다른 책인 「내 멋대로 공주 *Princess Smartypants*」(Yorinks, 1990)를 상호텍스트적으로 관련짓기 시작하였다. 「내 멋대로 공주」는 자유분방한 공주가 왕자에게 키스를 하여 왕자를 개구리로 변하게 함으로써 왕자와 결혼하지 않는 데 성공하게 되는 이야기다.

100 크리시: 오, 그건, 음, 선생님, 그거 뭐예요?

101 짐: 「신데렐라」예요?

102 크리시: 아니야.

103 짐: [공주] 「내 멋대로」?

104 크리시: 아니야. 그건 「악」이야. 「악」. 「악」 생각난다. 누구든지, 누구든지 이 자전거를 타는 사람이 왕이 된다.

105 브래드: /그건 「신데렐라」 같기도 해요.

106 트루디: 그건 「내 멋대로 공주」랑 「신데렐라」 같아.

107 교사: 왜 「신데렐라」 같니?

108 트루디: 왜냐하면, 그녀는 어, 슬리퍼를 가지고 있고, 그것을 신어야만 했어요. 그리고….

109 크리시: 그리고 그는 바지를 입어야만 했어요….

110 짐: 바지.

111 브래드: 그녀가 그 남자 바지에 키스하지 않기를 바랍시다!

네 가지 이야기를 비교한 브래드는 "그녀가 그 남자 바지에 키스하지 않기를 바랍시다!"라는 말(111)을 하게 되었다. 브래드는 집단에서의 상호텍스트적 관련짓기(101~110)를 이용하여 모든 등장인물의 머리 위, 심지어는 화자의 머리 위에서 말할 수 있도록 자신의 위치를 잡았고, 모든 것을 우위에서, 즉 아이러니와 유머의 위치에서 등장인물을 살필 수 있는 위치를 잡았다. 또한 익살맞고 영리한 관점의 그의 말("바랍시다")

에는 다른 유아들도 포함되어 있다.

8. 유아는 상호텍스트적 관련짓기로 *다른 상호텍스트적 관련짓기를 자주 초래하였다.* 유아 또는 교사가 맥락상의 모체(matrix)를 언급하였을 때, 이것은 다른 유아들이 여행을 하게 될(어른은 그 모든 연결을 이해할 수 없었을지도 모르지만) 개념적 길을 열어 주는 것이었다. 위에 제시된 예에서 보듯이, 피터팬의 역할을 맡은 소녀에 대한 예뿐만이 아니라 「신더 왕자」를 읽는 동안 하나의 상호텍스트적 연결은 또 다른 상호텍스트적 연결을 이끌었다. 이 과정에서 구르는 눈덩이처럼 힘이 모여 유아들은 예측력 또는 고도의 해석적 이해력을 획득할 수 있게 되었다. 마틴 선생님 반에서 갤돈(1985)의 「곰 세 마리」를 읽어줄 때, 케빈은 두 개의 이야기를 즐겁게 관련지었는데, 이것은 상호텍스트적 연결짓기를 쇄도하게 만들었다.

케빈: 금발 소녀와 빨간 모자는 전화를 받고 있었어요….

교사: 금발 소녀와 빨간 모자가 전화를 받고 있었다고?

케빈: 네, 그리고 늑대는 음, 갔는데, 음, 세 마리 작은 곰 집에 있었어요… 그리고 금발 소녀는 거기 있었어요… 거기에 들러서 걸어갔는데, 늑대가 거기 없었다는 것을 아무도 몰랐어요.

교사: 아, 그것은 아주 서로 섞인 요정담인 걸? 그렇지, 아만다?

아만다: 그것은 전래동요 같아요. [노래 부르기] "6펜스 노래 부르기, 주머니 가득 있는 호밀…."

교사: [어리둥절해하며] 그래, 어떤 내용이니?

아만다: 있잖아요, 그건 "왕비가 응접실에 있었어요…."

교사: 왕비는 응접실에 있었구나. 왕비가 있었던 곳은 거실처럼 보이는데, 응접실이었구나. 그 단어가 거기 있다는 것을 잘 기억했구나. [텍스트에서 금발 소녀가 "응접실"로 들어간다고 되어 있다.]

이름 모르는 아이: 만화에서 전에 보았어요. 같은 만화를 본 적이 있어요.

교사: 너도 같은 만화를 보았니? 그래, 야스민?

야스민: 음, 아, 러그래츠(Rugrats)(만화 시리즈)에서도 「오즈의 마법사 *The Wizard of Oz*」와 같은 것을 해요.

케빈이 두 이야기를 상호텍스트적으로 연결 지은 것은 다른 유아들의 상호텍스트적 관련짓기에 돌파구였던 것 같다. 이 짧은 예화에 6개 정도의 상호텍스트적 관련짓기가 있다. 마틴 선생님도 나도, 「러그래츠」와 「오즈의 마법사」가 어떤 작용을 했는지 알 수 없었다. 뉴커크와 맥클로이(Newkirk & McClure, 1992)가 『아이들의 말을 듣기 *Listening In: Children Talk about Books(and Other Things)*』에서 말한 것처럼 유아들은 "우리를 압도하고 저만치 가버렸다".

요약하면, 상호텍스트적 관련짓기는 많은 해석적 움직임의 기본이 되고 주축이 되었다. 샬롯 헉(Charlotte Huck)이 말했듯이, "사고하는 것은 연결 짓는 것이다." 유아들은 상호텍스트적 관련짓기를 통해 여러 가지를 하였다. 읽어주기 이전에 일어난 여러 가지 개인적 경험을 해석하고, 텍스트의 구성요소를 상징적으로 해석하며, 서사에서 일어날 일을 예측하며, 이야기에 대한 자신의 스키마를 수정하고 창조하며, 등장인물의 느낌이나 행위, 동기를 해석하였다. 또한 자신을 서사의 역동성 밖과 위에 위치하게 하기도 하고, 그림 양식에 대해 자신이 갖고 있는 개념을 다듬고 구축하며, 더 높은 인지적 수준으로 이끄는 토론을 위해 다른 텍스트와의 상호텍스트적 관련짓기를 하였다.

텍스트 세트의 힘

더 많은 이야기를 알수록 특정 이야기에 집중할 수 있는 비판적 도구가 더 많아진다는 점에서 문학적 능력(Culler, 1975)에는 양적 요소가 포함되어 있다. 상호텍스트적 연결을 극적으로 늘릴 수 있는 특정 경험이 있을지도 모른다(Sipe, 2000). 예를 들면, 나는 학기 중에 테일러 선생님 반에서 정기적으로 13회에 걸쳐서 그림책 읽어주기 시간의 대화 내용을 녹음하였다. 처음 4회의 읽어주기 동안에는 상호텍스트적 관련짓기의 수는 늘지 않았다(4, 6, 0, 4). 그러나 다섯 번째 읽어주기 동안에 45개의 상호텍스트적 관련짓기가 있었고, 이 정도 양의 관련짓기는 나머지 읽어주기 동안에도 유지되었다. 이렇게 극적으로 늘어난 이유가 무엇일까? 테일러 선생님과 나는 네 번째 읽어주기가 갤돈(1975) 판의 「생강빵 소년 *The Gingerbread Boy*」이었고 다섯 번째 읽어주기가 에질스키(Egielski, 1997)의 「생강빵 소년」이었기에 유아들이 상호텍스트적 관련짓기를 쉽고 자연스럽게 했을 것이라는 이론을 펼쳤다. 유아들은 이 두 이야기를 비교하고 대비시키고 싶어 했다. 이 경험은 유아들의 상호텍스트적 관련짓기에 활성제가 된 것 같았다. 다시 말해서, 문학적 이해에 대해 은연중에 갖고 있는 개념에 일단 상호텍스트적 관련짓기에 대한 아이디어를 덧붙이자 이 아이디어는 그들의 문학적 도구 세트의 일부가 되었고, 그 해 남은 기간 동안 이 도구를 계속해서 사용한 것이었다(Sipe & Bauer, 2001, p. 339). 이 도구는 같은 이야기면서 다르게 변형된 이야기 간에 관련짓기를 할 때뿐만 아니라, 자신이 들은 모든 이야기를 상호텍스트적으로 연관 짓기 위해 이 능력을 일반화시킬 때도 사용되었다.

이 책을 위해 했던 연구 중 하나(Sipe, 2001a)는 변형 이야기가 유아의 상호텍스트적 관련짓기의 양뿐만 아니라 이 관련짓기를 통해 제안한 인지적 추상성의 수준을 높이리라는 가설을 확인시켜주었다. 그 연구에서 교사 한 명, 지글러(Zigler) 선생님이 「라푼젤 *Rapunzel*」 이야기의 다섯 가지 변형 그림책을 1학년과 2학년 유아가 섞인 반에서 읽어주었는데, 여기서 유아들은 상호텍스트적 관련짓기를 하며 변형 그림책을 서로 관련지으며 분석하였다. 같은 이야기에 대한 몇 개의 변형 이야기 모음을 "텍스트 세트"라고 한다(Harste, Short, & Burke, 1988; Short, 1992). 나는 「라푼젤」 이야기를 택했는데, 그 이유는 이것이 다른 전래 이야기(예를 들면 「빨간 모자」나 「아기 돼지 삼 형제」)처럼 유아들에게 잘 알려져 있지 않아 대부분의 유아들이 낯설어 하기 때문에 유아들 지식의 기초선으로 시작하기에 좋다고 보았기 때문이다. 유아들은 물론 요정담의 일반적 구조에 대해서는 어느 정도 알고 있었지만, 라푼젤 이야기에 대해서는 잘 알지 못하였다. 그래서 나는 변형 이야기를 읽어주고 토의할 때 유아들이 이야기의 내용과 구조에 대한 이해를 어떤 방법으로 점차 구축시켜 나가는지를 추적할 수 있었다. 젤린스키(Zelinsky, 1997)가 변형한 이야기는 R1, 그림 형제(Grimm, 1997)의 이야기에 두시코바(Dusikova)가 그림을 그린 책은 R2, 버렌지(Berenzy, 1995) 책은 R3, 그림 형제(1992)의 이야기에 헤이어(Heyer)가 그림을 그린 책은 R4, 스탠리(Stanley, 1995) 책은 R5로 정하였다. 가장 예술적으로 완성도 높은 그림(칼데콧 메달을 받음)이라고 느끼는 책으로 시작하기 위해 젤린스키 책을 첫 번째로 읽어주었다. 두시코바와 버렌지, 그리고 헤이어의 책을 각각 두 번째, 세 번째, 네 번째로 읽어주었는데, 이런 순서로 읽어주어야 유아들이 플롯과 세부 묘사 상의 가장 큰 변화에 노출될 수 있으리라 보았기 때문이다. 우리는 유아들에게 모든 텍스트의 유사점과 차이점을 토의해볼 수 있는 기회를 주고 싶어서 이렇게 하였다. 젤린스키 책의 경우에 라푼젤은 탑에서의 결혼식 후 쌍둥이를 낳았다. 헤이어 책에는 결혼식이 없고 아기에 대한 언급도 없다. 버렌지의 책에는 탑에서의 결혼식은 없지만 라푼젤은 아기를 낳는다. 스탠리의 책(「페트로시넬라 *Petrosinella*」[역자주: Giambattista Basile이 쓴, 이태리의 문학적 요정담]라 불리는 나폴리식 변형 이야기)은 마지막에 읽어줬는데, 이것은 라푼젤 변형 이야기면서 다른 네 개의 이야기에서는 볼 수 없는 특징이 포함되어 있어서 가장 도전적인 판으로 느껴졌기 때문이다.

유아들은 변형 이야기를 가지고 아주 많은 상호텍스트적 관련짓기를 하였다. 읽어주기는 비교적 짧은 시간, 8주 동안 이루어졌기 때문에 이 자체는 놀라운 일이 아니다. 다시 말해서, 유아들은 앞에 읽은 변형 이야기를 기억할 수 있었고, 교사가 분명한 안내를 해주지 않아도 이야기끼리 비교하고 대조하기를 원했기 때문이다. 전체 유아의 대화 중 상호텍스트적 관련짓기의 비율이 젤린스키 책을 읽어주었을 때는 꽤 낮았다(3%)는 것도 놀랄 만한 결과는 아니다. 이유는 아마도 유아들이 라푼젤 이야기에 대해 거의 몰랐기 때문인 것 같다. 두 번째의 두시코바 책의 경우, 상호텍스트적 관련짓기 비율은 전체 대화 양의 56%로 극적으로 증가하였고, 나머지 책을 읽어줄 때도 비교적 높은 비율을 유지하였다(버렌지는 41%, 헤이어는 28%, 스탠리는 46%). 다시 말해서, 유아들은 첫 번째 책을 경험한 후에 책을 읽어주는 동안 상호텍스트적 관련짓기를 하는 데 적극적으로 몰입하였다.

그러나 중요한 것은 상호텍스트적 관련짓기의 질로 인해 연구 과정 중에 유아가 점차 인지적으로 세련되어지고 추상적이 되었다는 것이다. 예를 들면, 처음 몇 번의 읽어주기에서 유아들은 주로 이야기에 사용된 특정 언어 수준에서 상호텍스트적 관련짓기를 하였다. 예를 들면, "이번에는 그가 '라푼젤, 라푼젤'하거나 그 외 어떤 이름도 말하지 않았어요. 그리고 이것은 '마법사'가 아니라 '마녀'예요" 같은 반응이다. 그들은 또한 이전 판에 대한 자신의 지식을 사용하여 *이야기* 플롯의 수준에서 예측을 하였다. 예를 들면, "그녀는 라푼젤을 데리고 가서 탑 속에 가둘 거예요", "그녀는 '난 아기를 갖고 싶어'라고 말할 거예요"와 같은 반응이다. 또한 그들은 그림을 비교하거나 대조하기도 하였다. 예를 들면, "아이 그림의 경우, 라푼젤에게는 아이들[성장한 아이들]이 있었고, 다른 이야기에는 이불에 싸인 아기가 있었어요"라는 말을 하였다.

다른 종류의 상호텍스트적 관련짓기로 내가 "스키마 구축하기 – '그들 모두'"(schema-building-'They all') 반응이라고 부르는 것이 있다. 이 반응은 자주 "그들 모두…"라는 말로 시작되었기 때문에 이렇게 부른 것이다. 이런 반응을 통해 유아들은 몇 개의 이야기에 걸쳐 수준 높은 관련짓기를 한다는 것을 알 수 있었고, 「라푼젤」 이야기에 대한 일반적인 인지적 스키마를 만들기 시작했다는 것을 알 수 있었다. "그들 모두 아기를 원하는 여자와 남자로 시작해요", "모든 이야기는 「신데렐라」나 「백설공주」, 그 외 대개의 이야기들처럼 '옛날옛날에'로 시작해요", "다른 책에서는 그녀가 탑을 만들었다는 말이 없었는데, 여기에는 그렇게 되어 있어요" 같은 말이 그런 것들이다. 스키마 구축의 반응은 R1에서는 전혀 나타나지 않았다. R2에서는 6%, R3에서는 17%로 가장 많은 비율로 이 반응이 나타났다. 이런 종류의 반응은 R4에서 약간 줄어들었고, R5에서 9%로 떨어졌다. 이런 결과는 유아들이 R3를 읽어줄 때 스키마를 진지하게 구축하기 시작했고, 나머지 읽어주기 때 스키마 지식을 지속적으로 구성해나갔음을 보여준다.

가장 세련된 상호텍스트적 관련짓기는 "스키마 구축 – '대안'"(schema-building-'Alternatives')이라 이름 붙인 것이었다. 이것은 유아들이 다른 대안이 되는 플롯을 제안하거나 다른 책보다 어느 책을 더 좋아한다는 것을 표현하는 것이다.

데이브: 엄마는 죽고, 아빠가 아기를 데리고 살다가 걸어가고, 아이를 데리고 가고, 라푼젤[허브]을 좋아하는 라푼젤 이야기는 없나요?

교사: 글쎄, 그런 이야기는 읽어보지 못했지만 네가 쓸 수도 있겠구나.

여러 판에 대한 지식을 기초로 하여 선호가 표현되어 있는 예도 있다.

> 메간: 난 그것[페트로시넬라]이 좋아요. 거기에는 마법이 많고 다른 마녀도 있고, 엄마가 결혼했다는 이야기는 해주지 않고 정원에서 시작했어요.
>
> 수지: 그들이 결혼하는 마지막 부분이 좋아요. 보통 딸이 결혼하면 엄마가 거기 있는데, 그들이 결혼했을 때 엄마에 대한 이야기가 없어요.
>
> 레나: 난 이것[페트로시넬라]이 좋아요. 이것은 자세하고 더 신나는 것 같아요.

"스키마 구축 – 대안" 반응은 R1이나 R2에서는 전혀 나타나지 않았고, R3에 대해서는 아주 조금 나타났으며, R4에 대해서는 전혀 나타나지 않았다. 그러나 마지막 읽어주기인 R5 때는 반응의 9%가 이 범주에 속하였다. 이것은, 마지막 읽어주기 때가 되면 유아들은 「라푼젤」 스키마를 충분히 이해하고 대안이 되는 플롯을 제안한다는 것을 의미한다. 다시 말해서, 유아들의 「라푼젤」 스키마는 아주 잘 전개가 되어서 자신만의 이야기를 갖고 있다고 말할 수 있을 정도고, 다른 변형 이야기를 더함으로써 그리고 자신의 선호를 표현함으로써 자신의 저작권을 드러내었다.

책 읽어주기 동안의 내용을 분석한 것을 보면 유아들은 여러 책을 경험하면서 이야기 스키마의 복잡한 영역에서 지식을 구축할 수 있다는 것을 알 수 있다. 이런 종류의 추상적 지식은 어떤 이야기를 「라푼젤」의 변형 이야기로 알아볼 수 있게 하는 데 필요한 것과 부차적으로 중요한 것들을 이해하는 데 꼭 필요한 지식이다. 문학 장르에 대한 유아의 지식 또한 이런 식으로 구축되는 것 같다. 같은 유형이나 같은 장르의 많은 이야기를 들음으로써 유아들은 요정담과 사실주의 소설, 역사 소설, 현대 판타지, 그 외의 장르와 하위 장르를 구성하는 요소에 대한 추상적 개념에 점차 도달하게 될 것이다.

이야기에 대한 상호텍스트적 저항

만약 유아가 이미 신데렐라 같은 이야기를 알고 있는데, 교사가 자신이 알고 있는 이야기와 세부 묘사나 플롯의 구성요소가 다른 새로운 이야기를 읽어주면, 유아는 이에 반대할 수도 있다는 것을 알았다. 그것은 유아가 이미 알고 있는 텍스트와 새로운 텍스트 간의 관련짓기의 문제기 때문에 상호텍스트적 반응의 한 유형이라 볼 수 있다. 디즈니 만화영화의 원래 이야기를 아는 유아들은 삽화 있는 문학과 다양한 문화권에서 출판한 변형 이야기인 「못생긴 소녀」(Martin, 1992), 「예-쉔 *Yeh-Shen*」(Louie, 1982), 「무파로의 아름다운 딸들」(Steptoe, 1987)에 의문을 가질 것이다. 유아가 처음에 들은 이야기가 이후 듣는 변형 이야기를 판단하는 원형 이야기(Ur-story)가 되는 경향이 있다(Sipe, 2002b). 테일러 선생님 반 만 5세 유아들은 리처드 에질스키(Richard Egielski, 1997) 책에 「생강빵 아저씨 *The Gingerbread Man*」가 아니라 「생강빵 소년」이라는 제목이 붙은 것에 대해 몹시 화가 나서 "소년이 아니라 아저씨예요!"라고 소리쳤다. 폴 갤돈(1975)의 책에 대해 유아들은 생강빵 아저씨의 조롱 섞인 주문, "뛰어! 뛰어! 뛰어! 잡을 수 있으면 잡아 봐!"에 반대하였다. 그것은 원래의 "뛰어, 뛰어, 가능한 한 빨리 뛰어!"와 같지 않기 때문이다. 이 유아들에게 생강빵 아저씨 이야기의 언어는 바뀔 수 없는 것이고, 그것을 친숙하지 않은 언어로 바꾸는 일은 받아들일 수 없는 것이었다. 유아들은 사실상 "그것은 그 이야기랑 달라요!"라고 말하고 있었다. 다른 경우에 유아들은 변형 이야기를 장르의 측면에서 거부하였다. 예를 들면, 요정담을 패러디한 작품의 정당성에 대해 논박하면서 말이다. 비글러 맥카씨 선생님의 1학년과 2학년 유아 중 몇 명은 「냄새나는 치즈맨」(Scieszka, 1992) 속의 이야기가 "바보스럽고" "어처구니 없다"는 생각을 하였다. 그들은 잘 지적하였다. 이 책의 완전한 제목은 「냄새 고약한 치즈맨과 멍청한 이야기들」이다.

그러나 유아가 다양하게 변형한 이야기를 접하면 이미 언급했던 「라푼젤」 연구에서처럼 이런 식의 상호텍스트적 저항을 빨리 넘어설 수 있게 된다는 것을 알았다. 변형 이야기에 대한 유아의 반대는 바로 없어졌다. 유아들은 이야기에 대해 훨씬 유동적이 되고 차이를 수용하면서 이야기에 대한 내적 스키마를 수정하였다. 그들은 프랑스 문학평론가인 제라드 쥬네트(1998)가 "거듭 쓴 양피지"(palimpsests)(전에 쓴 것을 부분적으로 지우고 다시 사용하는 송아지 피지를 위한 용어)라고 언급한 것과 같은 방식으로 이야기를 이해하였다. 여러 판의 「라푼젤」 이야기에 몰입함에 따라 유아들은 손에 들고 있는 책의 텍스트로서의 특징에 대해서만 반응하는 것이 아니라 자신이 이미 반응했던 다양한 내용에 대해서도 또다시 반응하였다. 텍스트는 상호텍스트가 되었다. 유아들은「라푼젤」텍스트 하나만 별도로 경험하지 않았다.「라푼젤」은 여러 겹의 다양한 텍스트로 이루어진 텍스트 세트가 되었다. 유아들은 이야기란 변형될 수 있고(Sipe, 1993), 자신이 이야기를 만들고 바꿀 수 있다는 것도 알게 되었다. 풍부한 양피지에 최신판을 더할 수 있는 것이다. 유아들은 이런 종류의 상호텍스트적 반응을 통해 저술에 대한 감각과 글을 읽고 쓸 줄 아는 데 대한 자신감이 생겨날 수 있다.

07 개인적 반응: 이야기를 자신에게 끌어들이기

독자에게는 서사 속 사건이나 등장인물을 자신의 삶과 관련지으려는 보편적인 힘이 있다는 점을 내 연구 자료를 통해 확인하였다. 유아들의 전체 대화 내용을 보면 10가운데 1 정도가 개인적으로 연관 짓는 반응이었다. 이런 반응에 관한 한, 텍스트는 코크런-스미스(1984)가 "삶에서 텍스트로"(life-to-text), "텍스트에서 삶으로"(text-to-life)라고 부른 반응을 위한 자극제 역할을 하는 것 같았다. 유아들은 자신의 생활과 텍스트의 요소를 관련짓거나 텍스트에서 얻은 지식을 사용하여 자신의 생활에 대해 이야기하였다. 이 장에서는 유아들이 이야기를 자신에게 끌어들이는 여러 방법에 대해 다룰 것이다.

텍스트에 삶을 관련짓기

텍스트에 삶을 관련짓기(life-to-text connections)는 해석의 한 요소와 관련이 있지만, 이것은 주로 이야기를 자신 쪽으로 향하게 끌어들이는 것을 말한다. 어른이나 마찬가지로 아이들도 이야기에 자신의 삶이 거울처럼 비쳐 보이면 즐거워하는 것 같다.

삶과의 단순한 관련짓기

가장 단순한 관련짓기는 이야기에 나타난 세부 사항과 자신의 생활 중 어떤 측면이 비슷하다는 것을 알았다는 진술한 말에 나타났다. 테일러 선생님과 마틴 선생님의 만 5세 아이들은 자신의 이름이나 친구의 이름과 같은 등장인물의 이름을 특히 재미있어 하였다. 크리스토퍼 코디(1991)의 「빨간 모자」를 읽어주는 동안 "난 크리스토퍼(Christopher)라는 이름을 가진 어떤 사람을 알아요!"라고 한다든지, 「안녕하세요, 알씨」(Yorinks, 1986)를 읽어주는 동안 나도 "리처드(Richard)라는 이름의 사촌이 있어요"라는 말을 하는 걸 보면 그러하다. 테일러 선생님의 만 5세 반 유아들은 또한 「호우 이가 태양을 쏘다 *Hou Yi Shoots the Suns*」(Jiannan, 1996)를 읽어주는 동안 "그것은 내가 좋아하는 색이에요. 파란색이요!"라며 좋아하는 색을 언급하며 즐거워했다. 라토야(Latoya)는 리처드 에질스키(1997)가 쓴 생강빵 소년 이야기를 읽어줄 때 "사촌도 생강빵 소년이 입은 셔츠를 입었어요!"라며 흥분하였다. 마틴 선생님 반에서 다양한 피부색을 찬양하는 「살색은 다 달라요」(Katz, 1999)를 읽어주는 동안, 유아들은 책 속 등장인물의 피부색과 자신의 피부색을 비교하며 즐거워했다. "그것은 나 같아요, 땅콩버터 같아요!", "난 저 '갈색 컵케이크' 소녀를 닮았어요!", "나랑 비(Vi)랑 라키아는 저거랑 같아요"와 같은 말을 하였다. 비글러 맥카씨 선생님이 1학년, 2학년 유아들에게 「낮잠 자는 집」(Wood, 1984)의 다양한 등장인물들이 "침대를 쾅쾅 치며" 그 위에서 방방 뛰는 장면을 읽어줄 때였다. 1학년인 니콜(Nicole)은 "비글러 선생님, 저도 오래된 침대 위에서 그렇게 했어요"라고 하였다. 이 점에서 니콜은 이야기를 해석하기보다는 자신과 같은 행동을 하는 등장인물을 보면서 단순히 즐기고 있는 것 같았다.

책을 읽는 주요 목적이 해석적이 아니라면, 이렇게 단순히 개인적으로 관련짓는 것이 어떤 점에서 좋을까? 그 이유는 개인적 관련짓기가 가장 초기에 나타나는, 중요하고도 기초적인 힘이기 때문이다. 그런데 이 힘은 유아가 점차 자라면서, 또 좀 더 고도의 문학적 해석을 하게 되면서 문학에 대한 즐거움과 이해 모두를 위해 점점 그 중요성이 커진다. 어떻게 이야기가 우리에게 영향을 미치고 우리를 움직일 수 있고 우리를 즐겁게 또는 슬프게 할 수 있을까? 처음에 개인적 연결 짓기의 토대를 갖추고 있지 못하다면 어떻게 이야기가 우리 자신의 삶을 깊이 숙고하게 할 수 있을까? 유아가 이렇게 쉬우면서도 마음 깊이 파고드는 방법으로 이야기를 자신에게로 끌어들인다면, 그리고 교사가 이런 유아의 기를 꺾지 않는다면, 유아들은 점차 예리하고 감수성 강한 독자가 되면서 훨씬 더 중요하고 더 의미 있는 연결 짓기를 하는 능력을 키워나갈 것이다.

텍스트에 삶을 정교하게 관련짓기

테일러 선생님이 「터널」(Browne, 1989)을 읽어주는 동안 후안(Juan)이 보여준 것처럼 유아들은 또한 삶과 텍스트의 관련짓기를 정교하게 할 수 있었다. 이 이야기에서 오빠는 밤에 여동생을 놀래주려고 한다. 후안은 이 경험과 관련지어 "우리 형은 내가 잠자러 갈 때마다 침대 밑으로 기어와서 나를 놀래주려고 하지만 난 신발로 형 머리를 때려줘요!"라는 설명을 하였다.

비글러 맥카씨 선생님의 1학년, 2학년 반에서 케니는 「낮잠 자는 집」(Wood, 1984)을 읽어주는 동안 텍스트에 삶을 정교하게 관련짓기를 보여주었다. 이 책은 가벼운 판타지고, 등장인물(인간과 동물)의 수가 점차 늘고 그들이 "아늑한 침대"로 자러 가는 누적적 형식의 이야기다.

교사[노파와 아이, 개, 고양이가 침대에 포개 누운 채 잠들어 있는 모습을 묘사하는 여섯 번째 열림면을 읽어줌]: **개 위에는 고양이가 있어요. 깜빡 잠든 고양이, 그 밑엔 끄떡끄떡 조는 개, 그 밑엔 흠냐흠냐 꿈꾸는 꼬마, 그 밑엔 드르렁 코고는 할머니, 그 밑엔 푹신**

폭신한 침대. 낮잠 자는 집에선 모두 다 잠을 자요.

케니: 그건 방과후 교실 같아요. 간식 먹고 우리 모두 두 시간 자잖아요.

교사: 방과후 교실에서 모두 이렇게 잤어?

케니[끄덕임]: 두 시간이요.

교사: 두 시간 꼬박 자야만 해?

케니: 네. 하지만 난 침대에서 자기도 했어요.

교사: 언제 방과후 교실을 가니?

케니: 여전히 방과후 교실 다녀요. 지금도 다녀요. 음, 그것은 [근처 지역사회 이름]에 있기 때문에? 학교 안 오는 날에는 방과후 교실에 가요.

케니는 교사의 격려에 힘입어 자신의 과거 일과와 "학교에 가지 않는 날"의 일과를 떠올렸다. 이런 경험은 분명히 케니가 시각 이미지와 텍스트를 이해하고 해석하도록 도왔지만, 이런 경험이 케니 같은 유아에게 하는 주요 기능은 이야기 줄거리(교사가 확인하고 도와줌)를 매개로 기분 좋은 개인 경험을 돌아보게 하는 것이었던 것 같다. 이런 경험은 그 자체로 즐거운 일이었다.

이야기에 "기초해서" 이야기 꾸미기

케니의 개인적 관련짓기는 때때로 그 범위가 넓어져서 시작과 중간, 끝이 모두 있는 완성된 이야기가 되었다. 「낮잠 자는 집」을 읽어주는 동안 나온 반응을 담은 다음의 예화에서 이 점을 확인할 수 있다. 케니의 이야기는 일곱 번째 열림면에 나오는 벼룩의 움직임에 의해 자극되었다. 그러나 케니가 너무 흥분해서 이해할 수 없는 말들이 포함되어 안타깝다.

케니: 저, 난 이 ###을 한 번 보았고, 확대경을 가지고 내려다보았지요. 거기에 벼룩들이 많이 있는 거예요. 그 다음에 나는 양동이를 가져갔어요. 그러니까 #처럼 생긴 작은 걸로요. 그리고 ###은 구멍이 없고 밖으로 나올 수가 없었지요. 왜냐하면 만약 내가 그 안에

구멍을 뚫으면 그것들은 밖으로 나오지만 구멍이 없어서, 음, 그것들은, 음, 그것들을 잡는 거죠? 그리고 난 집에 하나를 놓았어요.

교사: 벼룩 말이니? 네가 집에 벼룩을 넣었어? 이런!

션: [의심하는 어조로] 그렇구나!

케니: 그런 다음 형과 누나, 누나는 포크를 들었고, 누나는 그것에 구멍을 내었고, 벼룩은 집 전체를 돌아다녔어요.

교사: 그 다음 어떻게 되었니?

케니: 그런 다음, 모두 긁었어요.

교사: 엄마는 어떻게 하셨니?

케니: 음, 엄마는요, 아빠가, 아빠가 문을 열었을 때, 벼룩 한 마리를 보았고, ###와 나는 벼룩을 속옷에서 떼어내는 벌을 받았어요! 그리고 엄마는 나를 찰싹 때리셨고 난 일주일 동안 앉을 수가 없었어요!

케니에게 이야기는 구연가가 될 기회를 주는 것 같았다. 케니가 하는 이야기들은 케니의 개인적 반응 양식의 일부인 것 같았다. 그리고 잘된 이야기들이 모두 그렇듯이, 케니의 이야기는 플롯의 어느 정도가 개인적 경험에 기초한 것이고 어느 정도가 순수한 공상인지 확실하게 알기 어려웠다. 그러나 우리는 모두 케니의 일상생활이 케니가 들려준 이야기처럼 극적인 일로 꽉 차 있지는 않다고 생각하였다. (「잭과 콩나무」[Kellogg, 1991]를 읽어주는 동안 케니는 아버지가 토네이도 때문에 하늘로 빨려들어 갔다가 다치지 않고 다시 돌아왔다고 하였다.)

이 책을 위한 참고 문헌 중 하나(Sipe, 2002)를 보면, 도시에 있는 만 5세 유아들도 「피터 토끼 이야기」(1902/1987)를 읽어줄 때 "이야기에 기초하여 이야기를 꾸미는" 성향을 보여주었다. 다음의 대화는 피터가 맥그리거 씨에 의해 거의 잡힐 뻔하고 "두려움에 떠는" 부분을 읽어줄 때 나온 것이다. 번호 붙은 문장과 구문들은 「피터 토끼 이야기」의 요소와 평행하는 것들이고, 말줄임표는 아이의 말이 누락된 것이 아니라 멈춤을 뜻하는 것이다.

교사: 어떤 것 때문에 너무 놀라서 몸을 떨거나 겁먹은 적 있었니?

타니샤: (1) 글쎄요, 하루는 엄마가요, 엄마가 나한테 어디를 가지 말라고 하셨어요. 하루는 우리 엄마가 옆집 울타리에 가지 말라고 하셨어요. 엄마가 그것을 통해 더 많은 #를 놓으려고 했기 때문이죠. 그런데 (2) 난 거기 안으로 갔어요. (3) 난 많은 당근을 먹었고 배가 불렀어요. 그래서 맥… 아주머니, 음…그래서 아주머니…음…어쨌든, 그 아주머니는 나를 잡았고 난 도망쳤어요. (4) 그리고 수영장으로 뛰어들었어요. 그리고 나는 집으로 가서 수영장으로 뛰어들었고 그 아주머니는… 그리고 (5) 나는 재채기를 하였고, 아주머니는 나를 잡았어요. 나는 수영장 물에 알러지가 있었고, 아주머니는 나를 잡았기 때문이죠. 나는 수영장 물에 넣는 염소에 알러지가 있거든요.

교사: 염소, 음.

타니샤: 네, 난 염소에 알러지가 있고 내가 수영장에 들어갔을 때 재채기를 하고 수영장 밖으로 헤엄쳐 나왔고 길을 건너뛰었어요. 그리고… 그리고 나는 길을 건너뛰었고 무서웠어요. (6) 아주머니가 음 나를 잡으려고 하였고, 그래서 나를 죽여서 먹을지도 몰라서 나는, 저, 그럴 수는 없겠죠. 만약 그 아주머니가 그렇게 한다면 신이 용서하지 않을 테니까요.

교사: 신이 용서하지 않을 거야.

타니샤: (7) 그런 다음 나는 다치지 않으려고 뛰었어요. 그리고 (8) 우리 엄마는 먹을 것도 안 주고 나를 침대로 보내셨어요. 그리고 나서… 엄마는, 그가…

교사: 엄마가 뭘 안 준 채 침대로 보냈다고?

타니샤: 저녁 식사도 안 주고요. 그리고 나서 다음 날 아침에 나는 그것을 다시 했어요.

교사: 아, 그랬구나. 그래, 계속해보자. 그렇지만 넌 무섭지는 않았구나. 그래, 그거 좋은 예구나.

타니샤: (9) 그리고 나서 난 무서워서 덜덜 떨었어요.

타니샤는 이 멋진 이야기에서 「피터 토끼 이야기」의 요소 중 적어도 9개의 플롯 요소를 사용하였다. 타니샤는 자신을 피터로 생각하고 1인칭 서술과 3인칭 서술을 교대로 사용하였다. 타니샤는 다음의 점에서 피터와 같았다.

- 엄마로부터 출입금지 구역, 즉 울타리로 가지 말라는 경고를 분명히 받는다. (1)
- 그런데도 간다. (2)
- 당근을 먹고 배가 부르다. (3)
- 수영장으로 뛰어든다. [수영장은 물뿌리개에 대한 탁월한 대체물이지 않은가!] (4)
- 재채기를 한다. (5)
- 이웃 사람이 죽이려 하고 잡아먹으려 한다고 말한다. (6)
- 도망친다. (7)
- 엄마가 침대로 보낸다. (8)
- 무서워 떤다. (9)

타니샤가 한 이야기는 포터의 이야기와는 분명히 다르다. 재채기의 원인이 염소에 대한 알러지라고 한 것이나 "신이 용서하지 않을 테니까요" 같은 훈계, 잡힌다, 벌로 음식도 안 주고 침대로 보낸다(피터가 아픈 것과 저녁 식사에 합류하지 못한 것에 대해 좀 더 설득력 있는 변형 이야기), 다음날 아침에 다시 "그것"을 한다는 등이 그러하다. 이런 식으로 포터의 이야기는 수정되고 확장되고, 타니샤 자신의 경험과 생활의 요소가 삽입되었다. 원래 이야기에 영향을 끼치는 것은 "재혼합"(Dyson, 2003)이다. 타니샤는 피터의 모험 다음의 이야기 또한 들려주었다. 아마 피터도 그랬을 텐데, 다음 날 아침 다시 "그것을 하였다"고 말했다.

「피터 토끼 이야기」를 들은 만 5세 유아들은 피터의 경험과 자신의 생활을 연결지었다. 다시 말해서, 아이들은 피터 이야기에 적합한 자신의 생활 이야기를 스스로 구성하였다. 아이들은 부모에게 순종하지 않았던 일과 그래서 벌어진 일들, 옷을 잃어버린 경험(피터가 종종 그러했듯이), 누군가에게 쫓긴 일(맥그리거 씨가 아니라 나이가 더 많은 아이들이나 개)에 대해 이야기했다. 또한 피터의 가족과 자신의 가족 간 개인적 관련짓기를 아주 감동적으로 한 아이들도 있었다. 피터가 어떻게 카림(Kareem)의 용어로 볼 때, "아버지를 꼭 닮은 아들"인지에 대해 토의하였다. 피터의 아버지 또한 맥그리거 씨의 농장 안으로 들어가 결국 맥그리거 씨에 의해 "파이가 되었"기 때문이다. 이런 토론으로 몇몇 유아는 피터의 아버지를 그의 행위로 가족에게 상처를 준 몹쓸 사람으로 생각하기에 이르렀다.

마커스: 뭐, 피터 아빠는 사려 깊지 못했어요. 그는 문제를 일으켜 죽었어요. 그래서 피터 엄마가 아이들을 모두 돌보아야 했어요.

라토야: 우리 아버지는 감옥에 있고, 우리도 할머니가 돌봐주세요.

이런 짧은 대화에서 우리는 유아들이 피터 엄마를 홀어머니로 생각하고 있음을 알 수 있다. 네 아이(플롭시, 몹시, 커튼 테일, 피터)를 혼자 책임져야 하는 부담을 지고 있고, 그 아이들 중 하나는 반항적이며, 죽은 남편이 겪은 것과 비슷한 문제를 다시 겪게 될 엄마로 말이다. 그러나 유아들은 피터 엄마의 고립된 처지와는 다르게 자신들은 확대 가족으로부터 강한 지원을 받고 있다고 하였다.

물리적 물체로서의 책에 개인적 경험 관련짓기

텍스트에 삶을 관련짓기는 유아들이 오래도록 좋아한 사랑받는 이야기를 읽어줄 때 일어났다. 「괴물들이 사는 나라」(Sendak, 1963)가 이런 이야기 중 하나다. 보고에 따르면, 여러 개 반에서 가장 많은 수의 유아들이 이 책을 이전에 이미 여러 번(또는 많이) 책 읽어주기 시간에 들었고, 1/2에 약간 못 미치는 정도의 아이들 집에 이 책이 있었다. 다음의 예화는 비글러 맥카씨 선생님 반에서 이 책을 읽어줄 때 나눈 대화 전사본의 앞부분을 발췌한 것이다.

교사: 있잖아. 이 책은 선생님이 어렸을 때도 있었던 책이야.

?: 저도 그 책 작은 거 있어요.

?: 전 비디오 있어요.

케니: 전 구부러지는 책[종이책 형식]으로 있어요.

교사: 이 책의 비디오 테이프를 갖고 있어?

짐: 제가 여섯 살 때, 비행장같이 생긴 도서관에 갔어요.

교사: 도서관이 비행장처럼 보였다고?

짐: 네, 그렇게 보였어요. 전 책방에 가서 그것을 샀어요. 그 책은 거기서 샀어요.

마틴 선생님 학급에서의 예에는 이 책이 있어서 좋아하는 아이들의 모습과 학교 밖 문해 활동이 담겨 있다. 예를 들면, "내 동생이 그 책을 가졌어요", "집에 그 책 있어요", "우리 삼촌은 책에 그림을 그려요", "우리 방과후 교실에 이 책 있었어요" 같은 것들이다. 이 모든 예의 유아들은 줄거리나 등장인물, 세부 묘사와 연관 짓지는 않고 물리적 물체로서의 책 자체와 연관 지었다. 「괴물들이 사는 나라」처럼 대중적이고 잘 알려진 책은 갖가지로 변할 수 있는 텍스트다. 유아들이 이 책을 알기 때문에 텍스트는 아주 다양한 형태와 형식으로 이용 가능하다. 마치 어느 연령대의 어른들이 케네디 대통령이 암살되었다는 뉴스를 들었던 때와 장소를 정확히 기억함으로써 그 사건을 개인화시키고 있는 것처럼, 짐은 심지어 어디서 그 책을 샀는지("비행장 같이 생긴 도서관"에서)를 기억하고 있었다.

개인 경험을 근거로 이야기에 의문 갖기

삶과 텍스트를 관련짓기의 또 다른 유형은 줄거리에 의문 갖기로 시작되었다. 이런 유형의 관련짓기는 분명히 훨씬 더 해석적이었다. 비글러 맥카씨 선생님 반에서 「괴물들이 사는 나라」(Sendak, 1963)를 읽어주는 동안, 다음의 대화가 오고갔다.

교사[읽어주기]: **엄마가 소리쳤습니다. "이 괴물딱지 같은 녀석!" 맥스도 소리쳤습니다. "널 잡아먹고 말겠다!" 엄마는 저녁밥도 안 주고 맥스를 잠자리로 보내 버렸습니다.**

페기: 그냥 "널 잡아먹고 말겠다"라고 말해서요?

교사: 그럼, 부모에게 말대답하는 것은 잘한 일이 아니지, 그렇지?

죠이: 전 항상 "그렇게 하기 싫어요"라고 하는데요.

교사: 그래? 부모님을 존경하고 "알았어요"라고 말해야지.

[멈춤]

[여러 아이들이 한꺼번에 이야기를 해서 못 알아들음]

교사 [그림 속 맥스의 표정을 가리키며]: 죠이야, 얘 봐라. 맥스는 네가 그렇게 말할 때와 같은 것을 느끼는 것 같구나.

죠이: 저는, 저는, 음, 저는 잡아먹지 않으려는 마음에 가까웠어요.

이 예화에 나타난, 텍스트에 대한 페기의 의문(맥스 엄마는 어떻게 그렇게 사소한 잘못에 대해 맥스를 방으로 쫓아보낼 수 있을까?)은 죠이로 하여금 자신과 부모 사이에 있었던 비슷한 의지 대립을 떠올리는 촉매 구실을 하였다. 페기는 본질적으로 해석적 성격의 의문을 가졌고, 죠이는 맥스와의 동일시로 이 에피소드를 심각하게 해석한 게 거의 확실하다.

한 유아가 벽에 낙서도 있고 무주택자도 있는, 슬프고 혼란스런 도시를 경험하는 책인 「아름다운 것들」(Wyeth, 1998)을 마틴 선생님이 읽어주었다. 이 책의 세 번째 펼침면에서 코끝이 찡한 토론이 이어졌다. 유아들은 이 부분의 텍스트에 의문을 제기하였고, 결국 케빈은 강렬한 개인적 관련짓기를 하였다.

교사[읽어주기]: **내가 커다란 상자 집에서 사는 한 여성 옆을 걸어가는데, 그 여자는 플라스틱으로 싼 보도 위에서 자고 있었어.**

알리야: 누군가 보도 위에서 자고 있다면, 그들은 집이 없는 거예요.

교사: 바이올렛아, 그 여자는 왜 거기 있다고 생각하니?

바이올렛: 아마 죽었을 걸요.

아만다: 누구도 그 여자를 원하지 않고, 누군가 그 여자를 집에서 내쫓았기 때문이에요. 어쩌면 자기가 사는 곳에 그 여자가 사니까 그 여자를 집에서 내쫓은 걸 거예요.

아이작: 음, 어쩌면 그 여자는 음식이 없어서 먹지도 못했을 거예요. 하는 일이라곤 음, 밤이고 낮이고 자는 일이고요. 어쩌면 먹을 음식이 없어서 죽었을 거예요.

나이샤: 어떻게 땅바닥에서 살았지?

교사: 그러게. 그 여자는 땅에 상자를 깔고 그 안에서 사는구나. 케빈아, 그 여자가 거기서 살고 싶을 거라고 생각하니?

케빈: 아니오. 저랑 엄마랑 [도너츠 가게]에 갈 때마다 음, 땅바닥에 있는 사람들을 보거든

요. 그들은 잠을 자고 있는데 먹을 음식이 없는 것 같아요. 이 사람은 땅바닥에 누워 있고 [도너츠 가게] 안으로 들어와 구석을 지나 거리에 누웠어요.

교사: 어떤 느낌이 들었니? 그것을 보았을 때, 어떤 느낌이 들든?

케빈: 슬펐어요.

「아름다운 것들」 또한 마틴 선생님 반 아이들로 하여금 다른 사람에게 피해를 주는 행동을 하는 사람들과 아이들 자신의 미래에 대해 진지하게 토론하는 계기를 만들어 주었다. 이야기 속 어린 소녀는 건물에 있는 낙서를 보는데, 그것을 본 칼릴은 다음과 같이 말했다.

칼릴: 나쁜 소년들로 보이는 어떤 사람들이 길을 가다 문에 글씨를 쓰고 차에 타서 경찰에게 거칠게 대항하여 경찰을 화나게 해요.

교사: 경찰이 그 사람들 뒤를 쫓지만 놓치지. 그들은 교활한 나쁜 소년이야. 너희들은 그렇게 되고 싶지 않지?

칼릴: 커서 나쁜 소년 될 거예요.

교사: 그래? 왜?

칼릴: 큰 형처럼 되고 싶어요.

이때, 마틴 선생님은 미래에 대한 칼릴의 생각에 대해 다루어야만 하겠다는 것을 분명하게 느꼈다.

교사: 에이, 나쁜 아이가 되고 싶지는 않겠지! "나쁜"이라고 말할 때 그것은 "좋은"이란 뜻이고, 넌 교사나 의사가 되고 싶은 거겠지? 아니면 경찰관이나 누군가를 도와줄 수 있는 사람이 되고 싶은 거지?

마틴 선생님의 말에는 걱정이 많이 담겨 있다. 그러나 그냥 두려고 하지 않았다. 이야기가 진행되는 동안 계속 이 문제를 거론하였다. 이야기에 등장하는 어린 소녀의 학교 선생님이 아프리카계 미국인 남성인 것을 보자 마틴 선생님은 "커서 나쁜 소년이 될 거예요"라는 칼릴의 말에 대해 다시 걱정을 하였다.

교사: 여기 소녀가 있구나. 선생님과 함께 있구나. 선생님 봐봐. 아주 멋지고 똑똑해 보이시잖아! 아이들을 가르치고 계시네… 선생님은 뜨거운 차 안에서 뛰어다니지도 않고 문제를 일으키지도 않으며 사나이답게 굴잖아!

몇몇 아이들: [웃음]

교사: *왜 그러니?* 사나이답잖아! 이 남자아이들은 못된 아이들이야. 얘들은 사나이가 되지 못해. 머릿속이 아직도 어린 소년일 뿐이란 말이야.

마틴 선생님이 다음 페이지에 있는 내용, 어린 소녀가 이웃에 대해 긍정적인 점을 발견하는 부분을 읽어준 다음에도 아이들은 여전히 자신의 미래를 생각하고 있었던 게 분명하다.

라마: 저는 칼릴을 잡을 거예요. 칼릴이 문에 [낙서를] 하면 난 칼릴을 가둘 거예요.

교사: 음, 칼릴은 어른이 되어 그런 일을 할 것 같지 않구나. 칼릴은 어린 소년이 아니라 사나이가 될 거야.

칼릴: 저도 마음을 바꿨어요!

교사: 그래, 그 말을 들으니 기쁘구나! 네가 마음을 바꿔서 기쁘구나!

칼릴: 저는 커서 경찰이 될 거예요.

삶에 텍스트를 관련짓기

앞서 살펴본 내용과 다른 방향의 관련짓기, 즉 텍스트에서 삶으로의 관련짓기는 잘 일어나지 않지만, 일단 일어난 경우에 그것은 유아에게 아주 중요한 의미를 지닌다. 이것은 유아의 삶을 알려줄 수도 있고 그것을 변형시킬 수도 있는 기초가 된다. 다시 말해서, 중요한 것은 이야기를 삶의 이해나 대처에 도움이 되는 간접 경험의 형태로 사용하는 것이지 이야기를 해석하거나 정교하게 연상하는 것이 아니다. 예를 들면, 앞서 칼릴이 마음을 바꾸어 경찰이 되고 싶다고 한 마지막 말은 그 이야기와 토론의 결과 자신의 삶을 이해하고 미래를 다르게 조망할 수 있게 되었다는 것을 의미한다.

비글러 맥카씨 선생님이 「신데렐라」의 변형 이야기인 「털보숭이 공주 *Princess Furball*」(Huck, 1989)를 전체 학급 아이들에게 읽어주자 아이들은 죽음에 대해 심각하게 토의하였다. 로버트가 "내용이 시작하기 전 내비친 약간의 이야기"라고 표현한 적 있는 권두언 부분에는 상복을 입은 사람들이 묘지로 관을 옮기며 장례식 절차를 밟고 있는 그림이 있다. 아이들은 그 모습을 흘끗 보았고, 토의 초반에 그것을 장례식으로 해석하였다. 교사가 글을 읽어주기 시작하자 아이들은 이 그림이 주인공 "털보숭이 공주" 엄마의 장례식을 묘사한 그림이라는 사실을 알아차렸다. 장례식에 있는 작은 소녀가 털보숭이 공주의 어린 시절 모습임을 안 것이다. 아이들은 교사에게 표제지의 왼쪽 페이지에 있는 그림으로 돌아가 질문하였다. 거기에는 죽은 왕비의 얼굴 모습이 있고, 그 옆에 어린 공주가 서 있다. 이야기 끝부분에 털보숭이 공주와 공주의 자녀들 그림이 있다. 이때 앨리스가 "이 아이들은 공주 어렸을 때랑 닮았어요. 공주는 엄마를 닮았고요"라고 하였다. 돈은 "왕비가 죽었을 때 털보숭이 공주를 돌본" 여성 통치자가 권두언 부분에서는 공주와 다른 아이들이 어울려 노는 모습을 바라보고 있는 것을 지적하면서 이 두 그림을 관련짓기까지 하였다.

이 그림에 대해 토의하면서 아이들은 죽음에 대한 두려움과 고인에 대한 추억을 서로 나눌 수 있었다. 아이들은 긴긴 토의를 통해 사람들이 죽는 여러 가지 이유에 대해 이야기를 나누었고, 교사는 "죽음은 살아 있는 모든 것에 일어나는 일"이라는 점을 알려주었다. 미키는 가족의 친구 중 한 명인 기술자에 대한 이야기를 들려주었다. 그는 심근경색으로 죽었고 화장을 하였다고 했다. "사람이 재로 변했어요. 남은 건 그게 다예요"라고 하였다. 테리는 심장마비로 죽은 친척에 대해 "그는 담배를 아주 많이 피웠어요"라고 하였다. 교사는 자신의 할아버지의 죽음에 대해 느꼈던 감정을 이야기하였다. 아이들은 조부모의 산소에 가봤던 일이나 거기에 꽃을 가져다 놓은 일에 대해 이야기하였고, 미키는 자신이 태어나기 전에 조부모께서 돌아가셔서 그들에 대해 아는 게 하나도 없으며 그런 점에서 형이 부럽다고 하였다. 이런 토의 직후 교사와 나는 아이들이 눈에 띄게 조용해졌다는 것을 알게 되었다. 아마도 이런 토론으로 아이들은 슬픔과 죽음에 대해 개인적으로 느끼는 불안을 정화시킬 수 있었던 것 같다.

그 외 개인적 경험에 관련짓기

텍스트에 삶을 관련짓기와 삶에 텍스트를 관련짓기가 개인적 경험을 텍스트와 연관 짓는 데 있어서 다는 아니었다. 아이들은 또 다른 방식으로 이야기를 개인화시켰다.

놀이에 관련짓기

아이들은 놀이를 하면서 이야기 속 등장인물을 끌어들였다. 예를 들면, 마틴 선생님이 「참새소년의 모험」(Pinkney, 1997)을 읽어줄 때, 아이들이 그런 척 가장하는 대상인 여러 종류의 영웅에 대해, 그리고 불안해하는 사람들을 구하거나 잘못을 수정하기 위해 했던 일에 대해 꽤 길게 토의하였다.

케빈: 난 배트맨이나 배트걸, 슈퍼걸인 것처럼 가장했어요. 엄마한테 내가 영웅이 될 수 있는지 물어보았지요.

교사: 아만다야, 영웅처럼 가장해본 적 있니? 나는 늘 그렇게 가장했었거든. 여자도 영웅일 수 있는 거야.

아만다: 파워레인저에 나오는 슈퍼우먼과 켈시(Kelsey)요. 난 아빠를 구했어요. 아빠가 지붕에서 거의 떨어질 뻔했거든요!

알리야: 전 전깃줄에 감전된 아빠를 구했어요.

데션: 난 파워레인저일 때 로버트가 되어 나쁜 놈들에게서 돈을 빼어왔는데.

이야기 속 인물의 대리인 역할 하기

아이들이 이야기를 개인화시키는 또 다른 방법으로는 자신이 이야기 속 어떤 인물이라면 어떻게 말하거나 행동할 것이라면서 이야기 속 인물의 대리인 역할을 하는 것을 들 수 있다. "나라면 … 할 거예요" 또는 "나라면 … 하지 않을 거예요" 같은 말을 통해 아이들은 자신을 이야기 안에 끼워 넣기도 하고, 마치 점토 빚듯이 이야기를 만들어내기도 하였다. 자신이 생각하기에 일이 진행되어야 한다고 보는 방향에 가깝게 말이다. 예를 들어서 마틴 선생님이 「거미 아난시와 이끼 낀 돌」(Kimmel, 1988)을 읽어주는 동안 케빈은 자기라면 가끔 속이는 행동을 하는 거미 아난시와는 다르게 전업 사기꾼이 될 수 있었을 것이라고 했다. "내가 만약 거미 아난시였다면 다른 사람들을 모두 속이고 다른 사람들은 나를 속일 수 없었을 거예요!"라고 하였다. 이보다 더 확장된 예를 들자면, 이카루스 잭슨(Ikarus Jackson)이란 소년이 아름다운 날개로 지붕 너머까지 날지만 대부분의 학교 친구들과 심지어 일부 선생님들조차 그를 피하는 판타지인 「날개」(Myers, 2000)에 대한 다음과 같은 반응을 들 수 있다. 이 그림책의 10번째 열림면을 보면, 화자인 어린 소녀가 자신이 따돌림 받고 있다고 느끼면서 이렇게 말하는 장면이 나온다.

100 교사[읽어주기]: **학교에서 집으로 걸어올 때 그의 느낌을 난 알고 있었다. 그가 얼마나 외로운지를. 어쩌면 나는 그 비열한 아이들에게 뭔가 이야기를 했어야 했을지도 모른다.** 넌 그 아이가 그 아이들에게 어떤 말을 할 수 있었다고 생각하니?

101 커트린: "넌 왜 그 천사에게 그렇게 했니?"라고요.

102 죠: 내 생각에는 "더 이상 그러지 마라"라고 말했어야 할 것 같아요.

103 케빈: 그녀는 "너희 모두 집으로 돌아가서 각자 한 짓을 부모님께 이야기해라"라고 말했어야 해요.

104 칼릴: 아마 경찰을 부를지도 몰라요. 우리 아빠는 내가 잘못하면 경찰을 부를 거라고 하시거든요.

105 알리야: "너희들 왜 그래? 너희들도 모두 이상하잖아. 어떻게 너희나 마찬가지로 이상한 건데 그것을 비웃을 수 있니?"라고 말했어야 해요.

106 카트린: "계속 날아라!"

107 에드워드: "거기서 내려와."

108 벨라: "미안해" 라고 말했어야 해요.

109 아만다: "계속 정신을 차리고 날아라."

이 예문에서 마틴 선생님의 질문(100)에 아이들은 멋진 대안을 제시하였다. 알리야(105)와 아만다(109)의 생각은 특히 날카롭다. 알리야는 누구든 어떤 면에서는 이상한 점이 있다는 점을 지적하였고, 아만다는 영적 충고를 하였다.

"나라면" 진술문의 또 다른 예는 테일러 선생님이 만 5세반에서 갤돈(1975)의 「생강빵 소년」을 읽어줄 때에서 찾을 수 있다. 이 경우, 마틴 선생님이나 마찬가지로 테일러 선생님은 형이상학적 성격의 반응을 유도하였다.

교사: 너희들이 길에서 뛰고 있는 생강빵 소년을 보았다면 어떻게 했을까? 로나야?

로나: 작은 노파와 노인에게 데려가요.

칼리(Callie): 과자를 줘요! [아이들 웃음]

교사: 과자를 준다고?

샘슨(Sampson): *그 애가* 과자잖아요! [동정하는 어투로] 자기가 자기를 먹을 수 없잖아요. 살인을 할 수는 없는 거잖아요. 자기 머리를 깨물어 먹을 수는 없어요!

비비안: 생강빵 소년을 잡기 위해 아주 빨리 뛸 거예요.

자신의 경험으로 개인화시키는 "나라면"의 세 번째 예는 비글러 맥카씨 선생님 반에서 「빨간 모자」(Hyman, 1983)를 읽어줄 때 일어났다. 마틴 선생님이나 테일러 선생님과 다르게 비글러 맥카씨 선생님은 아이들의 생각을 별도로 물어볼 필요가 없었다.

교사[읽어주기]: **"할머니댁에 가요. 할머니께서 아파서 침대에 누워계시거든요." "그래?" 그[늑대]는 중얼거렸어요. "바구니에는 뭐가 들었니?" "빵이랑 버터, 그리고 포도주요."**

고든: 난 그렇게 말하지 않고 "아무것도 없어요"[순진한 얼굴로 휘파람을 불며 올려다보며]

라고 말할 거예요.

트렌트: 제가 빨간 모자라면, 음, 늑대가 제게 할머니 어디 있냐고 물을 것이고, 전 할머니께서 백 마일이나 [멀리] 떨어진 뉴욕에 계신다고 할 거예요.

선: 내가 만약 빨간 모자라면, 난 질문에 답을 할 것도 없이 지름길로 그냥 갈 거예요.

등장인물 조정하기

유아들은 때때로 등장인물을 조정할 수 있는 대상으로 생각하였다. 비글러 맥카씨가 폴 갤돈(1985)의 「곰 세 마리」를 읽어주는 동안 금발 소녀의 나이에 대한 토의가 있었다. 갤돈이 소녀의 앞니가 빠진 것으로 그렸기 때문이다.

교사: 몇 살 때 이가 빠지지?

선: 29세요?

트루디: 아주 작은 애기요.

교사: 여기[교실]도 이 빠진 아이들이 있는 걸? 금발 소녀는 너희들 나이 정도일까?

고든: 우리 나이인 것으로 해요.

이렇게 아이들에게 이야기는, 변화 가능한 것이다. 이야기는 아이들의 성격과 선택, 능력에 따라 달라질 여지가 있었다. 고든은 기꺼이 「곰 세 마리」의 공동 저자 역할을 하였다. 아이들은 이야기를 마음대로 꾸밀 수 있다는 생각이 가능해짐에 따라 또 다른 충동이 가능해졌다. 크리스는 하이먼(1983)의 「빨간 모자」에 대한 토의 후에 자신이 이야기를 하는 사람임을 인식하기라도 한 듯, "우리는 빨간 모자에 대한 이야기를 만들 수 있을 거야. 빨간 모자에 대한 여러 개의 이야기를 모두 읽은 다음에 손인형극을 할 수 있을 거야"라는 말을 하였다. 여기서 크리스는 자신과 친구들이 세부적인 이야기가 아닌 전체적인 이야기를 만들어내는 사람으로 생각하고 있는 것이다. 크리스와 친구들은 이야기를 개인적으로 만들어낼 것이고, 그 이야기 각각은 "여러 개의 빨간 모자 이야기" 중 하나가 될 것이다. 「스트레가 노나 *Strega Nona*」(dePaola, 1975)를 읽으며 샐리가 말했듯이, "*우리*는 오늘 그 이야기를 다시 한 번, '다시 이야기하기'(retelling)하고 있다".

삶과 이야기의 경계 흐리기

마지막으로 유아가 삶과 이야기의 구분을 의도적으로 불분명하게 하는 반응도 있었다. 테일러 선생님의 만 5세반 유아들에게 「으뜸 헤엄이 *Swimmy*」(Lionni, 1963)를 읽어주는 동안 폴리(Polly)는 "우리도 여기 물고기가 있잖아. 저거 이름이 으뜸 헤엄이야. 나머지는 빨간 물고기고"라고 말하였다. 폴리는 책에서 다른 물고기의 빨간색과 대조를 이루는 으뜸 헤엄이의 색(검정색)을 언급하는 것이었다. 폴리는 교실 어항의 실제 물고기와 리오니 책의 물고기 그림을 연관 지을 줄 알았다.

> 레티: 빨간 모자가 되는 꿈을 꾸었어요. 난 늑대에게 음, 잡혀먹혔고, 그때, 엄마가 그때 할머니가 빠져나왔고, 그때 누군가 와서 나를 도와주었고, 내 여동생이 밖으로 나왔어요.
>
> 교사: 꿈속에서?
>
> 케이런: 그러면 그건 다른 판의 이야긴걸! [아이들 웃음]
>
> 후안: 저자가 누구야? [아이들 웃음]

이런 대화는 만 5세에게는 거의 믿기지 않을 정도로 고도의 대화다. 레티는 자신의 꿈 이야기를 하는데, 이렇게 사적인 이야기(꿈보다 더 사적인 것이 있을까?)를 케이런과 후안은 자신들이 읽은 빨간 모자와 병치되는 이야기로 해석하고 있다. 이는 두 아이들이 "판", "저자"라는, 이야기의 메타 언어 용어를 사용하는 것을 보면 알 수 있다. "저자가 누구야?"라는 후안의 말은 꿈이 어디서 오는지, 즉 깨어 있는 동안 우리는 꿈의 저자인가에 대해 형이상학적으로 깊이 생각하게 해준다. 아니면 우리는 무의식적으로 여러 모습을 소유한 존재인가? 저자는 자신이 쓰는 내용을 좌지우지하는데, 레티는 자신의 꿈의 작가로서 그와 같은 역할을 하는가? 어느 경우든, 후안의 질문에는 아이들이 이야기를 변용 가능한 것으로 생각한다는 점과, 깨어 있든 잠든 상태든 자신을 유능한 작가로 생각한다는 점이 암시되어 있다.

이야기에 대한 유아의 개인적 저항

유아의 개인적 반응은 이야기를 자신에게 맞추는 것만으로 이루어지지는 않는다는 것을 알았다. 자료에 따르면 유아의 개인적 반응에는 세 가지의 저항 방식이 담겨 있었다.

1. *선호하는 또는 범주화 시키는 저항*(preferential or categorical resistence). 유아는 이야기를 피상적으로 살펴본 후 저항한다. 표지를 보고 너무 유치하다는 판단을 하고, "전 이 책을 보기에 나이가 들었는 걸요"라는 말을 한다. 남자아이들은 어떤 책에 대해서는 "여자아이들을 위한 책"이라는 생각 때문에 거부한다. 반면, 연구에 따르면 여자아이들은 남자아이가 주인공인 책에 대해 훨씬 잘 참아낸다(Childress, 1985). 흘끗 그림만 보고 그 책이 자신들을 위한 책이 아니라고 생각하는 아이들도 있다. 어떤 만 5세 아이들은 크리스토퍼 코디(1991)의 「빨간 모자」에 대해 "그림이 너무 무섭다"면서 읽고 싶어 하지 않았다. 아이들은 또한 어떤 범주나 장르 전체를 거부하거나("사실이 아닌 이야기는 싫어요") 아주 편협한 선호도를 나타내기도("트럭에 대한 책만 좋아해요") 한다. 이런 식의 거부 태도를 "그런 이야기는 싫어요"라고 표현할 수 있겠다.

2. *몰입 상태의 저항 또는 활성화된 저항*(engaged or kinetic resestence). 두 번째 개인 저항 유형은 몰러와 알렌(Moller & Allen, 2000)이 개진한 "몰입 상태의 저항"이라는 아이디어에 기초한다. 이 아이디어는 밀드레드 테일러(Mildred Taylor, 1987)가 5학년 아프리카계 미국인 소녀와 히스패닉 소녀로 이루어진 소집단에서 「우정 *The Friendship*」을 읽어주었을 때 나온 반응을 해석한 것이다. 몰러와 알렌은, 1930년대 미시시피 시골에 사는 백인과 아프리카계 미국인 사이의 우정에 대해 환기시키고자 한 작가의 의도대로, 독자인 소녀들이 이야기 속 등장인물과 잘 동일시하였다고 말하였다. 그러나 소녀들은 편협한 인종적 태도와 차별주의를 포함하여 잔인하고 불공정한 사태에 대해 거부하였다. 소녀들은 이야기의 가치를 평가하면서도 이야기가 너무 정서적으로 진을 빼서 고통스럽다고 하였

다. 또한 무기력하다고 느끼면서 혼란스러워했고 불편해하였다. 이는 독자가 유색인 경우 중요한 문제다. 카이(Cai, 2002)는 비권력 집단에 속한 독자 입장에서는 이야기에 내재된 불공정성 때문에, 그리고 그런 불공정함이 현실 세계와도 관련되는 것에 분노와 공포가 일어나 텍스트를 거부하게 된다고 말한다. 이런 유형의 거부는 "삶이 그런 것인지는 모르겠지만 그것은 너무 고통스러워 듣고 싶지 않아요"라고 표현할 수 있겠다.

이런 유형의 거부는 보그단(1990)이 말한 "활성화된 반응"(kinetic response) 개념과 유사하다. 보그단은 독자가 문학을 평가하는 방법 중 하나는 자신이 문학에 대해 즉각적이고 정서적으로 반응을 하는지에 달려 있다고 한다. 즉, 문학이 자신들을 위해 "정서적 탄성 보따리(p. 126)를 내놓는지"의 여부에 따라 문학을 평가한다고 주장한다. 몰입 상태의 저항이란, 의미 있는 정서적 효과가 있기는 하지만 그 효과가 고통스러운 것이라 피하는 것을 말한다. 유아도 이런 식의 거부를 한다. 마틴 선생님의 만 5세반의 경우, 교사가 「아름다운 것들」(Wyeth, 1998)을 읽어주었을 때, 몇몇 아이들은 "이야기가 너무 슬퍼요. 난 행복한 이야기가 좋은데"라며 불평하였다. 이런 평가에는 불만 이상의 것이 담겨 있다. 이 반응은 이야기에 대해 기대하는 것 또는 믿는 것(이 경우에는 이야기가 즐거워야 한다는 생각)과 「아름다운 것들」의 내용 간의 불일치를 보여준다. 또한 삶에 대한 묘사는 유아에게는 *너무* 사실적이라는 의미도 들어 있다. 아이들은 대체로 불안정한 현실에 주의를 기울이고 싶어 하지 않기 때문이다.

이런 식의 거부감을 접하면 유아에게 어느 정도의 내용이 적절할까라는 거대한 질문이 고개를 든다. 아마도 우리는 모두 유아에게는 극단적으로 끔찍한 언어라든지 폭력이나 성적으로 자극적이거나 고통스런 이미지를 노출해서는 안 된다는 데 동의할 것이다. 그러나 모리스 샌닥(1988)이 그렇듯 일부 사람들은 아이들이 우리가 생각하는 것보다 세상에 대해 훨씬 더 많이 알고 있다고 주장한다. 또한 그들은 아이들에게, 친구나 자신보다 아는 것이 많고 함께 공감해주는 어른이 지지하는 분위기에서 자신의 걱정과 불안, 혼돈에 대해 이야기를 나눌 기회를 주어야 한다고 본다(Robertson, 1997).

3. *배제된 데 대한 저항*(exclusionary resistence). 세 번째 유형의 저항은 대표성의 문제에 기초한 개인적 저항이다. 누가 이야기에 나오고 누가 나오지 않느냐, 그들이 *어떻게*

표현되어 있느냐와 같은 것 말이다. 등장인물에 "동일시"한다는 것은 복잡한 의미를 지니고 있다. 거기에는 독자와 등장인물 간의 유사성을 인식하거나 어쩌면 등장인물처럼 되고 싶다는 바람이 포함될 수도 있다. 여러 연구 결과(Nevel, 1999; Sims, 1983; Taylor, 1997; Towell, Schulz, & Demetrulias, 1997), "독자의 문화적 정체성과 다문화 문학의 선호나 이야기 속 등장인물과의 동일시 간에 관련성이 있는지"에 대해서는 연구결과가 불일치한다.(Cai, 2002, p. 161). 그렇지만 대부분의 교육학자들은 유아가 이야기에서 "자신을 볼" 수 있다는 것은 중요한 일이라고 생각한다. 인종이나 민족, 문화적으로 "힘 있는 문화"에 속하지 않은 아이들에게는 특히 중요할 수 있다(Delpit, 1995, p 24). 그러나 우리는 단일 문화권에 살지도 않고 문화는 개인적으로 경험하는 것이므로(Smolkin & Suina, 1997) 책에 비슷한 문화적 배경을 갖고 있는 등장인물이 출현한다고 해서 동일시가 일어나리라는 보장은 할 수 없다.

배제된 데 대한 저항은 "내 모습은 없네요. 난 이야기 밖에 있어요!"라는 말로 표현될 수 있다. 엔시소(1994)는 4, 5학년 아이들이 「열정적인 매기 *Maniac Magee*」에 대해 토론한 내용을 적었는데, 그 중에는 그 책에 대한 라틴 소녀의 언급도 포함되어 있다. "… 검은 부분과 하얀 부분이 있다. 멕시코인이나 중국인 또는 그런 사람들처럼 생긴 사람들은 어디에 속할까?"(p. 524). 이 말은 자신이 책 밖에 있다고 느끼고 있음을 나타내는 말이다. 낸시 라릭(Nancy Larrick, 1965)이 "온통 백인 세상의 아동 도서"(The All-White World of Children's Books)를 출판한 이후 아동문학의 세계에서 다문화 도서의 양과 질이 크게 발전하였다. 그러나 모든 아이들이 책에 정기적으로 몰입하여, 다른 사람의 경험을 바라보는 "창"으로서의 책뿐만 아니라 유아 자신의 경험을 비추어보게 하는 "거울"로서의 책을 경험하기에는 아직 갈 길이 멀다(Galda, 1998).

유아는 또한 동일시하려고 했던 등장인물이 문제가 있는 인물로 표현될 때도 배제되는 느낌을 받을 수 있다. 「종이 봉지 공주 *The Paper Bag Princess*」에서 로버트 문치(Robert Munsch, 1999)는 "왕자가 용에게 잡혀간 공주를 구하는" 일반적인 이야기를 패러디하였는데, 거기에는 소년들이 "받아들일 만한 역할"이 결여되어 있다(Altmann, 1994, p. 27). 로널드 왕자는 비겁하고 자기중심적인 멍청이로 나오기 때문이다. 소녀들은 엘리자베스 공주와 동일시하고 힘을 부여받지만, 이것은 소년들의 희생의 대가라 할 수 있다. 알트만(Altmann)이 지적한 대로 단순히 성만 바꾸어 힘의 균형을 잡으면 불공정성을 지속시키는 것이 된다. 마틴 선생님반의 여자아이들이 「종이 봉지 공주」의 마지막 부분을 좋아하는 반면, 남자아이들은 그 부분에 대해 강하게 저항하였다. 케빈은 "이런 이야기는 전혀 쓸모없어요. 여자 아이들을 위한 이야기예요!"라고 소리쳤다.

독자의 반응과 감정, 개인적 연상 내용과 같이 개인적 반응을 강조하는 모든 유형의 문학적 이해는 독자반응 비평 이론으로 설명된다.

08
동화된 반응 및 연행적 반응

이 장에서는 다섯 가지의 의미 구성 방식 중 두 가지를 함께 다룰 것이다. 여기에 해당하는 반응의 양이 아주 적어서 논의할 사항이 많지 않기 때문이다. 그러나 양이 질을 나타내는 것은 아니라서 이 두 가지 범주의 반응들이야말로 내 연구에서 가장 흥미로운 반응들이다. 한 장에 두 유형의 반응을 설명하는 또 다른 이유는 9장에서도 이야기하겠지만, 이 두 가지 반응이 심미적 자극을 서로 반대되는 방식으로 활성화시키기 때문이다.

동화된 반응: 이야기 세계로 들어가기

범주 4의 동화된 반응은 아이들이 이야기의 "이차 세계"(Benton, 1992)로 들어가거나 "텍스트의 힘"(Scholes, 1985)에 압도되거나, "생생한 체험"(Rosenblatt, 1978/1984)

을 하는 것이다. 이런 아이들은 이야기를 적극적으로 몰입하여 듣고 수용하는 데 초점을 두었기 때문에, 아이들이 밖으로 한 말은 빙산의 일부일 뿐이다. 그러므로 아이들의 *말 언어* 반응에 기초한 연구에서 생생한 체험 속 아주 깊은 내부를 알려면 자료 해석 시 반응 당시의 상황에 주의를 기울일 필요가 있다.

이런 반응들은 우연스러우면서도 자발적인 것들이었다. 그것은 의사소통을 의도하지 않은 것처럼 보였다. 예를 들면, 4장 시작 부분에서 언급하였듯이, 비글러 맥카씨 선생님 반에서 「그레이스는 놀라워」(Hoffman, 1991)를 읽어줄 때 "원하는 것은 무엇이든 되는" 그레이스의 능력에 대해 고든이 *작은 목소리*로 한 말은 비관적 시각을 표현한 것이었다. 유아 편에서 보면, *침묵*은 말로 나타낸 반응보다 더 미적으로 수용하고 있다는 표시이자 동화된 입장을 취하고 있음을 나타내는 표시였다. 그래도 침묵은 드러나지 않는 증거에 불과하였다. 그렇지만 관찰력 있는 교사라면 유아가 이야기에 빠져들어 조용한 것인지 지루하거나 다른 데 신경을 쓰느라 조용한 것인지 분간한다. 그러므로 나는 동화된 반응이 비록 발화 수는 적지만 중요한 문학적 이해라고 본다.

청중(다른 친구들이나 교사)에게 향한 것으로 보이는 반응은 이 범주에 포함시키지 않았다. 그러나 이런 논리는 유아의 의도에 대해 내가 추론한 바가 타당한지의 여부에 달렸다. 유아의 발화에는 소통 의지가 담겨 있는가, 아니면 "내적 언어"(Vygotsky, 1986)인가? 「무파로의 아름다운 딸들」(Steptoe, 1987)에서 등장인물의 한 명인 게으른 딸은 "난 여왕이 될 거야. 난 여왕이 될 거야"하며 격렬하게 소리친다. 비글러 맥카씨 선생님이 이 부분을 읽자마자 누군지는 모르겠지만 몇 아이들이 조용하지만 격한 목소리로 "그렇지 않을 거야! 그렇지 않을 거야!"라고 말했다. 이런 반응은 거의 녹음 되지 않을 정도의 작은 소리였다. 낮지만 자발적으로 즉석에서 보여준 이런 반응은 이야기 세계에 몰입하고 있음을 나타내는 것 같았다. 할머니께로 가는 길에서 벗어나지 않겠다는 약속을 한 「빨간 모자」 이야기를 교사가 읽어준 다음 크리스가 내뱉은 "불결한 아이!"라는 반응에는 즐거움, 혐오감, 경계, 공포가 포함되어 있었다. 사냥꾼이 늑대를 보는 장면에 대한 묘사가 나왔을 때는 트렌트가 "어어"라고 하였다. 이 두 반응 모두 하이먼(1983)의 「빨간 모자」를 읽어주는 동안 나왔다.

동화된 반응은 정서 표현이 자발적이거나 소리 효과를 만들어내기 때문에 아주 단순하다고 볼 수 있다. 이런 종류의 반응은 「윌리와 헤어리맨 *Wiley and the Hairy Man*」(Sierra, 1986)을 읽을 때 만연하였는데, 이 이야기는 잘 알려진 남아프리카계 미국 민담을 재화한 이야기다. 이것은 약간 무서운 이야기로 어린 소년 윌리를 위협하는 반인 반수 헤어리맨에 대한 이야기다. 윌리가 헤어리맨으로부터 벗어나려면 헤어리맨을 세 번 웃겨야만 한다. 이 책을 읽어주는 동안 마틴 선생님은,

교사[읽어주기]: **헤어리맨은 길고 누런 이를 내보이고 웃으며 침을 흘렸어요.**

여러 아이들: 우우!

헤어리맨이 주인공을 위협하는 부분, **윌리! 위일리! 오늘 밤 널 잡으러 갈 거다…!**를 읽을 때 케빈은 "무서워요!"하면서 훌쩍였다.

동화된 반응은 언어적으로는 훨씬 복잡한 반응이라 할 수 있다. 몇 명의 만 5세 아이들에게 「피터 토끼 이야기」(Potter, 1902/1987)를 읽어주는 동안 아이들은 피터가 곤궁에 처한 것을 아주 심각하게 받아들였다. 맥그리거에게 쫓기는 피터에 대한 포터의 묘사를 들으면서 아이들은 흥분해서 "피터, 뛰어! 살려면 뛰어야 해!"라고 소리쳤고, 피터가 농장 울타리 밑으로 간신히 빠져나오자 "신이시여, 피터를 죽게 두지 않아서 감사하나이다!"라고 환호하였다. 이렇듯 아이들은 등장인물들을 응원하거나 주의를 주면서 이야기 속 인물들을 격려하였다. 테일러 선생님 반에서 「으뜸 헤엄이」(Lionni, 1963)를 읽어주는 동안 라토야는, "으뜸 헤엄이야, 더 빨리 헤엄쳐. 더 빨리 헤엄치라구!"라며 소리쳤다. 「빨간 모자」(Coady, 1991)를 읽어주는 동안 로티(Lottie)는 주인공에게, "야, 늑대에게 말을 걸면 안 돼! 왜 그렇게 바보 같냐?"라며 주의를 주었다. 이런 예를 통해 유아는 마치 이야기 세계 안에 등장인물들과 함께 있는 것처럼 이야기 속 등장인물에게 직접 "말을 거는" 경향이 있음을 알 수 있다.

마틴 선생님의 만 5세 반에서도 이야기 등장인물에게 직접 말을 거는 이런 경향(주의 주기, 인사하기, 대화하기 등)은, 드물기는 했지만 강렬하면서도 중요한 순간으로 드러났다. 코디(1991)의 「빨간 모자」를 읽어주는 동안 할머니로 가장한 늑대가 빨간 모자를 할머니 침대로 끌어들이는 부분에서 케빈은 "가면 안 돼! 가면 안 돼!"라고 외쳤다. 가

장 재미있는 "독자 참여" 순간은 스티븐 켈로그(1997)의 「아기 돼지 삼 형제」를 읽어줄 때였던 것 같다. 이 이야기에서 엄마 돼지는 와플 장사를 하여 삼 형제를 지원한다. 늑대가 돼지 삼 형제를 만나자, "안녕, 햄. 안녕, 베이컨. 안녕, 소시지"라며 으르렁거리더니 돼지들을 잡으려고 한다. 결국 삼 형제는 엄마 돼지가 구해주게 되는데, 엄마 돼지는 와플 기계를 늑대가 굴뚝을 타고 내려오는 바로 그 자리, 난로가 있던 자리에 두었던 것이다. 그래서 늑대는 돼지 삼 형제 이야기의 다른 판에서처럼 물이 끓는 가마솥으로 들어가는 대신 "와플"이 되어버렸다. 이야기의 이 절정 부분에서 죠는 마치 늑대에게 소리치듯 의기양양하게 "이제 누가 소시지가 되는 걸까?"라고 하였다.

동화된 반응의 변형으로는 이야기 속 등장인물이 되어 그 "역할을 하듯"(Adomat, 2005; Edmiston, 1993) 말하는 것을 들 수 있다. 이것은 나이샤가 개인적으로 자주 보여주었던 반응 양식이기도 하다. 「릴러와 킹카주」를 읽어주는 동안, 나이샤는 레올라(금발 소녀)가 성난 곰들을 만났을 때 불쌍한 모습으로 "날 잡아먹지 마!"하며 간청하였다. 물론 이 경우 나이샤는 레올라를 대신해서 말을 하는 것이고, 거의 복화술을 하는 것 같았다. 나이샤는 이야기가 끝나는 부분에서 곰이 레올라를 용서해주고 먹을 것을 한 바구니 싸서 집으로 돌려보내줄 때 동화된 반응 위치에서 역할을 바꾸는 능력을 발휘하였다. 이때 나이샤는 곰의 역할을 맡아서 손을 흔들며 "안녕, 얘야, 안녕!" 하며 따뜻하게 인사하였다. 훨씬 무서운 이야기인 「윌리와 헤어리맨」(Sierra, 1986)에서 카트린은, 헤어리맨이 윌리의 엄마를 위협하는 부분에서 아주 위협적인 목소리로 "난 그 아이를 찾고 있어…" 하며 으르렁거렸다. 할아버지가 저자인 패트리샤 맥키삭(Patricia McKissack)에게 들려준 남부 시골 이야기인 「플로시와 여우 *Flossie and the Fox*」(McKissack, 1986)를 읽어주는 동안에도 복화술에 의한 반응이 나타났다. 「빨간 모자」의 요소가 담겨 있는 이 이야기에서 어린 플로시는 반대편 어두운 숲 속에 있는 이웃집에 달걀을 가져다주라는 부탁을 받는다. 거기서 플로시는 여우를 만난다. 플로시는 여우를 몰라보는 것처럼 가장하고, 여우가 제시하는 어떤 증거도 믿지 않음으로써 여우가 거의 정신이 나갈 정도가 되게 한다. 여우가 "봐, 내게는 두껍고 멋진 털이 있어"라고 말하면 플로시는 그러면 토끼가 분명하다고 대답한다. 여우의 길고 뾰족한 코도 플로시에게는 와 닿지 않는다. 냄새를 맡으며 "생각해봐. 쥐의 코는 길고 뾰족하잖아"라고 한다. 이 부분에서 아만다는 플로시가 되어 "넌 쥐일 거야"라며 끼어들었다. 제임스 마샬(1987)의 「빨간 모자」를 읽어주는 동안 마틴 선생님이 빨간 모자를 먹는 늑대에 대해 읽어줄 때 도나는 은밀한 목소리로 "오, 참 맛있겠군!" 하였다. 뿔레의 말을 빌자면, 아이들은 동화된 반응을 통해 저자로서의 "소유권"을 경험하고 있는 것 같다. "여기 있는 나는 책을 읽을 때 '내 안에서 생각을 하는' 사람이고 책을 쓰고 있는 사람으로서의 나"(Poulet, 1980, p. 46)인 것이다. 이런 반응은 "연기 방법"(method acting)(Stanislavski, 1970)에 대한 이론과 비슷하다. 이 이론을 보면, 이상적인 배우는 배우와 인물이 하나가 되도록 인물의 감정을 깊이 느끼려 한다고 한다.

동화된 반응은 거의 항상 이야기의 극적인 순간에 일어났지만, 이런 순간은 덜 대중적일 수도 있다. 로즈(Rose)는 이야기 시간 동안 거의 말을 하지 않는 아이였다. 비글러 맥카씨 선생님 반에서의 모든 읽어주기 시간 동안 로즈는 딱 한 번 알아들을 수 있는 발화를 하였다. 이 한 번의 반응은 「부엉이와 보름달」(Yolen, 1987)을 읽어주는 동안 나타났다. 이것은 아빠와 밤늦게 부엉이를 보러 가는 어린 소녀에 대한 이야기로, 부드럽고 조용한 이야기다. 로즈의 반응에 촉매 역할을 한 것은 앨리스의 말이었다. 앨리스는 이미 6장에서 언급한 바 있듯이, 「부엉이와 보름달」에서 날고 있는 부엉이 이미지와 「아기 부엉이들」의 이미지를 비교하였다. 앨리스가 아기 부엉이들에게로 다시 날아오는 엄마 부엉이 그림을 가져와서 보여주었을 때 로즈는 천천히, 그리고 조용하고 감정이 많이 담긴 목소리로 "엄마가 온다! 엄마가 와!"라고 말했다. 로즈는 말을 할 때 친구들이 아닌 그림을 보고 있었다. 아이들의 발화 내용을 녹음할 때, 내가 로즈 옆에 앉지 않았더라면 그것은 알아들을 수 없었을 것이다. 내 생각에 로즈는 그 순간 아기 부엉이들 중 한 마리가 되어 이야기 세계 속에 있었던 것이고, 로즈의 발화는 엄마가 둥지로 돌아오는 것을 보자 기뻐하는 아기 부엉이(두려운 감정과 버려진 감정을 갖고 있었음)로서의 경험에서 비롯된 것이며, 그렇기에 로즈는 이 말을 혼잣말처럼 했던 것 같다.

이 범주의 문학적 이해는 잠깐 동안이나마 이야기와 자신의 삶을 하나가 되게 하여 이 둘이 서로 통할 정도로 역동적인 서사 안에 자신을 위치하게 할 줄 아는 능력을 말한다. 아이들은 말과 침묵을 통해, 자신이 이야기 세계에 빨려들어 "책 속에서 길을 잃었음"(Nell, 1988)을 나타내었다. 그러므로 이야기에 깊이 몰입하는 것은 그 자체로 문학적 이해이며, 이것은 그동안 교사, 특히 저학년 교사의 이야깃거리가 되어왔다. 그러나 이것은 이론화되지도 않았고 이론적 틀로 통합되지도 못하였다. 다른 많은 반응들과 마찬가지로, 이 반응도 아이들이 말로 보여주는 복잡하고 다양한 양상의 반응과의 관련성을 이해하지 못한다면 한낱 유아가 펼쳐 보이는 흥미로운 반응들 중 하나에 불과하다고 생각할 것이라는 게 내 주장이다.

동화된 반응은 미성숙하고 순진한 반응이라고 해석되기도 한다. 아이들이 이야기를 "실제"로 여기고 등장인물이 실제로 살아 있기라도 한 것처럼 행동하기 때문이다. 하딩(1962)과 제임스 브리톤(1984)은 아이들이 문학이나 "시적 언어" 형태에 적합한 "구경꾼 입장"을 가정할 줄 모른다고 말했을지도 모르겠다. 또한 아이들은 은행에 가거나 시장에 가거나 그 외 일상생활에 참여할 때 사용하는 실생활 "거래 언어"(transactive language)에 적합한 "참여자 입장"을 적절하게 가정할 줄 모른다고 말했을지도 모른다. 그러나 내가 매력적으로 여기는 것은, 아이들이 "이야기 세계 속"에 있는 것 같은 반응에서 단 몇 초 만에 이야기와 분리되어 분석적 반응을 한다는 것이다. 이야기에 몰입하고 "이야기 속으로 들어가기"(Ballenger, 1998) 능력이 텍스트를 비평하고 분석하고 평가하는 능력을 방해하는 것 같지 않았다. 오히려 동화된 반응으로 인해 부러울 정도로 풍부한 문학적 융통성이라는 요소가 인상 깊게 밖으로 드러났다. 로젠블랫이라면 아이들이 정보추출적 읽기와 심미적 읽기 선상을 능숙하면서도 별 노력 없이 이리저리 역동적으로 움직였던 것이라고 말했을 것이다.

연행적 반응: 유아의 창의성을 위한 발판으로서의 텍스트

범주 5인 연행적 반응은 대화 중에 5%에 그치지만 자료 중 가장 호기심을 돋우는 반응이었다. 범주 3을 논의하면서 이야기가 점토처럼 가소성이 있다는 것을 유아가 이해하고 있다는 증거로 개인적 반응을 묘사하였다. 아이들은 자신이 마치 이야기의 등장인물이라면 어떻게 할지를 이야기함으로써 이야기를 개인화시켰다. 범주 5에서 아이들은 이야기의 이런 가소성에 대한 아이디어를 훨씬 더 높은 수준까지 끌어올렸다. 아이들은 텍스트를 자신의 창의성을 표현하는 발판 또는 "사전 텍스트"(pretext)(O'Neill, 1995)가 될 때까지 확장시키고 마음껏 주물렀다. 범주 5의 반응은 심미적으로 표현적인 반면, 범주 4의 반응은 심미적으로 수용적이다. 달리 말하자면, 범주 4의 유아들은 텍스트에 힘을 이양하는 것처럼 보였고 텍스트에 의해 조작되는 것처럼 보였지만, 범주 5의 유아들은 달랐다. 아이들이 텍스트를 조작하였고 통제하였다. 범주 4의 반응은 무심해보였고 때로는 거의 들리지 않았는데, 그것은 소통할 의도가 있었던 것이 아니라 자신에게만 경험을 표현해본 것이기 때문이었다. 반면에 범주 5의 반응은 분명히 청중을 대상으로 한 의도적인 표현이어서 다른 유아가 듣고 보고 평가할 수 있는 반응들이었다.

이민 온 히스패닉 유아를 대상으로 한 발렌거(Ballenger, 1998)의 연구는 동화된 반응과 연행 반응의 차이를 구분하는 데 도움이 된다. 발렌거가 p. 63에서 이야기 "속으로 들어가기(entering in)"라고 칭한 반응들은 내가 분류한 동화된 반응, 즉 등장인물에게 반응하기나 책에 나오는 괴물을 때려눕히려고 일어선다든지 그 괴물이 책 속에서 못 나오게 책을 깔고 앉는다든지 하는 반응과 비슷하다. 그러나 발렌거가 "속으로 들어가기"의 예로 보고한 다른 반응들은 내가 이 장에서 이야기하는 연행적 반응, "그들은 텍스트 안으로 들어가고 그것을 *의지대로* 바꾼다"에 더 가까운 것 같다. 다시 말해서, 아이들은 자신의 목적에 맞게 이야기를 자유롭게 왜곡하기도 한다. 발렌거는 책에 대한 이런 입장을 아이티 문화권의 이야기하기로 본다. 그곳에서 이야기는 변하고 만들어지며 청중의 참여는 이야기하기의 중요한 부분이 되기 때문이다.

연행적 반응은 창의성, 놀이성, 풍자가 담긴 유머, 말놀이 등, 언뜻 보기에 대개의 어른이 생각할 때는 이치에 맞지 않는 것을 관련지은 듯 상상의 나래를 펼친 반응들을 말한다. 이런 반응들은 다소 관습을 거스르는 것이라 주제에서 완전히 벗어난 이야기로 생각될 수도 있고, 기표를 아주 자유롭게(때로는 전혀 딴 판으로) 해석한 것이라 이야기를 해체한 것으로 보일 수도 있다. 그런 반응은 교실 분위기가 자유롭고 서로 인내하는 분위기여야 가능하였다. 보수적인 환경에서는 이런 특이한 반응은 금방 억제되고 말았을 것이다. 책의 서론에서, 교사가 "너희들 「빨간 모자」가 어떤 이야기라고 생각하니?"라고 물었을 때 만 5세의 케이론이 했던 놀라운 삼중 언어유희, "아마 빨간 모자는 많이 읽었고(read) 썼으며(write) 이웃('hood)에 살고 있나 봐요"에 대해 이미 언급한 바 있다. 마틴 선생님의 5세반에서는 연행적 반응이 거의 나타나지 않았는데, 그 이유는 교사가 참을성이 부족했기 때문임이 거의 확실하다. 적어도 내가 연구했던 그 해에 마틴 선생님 반 아이들은 다른 종류의 반응을 더 즐겨 하였다. 이후 제시하는 예는 비글러 맥카씨 선생님 반 1, 2학년 아이들로부터의 반응이다. 대개의 아이들은 유치원 졸업 이후에나 차차 연행적 반응을 하게 되지만, 케이론이 보여준 놀라운 연행적 반응은 만 5세의 능력에 대한 그런 일반화를 무색하게 한다. 이것은 만 5세 유아가 발달적으로 덜 준비되었기 때문이 아니라, 유아가 속한 문화가 발렌거(1998)의 흥미로운 연구 대상이었던 아이티의 학령 전 유아의 문화에서만큼 연행적 반응을 높이 평가하지 않기 때문인 것 같다. 발렌거의 묘사에 따르면, 자신이 이야기책을 읽어줄 때 소위 연행적 반응이 많았다고 한다. 어쩌면 마틴 선생님의 5세반 아이들이 이미 "학교생활"에 사회화되어 적응된 것인지도 모를 일이다.

나는 앞서 언급했던 갤돈(1985)의 「곰 세 마리」를 읽어주면서 앞니를 잃어버린 소녀에 대해 아이들이 나누는 토의 내용 같은 자료를 가지고 유아의 연행적 반응에 대한 아이디어를 탐색하였다. 죠이는 활짝 웃는 소녀의 모습을 가리키면서 "얘는 얼굴을 맞은 것 같아요! [2초 정도 쉰 다음 웃음을 터뜨리면서] 아마 케니가 얘를 때렸나 봐요!"라고 불쑥 말했다. 반 아이들은 이 반응에 즐거워하였고, 서로 가짜로 때리는 시늉을 하는 바람에 잠시 소란스러워졌다. 케니는 싸움으로 악명 높은 아이기 때문에 죠이의 말은 다른 아이들에게는 다 알고 있는 말이자 역설적인 말이었다. 죠이 또한 싸우기 좋아하는 호전적인 아이기 때문에 이것은 또 다른 차원의 역설(비글러 맥카씨 선생님과 나만 알고 있는 일이지만)이었다. 이 경우에 죠이는 의도적이면서 영리하게도 허구와 현실을 뒤바꾸는 반응을 한 것이었다. 죠이의 반응은 연행적이었다고 할 수 있다. 그 이유는 죠이가 때를 맞춰 "핵심이 되는 말"을 하였고 친구들로부터 실망스럽지 않은 반응을 얻어냈기 때문이다.

테리는 평소 말재주가 있는 아이로, 종종 연행적 말놀이를 하였다. 테리의 빼어난 연행적 반응은 「흑과 백」(Macaulay, 1990)을 읽어주는 동안에 일어났다. 이 책은 칼데콧 메달을 받은 책이고, 소 이미지가 많이 포함되어 있다. 이에 대해 테리는 "비글러 선생님, 저건 칼데콧 메달을 받았는데요!"라고 소리쳤다. 같은 반 찰스 또한 아주 많은 연행적 반응을 보여주었다. 짧으면서도 아주 재미있는 반응 중 대표적인 것으로는 「걱정 많은 닭」(Kellogg, 1985)을 읽어주는 동안 나왔던 반응을 들 수 있다. 이것은 폭시 록시(Foxy

Loxy)를 찾는 포스터 부분에서 시작된다.

> 교사[읽어주기]: **닭을 납치하고 무서운 범죄를 저지른 폭시 록시를 수배합니다. 주의: 폭시 록시는 악의에 차 있고 무례하고 야비하고 위험함. 그를 보는 즉시 경찰에 신고하세요.**
>
> 찰스[웃음]: 1-800, 911에 전화해요!

찰스는 이야기책을 읽어주는 동안 이런 식으로 반응했던 유일한 아이로, 그의 연행적 반응은 때때로 음악적이었다. 「걱정 많은 닭」을 읽어주는 동안, 찰스는 경찰관처럼 옷을 입은 폭시 록시가 아기 병아리와 친구를 "본부"로 데려다주는 일에 대해 이야기하는 부분의 글에 다음과 같이 반응하였다.

> 찰스: 본부는 경찰을 말하는 거예요.
>
> 교사: 찰스는 본부가 경찰을 의미한다고 생각하는 거니?
>
> 찰스: 아니면 순경(cops)이요.
>
> 고든: 아니면 음, 뭘 의미하냐면...
>
> 찰스 [노래하며]: 나쁜 소년, 나쁜 소년이 너에게 오면 어떻게 할래?

책을 읽어준 다음 무슨 노래를 한 건지 물어보니 찰스는 순경이라는 텔레비전 프로그램의 주제가라고 대답했다. 이런 반응은 연행적 방식의 상호텍스트적 연결이었다. 교사가 「리버벤드 마을의 이상한 하루」(Van Allsburg, 1995)의 제목을 읽어주자 또 하나의 노래 반응이 나왔다. 찰스는 "강변 아래로"를 갑자기 불렀던 것이다.

찰스는 일반적인 동화된 반응인 복화술을 하는 방법으로 "등장인물의 역할을 맡지" 않고, 등장인물을 위한 말을 해주는 방법으로 등장인물의 역할을 맡았다. 다시 말해서 찰스는 자신의 별도의 역할을 위해 목소리를 부여하였다. 예를 들면, 「돼지책 *Piggybook*」(Browne, 1986)을 읽어주는 동안, 찰스는 피곳씨 부인이 매일 하는 집안일 묘사에 대해 연행적 의도가 엿보이는 상호텍스트 관련짓기를 하였다.

교사[읽어주기]: **식구들이 식사를 끝내자 피곳씨 부인은 설거지를 하고 옷을 빨았으며 다림질을 하고 음식을 하였습니다.**

찰스: 신데렐라네요, 신데렐라! 여기 엉덩이를 좀 붙이세요!

찰스는 분명히 이복동생들이 신데렐라에게 구어체의 말을 하는 「신데렐라」를 읽어본 적이 없다. 찰스의 반응은 자기 식으로 만들어낸 것이었다.

그러나 이런 연행적 반응은 단순히 짤막한 농담이 아니었다. 「그레이스는 놀라워」(Hoffman, 1991)를 소집단에게 읽어줄 때 나온 반응 전사본에서 발췌한 내용을 4장에서 소개한 바 있는데, 다음은 샐리의 현명한 준 주제문, "내 짐작으로는 그레이스가 노력을 해서 뽑혔어요"라는 말이 나온 직후에 나온 대화다.

100 고든: [선생님한테] 선생님은 초록색을 입고 있으니 피터 팬이에요. 전 피터 블루예요! [고든은 파란 옷을 입고 있음]

101 줄리: 전 피터 화이트예요! [줄리는 흰색을 입고 있음]

102 테리: [일어서더니 빙글빙글 돌면서 발레 동작을 함]

103 줄리: 테리야, 앉아! [웃음]

104 샐리[역시 일어서서 돔]: 스트레칭 하는 거야! [선생님을 짓궂게 바라봄]

105 교사: 그래, 기다려! [웃음]

106 테리: 이제 전 헬리콥터예요!

107 교사: 그래, 기다려 줄리야, 아무도 네 이야기를 듣지 않고 있구나.

108 줄리: [10번째 열림면을 보여주면서] 여기요. [뒤표지를 보여주면서] 이건 뒤예요.

109 교사: 그래, 네 말이 맞구나. 잘 보았구나.

110 테리[교사에게 작은 소리로 말함]: 가끔 집에서도 이렇게 해요. 재밌어요. 이거 좋아해요.

111 [샐리, 줄리, 고든, 테리 모두 일어서서 빙빙 돌기 시작함]

112 교사: 이 이야기는 사람들이 일어나서 날고 싶어 하게 하는구나! 움직이게 하는 이야기네, 그렇지?

위의 예는 유아가 얼마나 연행적 반응을 열성적으로 할 수 있는지를 보여준다. 이야기를 대체로 아주 진지하게 받아들이고 주제에만 반응하는 샐리조차 고든과 줄리, 테리가 시작한 축제 분위기에 매료되었다(104). 줄리는 본 텍스트에 있던 그림의 일부가 뒷표지에 있는 것을 지적하면서(108) 분석적 성격의 언급을 하기는 했지만, 다른 아이들과 마찬가지로 발레 무용가나 헬리콥터가 되느라 텍스트 안 내용에 대한 반응은 하지 않았다. 교사는 "교사다워"지기 위해 아이들을 제자리로 돌려보내려 애쓰지만 아이들은 이에 대해 마치 "갈 길이 따로 있나요? 선생님이 중요시 하는 내용, 저희는 몰라요"라고 말하듯이 옆길로 새고 말았다. 아이들은 이야기의 진지성을 무시하였고, 교사는 마침내 포기하였다.

「냄새 고약한 치즈맨과 멍청한 이야기들」(Scieszka, 1992)을 읽어주는 동안 또 다른 종류의 연행적 반응이 나타났다. 이 이야기는 그림책과 옛이야기의 전통을 놀이 삼아 뒤엎는다. 표제지에는 큰 글씨로 "표제지"라 쓰여 있고, 이야기가 끝나기 전에 면지가 있다. 목차는 등장인물 그림 위로 *떨어져 내리고*, 때문에 이야기 하나는 책 밖으로 밀려나간다. "공주와 볼링공", "아주 못생긴 아기 오리", "아주 빨리 달리는 빨간 반바지 꼬마" 같은 개별 이야기의 플롯은 이상하게 뒤틀려 있다. 다음의 예화에서 보듯이 겉장의 앞부분부터 아이들의 연행적 반응을 자극한다.

100 교사[앞날개 부분 읽어주기]: **단돈 16.99달러! 56페이지에 흥미진진한 이야기들이 가득! 32페이지짜리 보통 그림책보다 75%나 더 많은 그림책. 끝내주는 이야기 10편! 호화스런 그림 25장! 신간! 재미 보장! 정말 멋짐! 사세요! 지금!**

101 테리: 왜?

102 줄리: 저 책은 메달도 받았어!

103 고든: 그냥 "왜"라고 말해, 그냥 "왜"라고 말해, 그냥 "왜"라고 말해.

104 교사: 뭐? 알았어. "왜"?

105 고든: 어째서? 왜냐면. 어디에? 언제? 누가? [웃음을 터뜨림]

106 교사[웃음]: 알았어. **신간! 재미 보장! 정말 멋짐! 사세요(buy)! 지금(now)!**

107 테리: 이제 "잘가(bye)"라는 말 안 할 거예요. 그럼 잘가(bye-bye now)라는 말 안 할 거예요!

108 고든: 나도 안 할 거예요!

109 모두 [팔을 세게 흔들며]: 안녕! 안녕!

110 테리: 난 화장실에 가지 않고 냄새 고약한 치즈맨이 될 거야!

111 ??: [큰 소리로 웃음]

112 샐리[웃음]: 바보 같아!

101번에서 테리는 텍스트를 탐구하는 반응을 한다. 단순히 책에 쓰여 있다고 해서 우리가 왜 책을 사야 하느냐는 것이다. 줄리는 102에서 보듯 우리 대화를 이어가게 하려 하지만 다른 아이들은 그렇지 않았다. 103과 105에서 고든은 교사가 읽어주는 본문 일부(106)를 흉내내어 톡톡 끊어지는 어투로 말하고 있다. 107과 110에서 테리는 관습을 거스르면서 텍스트 내용을 삶에 연결 짓는 데 텍스트를 발판으로 삼아 말놀이를 하는 등, 해체주의 비평가인 제프리 하트먼(Geoffrey Hartman)(Atkins, 1990)이 자랑스럽게 여길 반응을 한다. 112에서 샐리는 다시 중심을 잡는다.

내가 테리에게 「달라질 거야」(Browne, 1990)를 개인적으로 읽어줄 때 연행적 반응들이 많이 나왔다. 「달라질 거야」는 엄마와 아빠가 어린 남자아이를 집에 혼자 두면서 아이의 삶에 많은 변화가 일어날 거라는 말을 해주는 야릇한 이야기다. 그 변화란 여동생이 태어나는 일을 두고 한 말이었는데, 엄마와 아빠가 아기를 데리고 집으로 돌아오기 전에 집안의 가구나 물품들이 초현실적인 모습으로 변하는 모습이 나온다. 이 책의 네 번째 열림면에는 사람으로 변하는 듯이 보이는 목욕탕 싱크대가 나온다. 양쪽 펼침면 왼쪽 페이지의 싱크대는 코로 바뀌고 물이 내려가는 배수구는 입 모양으로 변한다. 오른쪽 페이지의 수도꼭지 윗부분에는 눈이 생겨나고 싱크대 아래 부분에는 회색 바지에 구두를 신은 사람 다리 모양이 그려져 있다. 테리는 이 이미지를 놀이로의 초대로 여기고 수도꼭지를 트는 시늉을 했다.

테리: 물 마시고 싶니? 쏴! 안 돼! 아야! 아야! 안 돼! *뜨거운* 물이야! [고음의 끊어지는 목소리를 내면서 손을 목으로 밀어 넣고 괴로워하는 얼굴 표정으로 혀를 내밈]

교사: [함께 놀이하듯 웃으면서]: 아이가 물을 마시고 싶어 한 건데.

테리 [웃음]: 얘는 *뜨거운* 물을 마신 거예요. 앗 뜨거, 뜨거, 뜨거, 뜨거! 아우! 소다를 마셔야겠어!

이 놀라운 예화에서 테리는 세 가지 역을 한다. 괴로움을 주는 싱크대 역할과 싱크대 그 자체, 그리고 해설자 역할이다. 거기다 효과음도 낸다. 괴로움을 주는 싱크대는 싱크대에게 "물 마시고 싶니?" 하고 묻는다. "솨!"는 물이 나오는 소리다. 그리고 테리는 싱크대가 되고 싱크대의 배수구는 이제 감각이 있는 입이 되어 "안 돼! 안 돼! 아야! 아야! 안 돼! 뜨거운 물이야!"라고 소리친다. 테리는 이어서 "얘는 *뜨거운* 물을 마신 거예요"라며 해설을 한다. 마지막으로 테리는 다시 불쌍한 싱크대가 되어 "앗 뜨거, 뜨거, 뜨거, 뜨거! 아우! 소다를 마셔야겠어!"라고 소리친다.

테리는 「달라질 거야」에서 매번 자신의 모습을 실제로 변형시켜가면서 연행적 반응을 하였다. 테리는 11번째 열림면에서 벽을 뚫고 나오는 코끼리 코를 보자 엄지와 검지로 그것을 잡으면서 "코끼리는 '00000! 난 이렇게는 말할 줄 몰라요! 안 통해요!'"라고 말했다. 14번째 열림면에서 입을 크게 벌리고 혀를 내민 채 울고 있는 근접 장면의 아기 모습을 보더니 다음과 같은 해석을 하였다.

테리: 이봐요, 이건 [아기의 혀] 뭔가를 삼킨 것 같아요. 뭔가 잘못 삼킨 것 같다구요!

교사 [웃음]: 아기가 막대 사탕을 잘못 삼킨 것 같아?

테리: 잘못 삼킨 거예요! 막대부터 넣은 거라구요! "아아, 꿀꺽! 난 뭔가를 삼켰어요!" [목을 잡고 뭔가 막힌 듯한 소리를 냄]

테리는 텍스트 전체를 발판 삼아 신나는 오락물을 만들어냈다. 이 책이 지닌 낯설음과 야생성은 테리의 긴장을 풀어줌으로써 신나면서도 풍부한 연행적 반응을 유발시킨 것 같다.

이렇게 지나친 연행 반응은 아이들이 책에 몰입하는 활동 중 기본이 되는 활동인 진지하게 의미 구성하기를 방해하는 것 같은 느낌이 있다. 연행 반응은 어쩌면 폭발 같은 것이라 할 수 있을 것이다. 발렌거(1998)는 아이들이 "텍스트 안으로 들어와 그것을 마음대로 바꾸려 했을 때" 처음에는 놀라고 혼돈스러웠다고 자신의 경험을 밝혔다(p. 63). 그러나 다른 식으로 보자면 이런 반응은 고차원적인 심미적 표현이다. 아이들은 텍스트를 "반응을 가능하게 해주는 뚜껑 열린 연상통"으로 생각하여(Grudin, 1992) 창의적으로 표현하는 발판으로 삼는다. 아이들은 또한 텍스트를 오닐(O'Neill, 1995)이 자발적 표현에 대해 표현했던 용어인 "사전 텍스트"로 대한다. 나는 몇몇의 아이들이 참여한 연행적 반응(앞서 「그레이스는 놀라워」와 「냄새 고약한 치즈맨과 멍청한 이야기들」에 대한 예에서 나타난 반응)을 바흐친(Bakhtin, 1984)의 이론에 따라 "카니발식 오락"이라 부른다. 바흐친에 따르면, 카니발의 특징은 다음과 같다.

- "공식적으로 확고한 것들을 상대적으로 취급하거나 뒤집거나 패러디한다"(Dentith, 1995, p. 68). 이런 경우 카니발식의 전복적 요소가 나타난다.
- 보통 사람들이, 지배자의 몫으로 여기던 힘 가진 자의 역할을 맡는다.
- 통제되지 않은 듯한 유머, 조롱, 격한 어조가 자주 등장한다.
- 몸체와 몸의 기능, 특히 금기시 되던 것들을 찬양한다.
- 조용하고 고상한 아폴로 방식이 아니라 본능에 가까운 디오니소스 식으로 창의성이 표현된다.

아이들은 카니발 식의 반응을 한다. 놀이를 하듯 반응하고, 텍스트를 이해 대상으로 여기거나 심각하게 받아들이지 않고 풍부한 반응을 할 수 있는 사전 텍스트로 받아들인다. 반응은 마치 카니발의 이상을 구현하듯 지배 구조를 무시하는 등 종종 전복적이다. 아이들은 텍스트와 교사 모두에게서 진정으로 벗어난 상태에서 통제력을 갖추어 고도로 창의성 있는 반응을 한다. 반응 양상은 아폴로식이라기보다는 디오니소스식이다. 난 렌즈마이어(Lensmire)[1994]가 3학년을 대상으로 바흐친이 말한 "카니발" 개념을 적용시킨 연구를 뒤늦게 발견하였다. 그것은 비록 문학적 반응이라기보다 쓰기 워크숍에서 이루어진 것이기는 했지만 말이다.

앞서 논의한 바와 같이 만약 이런 연구 결과가 나타내는 바가 아이들의 날카로운 문학 비평가로서의 능력과 다양한 유형의 문학적 이해 능력을 보여준다는 것이라면, 아이들의 연행적 반응은 그 중에서도 *해체적* 문학 비평가로서의 능력을 보여주는 것이라 할 수 있다. 이즈음에서 난 "연행적"이란 용어를 반즈(1976)와 고든 웰즈(1987, 1990)의 "연행"(performance)이나 "연행적"(performative)이란 용어와는 반대로 사용한다는 점을 밝혀 두어야 할 것 같다. 이들에게 "연행"이라는 용어는 절차와 규율을 어기기보다는 절차에 따라 보여주거나 규율대로 읽는 행동을 말하는 것이기 때문이다.

앞서 동화된 반응에 대해 미적 충동을 수용적 측면에서 실행에 옮긴 것이라고 이론화시켰다면, 미적 충동을 표현적 측면에서 실행에 옮긴 연행적 반응에 대해서는 다음 장에서 설명할 것이다. 이에 덧붙여 다섯 유형의 반응 모두를 요약하고, 이것들이 다섯 유형의 문학적 이해의 증거임을 논의한 다음, 이를 사용하여 유아의 문학적 이해에 대한 근거 이론을 구성할 것이다.

09

유아의 문학적 이해에 대한 근거이론

이 장에서는 4장에서 8장까지 서술한 다섯 가지의 문학적 이해 유형을 종합하여 유아의 문학적 이론을 개진하고자 한다. 이 이론이 모든 연령, 모든 유형의 문학에 적용될 수 있다고 보지는 않는다. 대개의 유아는 주로 이야기 그림책(picture storybook)을 통해 문학의 세계를 경험하므로, 여기서 문학적 이해라 함은 이야기 그림책에 대한 문학적 이해를 말한다. 더구나 이 이론은 그림책을 읽기 전과 읽는 동안, 그리고 읽어준 다음에 유아가 한 언어적 반응에만 기초했기 때문인데, 그 이유는 이렇게 해야 문학 토의 그룹이나 북클럽, 문학 서클에서 읽어준 다음 이야기를 나누거나 글을 쓰는 활동을 할 때와는 확실히 다르게 문학을 순간순간 가장 역동적으로 구성할 수 있다고 믿기 때문이다. 이 이론은 책에 사용된 연구 자료로부터 생성되었다는 점에서 근거 이론이라 할 수 있다.

다섯 가지 문학적 이해

표 9.1은 유아의 문학적 이해 양상을 다섯 가지로 요약하여 보여준다. 나는 이야기 그림책을 읽어주는 동안 유아가 한 반응유형학(typology)에 기초하여 이 책의 자료를 구성하였다. 유아가 말한 내용은 다섯 가지 반응 유형으로 분류될 수 있으며, 이 반응들은 문학적 이해의 다섯 가지 측면을 나타낸다고 생각한다. 요약하면 다음과 같다.

1. *분석적 반응*은 글과 그림을 통합시키는 가운데 그림으로 서사의 구성요소인 플롯, 배경, 인물, 주제, 문체들을 해석할 뿐 아니라, 이것들을 식별하는 과정을 통해 서사의 의미를 구성하는 문학적 이해 유형을 말한다. 또한 이야기 그림책을 글작가와 그림작가, 편집자, 디자이너가 만들어낸 문화적 산물로 본 상태에서 토론을 하고, 텍스트 내의 특정 단어나 구문의 의미를 탐색하며, 그림의 시각적 디자인의 요소에 대해 이야기를 하고, 허구와 실제를 구분하는 반응들이 포함된다.

2. *상호텍스트적 반응*은 이야기 그림책을 들으면서 다른 책이나 넓은 의미에서의 "텍스트", 즉 텔레비전 프로그램과 선전, 광고, 음악, 그림, 또는 대중문화의 텍스트, 같은 반 친구의 그림과 글을 관련짓는 반응이다.

3. *개인적 반응*은 텍스트의 인물이나 행위, 상황이 자신의 경험이나 다른 사람의 경험과 얼마나 같고 다른지를 설명하면서 텍스트를 자신의 삶과 연결 짓는 반응이다. 여기에는 자기 같으면 이야기 속 인물과 같은 말이나 행동을 했을 거라든지 그와는 다른 말이나 행동을 했을 거라든지를 나타내는, "나라면 …할 것이다" 또는 "나라면 …하지 않을 것이다" 같은 문장 표현이 포함된다. 유아는 이런 식으로 이야기에 대한 소유권을 포현한다.

4. *동화(同化)된 반응*은 텍스트 세계와 유아의 심리적 세계가 일순간 서로 통하는 것을 말한다. (1) 이야기에 깊이 몰입했다는 증거로 자발적으로 정서 표현을 하는 것, (2) 등장인물에게 대꾸를 하거나 주의를 주거나 평가, 또는 힘을 북돋는 말을 하는 것, (3) 등장인물이 되어 그가 할 말을 하는 것이 이 반응에 포함된다.

5. *연행적 반응*은 유아가 자신이 생각하는 목적에 따라 이야기를 창의적으로 꾸미는 반응을 말한다. 이런 종류의 반응의 의도는 이야기를 해석하려는 게 아니라 텍스트 자체와 텍스트를 읽고 있는 교사로부터 벗어나고자 하는 것이다. 이런 반응들은 전복(顚覆)적이거나 익살맞거나 반어적이거나, 또는 보수적인 관점에서 보면 대개의 어른이 제대로 이해한 내용에서 "벗어나" 있는 경우가 많다. 그리하여 이런 반응들은 재미있을 때가 많고, 통제하기 어려우며, 카니발 같은 특징이 포함되어 있을 때가 많다.

표 9.1 문학적 이해의 다섯 가지 측면: 이론적 모델

<table>
<tr><th>반응 유형</th><th>A. 입장
유아가 어디에
위치하는가</th><th>B.행위
텍스트로
무엇을 하는가</th><th>C. 기능
텍스트가 어떻게
기능하는가</th></tr>
<tr><td>1. 분석적</td><td>텍스트 안</td><td>분석하기</td><td>텍스트를 대상으로
사용하기</td></tr>
<tr><td colspan="4">텍스트를 대상이나 문화 산물로 다룬다. 유아는 텍스트 안에 머물면서 분석적 입장을 나타내는 언급을 한다.</td></tr>
<tr><td>2. 상호텍스트적</td><td>여러 텍스트에
걸쳐 있음</td><td>연결 또는 관련짓기</td><td>텍스트를 맥락으로
사용하기</td></tr>
<tr><td colspan="4">텍스트를 다른 문화 산물과 관련짓는다. 텍스트를 다른 텍스트와 관련짓고, 여러 텍스트의 연결로 형성된 더 큰 맥락의 한 요소로서의 기능을 한다.</td></tr>
<tr><td>3. 개인적</td><td>텍스트로부터 또는
텍스트로</td><td>개별화 하기</td><td>텍스트를 자극으로
사용하기</td></tr>
<tr><td colspan="4">텍스트와 자신의 삶을 관련짓는다. 텍스트를 개인적 연결을 위한 자극으로 작용한다.</td></tr>
<tr><td>4. 동화된</td><td>텍스트를 통과</td><td>하나 되기</td><td>텍스트를 자신의
아이덴티티로 사용하기</td></tr>
<tr><td colspan="4">이야기 세계로 들어가 이야기와 하나가 된다. 이야기 세계는 유아의 세계와 순간적으로 하나가 된다.</td></tr>
<tr><td>5. 연행적</td><td>텍스트 위</td><td>연행 또는
"의미 부여" 하기</td><td>텍스트를 연단으로
사용하기</td></tr>
<tr><td colspan="4">텍스트 세계로 들어가 텍스트를 의도대로 조작하는 것이다. 텍스트는 유아의 카니발식 축제의 놀이터이자 유아의 창의성을 발현시키는 연단(演壇)의 기능을 한다.</td></tr>
</table>

사이프(2000a), p.268을 인용. 국제읽기학회(International Reading Association)의 허가를 받고 사용함.

표 9.1에서는 맨 위에 적혀 있는 입장(stance), 행위(action), 기능(function)에 따라 다섯 가지 측면의 문학적 이해가 각각 어떻게 나타나는지를 담고 있다. 그러므로 표를 수직으로 살펴보면 다섯 가지 측면의 문학적 이해 양상을 세 컬럼의 내용에 따라 비교할 수 있을 것이다. 또한 그 표를 수평적으로 보면 다섯 가지 측면별 입장, 행위, 기능을 살펴볼 수 있을 것이다.

입장: 유아가 어디에 자리를 잡는가

입장은 유아가 텍스트의 어디에 자리를 잡는가에 대한 것이다. 문학을 분석적으로 이해할 때(1), 유아는 텍스트 *안*에 위치한다. 이는 텍스트에 집중하여 면밀하게 읽고 해석하기 위해서다. 이때 유아는 텍스트를 글작가나 그림작가의 작품을 분석하고 감상할 수 있는 언어 아이콘으로 대한다. 유아들은 배경, 인물, 플롯, 어조, 주제 같은 서사의 전통적 구성요소를 해석하면서 텍스트를 자세히 분석적으로 읽는다. 또한 글과 그림 두 가지의 미디어를 번갈아 사용한다. 즉 이야기의 글을 통해 그림을 해석하고 그림을 통해 이야기의 글을 해석하고, 다시 이 과정을 "번갈아" 계속한다. 유아는 또한 앞표지와 뒤표지, 겉장, 면지, 약표제지와 표제지, 헌사 페이지 등 주변텍스트를 포함한 모든 부분을 이용하여 이야기에서 어떤 일이 일어날지 예측하고 등장인물 간의 관계를 해석하기 시작하고 이야기의 전반적 어조를 알아낸다. 이야기를 읽어나감에 따라 유아는 자신의 가설을 확신하거나 불신하고, 친구, 교사와 논리적 순서에 따라 추론하고 해석해나간다. 글 텍스트와 그림의 양식과 분위기에 대해서도 토의한다. 그림과 글 텍스트가 양쪽 펼침면에 배열되는 방식을 관찰, 서술, 해석하고, 그림책을 "넘기는 드라마"(Bader, 1976)로 여기므로 다음 펼침면에 벌어질 일을 생각해보고 채우기도 한다. 유아는 그림에 대한 분석적 입장을 택하여 색과 선, 모양, 질감, 페이지에 놓인 사물과 인물의 위치, 그 외 텍스트 해석에 도움이 되는 모든 "코드"로 된 "시각적 기호현상"을 해석한다.

문학을 상호텍스트적으로 이해할 때(2), 유아는 두 개 이상의 텍스트에 *걸쳐* 있게 된다. 이렇게 텍스트 간에 연결 지어 해석함으로써 유아는 (a) 이야기를 나누고 있는 책에 대해 더 잘 이해한다. 또한 (b) 이야기 속의 세계끼리 연결 짓는 과정을 통해 이야기와 "다른 이야기가 어떤 식으로 서로 기대어 있는지"를 더 잘 인식하며, 텍스트 하나는 상호 관련된 텍스트들로 이루어진 커다란 매트릭스의 일부라는 점을 더 잘 이해하게 된다. 유아는 또한 톨킨이 주장하는, "새로운 이야기란 없다. 오로지 우리가 글을 쓸 때 펜을 담갔다 뺄 수 있는 '이야기 주머니'(cauldron of stories)가 있을 뿐"이라는 진실을 경험하게 된다(Cairney, 1990, p. 478을 인용).

문학을 개인적으로 이해할 때(3), 유아는 텍스트*에* 자신의 삶을 연결 짓기도 하고, 텍스트*로부터* 무언가 끌어내어 자신의 삶에 연결 짓기도 한다. 이야기를 삶을 비추는 거울로 보거나 새로운 경험을 비춰보는 창으로 본다(Galda, 1998). 또한 텍스트를 벗어나서 이야기의 요소에 저항하기도 한다.

문학을 투명하게 이해할 때(4), 유아는 자신을 심리학적 위치에 두어 잠깐 동안이나마 듣고 있는 이야기 속을 *관통하는* 삶을 산다. 이야기 속 인물과 하나가 되기도 하고 이야기 안에 등장인물을 직접 끼워 넣기도 한다. 이런 식으로 유아는 책 안으로 들어가 등장인물과 그의 행동에 깊이 참여하게 된다.

문학을 연행적으로 이해할 때(5), 유아는 마치 텍스트가 자신을 창의적으로 표현하게 하는 연단이라도 되는 것처럼, 텍스트 *위*에 위치한다. 이런 입장에서 유아는 이야기를 해석하는 데는 별 관심이 없으며, 이야기는 단지 에너지를 창의적으로 발산시키기 위한 발판일 뿐이다. 그러므로 이 입장의 반응들은 농담 같기도 하고 축제 분위기 같기도 하며, 때때로 불온하다. 이 다섯 가지가 유아가 이야기 그림책과 관련을 맺는 방식들이다.

행위: 유아가 텍스트로 무엇을 하는가

행위는 유아가 텍스트로 무엇을 하느냐를 말한다. 유아는 (1) 텍스트의 구조와 인물, 플롯 배경에 대해 이야기를 나누고 해석하면서 텍스트를 자족적인 단원으로 여기고 분석한다. 유아는 또한 그림의 형식과 내용, 그림에 사용된 매체에 대해 토의하기도 한다. 또한 그림을 글에 관련짓기도 하고 그림의 다양한 관습과 부호를 "읽고" 어떤 일이 일어날지 예측하거나, 암시 같은 특정 문학적 지식을 적용하기도 한다.

유아의 또 다른 해석 방식은 (2) 여러 텍스트를 서로 *연결*(link)하거나 *관련*(relate)짓는 것이다. 텍스트끼리 충분히 많이 연결되면 여러 텍스트를 고차원에서 일반화시키는 능력을 갖출 수 있게 될 것이다. 유아는 이야기끼리 연결 짓는 경험을 해봄에 따라 자신도 모르는 사이에 민담, 사실 이야기, 역사 이야기 같은 문학 장르를 구성하는 요소에 대해 습득하게 된다.

유아는 또한 (3) 자신이 갖고 있는 문제에 대해 이해하거나 이에 대처하기 위해 텍스트를 사용하거나, 자신을 그림책의 이야기와 똑같은 이야기를 하는 작가로 인식하거나, 또는 자신이 이야기의 등장인물이라면 어떻게 할지를 말하면서 텍스트와 자신의 삶을 관련지어 개인적으로 의미 구성을 하기도 한다. 유아는 이야기가 다른 삶의 본보기로서의 역할을 한다는 것을 알고, 이야기를 통해 자신과 자신의 목적, 삶의 목적을 재창조한다.

유아는 또한 (4) 텍스트에 *녹아들어* 순간적으로 이야기와 하나가 된다. 이렇게 "제3지대"(Winnicott, 1974) 또는 내적으로 상상을 하는 기능으로 인해 이야기 세계와 제3지대는 일시적으로 하나가 될 정도로 통합된다.

마지막으로 유아는 (5) 텍스트를 자신의 창의적 환상에 날개를 달아줄 촉매로 활용하여 연행하는 반응을 하거나 텍스트에 의미를 부여(signify)한다(Gates, 1988; Lee, 1995).

기능: 유아가 텍스트를 어떻게 사용하는가

기능이란 텍스트를 사용하는 다양한 방법을 말한다. 텍스트는 (1) 유아의 분석적 에너지를 위한 대상으로서의 기능을 한다. 텍스트는 해석할 가치가 있는 미적 대상("언어적 아이콘")인데, 텍스트의 부분 하나하나는 통합된 심미적 총체의 일부다. 그러므로 유아는 미술의 본질과 특징, 잠재 가능성에 대해 이해하기 시작한다.

또한 텍스트는 (2) 여러 개의 텍스트 간의 연결로 형성된 더 큰 *맥락*의 일부 요소가 된다. 이때 텍스트는 서로 연결된, 복잡한 패턴의 큰 텍스트의 일부 구성요소로서의 기능을 한다. 유아는 텍스트를 시간과 공간, 그 외 다른 문화를 가로질러 뻗어가는 "의미의 웹"(a web of meaning)의 일부로 이해한다.

텍스트의 또 다른 기능은 (3) 개별 유아의 지식이나 성장, 공감을 *자극*하는 것이다. 다시 말해서, 텍스트는 유아의 인성이나 정서, 인지적 기능에 영향을 미칠 가능성이 있다.

(4) 유아가 텍스트에 녹아들 때 텍스트와 유아의 "제3지대"는 서로 통하게 된다. 이렇게 텍스트는 유아에게 순간적 *동일 대상*(identity)(포스트모던 용어로 표현하자면 유아의 순간적 *주관성*)의 기능을 한다. 유아가 이야기에 "동일시"를 한다거나 이야기가 유아에게 "반향을 일으켰다"고 말할 때 의미하는 바는 이것이다.

마지막으로, (5) 텍스트는 유아가 창의적이고 풍부한 표현의 연행적 반응을 할 수 있게 하는 연단 또는 "사전 텍스트", 놀이터의 기능을 한다. 이것들은 서사문학 텍스트가 행사하는 다양한 기능들이다.

앞서 제시한 표는 또한 수평으로 읽을 수도 있다. 세 개 칼럼의 각 구문을 합쳐 읽으면 완성된 문장이 된다. 각 문장은 입장과 행위, 기능을 나타내므로 문학적 이해의 각 측면을 충분히 요약해준다.

모호한 성격의 범주

표 9.1은 문학적 이해의 다양한 유형 간의 관계를 보여준다. 이를 통해 유아가 취하는 입장과 행위, 텍스트의 여러 가지 기능에 따른 다섯 유형의 차이를 비교, 대조해볼 수 있지만, 여기에는 유아의 문학적 이해가 지닌 역동적이고 유동적인 특성과 잘 일치하지 않는 정적인 성질도 담겨 있다. 그러므로 이제 난 문학적 이해의 측면들이 상호 아무 상관없이 아주 뚜렷하게 구분되는 것이 아니라는 점에 대해 이야기하고자 한다. 앞서 예로 든 유아들의 이야기 중 몇 가지 구체적인 예를 살펴보면 이들 문학적 이해 유형 간에 서로 통하는 게 있음을 잘 알게 될 것이다.

「돼지책」(Browne, 1986)은 현대 판타지로, 피곳(Piggott) 씨 가족 이야기를 담고 있다. 이 이야기에서 피곳 씨 부인은 남편과 두 아들이 자기네들은 아무것도 안 하고 갖가지 주문을 하면 그것을 모두 해준다. 이 이야기를 읽어주는 동안 찰스는 일하는 피곳

씨 부인을 묘사하는 텍스트 어느 부분에 대해 다음과 같이 반응하였다.

> 교사[읽어주기]: **식구들이 식사를 끝내자 피곳 씨 부인은 설거지를 하고 옷을 빨았으며 다림질을 하고 음식을 하였습니다.**
>
> 찰스: 신데렐라네요, 신데렐라! 여기 엉덩이를 좀 붙이세요!

연행적 반응에 대한 논의에서 찰스의 말은 *연행적* 의도가 담긴 *상호텍스트적* 반응이라 불렸다. 그러므로 적어도 두 측면의 문학적 이해(두 번째와 다섯 번째 측면)가 이 반응에 나타나 있다. 찰스는 분명히 다른 신데렐라 텍스트나 여러 판의 신데렐라 텍스트 묶음을 떠올리며 연관 짓고 있다. 찰스는 또한 텍스트를, 놀이하듯 표현하는 연행적 반응을 하기 위한 연단으로 사용하고 있었다. 텍스트에 놀이하듯 우스운 말을 집어넣어 가며 이야기를 능숙하게 다루었다.

문학적 이해의 다른 세 측면도 있어 보인다. 찰스의 언급에는 찰스가 텍스트를 해석적으로 읽었다는 증거가 묻어 있다. 이야기 등장인물 간의 관계에 대해 자신이 알고 있는 내용을 꽤 날카로우면서도 은근슬쩍 *분석적*으로 드러낸 것으로 봐서, 즉 이런 관계를 한 마디의 함축적인 말로 정확하게 표현한 것으로 봐서 그러하다. 피곳 씨와 두 아들은 분명히 「신데렐라」에 등장하는 계모와 이복언니들을, 피곳 씨 부인은 신데렐라를 아주 많이 닮았다. 그러므로 이 반응에는 문학적 이해의 첫 번째 측면이 담겨 있다고 할 수 있다. 이런 관점에서 보면 찰스의 말은 복합적인 은유다.

게다가 찰스는 그가 사용한 언어로 볼 때, 이복언니들이 신데렐라를 부르는 장면이 나오는 책을 읽어본 적은 없는 것 같다. 그러니까 찰스는 분명 자신의 목소리로 *개인적 반응*을 한 것이다. 찰스는 어쩌면 심지어 이런 식의 말을 들었던 때를 기억하고 있을지도 모른다. 이렇게 보면 세 번째 반응인 개인적 측면의 문학적 이해도 나타난다고 할 수 있다.

마지막으로 찰스의 말이 즉흥적이고 날카로웠다는 점으로 볼 때, 찰스가 이야기 세계에 참여하고 있으며 텍스트와 하나가 되었다고 할 수 있다. 이것은 문학적 이해의 네 번째 측면의 특징이다. 찰스는 순간적으로 이복언니 중 하나가 되어 말을 한다. 그러니 다섯 가지의 문학적 이해의 측면 모두가 이 한 가지 예에 나타난다고 할 수 있다. 물론 그

중 어떤 것이 다른 것에 비해 조금 더 분명하다고 할 수는 있겠지만 말이다. 찰스는 여러 *입장*을 취하고 있고, 여러 가지 *행위*를 하고 있으며, 텍스트는 찰스의 반응에 복합적인 *기능*을 한다고 할 수 있다.

여러 가지 반응이 겹쳐 일어난 또 다른 예를 들자면, 마샬(1987)의 「빨간 모자」를 읽어주는 동안 유아가 한 일련의 반응을 들 수 있다. 이것은 늑대가 빨간 모자를 처음 보았을 때 생각했을 내용에 대해 교사가 묻는 질문에 대한 반응이다.

> 찰스: "냠냠냠!"
>
> 트루디: "냠냠냠, 내 저녁밥이군!"
>
> 돈: "내가 먹을 음식이 떠다니는군!"
>
> 교사: 또 다른 건? 줄리아?
>
> 줄리: 뛰어가서 먹어버려야지!"
>
> 트렌트: [휘파람- 진짜 "늑대" 휘파람]
>
> 교사: 휘휘, 예쁜 여자아이가 있네, 그런 생각을 했단 말이지?
>
> 트렌트: "예쁜 여자아이- 맛있기도 할 거야!"

이 예는 10장에서 특정 유형의 반응을 격려하기 위해 교사가 하는 질문의 예로 다시 한 번 인용될 것이다. 이 경우, 유아는 연행적 반응을 통해 텍스트를 마음대로 바꾸기도 하고, 이렇게 저렇게 여러 가지 작용을 가해본다. 그러나 이런 반응은 다른 연행적 반응에 비해 이야기의 플롯과 더 직접적으로 관련되어 있다. 연행적 반응은 대체로 이야기 줄거리와 훨씬 덜 관계가 있는데 말이다. 유아는 이야기 그림책에서 사용한 언어를 사용하고 있지는 않지만 이야기 내에 머물러 있는 것 같다. 그리고 그들이 한 말은 등장인물이 생각하고 있을 법한 것이기 때문에 그 성격상 해석적이고, 어찌 보면 분석적이라고까지 할 수 있다. 특히 돈이 한 말은 해당 페이지의 그림을 분석적으로 해석한 결과인 것 같다. 그 페이지의 빨간 모자 그림 아래에는 그림자가 없어서 마치 "공기 중에 떠 있는" 모습처럼 보일 수도 있으니 말이다. 또한, 아이들은 다른 판의 「빨간 모자」를 알고 있으니 아이들의 반응에 상호텍스트적 요소가 나타나고 있는 것 같다. 아이들은 자신을 이야기 속에 끼워 넣음으로써 이야기를 개인화시키고, 1인칭 서술 형식으로 반응함으로써 이야기에 대한 경험을 심미적이고 생생한 언어로 표현하는 것 같다.

다섯 가지의 문학적 이해의 양상이 서로 복잡하게 관련되어 있다는 점을 보여주기 위해 두 가지 예를 살펴보았다. 또 다른 측면의 문학적 이해들이 서로 중복되어 나타날 수 있다는 점은 또 다른 예에서 찾아볼 수 있을 것이다. 중요한 것은, 어떤 경우에는 어느 측면의 문학적 이해인지 분간이 잘 안 된다는 것이다. 그러므로 유아의 반응에 나타난 역동성과 융통성, 즉 한 가지의 문학적 이해에서 다른 종류의 문학적 이해로 빠르고 쉽게 옮겨가는 능력뿐만 아니라 이 이론이 지닌 중복성에 대해서도 설명할 필요가 있겠다.

기본적인 문학적 충동 세 가지

여기서 나는 유아에게 이야기 그림책을 읽어주는 동안 유아의 세 가지 기본 충동이 어떻게 활성화되어 반응으로 나타나는지를 보여줌으로써 다섯 가지의 문학적 이해가 서로 관련되어 있다는 점을 나타내고자 한다.

해석적 충동(범주 1과 2)

나는 다섯 측면의 문학적 이해의 관계를 탐구하면서 상호텍스트적 연계와 텍스트 내 분석 모두, 해석이 주요 의도였던 것 같다고 주장한 바 있다. 유아가 텍스트의 안에 머물든 다른 텍스트와 관련을 짓든 그들이 하는 말을 들어보면, 초점은 이야기를 이해하는 것이다. 유아가 텍스트의 형식과 내용을 이해하려고 하면 그 내용은 텍스트 자체의 내부에 초점을 둔 해석이 되며, 해석은 다시 맥락, 다시 말해서 고려 중인 텍스트 밖의 다른 텍스트의 세계에 초점을 맞추게 된다. 이런 경우, 해석은 눈앞에 있는 텍스트와 다른 텍스트의 세계를 하나로 연결 짓는 문제다. 그러므로 이 두 가지의 문학적 이해를 단일한 충동, 두 개의 구성요소로 개념화시킬 수 있다. 그리고 난 이것을 해석적 충동(the hermeneutic impulse)이라 부르고자 한다. 눈앞에 있는 텍스트 안에서 또는 그 텍스트 밖에서 그 텍스트의 서사가 지닌 의미를 이해하고자 하는 기본 충동 말이다. 이것은 텍스트 "꼼꼼히 읽기"를 주장하는 신비평 이론과 아주 밀접한 관련이 있다.

해석적 충동의 핵심에는 텍스트를 통달하려는 욕구가 있다. 유아는 동화와 조절 과정을 통해 의미를 구성한다(Piaget, 1985). 이야기 문법(Graesser, Golding, & Long, 1991)과 스키마 이론(Anderson & Pearson, 1984)에서는 이것을 정보의 유입, 즉 기존의 인지 구조에 새로 유입된 정보를 조직하는 것으로 묘사한다. 이때 인지 구조는 다시 새로운 정보에 의해 수정, 확장, 발전된다. 구조주의와 서사학의 관심(Barthes, 1974; Genette, 1980; Todorov, 1977)이자 신비평 이론의 관심인 꼼꼼히 읽기는 해석적 충동의 분석적(텍스트 내 분석) 잣대와 관련이 있다. 텍스트가 공통의 패턴을 보여주거나 공통의 보편적 주제를 표현하는 방식에 대한 원형적 비평(Frye, 1957)과 러시아 형식주의(Propp, 1958)의 관심은 해석적 충동의 상호텍스트적 잣대와 관련이 있다. 다양한 방식으로 맥락에 관심을 두는 이론적 관점으로는 "신역사주의"(Veeser, 1989)가 있고 마르크스주의 문학 이론(Eagleton, 1983; Williams, 1977)이 있다. 신역사주의자와 마르크스주의자들은 텍스트를 역사적, 사회문화적, 경제적 헤게모니에 대한 맥락에서 해석하는 데 관심을 둔다.

개인화 충동(범주 3)

이야기를 개인화시키고자 하는 경향은 두 번째 기본 충동이다. 이야기를 자기 쪽으로 끌어들이는 것, 이야기를 사용하여 자신의 삶을 알리거나 그것을 완전히 바꿔놓고자 하는 충동 또한 기본 충동으로, 나는 이것을 *개인화된 충동*(the personalizing impulse)이라 부른다. 이것은 텍스트로 인해 환기되거나 끌어들여진 개념, 가정, 서사의 궤적(narrative trajectory), 주제가 지닌 의미와 독자(또는 청자) 자신의 심리 세계를 하나로 연결하고자 하는 충동이다. 한편으로 우리는 각자의 경험을 텍스트에 쏟아 붓는다. 그 외에 무엇을 텍스트에 쏟아 부을 것인가? 이 반응은 텍스트에 삶을 연결 짓는 것이다. 반면, 환기된 개념과 의미는 또 다른 형태의 경험으로 랑거[1953]가 말한 "실제적인 경험"이며, 우리 삶을 알리거나 바꿀 때 발견된다. 개인화 충동은 두 개의 방향으로 움직인다. 하나는 "난 그 텍스트랑 비슷해(또는 달라)", 또는 "그건 나랑 비슷해(또는 나랑 달라)"이고, 다른 하나는 그래서 텍스트가 나에게 정보를 주거나 나를 바꿀 수 있다는 것이다. 이것이 개인화 충동에서 집중하는 두 가지 내용이다.

개인화 충동의 핵심에는 우리 자신과 텍스트를 연결 짓고자 하는 욕구가 있다. 몇몇 포스트모던 사상가(Derrida, 1976)들은 인간의 심리를 또 다른 텍스트라고 생각한다. 만약 이 관점을 취한다면 개인화 충동은 해석적 충동 위로 무너져 내린다. 왜냐하면 텍스트에 삶을 관련짓는 것은 상호텍스트적 관련짓기의 일종이기 때문이다. 난 이 관점을 취하지 않는다. 반대로 난 "통합된 주체"(unified subject) 또는 적어도 보편적 유형의 "주관성 주제"(subjectivity themes)(Broughton, 2002)를 지지한다. 난 단순히 언어나 사회문화적 대화나 내가 속한 상황에 따라 정체성이 계속 바뀌는 그런 존재가 아니기 때문에, 즉 융이 말하는 자아(Self)가 있다고 믿기 때문이다. 그러므로 난 (1) 나(나의 세계)와 다른 텍스트(텍스트의 이야기 세계)에 대한 개인적 관련짓기와, (2) 자아 "외부"에 있는 두 개 이상의 텍스트 간의 개인적 관련짓기 사이에는 커다란 차이가 있다고 생각한다. 둘 중 어느 것이든, 텍스트를 자신의 것으로 만들지 않는 한 그것은 먼 곳에 있게 된다. 텍스트는 개인화되지 않는 한 마른 뼈다귀이고 페이지에 찍힌 검은 점일 뿐이다. "책은 살아 있는 정신으로 재창조할 때만이 존재할 수 있고, 재창조는 아주 예민한 상상력을 발휘해야만 가능하다"(White, 1994, p. 376). 대개의 독자 반응 이론(Bleich, 1978; Fish, 1967, 1980; Holland, 1975; Iser, 1978; Poulet, 1980)에서는 역동적인 개인화 충동, 즉 개별 독자에게 텍스트가 지닌 의미에 초점을 맞춘다. 삶을 변형시키는 문학의 힘에 대해 이야기하거나(Booth, 1988; McGinley & Kamberelis, 1996) 문학이 현실에 대한 우리의 견해를 변화시키고 우리로 하여금 사회 정의를 추구하도록 하는 방법에 대해 이야기하는 이론가와 연구자(Davies, 2003b: Harris, 1993), 그리고 텍스트를 거부하거나 반대하며 읽을 줄 아는 능력에 관심을 갖는 이론가와 연구자(Enciso, 1994; Sipe & McGuire, 2006c) 모두 주로 개인화 충동에 관심이 있다.

심미적 충동(범주 4와 5)

나는 연행적 반응 범주는 본질적으로 표현적이지만 동화된 반응 범주는 수용적이라는 것, 그러나 둘 다 심미적 입장의 표출이라는 것을 주장하였다. 이 두 가지 문학적 이해의 측면은 한 가지 충동, 즉 *심미적 충동*의 두 개 요소라 할 수 있다. 심미적 충동이 일면, 그 결과 독자는 잠시나마 텍스트의 힘에 심미적으로 압도되어 문학작품을 수용적인 형태로 생생하게 경험하게 된다. 그러나 심미적으로 수용한다고 해서 단순히 수동적인 것으로 생각해선 안 된다. 텍스트의 세계가 유아의 심리 세계 또는 "제3지대"(Winnicott, 1974)와 하나로 연결되어 결국 그 안으로 투과되는 심미적 수용 과정에는 적극적인 민감성과 재구성 과정이 포함되기 때문이다. 뿐만 아니라 심미적 충동은 독자(또는 청자)로 하여금 텍스트에 대한 경험을 발판 삼아 창의적 행위를 할 수 있게 해주므로 표현적이라 할 수 있다. 텍스트의 힘, 그리고 독자가 항복하는 게 아니라 독자가 "이야기 속으로 들어가기"는 창의적 표현에 필요한 촉매가 된다. 이 두 가지가 심미적 충동의 양극이다.

심미적 충동의 핵심에는 예술이 제공하는 자유를 경험하고 어쩔 수 없는 사태를 잊어버리고자 하는 바람이 있다. 에드먼드 화이트(Edmund White, 1994)는 독일의 낭만주의 작가인 실러(Schiller)를 인용하여 "예술은 타협이 필요한 상황에서도 구속받지 않는 정신을 보여주기 때문에 자유인을 키워낸다고 할 수 있다. 예술은 순수한 연극이다"(pp. 330-331)라고 썼다. 예술은 이런 상태를 보여주거나 구현할 뿐 아니라, 작품을 보거나 읽거나 아니면 그것을 경험하는 사람들이 자유를 제약받지 않는 상태가 되도록 해준다. 화이트와 다른 방법으로 이 상태에 도달하는 방법이 있을지도 모른다. 예를 들면, 그것은 철학적이고 종교적인 경험의 목적처럼 보인다. 철학적 구분은 분명히 우리에게 도움이 된다. 고대 그리스인들은 두 개의 시간, *크로노스*(chronos)와 *카이로스*(kairos)를 구분하였다. 크로노스는 일직선상에서 끝없이 이어지는 순간의 연속적인 시간을 나타낸다. 과거니 현재니 미래니 하는 이야기는 우리가 이 선상에 있을 때 하는 이야기다. 반면에 카이로스는 일직선의 개념이 없는 시간이다. 그것은 영원한 현재로, 일직선으로 연결된 시간 개념이 지워진, 의미 있고 흥분되는 순간을 말한다. 그것은 마치 일부 심리학자들(Csikszentmihalyi, 1998)이 기술하는 몰입의 경험과 같은 것이다. 잠자고 깨고 수많은 일상사가 반복되는 일의 세계에서는 크로노스를 경험한다. 예술 덕분에 인간은 어쩔 수 없는 사태로부터 자유로워질 수 있고 크로노스로부터도 자유로워질 수 있다. 그림이나 조각, 춤, 드라마를 보거나 소설을 읽거나 그림책을 읽어주는 소리를 들을 때, 시간은 멈추고 순간이 별 의미 없이 기계적으로 이어질 뿐이다. 심미적 충동은 크로노스를 카이로스로 바꾸고자 하는 바람이다. 위니콧(1974)이라면, 내적이고 상상에 기초한 인지 기능인 "제3지대"는 이런 바람이나 충동을 활성화시키기 위한 심리학적 장소라고 말했을 것이다.

수전 손택(Susan Sontag, 1961)이 『해석에 반대하여 *Against Interpretation*』에서 했던, "해석학을 대신하여 성애적인 예술이 필요하다"(p. 14)는 유명한 말(악명 높다는 뜻이 아님)은 심미적 충동을 강조하여 표현한 말이다. 손택은 문학에 대한 해석보다는 문학을 즐겁게 *경험*하는 것이 중요하다(다른 모든 예술도 마찬가지임)는 점을 강조하고 있다. 벤톤(1992)이 말한 "이차 세계"와 즐거움의 이론(Barthes, 1975)은 심미적 충동의 수용적 양극 간의 역동성에 초점을 둔다. 바흐친(Bakhtin, 1984)의 "카니발" 개념, 게이트(Gate, 1988)의 "의미 부여하기" 개념, 드라마 이론(Cole, 1992; Wolf, 1994), 연극 이론(Block & King, 1987; Garvey, 1977)은 모두 심미적 충동 중 표현적 방향에 관심을 둔 개념이다.

다른 이론적 모델과의 관계

몇몇 이론가들은 세 개의 충동 모두 똑같이 관심을 갖는 것 같다. 로젠블랫의 교류 이론(1978/1994, 2004)은 독자를 기초로 한 연구로 개인화 충동에 매우 관심을 갖는다. 로젠블랫에게 문학적 의미란 무엇보다도 개인적 의미다. 내가 제시하는 "심미적 충동"과 "해석적 충동"은 로젠블랫이 이야기한 심미적 읽기와 정보추출적 읽기와 각각 어느 정도 비슷하지만 차이점도 있다. 로젠블랫의 심미적 입장은 내가 말하는, *수용* 축에 위치한 두 개의 충동, 심미적 충동과 개인적 충동의 성격을 똑같이 띠고 있는 것 같다. 로젠블랫이 말하는, 문학작품에 대한 "생생한 체험"은 사적이고 내적이고 개인적인 것이므로 "시"는 독자의 내면에서 구성된다. 로젠블랫은 심미적 충동을 *표현*의 방향, 즉 독자가 자신의 창의성을 다른 사람에게 드러내는 방향에서는 다루지 않는다. 로젠블랫의 정보추출적 입장은 내가 말하는 해석적 충동에 대응된다. 정보추출적 입장을 달리 표현하면 텍스트로부터 뭔가를 끌어내기 위해 읽는 것이다. 마치 요리를 하기 위해 요리책을 읽듯이 말이다. 정보추출적 입장을 또 다르게 표현하면 문학적 분석이다. 텍스트로부터 뭔가를 끌어내는 정보추출적 읽기는 해석적 충동 개념과는 다르다. 해석적 충동은 문학적 충동인데 텍스트에서 뭔가를 끌어내는 것은 문학적 목적이 아니기 때문이다. 정보추출적 읽기의 또 다른 표현인 문학적 분석은 해석적 충동과 일맥상통한다. 그러나 해석적 충동 또한 다른 축, 즉 텍스트를 더 넓은 문화 산물이나 맥락과 관련지어주는 축으로 구성되어 있다. 로젠블랫은 이에 대해서는 언뜻 내비치기만 했을 뿐이다.

랑거(1990, 1995)는 마음속 그리기 모델에서 독자가 텍스트와 관련지어 취하는 입장을 네 가지로 서술한다. 텍스트를 이해하기 위해 자신의 이전 경험을 동원하여 취하는 입장, "밖에 있기와 안으로 들어가기"는 개인화 충동과 해석적 충동을 결합해놓은 것처럼 보인다. 독자가 텍스트에 몰입하는 것과 관련하여 "안에 있기와 관통하여 이동하기"는 수용적 축의 심미적 충동과 비슷하다. "안에 있기와 밖으로 나오기"는 이야기 속 등장인물과 자신의 삶을 비교하는 것이라 볼 수 있으므로 개인화 충동과 비슷하다고 할 수 있다. "밖으로 나오기와 경험을 객관화시키기"는 해석적 충동과 아주 밀접한 관련이 있다.

보그단(1990)의 "활성화된 반응"은 문학작품을 독자에게 정서적 충격을 주느냐의 여부에 따라 판단할 때, 우리가 문학작품에 보이는 반응 유형을 말하는 것으로, 개인화 충동과 관련지을 수 있다. "관찰자 반응"은 객체로서의 텍스트에 대한 분석과 관련되는 것으로 해석적 충동의 분석적 축과 비슷하다. 보그단의 "잠재적 반응"은 "오로지 독자의 의식이나 무의식적 세계관을 구성하게 될 아이디어와 가치, 느낌을 강화시키느냐 또는 무력화시키느냐에 따라 텍스트를 해석하고 가치를 평가한다"(p. 124). 잠재적 반응은 개인화 충동의 또 다른 측면으로 보인다. 보그단은 이러한 세 개의 반응 유형이 조합을 이룬 결과인, "전체 형태에 대한 이해"(apprehension of total form)에 대해 썼다. 내 이론으로 이야기하자면, 문학을 가장 풍부하게 이해한다는 것은 세 충동 모두가 활성화되고 모두 상호작용을 한 결과다. 이렇게 역동적인 문학적 이해에 대한 내용은 다음과 같다.

역동적인 문학적 이해

세 개의 문학 충동에 대해 설명했으니 이제 그것들 간의 관계에 대해 시각적으로 설명하고자 한다. 문학 충동은 그림 9.1에서 보듯이 세 개의 인지 영역의 층 또는 힘으로 개념화될 수 있다

그림 9.1 역동적인 문학적 이해

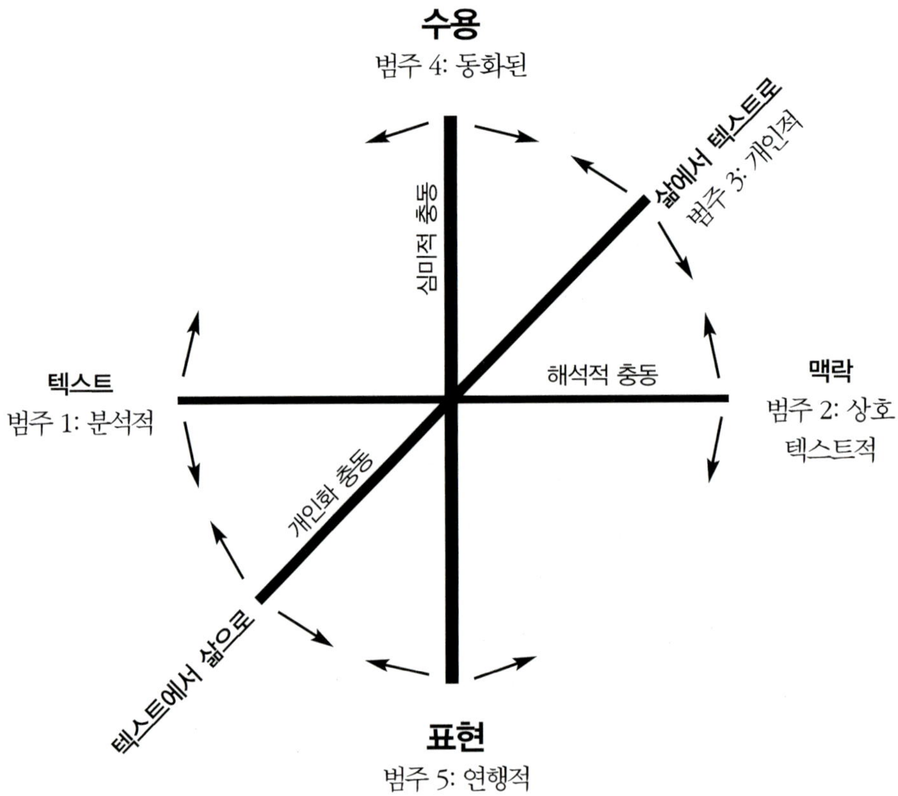

그림 9.1은 세 개 충동의 층이나 힘이 회전목마의 축(이는 테레사 로저스[Theresa Rogers] 박사가 1996년에 나와의 사담에서 표현한 비유임)처럼 도는 모습을 보여준다.

그러나 회전목마의 축과는 다르게 문학 충동은 서로 독립적으로 움직이므로 축을 돌 때 서로 겹치기도 한다. 다시 말해서, 어느 순간 유아의 반응은 두 개의 충동, 심지어 세 개의 충동 모두가 나타날 수 있다. 앞서 개념적 범주의 모호함이란 이런 예를 가리키는 말이다. 또한 그림의 위치에 따라서 분명하게 분리된 충동이 나타날 때도 있다. 세 개의 충동과 5개 측면의 문학적 이해 간에 복잡하면서도 역동적인 상호작용이 나타나게 된다. 문학 충동 중 하나, 또는 회전목마의 축을 구성하는 5개의 문학적 이해 중 하나라도 없으면 문학적 이해는 충분하지 않다. 가장 풍부한 문학적 이해는 세 개의 충동과 다섯 개의 측면이 모두 상호작용한 결과로부터 나오기 때문이다.

이제까지의 논의에 기초할 때 문학적 이해를 이론적으로 정의하자면 다음과 같다.

- 유아의 문학적 이해는 다섯 개 측면으로 구성된다. 그것은 분석적, 상호텍스트적, 개인적, 동화된, 연행적이다.
- 다섯 측면은 기본 문학 충동을 일으킨다.
- 문학적 이해는 세 개의 문학 충동이 활성화되고 서로 상호작용하면서 이루어지는 역동적 과정이다.

그러나 문학적 이해는 각 유아의 마음에서 완전히 분리되어 일어나지는 않는다. 그것은 사회적이고 문화적인 구성요소로 되어 있어서 전문가와 친구들과 사회적 상호작용을 강하게 하는 동안 가장 잘 계발된다. 교사와 친구들이 문학적 이해를 어떻게 계발시키고 격려하고 가능하게 하는가? 유아의 문학적 이해를 계발시키는 데 영향을 미치는 또 다른 것에는 어떤 것이 있는가? 10장에서는 내 연구에서 전문가 선생님이 유아의 문학적 이해를 구성하기 위해 어떻게 도움을 주었는지를 서술할 것이고, 유아의 반응을 제지하는 요인과 가동시키는 요인에 대해 살펴볼 것이다.

3부

유아의 의미 구성을 가능하게 해주는 교사, 문학교육과 연구를 위한 시사점

이제 마지막으로 교사가 유아의 그림책 해석을 돕고 유아의 문학적 이해력을 계발하기 위해 할 수 있는 역할에 대해 살펴보고자 한다. 10장에서는 우선 이해하기 힘든 용어인 "비계설정"에 대해 살펴볼 것이다. 그것은 이 책의 기초가 되는 연구들을 보면, 비계설정이 문학적 이해를 가능하게 하는 방법과 관련이 있기 때문이다. 다음으로 그림책을 읽어주며 얻은 자료를 분석하여 얻은 교사 발화를 다양한 예와 함께 다섯 개의 범주로 나누어 제시할 것이다. 그런 다음 유아의 문학적 이해 비계에 도움이 되는 방법을 범주별로 논의할 것이다. 교사의 질문은 토론에 영향을 미치기 때문에 특히 주목하고자 한다.

어느 한 교사의 읽기 방법과 비계 방법은 범주에 딱 맞지 않아 당황스러웠다. 나는 만 5세반의 마틴 선생님이 이야기를 읽어줬다기보다는 이야기를 들려주고 있다고 해석하였다. 문학적 이해의 비계설정자로서의 성인에 대한 논의 이후에는, 유아가 또래 친구의 문학적 이해를 가능하게 해줄 수 있다는 점을 다룰 것이다.

마지막으로, 11장에서는 교수법을 위한 시사점에 대해 많이 다룰 것이다. 특히 이야기책 읽어주기를 어떻게 할 것인가에 대해 다룰 것이다. 또한 유아의 문학적 이해에 대해 더 상세하고 더 넓게 알게 해줄 수 있는 연구에 대해서도 고려해볼 것이다.

10
문학적 이해를 가능하게 하는 교사 및 유아의 역할

나는 2장에서, 비계설정(scaffolding)의 개념을 학급에서 나누는 토의 일부로 받아들여 전개한 우드, 부르너, 로스(1976)의 생각을 소개하였고, 그것을 비계설정 개념에 영감을 준 비고츠키의 인지, 교수, 학습에 대한 이론과 관련지었다. 브루너와 동료들이 비계설정이라는 용어를 도입한 이래 그 개념은 다양한 방식으로, 심지어 반대 의미로 해석되어왔다.

비계설정이란?

중요한 것은 교사가 설정한 과업이냐 유아가 설정한 과업이냐하는 것이다. 설

(1984)은 "우리는 너무 자주 교사를 설정자로 보는 동시에 유아를 미리 정해진 구조를 그냥 받아들이는 존재로 본다"(p. 482)고 하였다. 이런 식으로 교사의 의도와 목적을 우선시하는 비계설정 개념은 많은 이해력 교수 모델에서 발견된다(예를 들면, Pressley, 2002). 이런 시각은 피어슨과 갤러(Pearson & Gallagher, 1983)의 "점진적인 책임 전가" 모델, 교사가 과업을 설정하고 구조화하고, 유아가 능숙해짐에 따라 유아에게 힘과 통제권을 넘기는 것에 기초한다. 비계설정을 아동중심적으로 보는 이들도 있다. 예를 들면, 버크와 윈슬러(Berk & Winsler, 1995)는 유아를 위한 비계설정을 다섯 가지 요소로 들고 있다. 협동적 문제해결(joint problem-solving), 상호주관성(공유된 의미에 서로 도달), 온화하고 민감한 반응, 유아가 근접발달영역(ZPD)에 있게 하기, 자기규제의 촉진이 그것이다. 로고프(Rogoff) 등(1993)은 교사가 유아로 하여금 자신의 학습에 적극 참여하도록 하면서 유아를 안내하고 지원하는 것에 대해 "안내된 참여"(guided participation)라는 용어를 사용하였다.

다음은 비계설정을 설명하기 위해 내가 제시하는 주장과 가정으로, 이것들은 특히 교사가 유아의 문학적 의미 구성을 돕기 위해 할 수 있는 말과 행동과 관련된 것들이다.

- 첫째, 비계설정이란 용어는 한 가지로 정의할 수 없으며, 교사가 다양한 역할을 한다는 의미를 지닌다. 나는 "전략"(strategies)[예를 들면, Gallimore & Tharp, 1990; Pressley, 2002]이란 용어보다 비계설정이란 용어를 더 좋아한다. 전략은 그 의미를 더 분리시켜 생각할 수 있는 개념이고, 교사의 역할로 볼 때 사회적으로 덜 역동적인 개념이기 때문이다. 교사의 역할 하나하나는 유아가 문학적 해석을 하는 데 도움이 될 것이다. 교사의 역할은 문학적 대화를 주고받는 동안 "순간순간"(Clark & Graves, 2005) 변한다.
- 둘째, 이야기 그림책의 경우, 여러 해석이 있어서 교사가 어느 하나를 "위해" 또는 그 하나를 "향해" 비계설정을 해야 할 필요는 없다는 게 내 생각이다. 울프와 캐리, 마이어라스(Wolf, Carey, and Mieras, 1996)에 따라 난 "이해"라는 용어보다는 "해석"이라는 용어를 좋아한다. 이해라는 용어는 모두를 하나의 정답으로 이끄는 텍스트 중심 접근법에 어울리는 용어인데, 이것은 허구인 문학작품에

는 적합하지 않다고 본다.

- 셋째, 유아의 말에 교사가 말을 하는 비율, 특히 토론을 시작하거나 질문을 하여 토론에 영향을 미치는 정도가 교사의 간섭 정도라 할 수 있다.
- 넷째, 비계설정에 제로섬 게임(zero-sum game)의 특징이 들어 있다고 생각하지 않는다. 제로섬 게임에서는 교사가 더 많은 힘과 통제, 지식을 갖고 있으면 어쩔 수 없이 유아는 힘도 통제권도 지식도 덜 갖게 된다는 것을 의미한다. 비계설정에는 오히려 교사가 예리한 도움을 주면 유아가 더 적극적으로 참여하여 문학적 해석을 하게 되는 시너지 효과가 들어 있다. 다시 말해서, 문학적 의미 구성은 진정 공동의(shared) 책임이 된다(Meyer, 1993).
- 다섯째, 문학적 해석의 비계설정은 부분적으로는 텍스트에 따라 달라진다. 정보 이야기(예를 들면, Clark과 Graves, 2005가 인용한 「당근 씨 *The Carrot Seed*」[Krauss, 1945])에 적합한 비계설정 유형은, 이야기 그림책 같은 허구 텍스트에 대한 비계설정 유형에는 맞지 않는다.
- 마지막으로, 읽어주기 상황은 표면적으로나 암묵적으로나 교사와 유아 모두 참여하고 기대하기 때문에 그 상황 자체가 일종의 비계설정의 사회문화적 맥락이 된다(Many, 2002; Palincsar, 1998).

교사가 한 말의 다섯 가지 개념적 범주

비계설정을 이렇게 이해한 상태에서 이제 이 연구에서 교사가 그림책을 읽어주는 동안 했던 대화 내용을 다섯 개 범주로 나누어 소개하고자 한다. 이것은 교사의 역할로서, 서로 다른 비계설정 기능을 한다.

1. 독자

첫 번째 범주의 교사는 텍스트의 독자(readers)로서의 기능을 보였다. 교사는 출판 정보와 책날개에 적힌 글이나 책 정보를 포함하여 이야기 속 글 텍스트를 읽어주었고, 여러 단어를 가리키면서("그래, 이 단어는 '변화'야") 텍스트의 시각적인 면을 직접 언급하였다. 책의 여러 부분을 가리키며 ("여기는 면지야") 기본적으로 마치 책에 대한 여행 안내원 같은 행동을 하였다. 교사의 대화의 1/4보다 조금 넘는 정도가 이 범주에 속하였다.

2. 관리자와 격려자

두 번째 범주의 교사는 *관리자*와 *격려자*(managers and encouragers)처럼 행동하였다. 유아의 이름을 부르며 답해보게 하거나 유아에게 기다리라고 하거나 혼란을 조절하거나 이야기에 나오는 어떤 것에 유아의 주의를 돌리거나 다른 유아가 하는 이야기에 주의를 기울이도록 하는 등 토의 과정을 관리하였다. 또한 유아를 칭찬한다든지 유아가 반응을 계속하도록 하는 말을 해주었다. 교사의 대화의 1/3보다 조금 넘는 정도가 이 범주에 속하였다.

3. 명료자 또는 탐사자

세 번째 범주의 교사는 *명료자*나 *탐사자*(clarifiers or probers)처럼 행동하였다. 한 아이의 말과 다른 아이의 말을 관련지으면서 뒤에 나온 말이 앞서 나온 말을 어떻게 지지하고 확장하는지, 또는 부연하거나 반박하는지를 알려주었다. 때로는 유아에게 설명하게 하거나 더 알고 있는 게 있는지 말해보게 하였으며, 유아가 이미 알고 있을 것 같은 내용에 대한 질문을 하거나 "다음에 어떤 일이 일어날까?"처럼 일반적인 질문을 하기도 하였다. 이 범주의 교사들은 나중에 나올 내용과 관련짓기 위해 글이나 그림에 주의를 모으거나 서로 관련 있는 내용을 연결 지어 보여주었다. 교사의 대화의 1/4 정도가 이 범주에 속하였다.

4. 의문자 또는 추측자

네 번째 범주의 교사는 *의문자* 또는 *추측자*(fellow wonderers or speculators)처럼 행동하였다. 기발한 해석을 찾는 동료 탐색자라도 되듯 유아와 함께 의문을 갖기도 하고 궁금해하기도 하였다. 또한 동료 연기자나 연극인처럼 유아들과 함께 상상의 나래를 펼쳤다. 읽어주기 동안의 대화 중 약 3%가 이 범주에 속하였다. 이렇게 비율이 낮게 나타난 것은 교사들이 이런 역할을 해야 할 시점에서 주로 침묵하였음을 뜻한다.

5. 확장자 또는 개선자

다섯 번째 범주의 교사는 *확장자* 또는 *개선자*(extenders or refiners)처럼 행동하였다. 이들은 새로운 개념이나 새로운 해석을 도입하여 "가르칠 만한 순간"을 잘 활용하였다. 유아가 사고를 계속하도록 하거나 확장시켰으며, 토론을 마무리 짓기 위해 반응 내용을 요약하였다. 읽어주기 동안의 대화 중 약 5%가 이 범주에 속하였다. 이런 낮은 비율은 교사들이 강한 간섭을 아주 선택적으로 조금만 한다는 것을 보여주는 것 같다.

교사가 한 말의 예

다음은 「괴물들이 사는 나라」(Sendak, 1963)를 대집단으로 읽어주는 동안 나눈 이야기를 전사한 내용의 일부다. 여기에는 다섯 가지 범주의 교사의 말이 담겨 있다. 다음은 중간 부분에 괴물들이 맥스를 지도자로 삼고 축제를 벌이는 장면과 맥스가 집 생각을 하기 시작하는 장면에서 나눈 대화 내용이다. 비글러 맥카씨 선생님이 읽어주는 텍스트는 볼드체로 되어 있고, 어느 범주에 속하는지가 괄호 안에 쓰여 있다. 그리고 대화에 100번부터 시작하는 번호를 붙였다(전사 규칙에 대해서는 부록 C를 보라.)

13번째 열림면: 글이 없는 장면으로, 맥스와 괴물 넷이 팔로 나뭇가지를 잡고 매달려 있고 배경은 옅은 파란색이다.

100 [3] 교사: 죠이야, 어떤 이야기가 들어 있을까?

101 죠이: "원숭이처럼 그네를 타요."

102 ??: 우우, 우우, 우우, 우우! [원숭이 소리를 냄]

103 줄리: 원숭이 정글처럼 생겼어요.

104 [2] 교사: 오, 나무가 원숭이 정글처럼 생겼다고?

14번째 열림면: 글이 없는 또 다른 페이지로, 맥스와 괴물 다섯이 줄지어 걷기 또는 춤추기를 하고 있다. 맥스는 괴물 중 하나의 등에 앉아 있다. 배경은 어두운 초록색과 검정색이다.

105 [3] 교사: 이제 밤이 되었구나.

106 케니: 자기가 만든 이야기를 말할 수도 있는 거네요!

107 [5] 교사: 글자가 있어도 자기가 이야기를 만들 수 있는 거야.

108 죠이: 머릿속으로 말을 할 수도 있어.

109 크리시: [비웃듯이] 머리로는 말할 수 없어.

110 테리: 머릿속에서 말 가지고 생각을 할 수 있는 거야.

15번째 열림면: 맥스는 줄무늬가 있는 텐트 안에 놓인, 다리가 셋인 의자에 앉아 있는데, 지루해 보이고 생각에 잠긴 듯 보인다. 맥스 옆에서 괴물 셋이 자고 있고, 제일 왼쪽에 있는 괴물은 눈이 반쯤 감겨 있다.

111 [1] 교사: **"이제 그만!" 맥스는 이렇게 외치고, 저녁도 굶긴 채 괴물들을 잠자리로 보내 버렸습니다. 이제 괴물 나라 왕 맥스는 쓸쓸해졌습니다. 자기를 사랑해 주는 사람이 있는 곳으로 돌아가고 싶었습니다. 그때, 머나먼 세계 저편에서 맛있는 냄새가 풍겨 왔습니다. 마침내 맥스는 괴물 나라 왕을 그만두기로 했습니다.** [아이들은 이 부분을 함께 읽었다.]

112 죠이: 선생님, 맥스가 졸린 것 같아요. 근데 눈은 떠 있어요.

113 고든: 코가 커졌어요. 살이 찐 것 같아요!

114 [4] 교사: 아마 좀 피곤한 것 같기는 한데 잠이 든 건 아니야.

115 크리시: 어쩌면 나이가 들어서 피곤한 것 같아요.

교사가 한 말의 범주

이 예문에는 교사의 다섯 가지 범주의 대화가 담겨 있기에 선택하였다. 111번에서 교사는 마치 독자처럼 행동한다. 이것은 범주 1, 독자로서의 교사의 가장 간단한 예다.

104번에서 교사는 맥스와 괴물이 정글을 가로질러 왔다갔다 하는 것 같다는 줄리의 말에 반응을 보여주었다. "오, 나무가 원숭이 정글처럼 생겼다고?"라는 교사의 말은 줄리의 말을 인정해주고 칭찬해주는 것 같고, 어쩌면 줄리가 뭔가를 더 이야기하도록 격려하는 것 같다(줄리는 아무 말도 하지 않았지만). 또한 이 말은 아이의 논의를 조절한다는 점에서 관리 기제의 역할도 하였다. 그러므로 교사의 이런 언급은 범주 2, 관리자와 격려자로서의 말의 예다.

100번에서 교사는 어느 한 아이에게 특정 질문을 한다. 교사가 펼친 장면에는 글자가 없으므로 교사는 "죠이야, 어떤 이야기가 들어 있을까?"라고 하면서 죠이에게 그림으로 이야기를 만들어보라고 하고 있다. 다시 말해서, 그림책에 대한 해석을 끌어내고자 하고 있다. 105번에서는 교사가 다음 장의 글 없는 페이지를 보여준 다음에 말을 갖다 붙여서 그림의 의미를 분명하게 하는 걸 도와주었다. 그림의 배경이 어둡기 때문에 교사는 이것을 괴물 축제가 밤까지 계속된 표시로 해석하였다. 이 두 개의 대화는 범주3, 명료자 또는 탐사자로서의 말의 예다.

죠이와 고든이 양쪽 펼침면 왼쪽 끝에 있는 괴물에 초점을 맞춘 것에 대해 교사는 114번에서 자신의 생각을 반영한 해석을 하였다. 죠이는 괴물이 "자는 것 같은데 눈을 뜨고 있다"고 생각하고 있고, 고든은 그 괴물의 코가 크다며 "살이 찐 것 같아요!"라고 하였다. 이에 대한 교사의 언급은 교사가 자신의 견해를 말하는 참여자로서 대화에 개입했음을 나타내는 것이다. 이때, 교사의 입장은 범주4, 의문자 또는 추측자다.

107번에는 아주 미묘한 내용이 살짝 담겨 있다. 페이지에 글이 하나도 없는 것을 보고 케니는 "이야기를 마음대로 만들 수도 있네요"라고 한다. 교사는 이 순간을 이용하여 페이지에 글자가 있어도 "자기가 이야기를 만들 수 있는 거야"라고 말한다. 이때 교사는 확장자와 개선자(범주 5) 역할을 하고 있는 것이다.

교사는 여러 범주에 걸쳐서 폭넓은 역할을 할 수 있는 게 분명하다. 이 열여섯 번의 짧은 대화에 교사의 대화가 여섯 번이나 포함되어 있고, 교사는 다섯 가지 범주의 상호작용을 하였다. 교사의 이런 다양한 대화와 유아의 반응은 어떤 관련성이 있는가? 다시 말해서, 교사의 대화가 유아를 어떻게 돕고, 유아의 이야기 이해를 어떤 식으로 비계설정을 하는가? 다음에서 같은 예화를 가지고 이에 대한 답을 해보고자 한다.

교사가 한 말의 효과

교사들은 유아의 반응을 더 자세히 알고자 할 때(probe) 거의 항상 한 아이에 집중하였다. 이 경우에서처럼 비글러 맥카씨 선생님은 죠이의 주의를 끌기 위한 질문을 하였다. 죠이는 다른 아이들을 산만하게 하는 경향이 있었다. 그러나 교사의 질문은 죠이를 다시 몰입하게 했을 뿐 아니라 102번과 103번의 반응을 하게 하는 데 간접적인 역할을 하였다. 이 두 반응을 보면 몇 유아는 죠이가 했던 생각을 활용하여 자기 식으로 해석하였다. 비록 줄리의 반응을 더 이끌어내지는 못했다고 해도 줄리에 대한 104번 같은 교사의 격려는 이런 효과를 종종 가져왔다. 아이들에게 그들의 반응이 가치 있다는 메시지를 주는 것도 간단한 방법이다. 케니가 그림을 보고 "자기가 만든 이야기를 말할 수도 있는 거네요!"라고 말할 때 교사는 케니가 한 말의 의미를 명확하게 해주었다. 교사는 바로 그 순간에 아이들에게 아주 중요한 것을 가르친 것이다. 아이들에게 페이지에 있는 글자에 매일 필요가 없다는 메시지를 준 것이다. 아이들은 상상한 대로 이야기할 수 있었다. 이는 유아에게 참여권, 저작권, 통제권을 준다는 메시지였다. 그러자 세 유아가 케니와 교사가 함께 전개시킨 생각을 실제로 적용하였다. 이제는 완전히 몰입한 죠이가 "자기가 만든 이야기를 말할 수도 있는 거네요"의 한 방법인, 머릿속으로 말을 할 수도 있다고 말한다. 죠이의 말(108번)은 교사가 가르칠 수 있는 지점이 있음을 보여준다. 크리시의 반응(109번)은 죠이의 말이 타당한지 의문시하지만, 테리(110번)는 죠이의 말을 분명하게 다시 반복해서 말함으로써 죠이의 생각을 지지하였다.

111번에서 교사는 이야기의 독자로 다시 돌아왔다. 자신의 감정을 담아 읽음으로써 이야기에 대한 해석을 가능하게 하였고, 유아들이 읽은 내용에 반응하고 그것을 경험한 것은 순전히 이야기 자체보다는 이야기를 읽어준 교사 덕분이었다. 교사는 렌즈고, 유아는 렌즈를 통해 이야기를 보았다. 유아들이 교사를 따라 함께 읽었던 것처럼 교사는 기꺼이 독자가 되어 유아와 함께 읽는 경험을 했다. 교사는 유아들이 이 이야기에 꽤 친숙하다는 것과 유아들은 이런 식으로 이야기를 습득하면서 즐거움을 얻는다는 것을 알았다.

교사가 한 마지막 말(114번)은, 교사가 유아의 토론을 지시하지 않고도 참여할 수 있는 방법이 있다는 것을 보여준다. 크리시가 교사의 반응 후에 자신의 생각을 덧붙였다는 사실은 교사의 말을 결정적인 말로 받아들였다기보다는 탐구해볼 만한 일련의 생각거리로 받아들였다는 것을 의미한다.

앞의 예화는 "유능한 타인"(expert other)인 비글러 맥카씨 선생님의 읽어주기 시간에서 발췌한 것이다. 물론 다른 반에서도 선생님들이 읽어주기를 실시하였고, 나도 소그룹과 1대1 상황에서 읽어주기를 하였다. 지금 논의하고 있는 범주는 이 모든 자료를 포함하여 분석해서 나온 결과다. 그리고 아래 논의할 패턴, 즉 성인의 코멘트가 유아의 반응과 연결되는 방법과 유아의 반응을 비계설정하는 방법이 담겨 있는 패턴은 누가 읽어주든 상관없이 뚜렷하게 드러나는 것이었다. 따라서 다음의 내용은 교사가 해줄 수 있는 다양한 측면의 도움말의 유형이다. 유아가 분명히 자기 견해를 갖고 문학적 이해력을 구성해나간다면, 교사는 어떻게 그 틀을 잡아줄 것이며 이를 위해 어떻게 비계설정을 해줄 것인가?

비계설정 1유형: 독자

교사가 책을 읽어주면서 가장 기본적으로 행한 비계설정 방식은 혼자 읽을 줄 모르는 유아에게 이야기를 말 텍스트로 들려주는 것이었다. 다시 말해서, 교사는 이야기를 유아가 이해할 수 있게 말의 형태로 제시하는 일을 한 것이다. 이런 점에서 이야기책 읽어주기는 유아의 근접 발달 영역으로 제시된 것이다. 그러나 교사가 독자로서의 기능을 할 때, 읽어주기의 기본적인 비계설정 기능 외에 또 다른 측면에서 비계설정 기능을 한다는 증거가 있었다.

독자로서의 교사는 여행 안내자 또는 미술관 안내자였다. 여행 안내자는 특정 장소에 대해 더 잘 알고 있는 사람으로서 덜 알고 있는 사람들의 경험을 조직해주는 사람이다. 박물관의 안내자 또한 더 자세히 볼 필요가 있는 전시품이 지닌 특정 측면을 알려주는 역할을 한다. 그러므로 여행 안내자와 박물관 안내자는 자신들이 안내하는 사람들의 경험을 비계설정 해주는 사람들이다. 독자 역할을 하는 교사 또한 이야기의 특징을 알려줌으로써 이야기에 대한 유아의 경험을 비계설정하였다. 우리가 한 가장 단순한 방법은 "여기 면지가 있네", "이것은 표제지야", "이건 헌사 페이지지"라고 하면서 책의 부분을 가리키는 것이었다. 책의 특정 부분에 주의를 기울이도록 함으로써 우리는 그것이 중요하다는 메시지를 전달하였다. 「냄새 고약한 치즈맨과 멍청한 이야기들」(Sciezka, 1992)을 읽어주는 동안 나는 "마지막 날개"(endflaps)를 아이에게 가리켜 보였고 그 부분을 읽어주었다. 「외로운 개똥벌레」(Carle, 1995)를 읽어줄 때, 크리시는 뒤표지 날개의 그림과 그것이 감싸고 있는 부분의 그림이 같다고 하였다. 비글러 맥카씨 선생님이 "면지"라는 단어를 반복해서 사용하자 유아들은 면지에 주의를 기울이게 된 것이다. 브래드의 관심을 면지에 끌어들이자 브래드는 면지가 뭔가 의미 있는 것이라는 생각을 할 수 있었고, 이 책 도입 부분에서 언급했듯이 「아기 돼지 삼 형제」(Marshall, 1989)를 읽는 동안 면지를 연극에서의 막에 비유했던 것이다.

비글러 맥카씨 선생님과 나는 독자의 입장에서 「아기 돼지 삼 형제」를 해석하고 읽어주었다. 유아에게 텍스트를 제시할 때, 글이 없는 페이지에서는 감정을 담아 소리내어 읽어주었다. 「고래들의 노래」(Sheldon, 1990)의 어느 페이지를 읽어줄 때에 대해 비글러 맥카씨 선생님이 평가한 내용을 보면, 유아는 이렇게 감정을 담아 읽어주는 것에 민감하다는 사실을 알 수 있다. "색도 느리고 말도 느려요"라는 케니의 코멘트 이후 비글러 맥카씨 선생님은 그 책의 마지막 페이지를 두 가지 방식으로 읽어주었다. 하나는 속도도 빠르고 발음을 짧게 끊어서 읽어주는 것이었고, 다른 하나는 꿈을 꾸듯 천천히 읽어주는 것이었다. 빨리 읽어주는 데 대한 미키의 반응은 "재미없게 들려요. 이 책은 그렇게 읽으면 안 될 것 같은데요. 마침표나 쉼표가 없는 것처럼 너무 빨리 읽으시네요"였다. 감정을 담아 읽기는 유아로 하여금 자신의 해석에 따라 반응할 수 있게 도와주는 비계였던 것이다.

비글러 맥카씨 선생님과 내가 이야기를 부분으로 나누어 읽어준 것도 아이들의 경험에 비계가 되었다. 유아가 온전히 한 페이지 내내 반응하고 싶어 하지 않는 페이지는 별로 없었다. 예를 들면, 「부엉이와 보름달」(Yolen, 1987)을 읽는 동안, 두 번째 열림면을 다음과 같이 읽어주었다.

교사[읽어주기]: **아빠는 내 귀가 다 덮이도록 씌워 주셨지만 나는 들을 수 있었습니다. 농장의 개 한 마리가 기적 소리에 맞춰 짖었습니다. 다른 개들도 따라 짖었습니다. 기차와 개들은 그렇게 오랫동안 함께 노래했습니다.**

고든: 어떻게, 그들이 어떻게 말을 할 수 있어요? 그들이 어떻게 이해할 수 있죠?

교사: 그들이 어떻게 서로 이해하냐고?

고든: 네, 그들이 어떻게 알 수 있냐고요?

교사: 기차가 기적 소리를 내는 대로 개는 큰 소리로 짖겠지. 기차가 다시 기적 소리를 내면 개가 다시 크게 짖을 것이고.

고든: 아.

교사[읽어주기]: **기차와 개들은 그렇게 오랫동안 함께 노래했습니다. 기적 소리도 컹컹 소리도 잦아들고, 꿈속처럼 고요해졌습니다. 아빠하고 나는 숲으로 다가갔습니다.**

이 예화에서, 교사는 고든이 질문을 하기 전에 반 페이지 정도를 읽었다. 고든과 이야기를 나눈 다음 교사는 전에 이미 읽은 마지막 문장을 다시 읽었다. 이렇게 문장을 반복하여 읽어주는 일이 자주 있었는데, 이것은 유아가 뭔가를 이야기하고 싶어 할 때 멈추는 한편 유아가 이야기를 잘 이해하며 따라올 수 있게 도와주고자 하는 바람이 담긴 것이다. 다시 읽어주면 자연히 유아는 앞에 있었던 이야기에 주의를 기울이게 된다.

비계설정 2유형: 관리자와 격려자

유아의 연행적 반응과 확장된 개인적 관련짓기, 어른들이 보기에는 이야기의 서사에서 벗어난 것처럼 보이는 토의 내용을 인내하는 태도에서 보았듯이, 교사들은 유아에게 나타나는 행동의 의미를 아주 넓게 해석하는 경향이 있었다. 사실상 교사들은 여러 방법으로 주제에서 벗어난 유아의 대화를 격려하였는데, *이는 자신들이 유아에게 주제에서 벗어난 이야기를 만들어주지는 않지만* 이렇게 벗어난 이야기는 유아의 문학적 이해의 일부라고 믿고 있기 때문이다. 「그레이스는 놀라워」(Hoffman, 1991)를 읽어주는 동안 유아들이 보여준 반응, 즉 빙글빙글 도는 발레리나들과 헬리콥터 같은 연행적 반응이라든지, 「낮잠 자는 집」(Wood, 1984)을 읽어주는 동안 케니가 보여준 반응, 즉 벼룩에 대해 이야기를 확장시키는 반응에 대한 비글러 맥카씨 선생님의 격려가 바로 인내하는 태도의 예다. 유아의 반응을 폭넓게 해석해주면 유아는 교사로서는 절대 가보지 못할 경로를 탐색할 기회를 갖게 해주는데, 이런 교사의 태도는 유아의 이해력 발달을 위한 비계가 된다. 만약 이런 탐색으로 인해 그림책의 서사가 완전히 왜곡될 경우에는 유아의 관심을 텍스트로 다시 돌리곤 했다. 그러나 대개는 유아 자신이 그림책의 서사로 다시 관심을 돌리곤 했다. 논의 내용이 너무 동떨어진 것 같으면 유아는 분명히 "이 이야기랑 잘 맞아요?"라고 할 것이다.

몇몇 유아가 주의를 기울이지 않는 게 분명할 때 비글러 맥카씨 선생님은 보통 "어수선해지기 시작하는구나"라고 말했다. 아이들은 책에 대해 아주 열성적으로 서로 이야기를 하려고 했기 때문에, 누가 말할 차례인지 정하는 것도 교사가 할 일이었다. 다섯 명의 소집단일 때 아이들은 더 열심히 반응하였다. 이야기 순서를 정해주는 것과 같은 비계설정 방식은 읽어주기 상황에서 일어나는 관습들을 강화하는 동시에, 유아로 하여금 교사만이 아니라 다른 친구들의 이야기를 귀담아 듣도록 격려하기 위한 것이었다.

비글러 맥카씨 선생님과 나는 유아를 좀 더 직접적으로 격려하였다. 이를 위해 가장 간단한 유형은 인정하는 거였다. 즉, "음", "아" 같은 반응이 기록에 아주 자주 나타난다. 전사 길이가 가장 짧은 「터널」(Browne, 1989)을 예로 들면, 이 책을 10명의 유아에게 한 명씩 각각 읽어주었는데, 이때 평균 일곱 번을 이와 같은 종류의 격려를 하였다. 유아가 한 말을 바꾸어 다시 말해주거나 반복해서 말해주는 것도 유아로 하여금 자신이 한 말을 부연할 수 있게 격려하는 일반적인 방법이었다.

크리시: 그림이 좋아요.

교사: 크리시야, 넌 그림이 좋다고?

크리시: 네, ### 수채물감 같아요.

드완(1994)의 「세 마리 염소」를 읽어주는 동안 나타난 것에서 보듯이, 유아의 코멘트를 칭찬하고 동의해주는 것 또한 자주 사용하는 격려의 방법이었다.

교사: **멈춰! 트롤에게 돈 내고 가.** 라고 쓰여 있어.

케니: 공평하지 않아요.

교사: 공평하지 않다, 그렇지?

번팅(1991)의 「집으로 날아가」를 읽어줄 때의 예화다.

트루디: 새가 소년을 바라볼 수 있을 거예요. 그 새는 소년의 엄마인데, 새가 된 건지도 몰라요.

교사: 오, 아주 사랑스런 아이디어인 걸. 아름다운 아이디어야.

교사가 하는 격려의 말은 "따뜻함과 즉각적 반응 보이기"의 분위기를 만드는 데 도움을 주었는데, 이런 분위기는 "유아가 과업에 몰두하고 도전 의지"를 최대화시키도록 해주었고, 이것은 비계설정의 중요한 측면이기도 하다(Berk & Winsler 1995, p. 29). 유아는 수용과 격려의 상황에서 훨씬 더 모험을 감행하는 것 같다.

이 유형의 코멘트 중, 유아의 반응을 비계설정하고 유아의 이해력을 신장시키는 또 다른 방식은 대화 방식의 모범을 제시해주는 것으로, 그 모범이란, 모두 원하는 만큼 대화에 참여할 수 있는 기회를 가지면서 다른 사람의 생각과 느낌을 존중하는 것을 말한다. 몇몇 유아는 번팅(1991)의 「집으로 날아가」로부터 다음의 예에서 보듯이, 교사의 칭찬과 격려 방식을 적용하기 시작했다.

짐: 케니가 잘 지적했어요. 그 아이[이야기 속 아이]도 잡힐지도 몰라요.

트루디: 그래, 네 말이 맞아.

케니: 어쩌면 그 아이는 새를 잡아서 새가, 음, 밖으로 나가 자유를 갖도록 해주었어요.

교사: 그 아이가 무엇을 하게 해주었다고?

케니: 어쩌면 그 아이가 새를 잡아서 걸어가서 문 쪽으로 가서 바깥쪽으로, 그리고 새를 자유롭게 해줄 거예요.

교사: 아, 새를 자유롭게 해준단 말이지.

짐: 케니가 잘 지적했어요. 아이는 잡힐지도 몰라요. 잡히면 공항을 그리워할 거예요.

잡힌 새와 집 없는 아이에게 일어날 일에 대한 논의에서 짐과 트루디는 교사의 칭찬과 동의 방식을 활용하였다.

비계설정 3유형: 명료자/탐사자

이 범주의 교사들은 더 적극적이고 직접적인 방식으로 비계설정을 하였다. 질문을 통해 유아가 깊이 탐구하게 하였고, 특정 유형의 반응에 대해 격려하였으며, 유아의 생각이 더 잘 담긴 말을 끌어내기 위해 유아의 반응을 살폈다. 이런 식의 명료화와 탐사는 유아로 하여금 자신이 생각하고 있는 것을 더 잘 표현하게 해주었을 뿐 아니라, 유아가 자신의 사고를 계발하는 것을 돕고, 문학적 이해 수준을 높이는 데 효과가 있었다.

유아의 코멘트가 없는 상태에서 교사가 먼저 질문을 하는 경우는 별로 없었지만, 그렇게 하는 경우 거의 개방형 질문을 하였다. 예를 들면, 존 하우(John Howe, 1989)의 「잭과 콩나무」를 읽은 후, 교사는 잭의 행동에 대해 "잭이 선택을 잘 했다고 생각하니?"라고 물었다. 유아들은 잭의 성격에 대해 거인과 비교하면서 다양한 의견을 개진하였다. 어떤 유아들은 잭이 물건을 훔쳤고, 거인은 훔치지 않았다는 점을 지적하였다. 또 다른 유아들은 스티븐 켈로그(1991)의 책에 기초하여, 거인이 금과 닭, 하프를 훔쳤다고 하였다. 션은 거인은 욕심이 많고, 잭과 잭의 엄마는 가난하여 돈이 필요하다고 생각하였다. 이어서 다음과 같은 대화를 하였다.

케니: 해적들이 그것을 훔치지 말았어야 했어요.

찰스: [해적이 가져가기 전인] 처음으로 돌아가야 해요.

교사: 금이 원래 있던 곳으로 돌아가야 한다고? 나도 그와 비슷한 생각을 해. 찰스야, 금을 가져오는 대신 다른 선택을 했어야 했을지도 모르겠구나. 그런데 이건 그냥 이야기야.

죠이: 그[잭]는 그런 선택을 하기 전에 생각을 했어야 했어요.

샐리: 물어봤어야 했어요.

교사의 질문은 유아들의 논의와 사고에 생기를 불어넣기 위한 것이지 정답을 떠올리기 위한 것이 아니었다. 유아들이 자신의 결론에 도달할 수 있도록 해주었다. 교사가 존 스텝토(John Steptoe, 1987)의 「무파로의 아름다운 딸들」을 읽어준 다음, 죠이는 "이게 신데렐라 이야기예요?"라고 물었다.

교사: 죠이야, 왜 그런 질문을 하니?

죠이: 우리가 오랫동안 신데렐라 이야기를 읽고 있잖아요.

교사: 네가 판단을 해보렴. 정말 그런지 아닌지 판단이 될 때 손을 들어 알려 주겠니?

이 범주의 질문들은 "왜 …라고 생각하니?"라는 형식을 띠는 경우가 많았다. 코디(1991)의 「빨간 모자」에서, 빨간 모자가 변장한 늑대에게 다가가는 그림을 보여준 다음에 교사는 "왜 늑대의 얼굴을 보지 못했다고 생각하니?"라고 물었는데, 이 질문은 많은 반응을 끌어냈다.

줄리: 빨간 모자가 침대 멀리에 있었기 때문이에요.

고든: 빨간 모자는 별을 보고 있었나 봐요.

브래드: 거꾸로 서 있었나 봐요.

로버트: 뒤돌아 있었나 봐요.

이 범주의 질문 중에는 특정 유형의 반응을 끌어내기 위한 것도 있기는 하지만, "정답"을 끌어내기 위한 것은 아니었다. 다음은 제임스 마샬(1987)의 「빨간 모자」에 대한 토의 중 일부로, 교사가 "늑대는 지금 어떤 생각을 하고 있을까?"라는 질문을 했을 때 유아들이 나눈 대화 내용이다.

찰스: "냠냠냠!"

트루디: "냠냠냠, 내 저녁밥이군!"

돈: "내가 먹을 음식이 떠다니는군!"

교사: 또 다른 건? 줄리야?

줄리: 뛰어가서 먹어버려야지!"

트렌트: [휘파람- 진짜 "늑대" 휘파람]

교사: 휘휘, 예쁜 여자아이가 있네, 그런 생각을 했단 말이지?

트렌트: "예쁜 여자아이- 맛있기도 할 거야!"

교사는 연행적 반응을 끌어내기 위해 탐구적 질문을 했고 유아들은 고맙게도 창의적인 연행을 꽤 멋지게 해냈다.

이 모든 탐구적 질문에는 반응을 끌어내는 다양한 방식이 담겨 있다. 특히 개방형 질문은 교사의 비계설정에 중요한 부분을 차지한다. 그런 질문이야말로 달리 알아낼 수 없는 측면의 표현을 유아로부터 들을 수 있는 기회를 주기 때문이다. 유아로 하여금 특정한 면에 초점을 맞추게 하고 유아가 반응을 잘 할 수 있는 상황을 마련해주기 때문에 교사의 이런 질문은 발견학습적인 성격을 띠고 있다고 할 수 있다.

명료화와 탐구적 질문에서 중요한 또 한 가지는, 일련의 합리적 사고 과정을 "통해 말하는 유아"였다. 이것은 교사가 유아 스스로 논리적으로 생각하기에 적합한 부분에

"난제"(hard bits)를 제시하는 비계설정 방식이다. 다음의 예는 「낮잠 자는 집」(Wood, 1984)을 읽어주는 동안 나온 이야기로, 이때 토의는 그림의 순서에 대한 것으로 바뀌고 있었다. 이 책에서 감상자는 점점 더 높은 곳으로 이동하면서 침대를 바라보는 것 같다. 유아들은 우리가 대상에서 멀어질수록 대상이 더 작게 보인다는 것과 관점의 변화에 대해 설왕설래하고 있었다. 이 쟁점에 대해 토의할 때 교사는 유아들에게 「시골 밤 *Night in the Country*」(Rylant, 1991)을 떠올리도록 하였다.

100 교사: 너희들 [시골 밤]의 관점이 어땠는지 생각나니? 그 책에서 그림을 볼 때 느낌이 어땠어?

101 ?: 아주 멀리 떨어져 있었어요.

102 교사: 우리는 왜 「시골 밤」을 보면서 멀리 떨어져 있는 것 같다는 생각을 한 걸까?

103 ?: 뒷 배경 그림이 많이 있었으니까요.

104 교사: [고개를 끄덕이며] 많은 배경 때문이란 말이지. 다른 건? 동물들은? 동물들 눈 속의 빛 보았니?

105 션: 가까이 있으면 크게 보였고 멀리 있으면 작게 보였어요.

106 교사: 그래. 그림 작가는 사물이 멀리 있는 것처럼 하려면 작게 그리지. 그렇지만 이런 경우, 네가 위에서 보고 있는 것 같지. 꽤 가까이에 있는 것 같지?

107 ??: 네.

108 교사: 그래, 가까이에 있을 뿐 아니라 측면에서 올려다보는 것처럼 보이지. 그러면 더 가까이에서 보고 있는 것 같기도 하고.

109 찰스: 저쪽 구석에 쥐들이 있다면 작아 보일 것이고, 쥐들이 가까이 오면 더 커 보일 거예요.

110 테리: 그건 우리가 마루에 서 있다가 뒷걸음을 쳐 벽을 타고 걸어 올라가는 것 같아요.

111 교사: 왜 그렇게 생각하니?

112 테리: 처음엔 그것을 똑바로 보고, 그 다음에는 올려다보고 그리고 나서 아주 많이 내려다보기 때문이죠.

113 교사: 그래. 테리야, 네가 아주 잘 알고 있구나. 고마워.

교사는 이 예화에서 보듯이, 격려하고 명료화하고 탐구를 통해 비계설정을 하고 있다. 106번은 범주 5인 확장과 개선을 하는 예다. 교사는 100번에서 유아들에게 「시골 밤」을 떠올리게 한 다음, 거리와 크기의 관계에 대한 션의 코멘트(105)를 끌어내기 위해 102번과 104번과 같은 탐색을 한다. 106번에서 교사는 그림 작가들이 사용하는 일반적인 원리로 션의 말을 정의함으로써 션의 말을 더 확장시키고 다듬어준다. 109번에서 찰스는 자신의 예를 보여줌으로써 이런 일반적 원칙을 이해하고 있음을 나타낸다. 110번에서 테리는 관점의 변화 과정을 정확하게 은유적으로 묘사할 정도로 여러 개의 그림에 나타난 관점의 변화를 시각화하여 표현하였다. 여전히 만족스럽지 않은 교사(111)는 더 탐구하고, 테리(112)는 더 추상적인 용어로 자신이 이해한 바를 표현해낸다. 이 예화에서 교사의 비계 질문과 진술 덕분에 유아들은 자신이 이미 알고 있는 것을 표현할 뿐 아니라 더 높은 수준에 도달할 수 있었다.

비계설정 4유형: 의문자/추측자

이 유형의 비계설정은 교사가 뒤에 있으면서 유아가 더 독립적으로 기능할 수 있게 해주는 것이다. 교사는 이야기의 이유와 전개 방법에 대해 유아와 함께 놀라워했다.

「부엉이와 보름달」(Yolen, 1987)을 읽어주는 동안, 유아는 다음 페이지에서 일어날 일을 예견하였다. 고든은 "아마 부엉이 앞모습이 나올 것 같은" 느낌이라고 하였다. 줄리는 부엉이 뒷모습이 나올 거라고 예측하였다. 교사는 아이들의 예측에 동조하였다.

교사: 난 부엉이가 나뭇가지에서 움직이는 모습이 나올 것 같아.

? : 아네요.

교사: 아니라구? 아닐지도 모르지. 그냥 추측해보는 거야.

[13번째 열림면, 가지에 앉아 있는 앞모습의 부엉이를 보여줌]

교사: 오. 네가 맞았고, 내가 틀렸네.

고든: 내 추측이 맞았어요!

교사: 그럴 것 같더라.

줄리: 나랑 선생님은 틀렸어요.

교사: 그래, 하지만 괜찮아. 다음에 어떤 일이 일어날지를 알아맞히는 게임을 하는 건 재미로 하는 거니까.

이 예화에서 교사는 동료 추측자로서의 역할을 맡아 추측을 과감하게 하고 자신의 추측이 틀렸음을 알게 된다. 이렇게 함으로써 교사는 유아에게도 비슷한 위험을 감수하게 할 수 있는데, 이런 위험 감수는 훌륭한 비계설정의 특징이다. 또한, 당황해하지 않고 빗나간 예측에 대해 인정하고, 그것을 게임에서 자기 차례가 지나간 정도로 받아들임으로써 교사는 자신의 예측이 틀렸다는 것을 인정하는 방법을 제시하는 모델 역할을 하였다. 줄리는 교사의 태도를 보면서 예측이 틀리는 것에 대해 대수롭지 않게 여길 수 있을 것이며, 이로써 이후에 예측이 빗나갈까 봐 예측을 꺼리는 일은 없을 것이다.

교사가 놀라는 태도를 보여주는 것 또한 유아로 하여금 자신의 의견을 낼 수 있게 격려하는 방법만큼이나 유아에게 대화를 이어가게 하는 데 유용하였다. 「돼지책」(Browne, 1986)에서 피곳 씨 부인은 남편과 아들들이 집안일을 돕지 않는다는 이유로 며칠 동안 집을 비운다. 초현실적으로 표현된 그림에는 돼지 모습이 그려진 가재도구들이 많이 그려져 있다. 유아들은 이렇게 변형된 그림에 매혹되었다.

트루디: 꽃이 돼지로 변했어요. [전 페이지로 넘기며] 여기는 그렇지 않아요. [7번째 열림면의 문손잡이를 가리키며] 문손잡이에도 돼지가 그려져 있어요.

케니: [7번째 열림면의 전등 스위치를 가리키며] 오, 이것도요!

트루디: [8번째 열림면으로 넘기며] 돼지 그림의 벽지도요.

크리시: 어떻게 된 거지?

교사: 나도 왜 그런지 이상한 걸?

크리시: 엄마 말이 다 돼지라고 했어요. 그래서 모두 돼지로 변한 거예요!

교사가 놀라는 자세를 취하자 크리시는 왜 변형이 일어났는지, 그 이유를 좀 더 생각해보게 된 것이다.

교사는 계속해서 책에 대한 유아의 새로운 반응을 얻고자 하였다. 우리는 책을 읽고도 미처 발견하지 못한 세세한 그림을 유아들은 발견해내는 능력이 있었다. 「돼지책」(Browne, 1989)을 일대일로 읽어주는 동안 테리는 나무에 있는 새 이미지를 발견하였다. 난 "테리야, 난 새가 있는 줄은 미처 몰랐구나"라며 테리의 책에 대한 반응을 긍정적으로 평가해주었다. 그 책을 연구하거나 여섯 아이들에게 그 책을 읽어줄 때도 테리가 발견한 새를 발견한 적이 없기 때문에 난 굳이 일부러 놀라는 척할 필요가 없었다. 교사가 놀라는 자세를 취하는 것의 또 다른 긍정적인 효과는 유아도 같은 자세를 취할 수 있다는 것이었다. 크리시는 특히 반응을 하면서 "전 왜 …한지 궁금해요"라는 말로 시작하는 경향이 있었고, 이런 궁금증은 유아들에게 자유롭게 생각할 수 있는 기회를 주었다.

비계설정 5유형: 확장자/개선자

이즈와 웰즈(1980)가 "가르치는 게 가능한 순간"이라고 표현한 것은 이 범주를 두고 한 말이다. 이 순간의 효력은, 교사가 유아의 코멘트와 질문의 영향을 받는다는 사실에 근원을 두고 있다. 이런 면에서 교사가 가르칠 수 있는 순간은 계획될 수 있는 게 아니다. 유아의 반응이 어떠리라 미리 예측할 수 없기 때문이다. 그러나 유아들에게 책을 읽어주기 전에 책을 주의 깊게 연구하고 책에 대한 교사 *자신의* 반응을 개선해본다면 책에 대해 더 많이, 더 넓게 알게 되기 때문에 유아가 어떤 코멘트를 하게 될지를 더 잘 알 수 있으리라는 점에서 가르칠 수 있는 순간은 *계획될 수 있는 것*이다.

가르칠 수 있는 순간에는 일명 "문학적 도구 상자"(literary tool kit)에 새로운 지식 항목이 더해진다. 문학적 도구 상자란 교사들이 붙인 이름으로, 유아들이 의미를 구성하고 해석할 때 활용 가능한 다양한 유형의 문학적 지식을 말한다. 새로운 지식이 어떤 식으로든 활용되기 위해서는 이미 친숙한 지식과 연결돼야만 하기 때문에, 새로운 지식 항목을 문학적 도구 상자에 더하는 가장 좋은 방법은 새로운 지식 항목을 유아가 자신이 말했던 내용과 강하게 관련짓고, 그것을 확장하거나 개선해보는 것이었다.

이 과정을 담은 예로, 서사 속 *암시*에 대한 유아의 개념 발달을 들 수 있다. 책을 읽어주는 동안 오고 간 이야기를 전사한 원고와 메모 내용을 볼 때, 유아가 암시를 이해한 것으로 생각할 수 있는 첫 번째 언급은 11월 셋째 주에 「솔로몬 가수를 위한 천사 *An Angel for Solomon Singer*」(Rylant, 1992)를 읽어주는 동안 이루어졌다. 교사는 색 그림이 들어있는 겉장을 벗겨내고 아이들에게 그림 없는 밤색 앞표지를 보여주었다. 거기에는 커피잔, 달, 건물 몇 채의 이미지가 찍혀 있었다. 크리시는 "작가는 왜 거기에 저런 걸 찍었나요?"하며 궁금해했다. 죠이는 "아마 어떤 일이 생길지 실마리를 주려는 거겠지"라고 하였다. 이때 교사는 암시에 대해 말하지 않았다. 전에 이미 "실마리"에 대한 말이 나왔을 수도 있겠지만 자료상으로는 이것이 첫 번째 예다.

암시에 대한 두 번째 예는 12월 둘째 주에 읽어준 크리스토퍼 코디(1991)의 「빨간 모자」에서였다. 이 예화는 이미 4장에서 색의 기호학적 의미를 다룰 때 논의된 바 있다. 표제지에 있는 타원형 무늬에는 헐벗은 나무와 붉은 기운이 감도는 보름달이 묘사되어 있고, 붉은 색은 타원형 아래쪽 곡선까지 퍼져 있다. 션이 달 위와 타원형 무늬 아래쪽 경계의 "붉은 색 붓칠"에 대해 지적한 다음 니콜은 붉은 색과 빨간 모자를 연결 지었고, 미키는 붉은 색을 이야기 속 피와 관련지었다. 교사는 가르칠 수 있는 순간으로 보고 유아의 반응을 확장시키고 개선하였다. "암시하는 거야. 알게 해주는 것… 암시란 앞으로 일어날 일을 예측하도록 해주는 것을 말해. 그림작가와 글작가가 앞으로 일어날 일을 암시하는 작은 실마리, 다음에 일어날 일을 알게 해주기 때문이지." 찰스는 "할머니를 잡아먹으려는 늑대에게서 피가 나올 거라는 경고예요"라며 암시의 개념을 요약하였다. 이것이 교사가 "암시"라는 단어를 사용한 첫 번째였지만, 이 개념은 이전부터 점차적으로 형성되어 왔던 것이다.

암시에 대한 개념이 나타난 세 번째 예는 12월 세 번째 주에 델라매르(1993)의 「신데렐라」를 읽어주는 동안 일어났다. 자정을 알리는 시계와 그 자리에서 도망치는 신데렐라 그림에 머리 위 공중을 맴도는 부엉이 그림이 포함되었다. 빌은 "부엉이가 신데렐라의 대모예요"라고 하면서 어쩌면 대모가 부엉이로 변신하여 신데렐라가 무도회에 갔을 때 신데렐라를 위에서 지켜보았을 거라는 설명을 하였다. 빌의 흥미로운 생각은 이야기가 끝나고 교사가 표제지 전에 있는 작은 장식 그림, 즉 신데렐라와 다른 세 인물(그 중 하나는 부엉이)의 얼굴 그림이 담긴 그림을 보여줄 때 확인되었다.

교사: 빌이 말한 다음에 내가 생각한 것을 보여주고 싶었어. 신데렐라 옆, 여기에 있는 얼굴이 누구 얼굴을 닮았지?

?: 부엉이요.

교사: 그 부엉이. 부엉이가 맨 처음부터 나왔지.

연구자: 작가는 이처럼 작은 그림을 종종 보여준단다. 이야기가 미처 시작하기도 전에 그럴 때도 있지. 작은 그림은 이야기가 어떻게 진행될지와 아주 관련이 깊단다. 빌의 말은 부엉이에 대한 설명이라 아주 흥미롭구나.

비글러 맥카씨 선생님은 대모가 부엉이로 모습을 바꾼 것이라고 말한 빌의 생각을 기억하고 있다가 "부엉이가 맨 처음부터 나왔구나"라며 장식 그림에 있는 부엉이를 가리켰다. 대집단에서 책을 읽어줄 때 나는 거의 말을 하지 않았지만, 이 경우에 나는 앞으로 일어날 일을 암시하는 장식 그림을 앞부분에 그려놓은 그림작가에 대해 이야기함으로써 비글러 맥카씨 선생님의 코멘트를 확장시켰다.

유아들이 이 개념을 내면화시켰다는 사실은 「돼지책」(Browne, 1986)을 소집단에서 읽어주는 동안 나온 다음의 예화를 보면 알 수 있다. 유아들은 사물이 돼지로 바뀌는 일에 대해 토의했다. 브래드는 피곳 씨 뒤에 돼지 그림자가 나타나는 네 번째 열림면을 펼쳤다.

브래드: 이것은 그들이 돼지로 변하고 있다는 것을 알게 해줘요.

교사: 브래드야, 그게 첫 번째 실마리라고 생각하니?

트루디: 아니요.

??: 네.

교사: 난 그런 것 같은데.

트루디: 아니에요. [두 번째 열림면을 펼치며] 씨리얼을 보니까 아니에요.

이 예화에서 브래드는 비글러 맥카씨 선생님과 내가 사용했던 것과 같은 말, "이것은 알게 해준다"는 표현을 사용하였다. 트루디는 책에서 더 앞부분, 즉 두 번째 열림면에서 아침 식사 때 식탁에 올려져 있는 씨리얼 박스에 그려진 돼지 그림을 짚으며 암시에 대한 자신의 생각을 나타냈다.

앞서 제시된 네 번의 책 읽어주기 예화를 보면, 암시 개념이 유아의 문학적 도구 상자의 일부가 될 때까지 어떻게 발달하는지 그 과정을 알 수 있다. 내가 교실에 있지 않던 날, 교사가 이 개념을 몇 번 더 언급했을 수도 있다. 그러나 내가 갖고 있는 자료를 보면, 유아들이 이야기로부터 의미를 구성할 때 암시 개념을 해석 도구로 독립적으로 활용할 수 있을 정도가 될 때까지 교사들이 문학적 이해 요소를 비계설정 해주었다는 것을 알 수 있다.

스토리텔링: 마틴 선생님의 읽기 방식 및 비계설정 방식

앞서 설명했듯이 마틴 선생님이 책 읽어주기 때 보여준 코멘트와 질문, 그 외 일반적인 참여 방식은 이번 연구에 참여한 다른 선생님들과 질적으로 다른 것 같았다. 이에 대해 나와 나를 도와주던 대학원생들은 좀 당황스러웠지만, 이후 마틴 선생님이 옛이야기를 들려주는 여러 가지 기법에 기초하고 있는 것 같다는 가설을 세우게 되었다. 이런 가설은 마틴 선생님이 「모자 장수와 원숭이」(Diakite, 1999)라는, 바바 와그 디아키트(Baba Wague Diakite)가 재화하고 그림을 그린 그림책의 도입부를 읽어줄 때 세운 것이다. 마틴 선생님은 제목을 읽은 다음에 표제지에 언급된 "재화"라는 말을 언급하였다.

> 재화(retold)라는 말이 쓰여 있으면 그건 아주 오래 전 이야기라는 뜻이야. 이 남자가 이야기를 쓴 게 아니야. 여기 있는 글을 쓴 저자가 아니란 거지. 누군가 아주 아주 오래 전에 이야기를 만들었고, 그것을 아프리카에서 아이들에게 들려줬던 거지. 아프리카에는 스토리텔러(storyteller)가 있어. 그들은 아이들에게 이야기를 들려주고 아이들이 자라면 또 자기 아이들에게 이야기를 들려주고, 그들이 미국으로 올 때 이야기도 가지고 왔어. 그리고 여기 와서도 아이

들에게 이야기를 들려주었고, 지금 선생님이 너희들에게 그 이야기를 들려주는 거야.

마틴 선생님이 "지금 선생님이 너희들에게 그 이야기를 들려주는 거야"라고 말할 때 우린 놀랐다. 자신의 위치를 단순히 독자가 아니라 세대를 걸쳐 온 스토리텔러의 후계자로 잡는 듯했다. 그래서 우리는 스토리텔링에 대한 이론과 실제를 연구하기 시작했고, 이것이 마틴 선생님이 책을 읽어주는 방식의 핵심일 것이라는 결론에 도달하였다.

스토리텔링은 말로 하는 공연이고, "형태와 의미, 기능이 문화적으로 제한된 장면이나 사태에 뿌리를 두고 있다"(p. 3)는 점에서 "상황 활동"(situated activity)(Bauman, 1986)이다. 학급의 아이들에게 이야기책을 읽어주는 것은 상황 활동의 한 예다. 교사는 연행자고 아이들은 그림책의 청중이며, 이야기는 의사소통 사태와 결합되어 있다. 민속학자와 인류학자들은 스토리텔링의 특징을 다음과 같이 특징지었다.

- 스토리텔링은 고정된 텍스트의 말 그대로를 반복하는 데 관심이 있는 것이 아니라 융통성 있는 의사소통 수단이다(Heckler, 1996, pp. 22-23).
- 스토리텔링은 청중의 반응을 중시하고 청중의 반응에 따라 달라진다(Birch, 1996, p. 107).
- 스토리텔링의 성패는 이야기하는 사람과 듣는 사람 사이에 만들어지는 긴밀성에 달려 있다(Harley, 1996, p. 130).
- 이야기는 청중과 화자에 의해 만들어진다(Martin, 1996, p. 143).
- 어떤 문화에서는 스토리텔링이 다중매체 공연으로 되면서 노래와 춤, 시각 요소, 사회적 상호작용과 연계되어 있다(Price & Price, 1991, pp. 12-14).

마틴 선생님은 21명의 아프리카계 유아들에게 그림책을 읽어줄 때 네 가지 방식으로 앞에 제시한 특징의 스토리텔링을 하였다. *이야기를 들려주는 사람*(teller)인 동시에 아이들과 이야기 사이의 *가교자*(bridge) 역할을 하였고, 이야기를 *융통성 있게 적용하는 사람*(flexible adaptor)으로서 부분적으로는 이야기를 청중인 아이들이 결정하도록 하였고, *의미의 확장자이자 증식자*(extender and muliplier of meaning)로서 이야기에 대한 다양한 종류의 반응을 격려하였다.

이야기를 들려주는 사람

이야기를 들려주는 사람으로서 마틴 선생님은 이야기의 말 하나하나를 표현하는 데는 비교적 신경을 덜 썼다. 심지어 글 텍스트를 상당 부분 벗어나기도 하였다. 선생님은 쓰여 있는 것을 단순히 읽기보다는 텍스트를 재창조하였다. 그는 자신을 글로 된 말을 단순히 옮기는 사람으로 생각하기보다는 이야기의 저작권을 갖고 있는 사람이라고 생각하였다. 읽어줄 때 저자의 표현이 중요하기는 하지만 이야기에 몰입하고 있는 아이들을 위해 교사 자신이 삽입하는 내용과 개성도 중시하였다. 선행 연구자들(Barrentine, 1996; Dickinson & Keebler, 1989; Hickman, 1981)이 상호작용을 하면서 읽어주는 것과 연행적 방식으로 읽어주는 것의 중요성에 대해 이야기한 바 있기는 하지만, 마틴 선생님은 텍스트에 이야기를 적절하게 끼워 넣고 자신의 코멘트와 생각한 것 등을 섞어 넣었다. 그렇게 함으로써 선생님은 이야기와 문화를 연관 짓고 있다고 생각하였다. 스토리텔러는 자신이 속하지 않은 다른 문화가 어떠한지를 이야기할 수는 없지만, 중재자로서 자신이 그 문화를 어떻게 이해하고 있는지를 이야기할 수는 있다(Heckler, 1996, p. 29). 「아름다운 것들」(6장과 7장에서 언급했음)에서 뽑은 다음의 예를 보자. 볼드체로 된 텍스트의 글자들은 교사 자신이 창의적으로 넣은 코멘트다. 또한 교사가 그림과 글을 어떻게 통합시키는지 보자.

> 교사: 자, 그녀가 어떻게 하는지 보자. 뭔가를 씻고 있구나… **그리고 스펀지와 물로. 난 쓰레기를 집고 유리잔을 씻고 문을 아주 세게 닦아요. 다이(Die)라는 글자가 사라지자 힘이 느껴져요.** 그녀는 "와, 내가 한 일 좀 봐! 그 더러운 글자를 문에서 벗겨냈어"라고 말하네. 그리고 모든 것을 깨끗이 치웠어. **언젠가 난 마당에 꽃을 심을 거야. 친구들을 모두 초대하여 보여줄 거야.**

가교자

정서적 가교자로서 교사는 이야기 속에 유아 청중을 포함시키고 자신도 포함시켰다. 또한 유아의 반응을 진지하게 받아들이고 끌어들였으며 이야기를 개인화시킬 수 있도록 도와주었다. 「내 침대 아래 괴물이 있어요 *There's a Monster Under My Bed*」(Howe, 1990)를 생생하게 읽어주는 동안 마틴 선생님은 주인공의 공포를 다음과 같이 읽어주었다.

교사 [읽어주기]: **더 있으면 어쩌지? 더 많은 괴물이 자꾸 오면 말이야. 날 밤참으로 씹어 먹으러 오면 어쩌냐구!**

??: 괴물이 아주 많네요. 보여요!

교사 [계속 읽음.]: **안녕, 엄마! 안녕, 아빠! 안녕, 글렌 옥스(Glen Oaks) 초등학교! 안녕 그로버(Grover) 아줌마!** 글렌 옥스 초등학교는 뭘까?

?: 저 아이의 학교요!

교사: 맞아, 이 아이가 다니는 학교야. 만약 네가 책 속의 이 아이라면 "안녕 [반 아이의 학교 이름]! 안녕, 엄마! 안녕, 아빠! 안녕, 마틴 선생님! 안녕 롤리 선생님!"이라고 했을 거야.

??: 오! 재밌네요! [아이들 웃음]

정서적 가교자로서 마틴 선생님은 이 상황을 개인화시킨다. "글렌 옥스 초등학교"를 아이들의 학교 이름으로 바꾸고, "그로버" 아줌마를 자신의 이름으로 바꾸고 보조교사 이름인 롤리 선생님 이름을 더한다.

이런 종류의 비계설정으로 유아는 자신의 이름 또한 넣게 되었다. 다음의 예는 「윌리와 헤어리맨」(Sierra, 1996)를 읽어줄 때 전사한 내용이다.

교사: **"괜찮아, 윌리야. 네가 지치거나 배고파질 때까지 여기서 기다릴게."** 그는 "괜찮아, 난 그 나무를 오를 수 없지만 넌 조만간 내려와야 할 테니 여기서 기다릴 게!"라고 말하는 거야. 이건 선생님이 어릴 때 어머니께서 선생님한테 말씀하시곤 했던 말이야.

카트린: 우리 엄만 제게 매일 그렇게 말씀하셔요!

마틴 선생님은 스토리텔러는 "자신의 목소리가 있고 확신에 차서 말을 하고 청중에게 도약대가 될 수 있는 태도를 갖추고 말을 해야 힘이 있다는 것"(Birch, 1996, p. 108)을 아는 것 같았다.

위의 예에서 마틴 선생님은 유아가 이야기와 자신을 관련지을 수 있게 돕는 방법으로 유아의 이야기에의 정서적 몰입을 격려했던 것처럼, 다음의 예에서 유아들을 도와 유아들이 자신이 이해한 내용을 함께 구축해가도록 하였다. 다음은 아프리카 민담인 「마법의 나무: 나이지리아의 민담 *The Magic Tree: A Folktale from Nigeria*」(Echewa, 1999)을 읽어주는 동안의 대화 내용이다.

교사: 그래. 어떻게 생각하니? 그들이 그를 어떻게 대했지?

아만다: 그들은 그를 노예처럼 대했어요!

교사: 그들은 그를 노예처럼 대했어. 그들은 그에게 여러 번 반복해서 일을 하게 했지. 그에게 전혀 친절하지 않았어. **마을에서 첫 번째 사람이 잠에서 깬 아주 이른 아침에 "엠비(Mbi)야, 일어나서 이거 해야지! 엠비, 잠꾸러기야, 일어나서 저거 하란 말이야!"**

아만다: 그리고 그들은 그에게 욕도 했어요.

교사는 자신의 코멘트를 텍스트에 끼워 넣듯이, 위의 예에서처럼 유아의 반응("그들은 그를 노예처럼 대했어요")도 끼워 넣었다. 「농구 골대로 씩씩하게」(Coy, 1999)를 읽어주면서 나온 예를 보면, 동네에서 형들과 농구 게임을 하려고 하는 아프리카계 어린 미국인의 이야기에 교사는 자신의 삶의 내용을 끼워 넣었다.

교사: **금을 가로질러 마르쿠스랑 부딪쳤다. 돌이랑 부딪친 것 같았다.** 세상에! **"넌 너무 작아. 여기서 나가. 안 그러면 내가 널 내보낼 거야." 난 그런 식으로 말하는 게 싫었다. 그는 왜 입을 다물고 경기를 하지 못하는 걸까?** 그들도 그 아이에게 비열한 말들을 했어. "넌 너무 작아!" 네가 진짜 농구 경기에 나간다면 난 수도 없이 많은 농구 경기에 나

갈 거야. 넌 선수들이 서로에게 "그를 잡아, 그를 잡으라고, 그를 잡아, 뛰어가서 막아, 막아, 그를 막으라고!"하는 말을 듣게 될 거야.

이 예화에서 마틴 선생님은 "이야기를 탐구하고 이야기를 개인사와 관련짓는 것이 스토리텔러가 할 일"(Heckler, 1996, p. 29)이라는 걸 보여주었다.

융통성 있는 적용자

융통성 있는 적용자로서 마틴 선생님은 부분적으로는 청중이 책 읽어주기를 결정하도록 내맡겼다. 다음은 「참새 소년의 모험」(Pinkney, 1997)을 읽어주는 동안 나온 대화다. 이 책은 환상 그림책으로 여기에는 어린 아프리카계 미국 소년이 나오는데, 그는 신문 배달을 하는 동안 참새를 보더니 자신이 초인이 되는 상상을 한다. 환상 세계에서 소년은 만화책 속으로 들어가 새로부터 나는 능력을 습득한 것 같다.

교사: **르르르르르프!!! 참새에게는 너무 늦었다고?** 너무 늦었다고 생각하는 사람? (손을 들어 보인다.) 음, 생각해볼까? "**그대로 있어 봐, 이 녀석아!**" 그가 돌아온다! "**난 모르겠어. 왜 넌 날 수 없는 거야?**" 그 새는 왜 못 나는 걸까? … 소년은 새에게 말하고 있어. "난 모르겠어. 왜 넌 날 수 없는 거니?" 왜? 뭐가 잘못된 걸까? 그 새가 왜 날 수 없는 걸까?

죠: 새가 소년에게 힘을 주었기 때문이에요.

교사: 그렇게 생각하는 사람? (손을 들어 보인다.) 모르겠구나. 아만다야, 넌 어떻게 생각해?

아만다: 그건 참새니까 그 말이 맞아요.

교사: 힘을 소년에게 주었다고 생각하니?

아만다: 네, 힘이 하나도 없어요. 그래서 날 수 없는 거예요.

교사: 그가 무엇을 해야 할까? 참새 소년이 무엇을 하려고 할까?

몇몇 아이들이 한꺼번에 이야기함: 날아요! / 그가 참새를 죽일 거예요. / 참새 소년은 참새가 날 수 있게 힘을 되돌려줄 거예요.

교사: 그래, 어디 보자… 너희들은 참새 소년이 자신의 힘을 다시 돌려줄 거라고 생각한단 말이지. 어디 보자.

이 책을 읽어주는 동안 초인에 대한 일반적인 대화가 길게 이어졌는데, 특히 앞의 예화 내용을 보면, 교사는 유아와 마찬가지로 소년과 새 사이에서 힘의 이동이 어떻게 일어날지에 관심을 나타내고 있음을 알 수 있다. 이런 교사의 입장은 궁금해하는 여러 독자 중 한 사람이다. 교사는 아이들이 이끄는 대화 내용을 따랐고, 자신의 생각("그래, 어디 보자")을 포함시키기도 하였다. 교사는 아이들과 교대로 이야기 줄거리를 구축해나갔고 이야기 세계를 실험해나갔다. 마틴(Martin, 1996)은 "이야기는 단순히 재연되는 게 아니라 재창조돼야 한다. 이야기를 들려주는 사람이 자신의 경험과 이해 정도로부터 우러나는 기술을 갖추고 있다면 그 이야기는 청중을 움직이는 영향력을 발휘하는 경향이 있다"(p. 146)고 적은 바 있다.

의미의 확장자이자 증식자

의미의 확장자이자 증식자로서 마틴 선생님은 신체 움직임과 사회극놀이, 극화, 읽은 내용을 확장시키는 글쓰기 등을 포함하여 다양한 방식의 반응을 모두 격려하였다. 또한 유아들이 자신과 함께 이야기를 창조해내도록 격려하였다. 이 과정에서 유아의 제안이 비록 그럴듯하지 않은 경우에도 교사는 그것을 수용하였다. 다음은 「윌리와 헤어리맨」(Sierra, 1986)을 읽어주는 동안 발췌한 내용으로, 교사와 유아는 나무에 올라갔던 소년이 아래에서 소년을 기다리고 있는 괴물을 어떻게 피할 것인지에 대해 생각하고 있다. 아이작과 케빈, 그리고 에드워드는 말로 반응을 하였지만 아만다는 극적으로 반응하였다.

아이작: 만약 집에 가서 뭔가를 먹으려 하면 그는 잡혀 먹힐 거예요!

교사: 맞아. 만약 집에 가려면 너는 배가 고플 것이고, 난 너를 기다릴 거야! 넌 조만간 내려와야 할 걸! 그리고 난 여기서 기다리고 있을 거야. 우! **윌리는 헤어리맨이 땅으로 내려**

갈 것이라고 생각했고 자신의 사냥개가 집으로 돌아올 거라 생각했어요. 그 때 계획이 떠올랐어요. 그 계획이 뭘 것 같아? 케빈?

케빈: 괴물은…헤어리맨은 잠이 들 것이고, 소년의 소리를 듣지 못할 거예요. 소년은 발끝으로 걸어서 개 끈을 풀어줄 것이고 그는 잠에서 깨어나고 개가 와서 그를 물 거예요.

교사: 우! 좋은 생각이네. 그는 헤어리맨이 잠들기를 기다렸다가 살금살금 숨어 들어오고 그들은 돌아와서 그를 물 수 있겠구나! 에드워드는 어떻게 생각해?

에드워드: 그가 괴물 얼굴을 차버릴 거라고 생각해요.

교사: 얼굴을 찰 거라고! 아만다는 어떻게 생각해?

아만다: 괴물이 보지 않을 때 그는 "오, 난 길을 걷고 있어…"라고 말할 거예요. 소년은 누군가 오고 있는 것처럼 행동하고 뒤를 돌아본 다음 뛰어내리고, 개를 데리고 와서 다시 돌아와서 그가 아직 거기 있는지 보려 할 거예요.

교사: 오, 누군가 오고 있는 것처럼 행동할 수도 있겠네. 그가 먼 곳을 볼 때 숨어들어갈 거란 말이지?

아만다: 네, 그리고 나서 개가… 그가 헤어리맨의 다리 주변에 불을 지르면 불이 날 거예요.

교사: 그가 불을 지른단 말이지. 그래…

아만다: 그러면 개가 짖을 거예요.

이 예에서 아만다는 거리를 걷는 동작을 하고 몰입된 것처럼 행동하였고, 갑자기 개를 잡기 위해 달리면서 자신의 시나리오를 연기하기 시작하였다. 이런 종류의 극적 반응은 이 학급에서 드문 일이 아니었고, 이런 반응에는 싸움, 춤, 기절, 입맞춤의 연기가 포함되었다. 나중에 같은 책 읽어주기에서 다음과 같은 대화가 있었다.

교사: **헤어리맨이 소리를 질렀고 이를 갈았고 통나무집 위를 짓밟았다.**

몇 아이들: 그럴 거라고 했잖아요!

교사: **새끼 돼지를 움켜잡더니 문밖으로 뛰쳐나가 달리면서 나무를 쓰러뜨리고 늪으로 빠졌다.**

카트린: 그는 발을 굴렀고 머리카락을 잡아당겼다! [아이들은 발을 굴렀다.]

케빈과 에드워드, 아만다가 만든 이야기와 마틴 선생님이 그 내용을 받아들여서 완성시킨 이야기에는 민속학자 바레 토엘켄(Barre Toelken)이 한 말, "이야기 하나에 많은 의미가 담기는 게 문제될 게 있을까? 전혀 그렇지 않다. 여러 가지의 즐거움과 모호함, 제안, 뉘앙스, 문화적으로 중심이 되는 의미의 요소를 다룰 의지와 준비만 되어 있다면 말이다"(1996, p. 41)가 잘 나타나 있다.

마틴 선생님의 읽어주는 방식은 몇 가지 수준에서 중요하다. 첫째, 바흐친의 입장에서 볼 때 그것은 대화적인(dialogic) 것으로, 문학적 토의를 하는 동안 복합적이고 자유롭고 개방적이고 해결되지 않은 관점을 허용하는 것이다. 둘째, 이전에는 누군가 읽어주는 책을 들으며 상호작용 하는 경험을 정기적으로 해보지 못한, 저소득층의 아프리카계 미국인 유치반 유아들이 아주 자유롭고 개방적이고 매우 풍부한 반응을 하도록 격려하였다. 셋째, 자유롭고 개방적으로 참여할 수 있게 해주는 옛날 방식의 스토리텔링의 요소를 복원하였다. 이것은, 맥밀런(McMillon)과 에드워즈(2000)의 연구에서 아프리카계 어떤 미국인 남자 유아가 일요학교(Sunday School)에서는 탁월한데 정규 학급에서는 그렇지 못한 이유로 거론된 내용과 부분적으로는 비슷한 것으로, 문화적 일치도 때문이다. 다시 말해서, 마틴 선생님의 읽어주기 방식은 유아의 출신 문화와 일치하는 교실 문화를 만드는 데 중요한 역할을 한 것이다. 구어와 스토리텔링을 강조하는 문화 출신의 유아(도시에 사는 아프리카계 미국인 유아)들은 마틴 선생님의 읽어주기 방식으로 인해 책에 더 잘 몰입한 것 같다. 마틴 선생님의 스토리텔링 방식에 대한 이런 설명은 유아에게 책을 읽어주는 교사들에게 중요한 교육적 시사점을 준다.

소니아 키에토(Sonia Kieto, 2000)는, 교육과정을 통해 "학생들은 자신과 자신의 지역사회에서 가치 있게 생각하는 지식이 교육 제도 내에서 위세를 갖추고 있는지를 알게 된다"(p. 96)고 말하였다. 만약 자신의 배경을 교사가 존중하고 있다고 느낀다면, 유아들은 자신이 알고 있는 것이 무엇이든 그것을 문학적 의미를 구성하는 데 마음 편하게 적용시킬 것이고, 자신이 읽은 내용을 수준 높은 방식으로 발전시킬 수 있을 것이다. 유아들은 또한 책 읽어주기 상황에서 교사뿐만 아니라 친구들과 협조하여 의미를 구성하는 방식도 배우게 될 것이다. 이는 곧 유아가 교사로부터 지식을 수동적으로 받아들이는 사람이 아니라 지식을 창조하는 데 기여할 수 있는 사람이라는 의미다.

교사의 질문 유형

앞서 보았듯이, 교사의 질문은 문학적 토의를 조절하고 방향을 제시하는 데 중요한 역할을 한다(Commeyras, 1994; Gilles, 1994; Wollman-Bonilla, 1994). 그러므로 교사의 질문을 더 자세히 분석하는 일은 중요하다. 이를 위해 나는 유아가 말한 내용을 의문형 형태로 반복하는 질문("새가 탈출할 거라고 생각하는구나?")처럼 보통 유아를 격려하고 흐름을 유지시키는 질문과, 아이 이름을 부르며 질문을 하는 의문형 문장("줄리야, 넌 어떻게 생각해?")도 포함시켰다. 교사의 그림책 읽어주기 동안, 이런 질문 외에 다섯 가지의 기본 질문 유형을 발견하였다.

- 초대(invitations). 유아가 바라보고 생각하고 해석하고 추론하게 초대하는 질문이다("여기 어떤 일이 일어나고 있니?", "그들이 무엇을 하고 있다고 생각하니?", "이걸 왜 '진짜 이야기'라고 말하는 걸까?", "표지에 대해 누가 말해줄 수 있을까?").
- 격려(encouragements). 유아가 계속 말할 수 있게 격려하는 질문이다("또 다른 것은?", "다른 아이디어 있어?", "뭐 다른 것 있어?"). 이런 격려는 일반적인 것으로, 가능한 한 비지시적인 방법으로 유아의 대화를 지속시키고자 하는 의도에서 행해진다.
- 탐사(probes). 유아가 의미하는 바를 명확하게 알기 위해 조사하는 질문이다("늑대가 왜 나쁘다고 생각하니?" "왜 그렇게 생각해?" "다르게 생각할 수 있을까?"). 이런 질문으로 교사는 유아가 한 말을 이해할 수도 있고 다른 아이들이 그 아이의 관점을 이해할 수 있게 도울 수도 있다. 유아에게 무엇을 참조해서 한 말인지를 묻는 질문도 이 범주에 포함된다("그걸 어떻게 알았니?").
- 예측하는 질문(predicting questions). 다음에 어떤 일이 벌어질지 생각해보도록 직접적으로 묻는 질문이다("이제 그들이 무엇을 할 거라고 생각하니?" "어떤 일이 일어나리라 생각하니?").

• 사실적인 질문(factual questions). 교사가 이미 답을 알고 있는 질문들로, 유아가 이야기 속 사태나 상황을 이해하고 있는지 확인하는 질문들이다("빨간 모자를 누가 구해주었지?" "부엉이를 보러 가서 왜 조용히 해야 하는 걸까?").

유아에게 생각하게 하거나 해석하게 초대하는 질문, 이야기를 계속하게 격려하는 질문, 유아가 말한 것을 명료하게 하기 위해 탐사하는 질문, 예측하게 하는 질문의 비율은 높고, 교사가 이미 답을 알고 있는 내용을 묻는 질문은 1/10 이하를 차지하였다. 나이스트랜드(Nystrand, 1997)가 지적했듯이, "질문을 공들여 하는 것은 유아에게 '정답'을 하게 압력을 주려는 게 아니라 유아가 자신의 '해석 지평'(interpretive horizons)을 탐구하도록 격려하기 위한 것"(p. 83)이다.

또래의 반응과 이해에 대한 활성화

비고츠키(1978)에 따르면, 성인이나 자기보다 더 잘 알고 있는 친구가 "유능한 타인"의 역할을 할 수 있다. 이 장에서는 유아가 다른 사람의 문학적 이해를 활성화(enabling)시키고 비계설정하는 것에 대해 논의할 것이고, 의미의 사회적 구성에 대한 증거를 제시할 것이다.

유아가 다른 사람의 문학적 이해를 비계설정하는 가장 쉬운 방법 중 하나는, 친구가 정확하게 알지 못하는 어떤 것을 그림이나 말로 설명하는 것이었다. 예를 들면, 「우락부락 염소 삼 형제」(Dewan, 1994)를 읽어주는 동안 아이들은 마지막 그림의 배경에 대해 이야기를 나누었다. 그 그림은 트롤이 우주 공간의 어느 행성에 앉아 있는 그림이었다.

케니: 저건 화성이야. 저건 목성이야.

크리시: 그리고 이건 별일 거야. 저자는 왜 보통 사람들이 하듯이 [오각의 별 모양을 그리며] 이렇게 그리지 않은 걸까?

교사: 오, 저자가 왜 별을 그냥 점으로만 표시했느냐는 말이지?

크리시: 네, 별은 이렇게 생겼는데.

케니: 하늘을 올려다보면 점만 있기 때문이지. 아마 아주 가까이에서 보면 그건 별처럼 생겼을지도 모르지만.

이 예화에서, 크리시는 "왜…한 걸까?"(I wonder why)라며 그림 속 별 모양에 왜 자신이 그리는 것과 같이 다섯 개의 각이 없는지를 궁금해한다. 케니는 전통적인 그림 방식이 아니라 실제를 참조하여 설명한다. 즉 별은 멀리 떨어져 있어서 작은 점의 빛처럼 보인다는 것이다. 케니는 만약 "아주 가까이" 간다면 별이 어떻게 보일지 모르겠다고 하면서 가까이에서 보면 보통 보아왔던 별 모양으로 보일지도 모른다고 하였다.

아이들은 또한 서로의 가설을 정교하게 다듬어갈 수 있게 도와주었다. 4장에서 이미 「리버벤드 마을의 이상한 하루」(Van Allsburg, 1995)에 나타난 "끈적끈적한 물질"의 성질과 용도에 대한 여러 가지의 가설들을 보았다. 그 예에서 보듯이, 그 일련의 가설들은 유아들이 그 가설의 이유를 서로 연쇄적으로 묘사하는 과정에서 설정된 것들이다. 그들은 서로의 가설에 반응하기도 하고 가설을 세워나가기도 하였다. 예를 들면, 짐이 그 끈적끈적한 물질은 무지개와 관련이 있다고 하자 크리시와 케니, 트루디는 모두 짐의 아이디어를 활용하여 햇빛과 물, 색이 관련된, 흡사 과학 이론 같은 것을 제안하였다. 책을 읽어주는 동안 다른 비슷한 예로, 유아들은 「리버벤드 마을의 이상한 하루」가 만들어진 시초와 과정에 대해 나름의 이론을 만들어냈는데, 그 내용은 뒷표지에 있는 사진에 기초하고 있었다. 그 사진에는 한 남자와 함께, 그림책 마지막 장면에 등장하는 어린 소녀가 썼던 카우보이 모자의 색과 모양이 비슷한 카우보이 모자를 쓰고 있는 어린 소녀의 모습이 있었다.

케니: 색을 칠하고 있던 그 소녀야. 그 애도 같은 카우보이 모자를 쓰고 있었어요.

크리시: 그 아이는 카우보이를 좋아하나 봐요.

짐: 그 아이도 그 장면에서 색을 칠하고 있었어요. 긁적거리고 있었어요.

교사: 음. 여기 이 사람은[사진 속 남자를 가리키며] 누굴까?

크리시: 아이의 아빠요.

짐: 작가요.

케니: 보안관이요.

트루디: 아이 아빠면서 작가예요. 여기 [사진이 있는 뒷표지를 보여주면서] 이건 아이가 자신을 그리고 있는 거고요. [같은 카우보이 모자를 쓰고 있는 소녀의 그림이 있는 14번째 열림면을 보여주면서] 이것은 같은 여자 아이예요.

교사: 그래서 넌 여기 이 사람과 뒷표지에 있는 사람이 같은 사람이라고 생각하니?

크리시: 만화 같은 점만 빼고요. 어쩌면 이 아이가 꿈을 꾸고 있는지도 몰라요. 꿈을 꾼 다음에 꿈에 대한 책을 만들었어요. 그리고 나서 어느 날, 음, 아빠가 이 아이를 도와주었는데, 아빠가 말을 붙이고 아이가 색을 칠하고 나머지 것도 했어요.

투루디 : 아이 아빠가 색을 칠했고 그림을 그렸고, 아이가 칠을 했어요.

사진 속의 남자가 작가라든지, 이야기 속 여자아이와 사진 속 여자아이가 같다든지, 책이 나오게 된 경로 등을 밝히는 논리 전개 과정이 더없이 그럴듯하게 펼쳐져 있다. 유아들은 서로가 내세우는 추리를 비계로 삼아 꽤 정확한 결론에 도달하였다.

유아들은 책을 읽어주는 동안 진행된 논의 과정에서 다른 유아가 실제를 지각하는 내용에 의해 도전을 받기도 하고, 자신의 생각을 바꾸기도 하였다. 앞서 언급한 바 있지만, 「그레이스는 놀라워」(Hoffman, 1991)를 읽어주는 동안 샐리는 미국 원주민 혈통을 이어받았다고 강하게 선언하였다. 그때, 고든은 원주민에 대해 정형화된 방식으로 이해하는 모습을 보여주었다. 고든은 샐리에게 "넌 인디언이 사는 곳에서 오지 않았"으므로(아마 남서부를 말하는 것 같음) 인디언이 될 수 없다고 하였다. 이에 샐리가 "인디언이라는 게 인디언이 사는 곳에서 와야만 한다는 의미는 아니야"라며 반박하자 고든은 샐리의 주장에 설득력이 있음을 깨닫고 사과하였다. 「그레이스는 놀라워」를 소집단에게 읽어주는 동안 크리시는 백인이 아프리카계 미국인을 "흑인"이라 부르는 데 대해 못참아했다. 「그레이스는 놀라워」에는, 그레이스가 흑인이므로 피터팬이 될 수 없다고 아이들이 말하는 부분이 나온다. 크리시는 "그 애[그레이스]는 흑인이 아니라 *황인*이에요. 백인들은 황인을 흑인이라 불러요. 우린 흑인이 *아니라* 황인이에요. 그리고 전 백인이랑 섞였어요"(크리시는 혼혈임).

나는 2부에서, 적어도 일부 아이들은 몇 가지 점에서 누구의 반응인지 알아볼 수 있는 "사인"과도 같은 반응을 했다는 것을 언급하였다. 이렇게 개인적 특징이 나타나는 것은 의미의 사회적 구성에서 아주 중요한 것 같다. 읽어주기 논의 과정에 여러 관점이 도입되면 논의는 더 풍부해지곤 한다. 유아의 문학적 이해는 분명히 짐의 사려 깊은 일반화나 샐리의 분석 능력, 크리시의 매체에 대한 호기심과 관심, 찰스의 연행적 반응 덕분에 풍부해졌다. 또한 학급에는 다양한 문화, 민족, 사회적 배경을 가진 아이들이 있는데, 이렇게 다양한 배경 때문에 책에 대한 대화가 더 활발하게 이루어졌다.

11

문학적 이해의 핵심은 무엇인가? 교육 실제와 연구 등에 대한 시사점

이 책에서 보여준 교사와 유아 간의 대화는 아마도 대개의 학급이나 학교의 유아보다 높은 문학적 이해 수준을 반영하고 있는 것 같다. 그러므로 이 마지막 장에서는 풍부한 자료에 내재되어 있는 가능성을 실제 수업과 앞으로의 연구를 위한 시사점의 측면에서 논의할 것이다.

교육적 시사점

유아에게 책 읽어주기는 문식성 발달을 위해 강력하게 추천되는 수업 목록이기는 하지만 자세하게 논의된 적은 별로 없다. 나는 이제 책 읽어주기를 수행하고 아주 다양한 종류의 반응을 격려하며 최대한 문식성 교육을 잘 할 수 있는 방법이 무엇인지를 좀 더 구체적으로 제안하고자 한다.

책 읽어주기의 운용 방법

이 연구에서 책 읽어주기는 겉으로 드러나게 또는 드러나지 않게 몇 가지 규칙과 틀이 있었다는 점에서 고도로 구조화된 상황에서 이루어졌다고 할 수 있다. 읽어주기는 자주, 대개 하루에 두 번 정도씩 정해진 시간에 학급 내에서 이루어졌다. 유아들은 책을 읽어주는 동안 언제라도 자유롭게 코멘트를 해도 된다는 것과, 다른 사람들의 코멘트를 듣는 건 중요하며 다양한 코멘트가 받아들여질 수 있다는 것을 알고 있었다. 또한 다른 책과 관련짓는 일은 높이 평가받을 만한 일임을 알고 있었고, 교실의 책은 유아가 직접 가져올 수 있게 배치되어 있었기 때문에 교사가 읽어주는 책과 관련되는 책이 있으면 가져와서 보여줄 수 있다는 것도 알고 있었다. 교사들은 본 텍스트를 읽어주기 전에 주변텍스트를 해석할 시간을 주었기 때문에 유아들은 주변텍스트에 대해 자세히 토의하는 게 습관이 되었다. 이런 규칙과 틀이 있었기에 읽어주기는 확실히 아주 생산적이었다. 이러한 틀 덕분에 "지식 구조가 점진적으로 풍부해지는 것"(Snow, Nathan, & Perlmann, 1985, p. 168)이 가능하게 되었다.

학급 공동체 형성은 교사에게 중요 관심사다(Peterson, 1992; Sergiovanni, 1994). 여러 연구에서, 책 읽어주기 상황은 문학적 "해석 공동체"(interpretive community)(Fish, 1980) 형성에 가장 중요한 상황 중 하나라고 하였다. 유아들은 자신의 사고 과정, 의아함, 자발적인 연행적 반응, 도발적 해석을 격려해주는 안전한 환경에서 문학적 능력을 자유롭게 함께 나누고 구성해나갔다. 교사들은 자신이 실행하고 있는 읽어주기가 학급 해석 공동체의 형성에 어떻게 도움이 되는지를 알고 싶을 것이다.

이번 연구에서 읽어주기를 시행한 방법 중 특별히 한 가지 측면에 대해서는 언급할 필요가 있겠다. 이들 연구에서 이루어진 유아의 대화 중 2/3 정도는 책을 읽어주는 동안에 이루어졌고, 1/3은 읽어주기 이후에 이루어졌다. 게다가 읽어주는 동안 나눈 유아의 이야기의 질은 아주 높았다. 그러나 일반적으로 책을 읽어주는 동안에는 유아에게 이야기를 허용하지 않는다. 호프만과 로저, 그리고 배틀(Hoffman, Roser, Battle, 1993)의 책 읽어주기 연구에서는 책을 읽어주기 전과 읽어준 다음의 대화에 대한 범주만 있고 읽어주는 동안의 대화에 대한 범주는 존재하지도 않는다. 이는 책을 읽어주는 동안의 대화가 학급에서 얼마나 흔치 않은 일인지를 보여주는 것이다.

이 책과 이 책이 기초하고 있는 연구들에서는 상호작용적 책 읽어주기를 강조하지만, 유아에게 책을 읽어주는 단 하나의 최상의 방법이란 없다. 그러나 만약 유아에게 *항상* 이야기를 조용히 듣고 있기를 바라고, 이야기가 끝날 때까지 자신의 반응을 참고 있도록 한다면, 그것은 유아에게 성인의 문학 경험 방식을 강요하는 게 될 것인데, 이는 유아에게는 아주 비생산적인 방식일 수 있다. 이런 연구에서 유아의 반응은 순간적이기 때문에 책을 다 읽어줄 때까지 기다렸다가 반응을 하게 했다면 반응은 대부분 사라지고 말았을 것이다. 또한 유아의 어떤 유형의 반응은 거의 책을 읽어주는 동안에만 나타났다. 예를 들면, 상호텍스트적 반응과 연행적 반응, 예측, "이야기에 말대꾸하기"(talking back to the story)는 책을 읽어줄 때 일어난 것들이다. 이런 유형의 반응들은 유아에게 책을 읽어주는 동안 코멘트를 할 수 있도록 허용하지 않았다면 절대 나타나지 않았을 반응이다.

사실상, 이야기가 펼쳐짐에 따라 책에 대해 말하는 것은 책을 읽어주는 상황에서나 가능한 독특한 일이라 할 수 있다. 대개의 문학 서클과 문학 토의 그룹, 학급 책 클럽(Daniels, 2002; Eeds & Wells, 1989; McMahon, Raphael, Goatley, & Pardo, 1997)에서 토의는 책을 읽은 다음에만 이루어진다. 문학 토의 그룹은 분명히 가치가 있기는 하지만 책 읽어주기는 그것과는 다른 유형의 반응을 일으킬 가능성을 지니고 있다. 교사가 유아에게 책을 읽어주는 동안 자유롭게 이야기할 수 있게 해주면 교사는 유아가 서사적 의미를 구성하는 과정을 들여다볼 수 있는 기회를 얻게 된다. 또한 유아는 "책을 가지고 놀고" 오류를 범하고, 되짚어보고, 확인하고, 확인하지 않는 등 *의미를 구성하는 과정에 있기 때문에* 이때 교사는 비계설정을 할 기회를 얻게 된다. 비계설정은 구조가 만들어지고 있는 중에 해야 가장 유용하다.

다양한 반응의 격려

앞의 자료에 기초하면, 유아는 다섯 가지 유형의 반응, 달리 말하면 다섯 가지 유형 또는 다섯 가지 측면의 문학적 이해 양상을 나타냈다. 교사들은 자신의 수업을 떠올리면서 자신의 반 아이들에게는 몇 가지 유형의 반응이 나타나는지 알고 싶을 것이다. 예를 들면, 만약 유아가 텍스트 중심의 말을 한다면 교사는 개인화된 반응의 모델이 되고자 하는 동시에 그런 반응을 격려할 것이다. 반면에 유아가 개인화된 반응만을 한다면 교사는 분석적인 말의 모델이 되고자 하고 그런 말을 격려할 것이다. 문학적 이해의 유형들이 존재하는 것 같으므로 교사는 어떻게 하면 유아에게 되도록 더 많은 유형의 반응을 하게 할 수 있을지 생각해보면 좋겠다. 텍스트의 특성이 특정 유형의 반응을 일으키는 데 중요한 역할을 하기 때문에 교사는 다양한 장르와 다양한 형식의 책을 선택해야 할 것이다. 오늘날 그림책의 종류는 아주 많다. 심각한 사회 문제를 다룬 「집으로 날아가」(Bunting, 1991)와 「그레이스는 놀라워」(Hoffman, 1991)로부터, 극도로 포스트모던 성격이 짙고 어수선해 보이는 책, 「냄새 고약한 치즈맨과 멍청한 이야기들」(Scieszka, 1992)이나 「비둘기에게 버스 운전은 맡기지 마세요! *Dont' Let the Pigeon Drive the Bus*」(Willems, 2003), 그리고 글자가 많지 않고 유아의 적극적인 참여가 필요한 「안 돼, 데이빗! *No, David!*」(Shannon, 1998) 같은 책이 있다. 그러므로 이렇게 끊임없이 다양해지는 책에 대해 아는 것이 중요하다. 만약 유아에게 제한된 장르만 경험시킨다면 그것은 유아의 문학적 이해의 발달을 제한시키는 것이 될 것이다.

그림책의 모든 부분의 활용

그림책이 지닌 독특한 특징 중 하나는 풍부한 시각적 자극이다. 예를 들면, 본 연구에서는 그림책의 주변텍스트가 의미 구성에 아주 중요하다는 점을 보여준다. 아직 주변텍스트의 특징은 종종 간과되고 있지만 말이다. 유아에게 주변텍스트의 잠재 가능성을 탐색할 수 있게 해주어야 한다. 교사는 책 읽어주기를 하는 방법을 조심스럽게 고려하여 *시작*해야 한다. 이 책에 실린 연구들을 보면, 교사와 유아는 교사 뜻대로 미리 정한 질문에 대해 토의하기보다는, 책 자체의 특성을 탐구하면서 주변텍스트의 특징에 대해서 토의하였다. 이 전략은 유아로 하여금 책 내용을 자기 식대로 자유롭게 해석하여 구성할 수 있게 해주는데, 유아가 귀기울여 들어야 할 것을 직접적인 방법으로 미리 준비시키는 것에는 반대한다. 목적이 담긴 질문으로 이야기를 시작한다면 교사는 자연히 딱딱한 교수 분위기에 놓이게 되고, 이야기를 늘 이런 식으로 도입한다면 유아는 책 읽기 상황에 대해 자신이 영향력을 발휘하고 있다는 느낌을 덜 받거나 아예 그런 느낌을 받지 못할 수도 있다. 그림책을 읽어줄 때 단 하나의 최선의 방법이란 없다. 그러나 교사는 책이 스스로 최선의 도입을 해주리라 확실히 믿어야 한다. 어쨌든 서두의 주변텍스트 요소들은 모두 전체 효과를 만들어내기 위해 주의 깊게 디자인되었고 편성된 것이며, 이렇게 주의 깊게 조직된 이유는 부분적으로는 우리가 그 책을 읽을 *준비를 하*도록 하기 위한 것이다. 문학에 기초한 기초 읽기 독본 시리즈(literature-based basal reading series)는 거의 모든 주변텍스트 요소가 빠져 있어서 유아가 주변텍스트로부터 얻을 수 있는 풍부한 의미 구성과 준비 과정의 기회를 얻지 못한다(Feathers & Bochenek, 2006; Reutzel & Larsen, 1995).

마찬가지로, 그림책의 전체적 의미에서 그림 순서는 절대 과소평가되어서는 안 될 만큼 아주 중요하다. 1장에서 나는 그림이 텍스트의 빈틈을 채우는 작용을 하고, 텍스트는 그림의 빈틈을 채운다고 강조했다. 글과 그림 간의 시너지가 있어서 이 둘은 단순한 합 이상의 의미를 지닌다. 교사는 그림책의 특징을 이해하기 위해 예술, 일러스트레이션, 그림책 이론으로부터 이해한 내용을 숙지하고 확장시켜야 한다. 뱅(2000)과 키퍼(1995), 스티위그(1995), 두난(1993)은, 시각 예술에 대한 배경이 풍부하지는 않지만 그것을 알고 싶어 하는 교사들이 꽤 잘 이해할 수 있는 방식으로 예술의 원리와 일러스트레이션의 관습과 기호학적 부호, 그림책 이론에 대해 논의해 놓았다. 만약 유아에게 그림책의 시각적 특징을 심미적으로 감상하고 이해하게 하고 싶다면 교사들은 우선 자신이 먼저 그림책을 감상하고 이해하는 능력을 키워야만 한다. 교사가 일단 그림책의 시각적 측면을 자세히 보기 시작한다면 교사는 유아들로부터 배우기 시작할 것이다. 왜냐하면 유아는 우리 어른들이 놓치는 세세한 것들을 더 잘 알아차리기 때문이다. 다시 말해서, 교사는 예술 전문가가 되어야겠다고 느끼기보다는 유아와 함께 그림책의 세계에 뛰어들어 시각적 기호학에 대해 배워야 한다. 특정 그림책이나 그림책 작가에 대해 다루는 연구물(Larry,

1995; McClay, 2000; Neumeyer, 1990; Nodelman, 2001; Pantaleo, 2003b)이나 그림책에 대한 최근 연구들의 동향을 알려주는 연구물들(예를 들면, Wolfenbarger & Sipe, 2007), 책의 개별 장과 개별 논문(Nikolajeva & Scott, 2000; Sipe, 2001a, 2001b, 2002a; Sipe & Brightman, 2005, 2006, Sipe & Ghiso, 2005; Sipe & McGuire, 2006a, 2006c)들이 도움이 될 것이다.

그림책은 적어도 두 개의 기호 체계(시각 기호 체계인 그림과 말의 기호 체계인 글자 텍스트)로 구성되어 있기 때문에 여러 개의 기호 체계 사이를 움직이는 능력을 키워줄 수 있다. 하이퍼텍스트 같은 새로운 텍스트를 사용하는 유아를 이해하는 데는 이런 식의 이해가 중요하다. 렘키(Lemke, 1993)는, 그림이 들어간 정보 텍스트와 하이퍼텍스트에 "텍스트 세상을 통과하는 수많은 길"이 있다는 말을 하였다. 이 말은 그림책에서도 마찬가지다. 마가렛 미크(1983)는 "그림책은 모든 종류의 읽기를 초대하며, 단 하나의 이야기가 아니라 일련의 이야기의 발명을 허용한다"(p. 174)고 하였다. 교사는 유아가 텍스트와 텍스트만큼이나 중요한 그림을 조화시킴으로써 다양한 해석을 하도록 격려하고, 시각적 정보와 언어적 정보를 통합하는 능력을 키울 수 있게 도와준다.

상호텍스트적 연관성 및 변형 이야기에 대한 탐색

이 책의 연구에서는 상호텍스트적 연관성이야말로 유아로 하여금 해석을 다양하게 하도록 해주는 중심축이라는 점과 함께 유아에게 상호텍스트적 관련짓기를 지속적으로 격려하는 것이 중요하다는 점을 제안한다. 교사가 기대하는 것보다 유아가 상호텍스트적 관련짓기를 덜한다는 생각이 들면 교사는 유아에게 직접적인 질문("이 이야기로 인해 떠오르는 다른 이야기는 어떤 것이 있니?")을 하거나 토의 과정에서 다른 책과 텔레비전 프로그램, 비디오 프로그램, 그 외 다른 책을 구체적으로 언급함으로써 관련짓기를 격려할 수 있다. 다른 책이나 문화물을 연관 짓는 유아가 있으면 칭찬해주고 상호텍스트적 분석을 격려하는 방향에서 그 반응을 탐구해본다. 교사들은 이 연구의 유아들이 사용한 상호텍스트적 관련짓기의 8가지 방법(6장에서 서술)에 비추어 각 반의 유아들이 보여주는 상호텍스트적 관련짓기를 비교해보고 싶을 것이다.

유아가 몇 개의 이야기를 서로 연결 짓고 나서야 이야기의 주제와 구조에 대해 고도의 일반화와 추상화에 도달하는, 일종의 인지적 "비판적 덩어리"가 생겨난다는 점에서 상호텍스트적 관련짓기에는 양적 측면이 관여한다는 사실을 알게 되었다. 유아에게 많은 이야기를 읽어주면 그들은 이 비판적 덩어리를 더 쉽게 만들 수 있게 된다. 같은 장르의 많은 이야기를 읽는 것 또한 토의를 풍부하게 해줄 것이다.

같은 이야기를 다양하게 바꾼 변형 이야기(variants)(6장에서 서술한 다양한 종류의 「신데렐라」와 「라푼젤」)를 읽어줄 경우 유아는 상호텍스트적 지식을 가장 쉽게 얻게 될 것이다. 변형 이야기는 원본 이야기와 구조나 등장인물 간의 관계, 주제 등 많은 부분에서 같기 때문에 유아들은 변형 이야기의 정체를 정확하게 알아본다. 그러므로 비록 문학에 대한 사전 경험이 없다 해도 유아에게 같은 이야기면서 다른 판(versions)의 책을 상호텍스트적으로 연결 짓게 하는 일은 더 쉬운 일일 것이다. 같은 이야기의 다양한 판과 다양한 변형 이야기들을 읽는 단원 학습을 할 수도 있다. 이런 식으로 교사가 분명한 방향을 많이 주지 않은 채 유아가 이야기 간에 관련짓기를 자연스럽게 시작하게 하는 책 읽어주기를 하면 된다. 내 연구의 교사들은 이야기 간 관련짓기 반응을 끌어내기 위해 대조 및 대비 차트를 만들거나 교사 주도의 활동을 위한 계획을 위해서 차트를 만들지 않고 유아의 코멘트에 대해 적절하게 반응하기 위해 차트를 만들었다.

이 연구의 유아들은 책보다는 다른 문화물과의 관련짓기를 많이 했다는 점 또한 기억될 필요가 있다. 텔레비전, 비디오, 영화, 광고, 친구들의 그림이나 글과의 관련짓기도 하였다. 다이슨(2003)은 이를 넓은 의미의 "텍스트 놀잇감"(textual toys)이라는 말로 멋지게 표현하였다. 이 연구는 가장 세속적인 대중문화 요소조차도 아주 세련되고 아름답게 해석되는 데 활용될 수 있다는 것을 보여준다. 예를 들면, 6장에서 주디가 「집으로 날아가」(Bunting, 1991)에 나오는 새를 소년의 돌아가신 엄마의 상징으로 감각적으로 해석한 것은 텔레비전 프로그램인 「아이 데리고 결혼하기」를 활용한 것이다. 그러므로 책에만 제한시키지 말고 교사가 생각하기에 너무 저속하다 싶은 것까지 포함하여 상호텍스트적 관련짓기를 할 수 있게 해주면 유아의 문학적 이해에 가장 도움이 될 것이다. 이야기와 다른 아이들의 글이나 그림을 연관 짓는 것은 특히 중요해 보인다. 유아들은 자신을 글작가와 그림작가나 마찬가지의 동료 작가로 생각하게 되기 때문이다. 그러면 유아들은 자신도 텍스트를 생성시키고 다듬고 비판하는 힘을 지니고 있는 존재라는 생각을 내면화하게 될 것이다. 이는 6장에서 교사가 「스트레가 노나」는 이탈리아 옛이야기의 토미 드 파올라(1975)식 판이라고 한 말에 대해 샐리가 "그리고 우리는 그 이야기를 오늘 다시 이야기하고 있는 것이지요"라고 말한 데서 알 수 있다.

교사의 중요한 역할

이 연구를 종합해 볼 때, 교사는 유아의 문학적 이해 발달에 중요한 역할을 한다. 교사가 유아의 문학적 이해를 비계설정하는 데는 다섯 가지 중요한 방법이 있다. 독자, 관리자와 격려자, 명료자 또는 탐사자, 의문자 또는 추측자, 확장자 또는 개선자가 그것이다. 덧붙여, 마틴 선생님 같은 분은 이야기를 읽어준다기보다는 이야기를 들려주는 것 같았다. 그러나 어느 경우든 교사들은 유아의 이해를 돕고 계발하는 데 기본적인 역할을 하였다. 교사들은 자신만의 비계설정 방식을 반영할 것이고, 자신의 코멘트와 질문, 반응이 유아의 고차원의 문학적 이해에 도움이 될지에 대해 궁금할 것이다.

질문

교사의 질문은 아주 영향력이 있기 때문에, 교사는 자신이 유아에게 책을 읽어주는 것을 녹음하여 얼마나 많은 질문을 하며, 그 중 얼마나 많은 질문이 답을 알고 하는 질문인지를 확인해보는 것이 좋을 것이다. 다시 말해서 질문의 양과 질이 어떠한지 검토해보는 것이다. 질문이 토의를 이끄는 데 중요하다는 것은 잘 알려져 있는 사실이다(Wollman-Bonilla, 1994). 어떤 종류든 질문이 너무 많다면, 토의를 주도하는 사람이 교사라는 메시지를 주게 된다. 그리고 교사가 이미 답을 알고 있는 질문을 하는 비율이 높다면, 이것은 토의의 목적이 탐색의 성격을 띤 "대강의 초안"(rough draft)으로서의 말을 하는 데 있는 게 아니라 유아의 지식을 시험하고 평가하는 데 있다는 의미를 내포한다. 반즈(1976)는 "대강의 초안"을 구성하는 말이 유아의 고차원적 사고 기술을 계발하는 데 아주 중요하다고 생각하였다. 베르논 휘건스와 해머, 미치오, 그리고 맨러브(Vernon-Feagans, Hammer, Miccio, and Manlove, 2001)는 그들이 검토했던 어떤 연구에서도 아프리카계 미국인이나 히스패닉 미국인 부모가 자녀를 질문 상황으로 끌어들이는 경우를 발견하지 못했다. 이것은 중류층 백인 가정의 부모가 종종 자신이 답을 알고 있는 질문을 자녀에게 하는 것과는 대조된다. 결과적으로, 비주류 문화의 유아들은 교사가 하는 질문 유형에 대답을 하는 데 어려움을 겪을 것이라는 것이다. 히스(1983)와 베르논 휘건스(1996)는 "아동은 자신이 왜 이미 답이 있는 질문을 받아야 하는지, 놀림을 받는 느낌을 받거나 그 이유를 이해하지 못하여 적절하게 반응하지 못할 것이다"(p. 201)라고 하였다. 이는 교사가 생각하고 해석해볼 만한 중요한 논점이다.

비계설정

교사가 자신만의 비계설정 방식에 대해 생각하는 것 또한 중요하다. 유아가 앞서 이끄는 것도 비계설정에 포함시킬 것인가, 아니면 교사의 아이디어로 토의를 진행하는 것만 비계설정에 포함시킬 것인가? 다시 말하면, 누가 대화를 주도할 것이고 어떤 관점에서 대화를 이끌어갈 것이며 어떤 목적을 가지고 진행할 것인가라는 것이다. 이 책에서 제시한 비계설정의 관점은 유아가 하는 이야기에 주의 깊게 귀 기울이고 유아가 선도하는 대화를 기꺼이 따르는 것이다. 비록 유아가 하는 이야기 내용이 교사가 정해둔 의제와 배치되거나, 하려고 했던 과업을 벗어나더라도 말이다. 뉴커크와 맥클로이(1992)가 언급하였듯이, 유아가 하는 말과 이야기가 어떤 관련이 있는지 "어리둥절해질" 때가 자주 있을 수 있지만 결국 유아는 대화의 의미를 이해하였다. 에릭슨(Erickson, 1986)과 영과 스네이블즈(Younge & Stables, 1998)가 현명하게 말했듯이, 유아는 비록 교사가 마음에 두고 있는 과업을 하지는 않더라도 항상 과업을 하고 있다.

나는 처음에 유아의 문학적 이해에 대한 연구 방법에 대해 생각하기 시작했을 때, 유아의 사고를 자극하기 위한 토의의 틀(예를 들면, Chambers, 1993)을 사용하는 문제를 검토했었다. 이런 틀은 비록 유아의 사고를 자극하면서 열린 결말의 코멘트와 질문 기법으로 되어 있기는 하지만 꼭 필요한 것은 아니었다. 압도적으로 많은 경우, 교사와 내가 토의 방향을 잡기보다는 유아가 이끄는 대로 따라가면 되었다. 마찬가지로, 우리가 도입한 새로운 정보들도 유아가 동화할 수 있게 상황에 따라 재단되었다고 확신한다. 유아의 말에 진심으로 귀 기울이는 게 핵심인 것 같았다. 책 읽어주기를 처음 하는 교사들은 좀 더 명확한 방향을 원할 수도 있겠지만(Fisher, Flood, Lapp, & Frey, 2004; McGee & Schickedanz, 2007), 그림책 읽어주기를 성공적으로 할 수 있는 정해진 기준이란 없다.

책 읽어주기에 앞서 할 일

유아의 말을 귀담아듣고 유아가 이끄는 대로 따른다고 해서 책을 읽어주기 전에 미리 아무런 생각을 안 해도 된다는 뜻은 아니다. 유아의 말에서 가르칠 수 있는 가능성이 있는 순간을 알아채려면 우리가 스스로 의미 있다고 여기는 것을 미리 염두에 둘 필요가 있다. 교사가 자신의 문학적 취향과 감각을 정련시키고 확장시킬 필요가 있다는 것이다. 어쩌면 우리는 너무 빨리 교실에서 문학을 "사용"할 수 있는 방법을 생각하는지도 모른다. 교사 자신이 문학을 경험하고 이해하는 게 우선인데 말이다. 만약 교사가 유아의 뒤를 따르려 한다면, 그것은 토의에 대한 통제력이 아니라 문학에 대한 더 큰 통제력과 문학의 가능성에 대한 아주 강한 민감성을 갖출 때에 한해서다. 유아의 문학적 도구 상자에 여러 항목을 덧붙이도록 돕고 싶다면 우리 자신의 도구 상자부터 채워야 한다.

다양한 반응에 마음 열기

이 연구는 기대하지 않은 특정 반응 유형을 밝혔다. 연행적 반응은 처음에는 반응으로 여겨지지 않았다. 그런데 이 반응을 검토할수록 이 반응의 창의적인 미적 성질에 마음이 끌렸다. 이 경험을 통해 우리는 인내를 더 키우고 유아의 반응을 더 다양하게 키워야 한다는 것을 배웠다. 이것이 교사에게 주는 시사점은, 문학에 대한 반응을 구성하는 요소에 대한 개념을 넓혀야 한다는 것이다. 즉 "모든 것을 고려해야 한다"(Hickman, 1983)는 것이다. 어떤 교사들은 이런 입장을 불편하게 생각하겠지만, 불편한 것이 바로 교수법을 성장시킬 수 있는 지점이다. 과업에서 빗나간 유아 반응의 결과, 어떤 매력적인 통찰력과 문학적 해석이 가능하게 될지 누가 예측할 수 있겠는가?

개별 반응 양식의 규명 및 활용

앞서 언급했지만, 이 책에서 어떤 유아들은 그림책에 대해 모종의 매력에 빠져 있음이 드러나는 반응을 보여주었다. 연구 결과, 적어도 어떤 유아, 심지어 만 5세 또는 1, 2학년 유아조차 개인의 개성이 드러나는 반응 양식을 보여주었다(Brightman & Sipe, 2006; Sipe, 1998c). 이 연구 결과, 몇 가지 교육학적 시사점이 있다. 첫째, 교사는 유아의 개별 반응 양식을 알고 잘 살펴야 한다. 문학과 관련하여 각 유아가 어떤 열정이나 재능을 보이는가? 유아의 반응에 자신을 나타내는 내용이나 인성을 표현하는 방식이 담겨 있는가? 유아는 반응 양식을 다양하게 시험하는가, 다른 유아의 의견에 찬성할 때 자신의 반응 양식을 버리는가, 아니면 여러 담화(discourse) 구조에도 불구하고 꽤 변함없는 측면에서의 문학적 의미 구성 양식을 고수하는가?(Santori, 2006) 둘째, 개인의 반응 양식은 강점 요소, 특히 잘 발달된 문학적 이해의 측면으로 받아들여지고 격려될 수 있다. 이 연구에서 고든은 그림의 배열과 "질감"에 대한 전문가가 되었고, 크리시는 그림의 매체와 양식에 대한 전문가가 되었다. 나이샤는 동화된 반응을 하면서 이야기책의 등장인물의 목소리를 자주 냈다. 짐은 이야기를 위해 "큰 그림"을 요약하고 그것을 고려하기를 잘해서 가끔 주제문 비슷한 문장을 만들어냈다. 테리는 내용을 증명하기 위해 앞에서 읽은 페이지로 넘기기도 하고 텍스트에 있는 단어를 읽기도 하였다. 문학적 이해는 유아가 자신의 독특한 관점을 내보이고 서로의 생각을 확장시키고 교정시켜 주는 사회적 구성이다.

개별 유아의 독특한 반응 양식은 최근 연구에서 제기된 의문, 즉 특정 문화 집단이나 종족, 인종적 집단에게 특정 반응 양식이 있는지의 문제를 제기한다. 로페즈 로버트슨(Lopez-Robertson, 2005)의 교사 연구에 나오는 라틴계 유아들은 개인적 반응인, 소위 "이야기에 대한 이야기"의 반응 비율이 높았다. 유아들은 그림책의 행위나 등장인물의 영향을 받아 자신의 경험으로 이야기를 확장시키고 싶어 했다. 그러나 각 유아의 이야기는 서로 다른 목적에 따라 이루어졌다. 교사들은 유아에게 책을 읽어줄 때 유아가 지니고 있을 특정 반응 경향을 지켜주어야 한다. 이를 위해 교사는 (1) 반응 유형을 칭찬하고 (2) 다른 반응 유형을 격려해야 한다. 이는 유아의 이해력이 자신의 양식을 지키는 가운데 확장될 수 있도록 하기 위해서다.

앞으로의 연구

이 책의 이론적 뼈대인 문학적 이해는 일반적으로 문식성 학습의 일부라 할 수 있다. 문학적 이해와 읽고 쓰기 학습에 관여하는 인지 과정과의 연관성을 명료하게 해주고, 이로써 유아의 문학적 이해를 문식성 학습의 맥락에서 생각하게 해주는 연구가 필요하다. 이를 위해 다음에 대한 탐구가 가능하다.

문학적 이해에 대한 연구의 확장

미크(1988)는 유아가 배울 필요가 있는 내용을 텍스트가 가르친다고 주장한다. 우리는 서사문학이 유아를 아주 동기화시킨다는 사실을 알고 있지만, 어떤 면이 읽기 학습에 그렇게 영향을 미치는 걸까? 텍스트가 유아로 하여금 책을 계속 읽도록 동기화시킬 때조차, 서사에서 "텍스트의 작동원리"를 가르치는 핵심은 무엇일까? 이 책의 관심은 분명히 픽션 그림책이다. 그러나 유아에게는 다른 장르도 경험하게 해주어야 한다. 예를 들면, 논픽션 책과 정보책(Duke, 2000; Pappas, 2006)은 유아에게 무엇을 가르치는가? 정보책에 속하는 다양한 하위 장르(Pappas, 2006)는 유아에게 무엇을 가르치는가? 게다가 다양한 그림책, 특히 "포스트모던 그림책"(Pantaleo, 2002, 2004a, 2004b; Sipe, 2004)의 특징이라 할 수 있는 메타픽션 요소가 들어 있는 그림책은 이런 텍스트에 대해 유아가 갖고 있는 사전 경험 여부에 따라 다른 유형의 비계설정과 더 많은(또는 좀 다른) 개입이 필요할지도 모른다.

문학과 쓰기 간의 연관성은 아주 강하다(DeFord, 1984; Sipe, 1993). 문학적 이해를 갖춘 유아는 "독자처럼 쓸" 수 있고 "저자처럼 읽을" 수 있는 유아일 것이다(Hanse, 1987; Smith, 1984). 우리는 문학적 이해가 전통적인 "서사 요소" 이상의 것으로 구성되어 있다는 확장된 견해를 갖고자 하므로, 앞으로 문학적 이해와 쓰기를 좀 더 연결 지어 연구해볼 가치가 있다. 이렇게 폭넓은 견해 덕분에 문학적 이해와 쓰기 능력 간의 관련성은 더 많이 밝혀지게 될 것이다. 예를 들면, 연행적 반응에 대한 유아의 성향이 어떻게 유아로 하여금 무엇인가를 쓰고자 하는 강한 의도를 갖게 하고 미사여구를 사용해서 글을 쓰게 만드는가? 응집력 있는 논의를 하는 학습 과정에서 상호텍스트적 관련짓기는 얼마나 유용한 걸까? 개인화 충동(personalizing impulse)의 발달이 독자에게 "말을 하는" 글 텍스트의 생성을 어떻게 돕는가? 내가 앞서 했던 논의와 사고 과정이 적절했다면, 시시하고 정형화되어 있고 틀에 짜여진 형식, 때로는 폭력적인 양식이 대중문화에 만연해 있는 만큼이나 그림책은 유아의 글쓰기에 영향력이 있고 그보다는 훨씬 유용하다고 믿는다.

문학적 이해를 갖춘 유아라면 자신이 읽은 내용을 다양하게 해석하고자 하는 마음이 있을 것이고, 그렇게 하는 것을 의미 있게 여길 것이며, 친구들과 의견을 주고받는 일에 몰두하는 방법을 알고 있으리라는 가설이 가능하다. 텍스트를 어떻게 해석했는지에 대해 논의할 때, 다양한 견해를 고려할 줄 아는 능력과 문학적 이해 간에는 어떤 연관성이 있을까?

문학적 이해와 사려 깊고 추론하며 읽는 능력 간에는 어떤 연관성이 있는가? 텍스트를 보이는 대로 그냥 받아들이지 않고 저변에 깔려 있는 이념적 가정을 탐색하면서 텍스트를 탐구, 저항하는 능력과 문학적 이해와는 어떤 연관성이 있는가?

문학적 이해가 발달하면 텍스트의 힘에 더 기꺼이 항복하게 되는가? 문학적 지식과 문학적 즐거움은 어떤 관계인가? 로젠블랫은 분석의 목적은 즐거움을 훼손하는 게 아니라 즐거움을 증가시키기 위한 것이라고 주장한다. 그러므로 우리는 이야기의 구조와 그 외 요소에 대한 분석이 읽기에 대한 유아의 즐거움과 선호에 사실상 기여하는지, 아니면 이런 분석 경험이 유아의 동기를 약화시키는지를 고려해야 한다.

그림책과의 경험이 어떻게 상호매체 간 기술(transmediational skill)(여러 기호 체계를 쉽게 옮겨다닐 수 있는 능력)을 계발하는 걸까? 이런 기술은 유아의 하이퍼텍스트나 현존하는 다른 사이버 형식의 텍스트 이해에 어떤 영향을 미치는가? 유아의 미술, 드라마, 그 외 비언어적 반응이 (1) 상호매체 간 능력을 보여주기 위해 (2) 문학적 이해를 숙련시키고 확장시키기 위해 언어적 반응과 어떻게 통합될 수 있는가?

이야기책 읽어주기에 대한 그 이상의 검토

이야기책을 읽어주는 상황은 여러 가지 관점에서 살펴볼 수 있기 때문에 다른 어떤 조기 문식성 사태보다도 자주 연구 대상이 되어 왔다. 이야기책 읽어주기 상황에서 유아가 발달시키는 문학적 이해와 미적 이해력은 앞으로 더 철저하게 탐구될 가치가 있다. 예를 들면, 이야기책 읽어주기 양식은 교사에 따라 다를 뿐 아니라(Dickinson & Keebler, 1989; Dickinson, McCabe, & Anastasopoulos, 2003; Dickinson & Tabors, 2001; Martinez & Teale, 1993; Morrow & Brittain, 2003; Reese, Cox, Harte, & McAnally, 2003), 어떤 읽어주기 양식은 이후 문식성 능력에 다른 양식보다 훨씬 영향력이 크다는 확실한 증거들이 있다. 어떻게 읽어주기 양식의 차이가 문학적 이해의 발달에 영향을 미치게 되는가? 어떤 양식의 이야기책 읽어주기가 유아의 특정 반응 양식의 발달을 격려하거나 촉진시키는가? 이야기책 읽어주기 상황에 일어나는 토의 양식과 반응 양식은 문학 토의 그룹과 문학 서클 동안 일어나는 토의 양식 · 반응 양식과 어떻게 비교, 대조될 수 있을까?

그 외 이론적 틀

이 연구의 자료나 비슷한 자료에 영향을 미칠 수 있는 또 다른 몇 개의 이론적 틀이 있다. 유아는 사회적 의미를 구성하기 위해 여러 사람이 관여하는 사회적 대화 관습과 협동 기술을 배워야만 한다. 예를 들면, 사회학과 사회언어학의 관점은, 유아가 문학에 대해 토의하는 관습과 규칙을 배우는 방식과 다른 사람의 견해를 인내하는 능력을 계발하는 방법을 분석하는 데 유용할 것이다.

놀이

유아는 책에 대한 논의를 할 때, 즐거우면서도 난이도 있는 언어놀이를 하는 동시에 상상을 많이 하였다. 연행적 반응과 동화된 반응이야말로 유아의 언어놀이가 가장 잘 드러나는 반응이었다. 그러나 다른 모든 형태의 반응들 또한 유아가 책에 대한 논의를 분명히 즐거운 놀이로 여기고 있으며, 이에 깊이 몰입하고 기꺼이 참여하고 있다는 증거였다. 그러므로 유아의 반응은 놀이 이론의 틀에 따라 분석하는 게 좋을 것 같다(Fox, 2003; Kantor & Fernie, 2003; Rowe, 1998; Scarlett, 2005; Winnicott, 1974).

드라마

유아를 위한 드라마 이론(Adomat, 2005; Edmiston, 1993) 또한 유용하다. 에드미스톤(Edmiston, 1993)은 다음과 같이 쓰고 있다.

> 우리는 독자로서 등장인물이 되어 그들과 공감하고 그들의 행위를 비판하면서 책 속으로 들어간다. 그러나 문학에 대해 이야기할 때는 항상 이야기 세계 밖에 있게 되고, 책 내용을 회고하지 않는 한 더 이상 그 세계를 경험하지 못한다. 친구와 어느 한 순간을 상기시키며 공유해 보려 해도 이야기 속으로 들어가지는 못한다.

그러나 내 이론은 그의 생각과 다르다. 내 이론은 그림책을 읽어주는 과정에서 일어나는 바로 그 순간의 경험에 기초한다. 이 경험은 아마도 개인적이면서 동시에 아주 사회적인 성격의, "생생한" 체험을 할 수 있을 만큼 가까이에서 할 수 있는 경험일 것이다. 그러므로 유아가 문학에 대해 이렇게 생생한 체험에 기초하여 이야기할 때, 유아는 이야기를 듣고 이야기에 대해 하는 말의 내용이 어떤 문학적 충동에 의한 것이냐에 따라 자신을 이야기의 안 또는 밖(에드미스톤 식으로 표현하면)에 둘 수 있다.

성(gender)

내 연구 자료를 보면 남아가 여아보다 더 자주 말을 했고, 특히 몇몇은 아주 예외적으로 토론을 주도하는 경향이 있었다. 데이비즈(Davies, 2003a, 2003b, 2004)가 학령전기 유아를 대상으로 한 연구와 갤라스(Gallas, 1998)가 초등학교 저학년을 대상으로 한 연구, 앤더슨(2002), 루이스(Lewis, 1997), 그리고 에반스(Evans, 1996)가 더 큰 아동을 대상으로 한 연구의 성별 분석 결과를 보면, 성이 아이들의 토의 및 반응 양상에 어떤 영향을 미치는지를 이해할 수 있을 것이다. 몇몇 연구(Cherland, 1992, 1994)와 마찬가지로 남아는 행위에 초점을 맞추는 반면 여아는 등장인물의 감정에 초점을 맞추는가? 성별 정형화는 영구적인가?(Evans, 1996) 책을 읽어주는 동안, 아직 성별 행동 규칙을 따를 줄 모르는 어린 남아와 여아는 어떻게 상호작용을 하고 어떻게 반응하는가? 남아 집단과 여아 집단은 언제나 토론을 다른 유형으로 하는가?(Evans, 1996) 가부장적 권력 구조가 반영된 요정담에 대한 성별 반응은 어떠하며(Marshall, 2004), 이런 반응이 사실주의 소설에 대한 성별 반응과 어떻게 다른가? 니콜라예바(2005)와 울프(Wolf, 2004) 책의 몇 개의 장은 유아의 반응을 페미니즘 문학의 시각에서 볼 수 있게 해주는 훌륭한 출발점이다.

인종과 문화

문화와 인종, 계층, 민족에 초점(Cross, 1993; Perkins, 1992)을 맞춘 읽어주기 연구 자료의 분석도 도움이 된다. 아프리카계 미국인의 "의미 부여하기"(Gates, 1988; Lee, 1995) 사용과 연행적 반응에 나타난 특징 간의 관계가 밝혀졌다. 모종의 사회경제적 수준의 아프리카계 미국인 학생이 유럽계 미국인 학생에 비해 연행적 반응을 더 많이 하는가? 만약 그렇다면 책에 대한 논의에 참여하는 유아는 이런 유형의 반응을 억압하는 전통적인 교실 상황으로 인해 어떤 영향을 받는가? 또한 교사의 읽어주는 방식의 차이가 서로 다른 문화적, 민족적, 인종적 집단별로 다른 영향을 미치는가? 교육학적 시사점에서 이미 언급했던 최근의 연구들을 보면, 일부 라틴계 유아들은 개인적인 성격의 반응 비율이 높은 것으로(Lopez-Robertson, 2005) 나타났는데, 이는 민족이나 문화와 반응 간에 관계가 있을 수 있다는 것을 보여주는 것이다. 이 책이 기초하고 있는 연구에는 아시아계 미국인이나 히스패닉 미국인의 비율이 의미 있는 정도로 많이 포함되어 있지 않기 때문에, 같은 종류의 반응이 다른 비율로 나타나거나 다른 유형의 반응이 나타났을 가능성이 있다. 우리는 문화, 인종, 민족, 사회경제적 지위가 문학에 대한 반응을 어떻게 활성화시키고 제약하는지, 그 결과 문학적 이해를 어떻게 형성시키는지에 대해 많이 알아야 한다. 신시아 발렌거(1998)는 아이티의 학령전 유아들에 대한 연구에서, 처음에는 내가 말하는 연행적 반응과 동화된 반응에 대해 좌절감을 표출하였지만, 차차 그런 반응들이 유아의 중요한 반응 양식임을 받아들였다. 더 확고한 이론적 틀을 첨가하여 더 큰 맥락에서 이런 유형의 반응을 배치시킬 수 있는 더 많은 연구들이 필요하다. 맥길리스(McGillis, 1996)와 울프(2004)는 다양한 유형의 문학 비평 이론을 아동문학에 들어맞게 응용하였는데, 그들의 연구는 유아의 반응을 보는 렌즈의 또 하나의 출발점이 되었다.

후기 구조주의 이론

나는 연행적 반응을 후기 구조주의 이론에 많이 기대어 설명하였다. 이 이론은 텍스트 안에 내재한 무한하게 지연된 의미와, 실재에 대한 투명성의 부족, 텍스트와 아이들이 전복(顚覆)적이 되거나 놀이할 수 있는 여지를 강조한다. 「리버벤드 마을의 이상한 하루」(Van Allsburg, 1995) 같은 포스트모던 그림책에는 유아의 반응뿐만 아니라 그런 책을 분석할 때 후기 구조주의 이론이 적용될 수 있는 방법이 담겨 있다. 예를 들면, 글래쉰(Glasheen, 2007)은 「리버벤드 마을의 이상한 하루」의 경우를 들어 텍스트와 그림의 관계에 대한 표준이론(standard theories)을 비평하였다. 표준이론은 "글과 그림이 처음부터 독자를 당황케 할 의도가 있는 그림책에는 만족스럽게 적용될"(p. 3) 수 없기 때문이고, 많은 이론가들이 강조하는, 시각과 언어의 통합과 시너지를 표현하지 못하기 때문이다. 다시 말하면, 이 그림책의 글과 그림의 관계는 노들먼(1988)이 말하는 아이러니 관계를 넘어서 의도적으로 전복시키고자 하는 양식을 취하고 있다. 「리버벤드 마을의 이상한 하루」의 글과 그림은 마지막 페이지, 즉 글 없이 그림만으로 이 책의 수수께끼에 대한 답을 주는 페이지에 이르기까지 서로를 무너뜨린다. 마지막 장면은 한 아이가 페이지에 색을 칠하고 있는 장면이다. "색칠하기 책이라는 개념이 아이들 [두 명의 2학년 유아]에게 낯선 것은 아니지만, 색칠하기 책의 등장인물에 대한 책이라니!"(p. 3) 아동문학에 적용된 후기 구조주의에 대한 맥길리스(1996)의 논의는 특히 표준 관습을 따르기를 거부하는 그림책을 이해하는 데 필요한 통찰력을 제공한다.

종단연구의 중요성

같은 유아의 문학적 이해 발달을 2년 이상 연구하는 종단연구는 시간과 노력이 많이 들지만 아주 필요한 일이다. 콕스(Cox, 1994)가 만 5세부터 3학년까지 행한 장기 연구는 진정한 종단연구로서, 아주 드문 연구 중 하나다. 이런 종단연구로 우리는 시간의 경과에 따른 문학적 이해의 발달을 알게 되었다. 예를 들면, 문학적 도구 상자에 새로운 요소들이 어떻게 더해지는가? 이런 요소들은 차차 더 복잡한 방법으로 활용되는가? 문학에 대한 개인화 반응이 점차 증가한다는 증거, 아니면 시간이 감에 따라 문학이 삶을 바꾸는 힘이 되는 증거가 있는가? 유아의 문학적 이해가 발달함에 따라 유아가 일반화를 더 잘하고 주제 문장을 더 잘 만드는 경향이 있는가? 시간이 감에 따라 개인적인 반응 양식이 자리 잡는가, 유아가 다양한 반응 양상과 양식을 사용하는가, 아니면 여러 양식의 반응을 사용하지 않고 한쪽에 두었다가 다시 사용하는가? 첫 해에 나타났던 반응(예를 들면, 연행적 반응)이 이후에는 사라지는가, 아니면 숨어드는가?

개념적 범주와 근거 이론의 적용 검토

이 연구에서 유아의 반응에 대한 개념적 범주와, 이로부터 생성된 근거 이론은 타당화, 확장, 세련화를 위해 많은 경우에 걸쳐 검토할 필요가 있다. 다섯 측면의 문학적 이해와 해석적, 심미적, 개인화 충동이 다른 유아들의 문학적 반응에도 적용될 수 있을까? 이 연구에서 보다 좀 더 어린 유아나 좀 더 큰 유아의 문학적 반응을 특징지으려면 무엇을 수정해야 할까? 다른 문학 장르나 형식의 사용이 유아의 반응에 대한 개념적 범주의 틀에 어떤 영향을 미칠 것인가? 교사가 읽어주기 방식을 바꾸면 개념적 범주가 달라져야 하는가, 아니면 다른 유형의 충동이 필요한가?

이 연구에서는 아동문학의 표준 교과서에서 언급된 책, 메달과 상을 받아 알려진 책, 좋은 평을 받은 책처럼 양질의 그림책만 사용하였다. 만약 저질의 그림책을 읽어주면 유아는 이런 책을 비평할 줄 알까? 랜디스(1983)는 유아가 「피터 토끼 이야기」 원본을 그 책만 못한 그림으로 된 축약본에 비해 선호하더라는 사실을 밝혀냈다. 유아는 실제로 수준을 낮춰 쉽게 만든 책을 보고 짜증을 냈다. 이런 연구는 반향을 일으킬 만하지만 드물다.

상호텍스트적 연관짓기의 역할

이 책의 연구에서는 유아의 문학적 이해에서 상호텍스트적 관련짓기의 역할이 중요하다는 점을 암시하고 있다. 유아가 문학을 해석하거나 예측, 요약, 평가하는 것을 상호텍스트적 관련짓기로 도울 수 있는 또 다른 방법이 있는가? 다른 교실 상황에서도 상호텍스트적 관련짓기를 할 수 있는 "임계질량"(critical mass)의 개념에 대한 증거가 더 있는가? 상호텍스트적 연결을 위해 다른 판의 같은 이야기를 제공하는 게 가장 쉬운 방법이라는 게 사실일까? 비판적 사고하기, 추상적 추론하기, 개념과 상황을 비교하고 대조하기를 통해 일찍이 유아가 상호텍스트적으로 관련짓기를 하도록 도왔을 때의 장기적 효과는 무엇인가?

그림책의 시각적 잠재성

시각적 측면도 글 텍스트와 똑같이 이야기를 하며 잠재적으로 의미를 구성한다는 점을 감안할 때, 그림책의 시각적 측면에 대한 실험 연구가 그다지 많지 않은 것은 놀랄 만한 일이다. 문식성 분야의 연구자들은 문식성을 "렌즈 넓히기"라고 불러왔다(Flood & Lapp, 1995). 연구자들의 폭넓은 시야에는 그림책에 대한 언급과 함께 심미적 반응의 역할이 포함되었다. 과거보다 훨씬 더 시각적 의미 구성에 기초하고 있는 "새로운 문식성"으로 인해, 서양의 지적 삶에 내포된 "언어 중심"(verbo-centric)의 성질은 점차 도전을 받고 있다. 유아와 그림을 읽고 토의하는 일은 유아로 하여금 하이퍼텍스트와 그 외 비전통적인 텍스트를 통해 다양한 통로에 도달하게 해줄 뿐 아니라, 시각적 기호 체계와 언어적 기호 체계를 통합할 줄 알게 해주는 이상적인 방법인 것 같다. 그림책은 이 과정에서 중요한 다리가 될 것이다.

유아가 그림책의 주변텍스트가 지닌 잠재된 의미를 이용하는 방법을 어떻게 배우는지에 대해서는 좀 더 살펴볼 가치가 있다. 주변텍스트 기호학은 나의 연구에서 유아를 위해 꽤 강하게 시도되었고 유아가 의미를 구성하는 데 아주 큰 기여를 했지만, 이렇게 중요한 그림책의 특성에 대한 실험 연구는 그다지 큰 관심을 받지 못하고 있는 상태다.

앞으로 더 해볼 만한 또 다른 연구 주제는 그림책의 페이지 넘김(turning page)에 대한 해석에 특별히 관심을 갖는 것이다. 페이지 넘김은 글과 그림에서의 필요한 빈틈을 나타낸다. 예를 들면, 「괴물들이 사는 나라」(Sendak, 1963)의 두 번째 열림면에는 맥스가 포크로 강아지를 쫓는 모습이 묘사되어 있다. 세 번째 열림면으로 페이지를 넘기면 맥스는 자신의 침실에서 얼굴을 찡그린 채 있다. 유아에게 두 번째 열림면에서 어떤 일이 일어났을지 생각해보도록 격려해볼 수 있다. 페이지를 넘기는 사이가 항상 이처럼 극적이지는 않지만(어떤 것은 훨씬 더 미묘하기도 하고) 페이지를 넘길 때 적어도 작은 틈은 있다(Bartow, 2007). 그림책은 동작이 연결되는 영화와는 다르다. 심지어 영화에도 장면 속에 틈이 있고 관점의 변화가 있으므로 빈틈은 언제나 있는 거라 할 수 있으니, 우리는 그림책에서 매 양쪽 펼침면마다 바버러 베이더(Barbara Bader)가 지칭하는 "페이지를 넘기는 드라마"(1976, p. 1)를 경험하는 것이다. 글작가이자 그림작가인 스티븐 켈로그(2003)에 따르면 페이지 넘김은,

> 그림작가에게 이야기를 앞으로 끌고 가는 데 필요한 놀라움의 요소를 활용할 기회를 주고, 무대 감독이 연극의 장면과 행위 사이에 무대를 돌리거나 커튼을 올리는 것과 아주 흡사한 방법으로 감상자를 더 깊이 참여시킬 기회를 준다.

이런 이유에서 페이지 넘김은 섬세하고 높은 수준의 추론을 하는 능력뿐만 아니라 글과 그림을 인지적으로 통합하는 능력을 탐구하기에 아주 좋은 지점이다.

그림 부호와 그림 관습 방법의 학습은 연구자로부터 더 많은 관심을 끌 만한 가치가 있다. 이 연구의 유아들은 다양한 그림 부호를 배웠지만, 아직도 연구해야 할 다른 것들(Moebius, 1986)은 많이 있다. 앞으로 그림 부호가 문화 관련 지식과 규준에 의존하는 방식에 대해 탐구할 필요가 있다. 점점 더 다문화적으로 변하고 있는 우리 사회에서 그림 부호에 대한 유아의 이해 양상은 어떻게 서로 갈등하며 어떻게 서로의 다양한 해석에 의해 수정되는가?

아동문학의 즐거움

나는 앞서 아동이 문학에서 얻는 즐거움에 대한 이론화는 아직 잘 발달되지 않았다는 점과, 심지어 이 문제를 다룰 것으로 기대되는, 독자에 기초한 이론조차 문학의 즐거움에 대해 진지하게 다루지 않는다(Touponce, 1996)는 점을 이야기한 바 있다. 비록 문학의 즐거움에 대해 다룬다 해도 문식성에 대한 담론은 그것을 정면으로 다루지 않는 경향이었고, 목적을 잃은 채 "태도"나 "영향", 또는 "동기"(Matthewson, 1994; McKenna, 1994) 이론에 견주어 다루는 경향이었다. 앞으로의 연구는 문학의 즐거움을 좀 더 직접적으로 개념화시킬 수 있는 이론, 즉 유아의 문학의 즐거움에 대한 근거 이론을 개발할 목적으로 유아가 문학에 대해 느끼는 즐거움을 어떻게 표현하는지에 초점을 둘 수 있을 것이다. 이를 위해 바흐친(1975)의 "즐거움"과 "즐김"의 구분을 유아의 문학적 경험에 적용시키는 연구를 시도해볼 수 있겠다. 유아는 두 유형의 문학적 즐거움을 모두 경험하는 것 같다. 하나는 습득의 즐거움이고, 다른 하나는 압도되고 당황되며 매혹되는 즐거움이다.

연구자들은 또한 해석학적 충동, 개인화 충동, 심미적 충동이라 부르는 것을 활성화시켜서 얻게 되는 즐거움에 대해서도 탐구할 수 있을 것이다. 아리스토텔레스 식으로 말하자면, 해석학적 충동이 제공하는 "적절한 즐거움"(proper pleasure)이란 무엇인가? 아마도 그것은 누군가의 해석과 일치하거나 불일치하는 데 기초하며, 적어도 이 작은 세상에서 우리가 통제하고 숙달한(인생은 아니라도 텍스트에 관한 한) 지식에 기초할 것이다. 아마도 개인화 충동으로부터 얻는 적당한 즐거움이란 자신의 세계와 타인의 세계 사이에 놓인 타협되지 않을 것처럼 보이는 벽을 기꺼이 깨는 일일 것이다. 즉 우리 자신을 우리를 둘러싼 모든 것과 분리되어 있는 이방인이 아닌, 삶의 웹과 친밀하게 연결되어 있는 존재로 보는 것이다. 심미적 충동은 시간과 공간의 계속적이고 성가신 조우로부터 자유로운 방향, 그리고 보편화의 방향으로 작용할 것인가?

이런 것들은 유아가 아니라 성인 철학 수업에 더 적합하다고 생각하는 사람들이 있다는 것을 안다. 그러나 내 연구로부터 나는 아이들이 지적, 정서적, 사회적으로 놀랄 정도로 민감하며 그 능력이 무한하다는 확신을 갖게 되었다. 유아들은 우리의 생각보다 훨씬 덜 무지하다(Sendak, 1993). 많은 유아들이 사악하고 비도덕적인 경험으로부터 보호받지 못하고 있는 이 세상에서, 어른에게만큼이나 현존하는 절망과 실망, 두려움을 강하게 느끼고 있는 유아들에게, 이런 논점은 아주 적절하며, 문학을 경험하고 문학을 이해하는 능력이 생기면 유아는 자신의 삶에 내재한 힘을 부여받고 지지받게 될 것이다.

조용한 유아에게 책 읽어주기의 가치

이 연구에서 대집단과 소집단에서의 책 읽어주기는, 많고 다양한 코멘트가 짧은 시간 동안 오고간, 빠른 속도의 활기 있는 토의였다고 규정할 수 있겠다. 우리는 토의가 이렇게 빠르게 진행된 상황에서 어떤 유형의 사고가 가능하였고 자극되었으며, 어떤 유형의 사고는 오히려 그로 인해 방해받고 제약되었는지에 대해 의문을 제기할 수 있을 것이다. 다시 말해서, 생각하는 데 시간이 걸리는 유아와 논점이 이리저리 바뀌는 논의를 쉽게 따라오지 못하는 유아에게 불리한 상황이었는가(도넬슨[Donelson]과의 개인적 대화, 1996) 하는 것이다. 존즈와 게리그(Jones & Gerig, 1994)는 "조용한 6학년 학생"에 대한 연구에서, 토의가 활발하다는 이유로 성공적인 수업이라고 평가받은 언어 수업이 조용한 학생들에게는 부정적인 효과를 미쳤다는 결과를 제시하였다. "이 언어 학급은 유능한 집단이고 수업 토의는 아주 빠르게 진행되었고 경쟁적이었다. 이런 경쟁적인 분위기는 조용한 학생들로 하여금 토의에 참여하지 않겠다는 결정을 내리게 하는 데 기여하였다"(p. 175)고 밝혔다. 그러므로 책 읽어주기 시간에 말을 적게 하는 학생들의 행동에 초점을 맞춘 연구들이 필요하다. 그런 학생들의 문학적 이해는 덜 경쟁적이고 반응 시간을 더 많이 주는 상황에서 더 잘 밝혀질 것이다.

반복 읽기가 문학적 이해 발달에 미치는 효과

바르트(1974)는 반복 읽기(rereading)는 "아동, 노인, 교수 같은 독자 집단만이 참아내는 일"(p. 16)이라는 말로 유머러스하게 표현하였다. 여러 연구 결과, 텍스트를 여러 번 다시 읽은 아동은 문식성 학습에 있어서 의미 있는 정도의 효과를 거두었다고 하였다(Martinez & Roser, 1985; McCarrier, 1991, 1992; McGee & Schickedanz, 2007; Morrow, 1988; Yaden, 1988). 우리는 같은 텍스트를 여러 번 읽는 것이 문학적 이해의 발달에 어떤 효과가 있는지에 대해 의문을 가질 수 있다. 벨파티(Belfatti, 2005)뿐만 아니라 아리즈페와 스타일즈(2003)는 앤서니 브라운(1994)의 「동물원」이 추상적 사고로까지 사고 수준을 높이면서 아동의 반응을 풍부하게 하는 효과가 있다고 하였다. 힉맨(1981)과 키퍼(1982)는 반응이 발달하고 깊어지기 위해서는 시간이 필요하다고 하였는데, 이야기를 처음에 접한 다음에 다시 접하면 그만한 시간이 소요될 것이다. 스트릭랜드(Strickland, 2001)는, "교사는 아동이 책, 특히 읽어줬던 책에 근접할 수 있게 해줘야 한다. 이것은 아동이 스스로 자연스럽게 마음이 끌려 *다시 찾게* 되는 책이기 때문이다"(p. 330, 이탤릭체는 저자가 넣은 것임)라고 하였다. 반복 읽기에 대한 문학적 비평 관점을 담은 책, 예를 들면, 칼리네스쿠(Calinescu, 1993)의 『반복 읽기 *Rereading*』 같은 책은 관련 연구를 하는 데 도움이 될 것이다.

아동문학의 이념

나는 아동문학이 지닌 이념적, 정치적 가정에 대해 다룬 바 있는데, 모든 아동문학에는 이런 가정이 깊이 새겨져 있음이 분명하다(Stephens, 1992). 아동은 책에 내재되어 있는 이념을 식별하는 것을 어떻게 배우는가? 어떻게 하면 텍스트가 사회적 논점에 대한 아동의 인식을 높여주고, 아동으로 하여금 사회 정의를 위해 노력하도록 하기 위해 아동의 "도덕적 상상력"(Coles, 1989)을 개입시킬 수 있을까? 문학은 어떻게 아동이 마음속에 다른 존재와 다른 세계를 그릴 수 있게 돕는가? 문학과 여타 예술은 사회적으로 변형이 이루어지는 사회 건설을 위한 아이디어의 원천을 제공할 수 있다. 웨인 부스(1988) 같은 문학 평론가는 문학이 윤리적 효과와 도덕적 효과를 크게 거둘 수 있고, 그럴 수 있어야 한다는 생각을 회복시키기 위해 많은 일을 하였다.

다른 사회를 상상하는 능력은, 부분적으로는 사회적 사실에 새로운 서사를 마음대로 구성할 수 있는 능력에 기초한다. 말하자면, *다른 이야기*를 할 줄 아는 것이다. 이런 경우, 아동에게 이야기를 읽어주는 것은 아주 정치적이면서 변형적인 행위로, 이는 연구에서 탐구할 수 있는 영역이다. 마지막으로, 모든 문학에는 이념이 적재되어 있지만, 어떤 문학 장르에는 이념이 더 날카롭게 담겨 있을 수도 있다. 예를 들면, 「집으로 날아가」(Bunting, 1991)와 「아름다운 것들」(Wyeth, 2002)은 아동의 열띤 토론을 이끌어내는 것 같았고, 사회에서의 부정과 불공평과 관련한 논점에 대해 아주 비판적 의문을 제기하도록 하는 것 같았다. 그러므로 사실주의 픽션은 유아에게 다른 장르에 비해 이런 논점을 토의할 수 있는 기회를 더 준다고 할 수 있다.

문식성 너머로: 문학적 이해가 좋은 이유는 무엇인가?

이 책에서는 만 5세와 1학년, 2학년 유아가 인상적인 문학적 비평 능력을 보여줄 수 있음을 주장하였다. 왜 우리는 유아가 문학 비평가가 되길 바라는가? 우린 왜 문학적 이해의 발달을 조장하고 싶어 하는가? 문학적 이해는 글을 읽을 줄 알게 하는 데 중요한 역할을 한다는 것 이상의 의미가 있다. 지난 40년 동안 다양한 분야의 학자들은 이야기가 우리 삶에서 갖는 의미에 대해 숙고해왔다. 서사에 대한 지식은 현실을 구조화하는 방법, 어쩌면 가장 좋은 방법이 될 수 있다. 그것은 "구조화 장치"(organizing device)(Langer, 1953, p. 261)다. 많은 인지심리학자와 인류학자들(Bruner, 1980, 1986, 1990; Geertz, 1973; Wolf & Heath, 1992)에 따르면, "이야기"의 경험이야말로 세상에 질서와 의미를 부여하기 위해 행할 수 있는 가장 위력적인 방법 중의 하나일 것이다. 우리는 경험이 언어(그리고 문학)의 모양을 만들지만, 언어(그리고 문학)는 또한 경험의 모양을 만든다는 사실을 알고 있다. 다양한 인문학자들(Hardy, 1978; Mitchell, 1981; Polkinghorne, 1988; White, 1980)은, 서사는 융이 말하는 자아(Self)를 구성하고 정체성을 형성하는 데 중요한 요인이라고 주장하였다. 인간의 마음은 삶의 "쿵 소리, 윙 소리의 혼돈"(James, 1890) 상태라 할 수 있는 매일매일 다듬어지지 않은 경험 하나하나를 서사로 바꾸어줌으로써, 현실을 이해 가능하면서도 의미 있는 일로 생각하게 해주는 매커니즘으로 이해될 수 있을 정도다(Ricoeur, 1980). 어떤 정신분석학자들에 따르면(Spence, 1982), 우리가 사건이나 상황에 대처하는 주요한 방법 중 하나는 그것을 이야기로 바꾸는 것이라고 한다. 쉬클로브스키(1966)에게 문학이란, 전제정치로부터 우리를 해방시키고, 매우 흔한 일의 무기력함을 약화시켜 친숙함을 낯설게 하고 낯선 것을 친숙하게 하는 것이다. 그러므로 문학은 가능한 것에 대한 우리의 시야를 넓혀주고, 더 공정하고 더 정당한 세상을 꿈꾸는 능력에 불을 붙이는 촉매 역할을 해줌으로써 우리에게 우리의 삶과 다른 사람의 삶, 우리 사회를 다른 식으로 지각하게 해준다. 이야기를 이해하고 이야기의 작동 방법을 아는 것은 아동을 여러 영역에 걸쳐 유식하게 해줄 뿐 아니라, 아동이 인간으로서의 잠재 가능성을 완성시킬 수 있는 인지 도구를 소지하게 해주는 것이다.

부록

A - 이 책의 연구 내용

B - 그림책 용어 모음

C - 전사본 기록 규칙

부록 A
이 책의 연구 내용

이 책이 기초로 한 두 개의 연구가 있다. 하나는 중서부 대도시 근처에 있는 공립 학교의 1학년과 2학년이 섞여 있는 한 학급 27명 유아를 대상으로 한 연구였다. 이들은 노동자 계층의 자녀였고, 7개월간 이루어진 연구였다. 나는 교사가 유아에게 하루에 두 번씩 책을 읽어주는 이 학급에서 일주일에 3~4일씩 보냈다. 유럽계 미국인이 23명이었는데 여기에는 애팔래치아 혈통의 아동 8명이 포함되어 있었다. 그리고 아프리카계 미국인 유아가 3명, 아메리칸 원주민이 1명이었다. 약 23%의 유아는 무상 또는 가격 인하된 점심 급식 프로그램 대상자였다. 이 학교는 전체적으로 비형식적인 수업 철학을 내세우고 있었고, 활동에 기초한 학습과 과목 간 주제의 통합을 강조하며 20년 넘게 문학을 창의적인 방법으로 사용해온 학교다. 유럽계 미국인인 비글러 맥카씨 선생님은 아동문학에 대해 아주 해박했고, 문자를 가르치기 위해 시중의 책에 의존하였다. 교실에는 인쇄물이 풍부하였고 아동 도서가 많았다. 이 연구의 목적은 이 학급 유아들의 문학적 이해와 유아들이 말로 하는 반응을 교사가 어떻게 비계하는지를 자세히 서술하는 것이었다. 현장 노트와 교사와의 면담 기록, (1) 전체 학급, (2) 5명씩 두 집단, (3) 일대일 개인적으로 책을 읽어준 것을 녹음한 테이프가 자료로 수집되었다. 연구 결과는 환상 그림책, 옛이야기 그림책, 사실 그림책을 포함하여 다양한 장르의 그림책 59권을 읽어준 내용이 담긴 전사본을 기초로 정리되었다.

이 책의 기초가 된 두 번째 주요 연구는 동쪽의 대도시에 있는 공립학교의 21명의 아프리카계 미국인 만 5세 유아를 대상으로 9개월간 이루어졌다. 95%의 아이들이 무상 또는 가격 인하된 점심 급식 프로그램 대상자였다. 유럽계 미국인 남성인 나와 두 명의 연구 보조자(한 명은 유럽계 미국인 여성이고 또 한 명은 일본계 미국인 여성)는 이 학급에서 일주일에 4~5일을 보냈다. 유럽계 미국인인 마틴 선생님은 10년 경력자였고 문식성을 전공하는 박사과정 학생이었으며, 아이들에게 하루에 두 번 책을 읽어주었다. 이 연구의 목적은 이야기책 읽어주기에 대해 유아들이 말로 하는 반응과 자유선택 활동 시간에 나눈 유아와의 일대일 대화, 그리고 자발적, 계획적으로 한 사회극놀이를 검토하여 유아의 문학적 이해가 어떻게 발달하는지를 서술하는 것이었다. 이 연구에서 42회의 책 읽어주기 전사본이 수집되었다. 그림책은 주로 아프리카계 미국인의 작품이거나 아프리카계 미국인에 대한 내용으로 선택하였다.

이 두 개의 주요 연구에 덧붙여 세 개의 연구로부터 보조 자료를 수집하였다.

- 동쪽의 대도시에 있는 공립학교 만 5세반(26명 학급)을 10개월간 13회 방문하였다. 25명은 아프리카계 미국인이었고, 한 명은 푸에르토리코인이었다. 모두 지역에서 제공하는 무상 또는 가격 인하된 점심 급식 프로그램 대상자였다. 테일러 선생님은 유럽계 미국인이고 3년 경력자며 문식성을 전공하는 석사과정 학생이었다. 인쇄물이 풍부한 교실 환경을 꾸미는 데 관심을 갖고 있었고, 유아들에게 쓰기를 강조하였다. 이 연구의 목적은 옛이야기와 환상 이야기책을 들은 유아들의 문학적 반응과 유아에게 책을 읽어줄 때 하는 교사의 비계설정 방식을 묘사하는 것이었다. 현장 노트와 교사와의 면담, 13회의 책 읽어주기를 전사한 테이프가 수집된 자료였다.
- 동쪽의 대도시에 있는 학교의 1~2학년 혼합반(20명 학급)을 2개월간 10회 방문하였다. 지글러 선생님은 유럽계 미국인으로 문식성을 전공하는 박사과정 학생이었다. 유아들의 종족과 사회경제적 지위는 다양하였다. 이 연구의 목적은 5개 문화권의 옛이야기를 바꿔가며 연속해서 들으면서 나눈 상호텍스트적

관련짓기를 통해 유아들이 옛이야기의 구조에 대한 이해력을 어떻게 발달시키는지를 서술하는 것이었다. 수집된 자료는 현장 노트와 5번의 읽어주기 토의 내용에 대한 전사 내용이었다.

- 동쪽의 대도시에 있는 공립학교 만 5세 15명과 1학년 학급에서 이루어졌다. 이 연구의 목적은 베아트릭스 포터(1902/1987)의 고전, 「피터 토끼 이야기」에 대한 도시(주로 아프리카계 미국인) 유아의 폭넓은 반응을 서술하고 이 이야기를 자신의 삶과 관련지어 해석하는 방식을 검토하는 것이었다. 세 명의 교사는 유럽계 미국인이었고, 12명의 교사는 아프리카계 미국인이었다. 수집된 자료는 현장 노트와 15번의 읽어주기의 전사 내용이었다.

이 연구들은 서로 다른 연구방법과 질문으로, 뒤죽박죽된 연구들이 아니다. 다음에 보듯이 서로 일관되며 보완을 이룬다.

- 이 연구 모두 K~2까지의 유아의 문학적 이해와 이를 위한 교사의 비계설정에 관한 연구였다.
- 연구 대상 유아 대부분은 종족이나 인종, 사회경제적 배경이 다양하였고, 혜택아들은 아니었다. 많은 수의 유아들은 도시 환경에서 사는 아프리카계 미국인이었다.
- 교사가 읽어주는 그림책에 대해 유아가 말로 하는 반응이 연구의 초점이었다. 책을 읽어주기 전과 읽어주는 동안, 읽어준 바로 다음 교사와 유아가 나눈 토의 내용이 전사되었고, 이 전사 내용은 현장 노트와 함께 각 연구의 기초 자료가 되었다. 학교가 아닌 환경에서의 문학에 대한 반응은 교실에서의 반응과는 다를 수 있으므로 나는 학교 상황에서의 문학적 토의 내용에만 초점을 맞추었다.
- 각 연구의 교사들은 경력자들이었고, 아동문학, 특히 그림책에 대한 지식을 갖추고 있었다. 교사들은 유아의 문학적 이해를 비계설정할 만한 능력이 있었다. 또한 교실의 물리적 배열은 꽤 비슷하였다. 책을 읽어주기에 편안한 도서 영역이 있었고, 책을 읽어주는 동안 언급되는 다른 책도 원하면 바로 꺼내볼 수 있

도록 교실에 수백 권의 책이 있었다. 책을 읽을 때는 언제나 작은 카펫에서 교사와 유아가 책을 사이에 두고 가까이 붙어앉아 읽었다.

- 읽어준 책은 모두 그림책이었고, 장르는 사실 그림책, 환상 그림책, 마법이 포함된 사실주의 그림책, 옛이야기 그림책, 역사적 허구의 그림책 등 다양한 장르였다. 상당수는 각자의 문화적 배경에 상관없이 이해할 수 있게 문화적으로 적합한(culturally relevant) 것들이었다. 책은 모두 서사적 허구가 포함되어 있었고, 논픽션 그림책이나 정보 그림책은 제외시켰다. 정보 그림책을 제외한 이유는 이런 유형의 책에 대한 유아의 반응은 서사가 있는 그림책에 대한 반응과는 질적으로 다르기 때문이다.
- 이 모든 연구들은 질적으로 자연스럽게(그림책을 읽어주는 동안, 대개 문자 교육을 하면서) 이루어졌고, 서술적이고 해석적으로 이루어졌다. 자료 분석은 질적 내용 분석 방법(Bogdan & Biklen, 2006; Patton, 2002)에 기초하였다. 분석 단위는 대화 순서, 즉 다음 사람이 반응을 하기 전까지 앞 사람이 말한 내용(Sinclair & Coulthard, 1975)이었다. 분석 단위를 이렇게 선택한 이유는 이렇게 하면 발언권을 갖고 있는 사람에게 나타난 변화를 감지할 수 있고(Edelsky, 1981), 토론에 내재한 역동적인 밀고 당기는 기류를 잘 잡아낼 수 있기 때문이다. 이런 상호작용의 성격을 나는 알고 싶었다. 스트라우스와 코빈(Strauss & Corbin, 1998)이 서술한, 3단계에 걸친 분석은 (1) 각 대화에 개념적 명칭을 붙이기, (2) 개념적으로 범주화시킬 수 있는 것끼리 모아 적절한 개수로 범주화시키기, (3) 범주끼리 서로 연결지어 "핵심이 되는 범주"를 형성하기다. 이런 분석으로 우리는 유아의 문학적 이해를 구성하는 것이 무엇인지와 교사의 비계설정을 구성하는 것은 무엇인지에 대해 답을 할 수 있었다.

요약하면, 이 책은 다양한 문화와 인종, 사회경제적 배경의 유아가 있는 두 개 학급에서 그림책을 읽어주고 얻은 101개의 완결 전사본과 현장 노트, 면담 내용을 분석하여 만 5세~2학년까지의 유아의 문학적 이해에 대한 근거 이론을 펼쳐보였다. 이 두 개의 연구에 3개의 또 다른 연구에서 얻은 33개의 전사 내용이 보완 자료로 활용되었다.

부록 B
그림책 용어 모음

가장자리(borders) 그림책 가장자리에는 간혹 디자인을 한다. 잰 브렛(Jan Brett)은 그림책 가장자리에 디자인을 많이 하는 작가인데, 가장자리에 본 내용의 일부 이야기를 담기도 하고 본 내용과 병행이 되는 이야기를 담기도 한다.

겉장(dust jacket) 그림책을 둘러싸고 있는 두꺼운 종이 싸개를 말한다. 때때로 겉장의 그림은 앞표지・뒤표지의 그림과 똑같지만, 어떤 경우 앞표지와 뒤표지의 그림은 겉장과 다르거나 그냥 그림 없는 천이나 두꺼운 보드지로 되어 있는 경우가 있다.

겉장 날개(jacket flaps) 앞표지와 뒤표지를 감싸고 있는 겉장의 일부를 일컫는다. 앞쪽의 겉장 날개에는 책 요약이 담기는 경우가 많고 뒤쪽의 겉장 날개에는 그림작가와 글작가에 대한 정보가 담기는 경우가 많다.

관점(point of view) 그림작가는 감상자로 하여금 전체 그림에서 어느 위치에 있는지를 느끼도록 하기 위해 일정 관점을 취하여 그림을 그린다. 우리는 장면을 위에서 아래로 내려다볼 수도 있고 장면의 아래에서 올려다볼 수도 있으며 같은 위치에서 장면을 볼 수도 있다. 크리스 반 알스버그의 「주만지」를 보면 초현실적 또는 방향 감각을 혼란시키는 효과에 덧붙여 그림의 관점이 자주 바뀐다.

그림으로 나타낸 순서(illustrational sequence) 그림책에서 그림은 그림만으로 이야기를 할 수는 없으며 일정 순서에 따라 배열된다. 영화에서처럼 그림의 순서는 의미와 시간대별 순서, 서사의 진행을 나타낸다.

그림틀(frame) 그림책의 그림은 그림이 그려진 테두리나 하얀 여백으로 자주 둘러싸여져서 테두리가 있는 그림 같은 인상을 주는 경우가 많이 있다. 때때로 그림의 일부는 "그림틀을 깨고" 그림 단면을 뚫고 나오는 것처럼 보인다.

글로시/ 매트(glossy/matt(또는 matte) paper) 그림책에 사용된 종이가 빛이 나고 부드럽다면 그것은 글로시고, 종이가 빛이 나지 않고 흐릿하다면 그것은 매트(때로는 "matte"라고 씀)다. "글로시는 색에 윤택이 나고 분명하게 보이게 하지만 빛이 모든 색에 똑같이 비치고 전체적으로 윤이 나서 그림 표면에 주의를 기울이게 되어 그림에 묘사된 특정 대상에 초점을 맞추기가 어렵다"(페리 노들먼, 『그림에 대한 글』, 1988, p. 47). 반면에, 매트지 또는 좀 거친 종이는 크리스 반 알스버그의 「주만지 *Jumanji*」처럼 만져보고 싶게 한다.

글상자(text box) 그림책의 글은 그림의 아래나 위에 하얀색 여백에 인쇄되는 경우가 많다. 디자이너는 또한 그림에 직접 글을 인쇄하기도 한다. 또는 글을 그림 윗부분에 상자를 두어 써넣기도 한다. 이것을 글상자라 한다. 모리스 샌닥의 「저 너머에」는 여러 개의 열림면에서 글상자를 활용하고 있다.

끝페이지(endpages) 면지(endpapers)라고도 한다. 그림책을 펼쳤을 때 볼 수 있는 첫 번째 페이지와 그림책을 덮기 전, 그림책의 마지막에 보이는 페이지를 말한다. 면지는 연극에서 연기가 이루어지는 틀의 역할을 하는 무대의 막과 같은 것이다. 면지의 색이나 디자인은 그림책의 다른 부분과 어떤 식으로든 조화를 이루는 범위에서 선택된다. 스티븐 켈로그의 「잭과 콩나무」에서처럼, 어떤 경우에는 그림작가가 면지를 이야기의 공간으로 활용한다. 면지는 앞표지나 뒤표지 쪽에 부착된 "면지 바깥 장"(pastedown)과 이와 반대편에 있는 나머지 면지인 "면지 안쪽 장"(flyleaf)으로 이루어져 있다.

누름(stamping) 그림책의 앞표지나 뒤표지에 무거운 금속 철인으로 이미지나 글자를 찍는 경우가 있다. 색깔을 안 넣고 그냥 이미지만 찍을 경우 "민누름"(blind stamping)이라 하고 금색이나 그 외 색으로 찍을 경우 "박(箔)누름"(foil stamping)이라 한다.

눈속임 기법(trompe l' oeil) 삼차원의 실재하는 것처럼 보이도록 사실적으로 그린 그림을 말한다. 존 셰스카의 「냄새 고약한 치즈맨과 멍청한 이야기들」의 그림틀은 눈속임 기법에 의한 것이다.

망상선(cross-hatching) 대개 검정색 가는 선으로 음영을 만들어내기 위해 일련의 선을 교차시켜 그어놓은 선들을 말한다. 힘이나 생동감을 느끼게 하고자 할 때 이런 선을 사용한다.

모티브(motif) 그림책의 글이나 그림에서 반복되는 요소를 말한다. 예를 들면, 앤서니 브라운의 「헨젤과 그레텔 *Hansel and Gretel*」의 그림에 나타난, 마녀의 모자를 떠올리는 삼각형 모양이 모티브다.

몽타주(montage) 그림작가는 그림책의 한 페이지에 몇 개의 장면을 포함시킬지를 선택한다. 이를 몽타주라 한다. 피터 스피어(Peter Spier)의 「노아의 방주 *Noah's Ark*」에는 몇 페이지에 걸쳐 4~5개씩의 그림이 포함되었다.

매체(medium) 그림작가가 그림에 사용하는 물감이나 그 외 자료(티슈, 실물 등)를 말한다.

매트(matt or matte) 그림이 그려진 종이 표면이나 매체가 매끄럽지 않은 것을 이르는 말이다. 글로시를 참고하시오.

반어법(irony) 그림책에서 그림은 글이 이야기하는 것과 똑같은 것을 이야기하지 않는다. 글 역시 그림과 똑같은 것을 이야기하지 않는다. 반어법의 가능성이 있다. 즉, 글이 그림에 대해 반어적 언급을 하는가 하면 그 반대의 경우도 있다. 「로지의 산책」의 그림은 단순히 로지가 산책을 한다는 이야기만 전해주는 밋밋하고 싱거운 글 내용에 반어적 언급을 한다. 그림에서는 여우가 로지를 잡으려 하는 모습이 나타나 있는데, 이는 글에서는 전혀 다루고 있지 않은 내용이다.

블리드(bleed) 그림을 페이지 끝까지 그려서 가장자리에 여백이 없는 것을 이르는 말이다. 네 가장자리 모두 끝까지 그림을 그렸다면 "풀 블리드"(full bleed)라 한다. 풀 블리드의 예로는 모리스 샌닥의 「괴물들이 사는 나라」에서 맥스가 괴물들과 축제를 벌이는 세 개 연속 장면을 들 수 있다. 그림은 하나, 둘, 세 개 또는 네 개 가장자리 모두 블리드로 그릴 수 있다.

서사 궤적(narrative trajectory) 플롯은 정서적으로 밋밋한 행위가 순서대로 일어나는 것을 말하는 것이 아니다. 어떤 행위는 정서를 일으키고 어떤 행위는 정서를 누그러뜨린다. 플롯은 올라가고 내려가는 선으로 그릴 수 있다. 그 선에는 정점 또는 절정도 포함된다. 이런 전체 흐름을 서사 궤적이라 한다.

설정 화면(establishing shot) 영화 제작 용어로, 행위가 일어날 전체적인 영역을 보여주는 장면이다. 그림책에는 첫 그림에 종종 기본 설정 장면이 담겨 있다. 팻 허친스(Pat Hutchins)의 「로지의 산책」의 표제지에는 행위가 일어날 헛간 앞마당의 모습이 전체적으로 담겨 있다.

수직 순간(vertical moment) 플롯상 정서적으로 감동을 줄 만한 중요한 순간을 말한다. 「백설공주」에서의 수직 순간에는 사악한 왕비가 공주를 독살하려는 세 번의 독살 시도가 포함된다.

시그니처(signature) 그림책에서 커다란 종이 한 장으로 보통 양쪽으로 각각 여덟 페이지, 양쪽 합쳐 16페이지를 인쇄한다. 이것을 접고 자른 것을 시그니처라 부른다. 대개의 그림책은 32페이지, 즉 두 개의 시그니처로 되어 있다.

시너지(synergy) "둘 이상의 물질이 결합하여 만들어내는 효과물인 동시에 각각의 효과의 합 이상인 것"(옥스퍼드 영어 사전 간결편)을 말한다. 그림책의 경우 이 용어는 글과 그림이 결합하여 각각의 합보다 큰 효과를 만들어내는 경우를 두고 하는 말이다. 그림책의 전체 효과는 글과 그림 간에 감지되는 상호작용에 따라 달라진다.

색가(value) 색의 어두움 또는 밝음의 비율을 말한다. 밝을수록 명도가 높고 어두울수록 명도가 낮다.

색상(hue) 빨강, 파랑, 초록, 자주색 등 흰색이나 검정색을 더하지 않은 상태의 순수한 색을 말한다.

암색(暗色)(shade) 검정색을 더하여 어두워진 순수색을 말한다.

약표제지(half-title page) 그림책이 시작할 때, 제목만 있는 페이지를 말한다(표제지도 보기).

양쪽 펼침면(double-page spread) 그림책은 양쪽 펼침면 또는 양쪽 열림면이라 불리는, 마주보는 페이지의 연속으로 이루어진다. 그림작가는 때때로 열림면의 양쪽 페이지에 걸친 그림을 그리는데, 이런 그림은 양쪽 펼침면 그림이라 한다.

연속 서술(continuous narration) 조셉 슈워츠가 사용한 용어로, 같은 페이지에 여러 개의 개별 그림을 사용(몽타주)하여 움직임이나 행위, 시간의 흐름을 나타낸다. 모리스 샌닥의 「깊은 밤 부엌에서 *In the Night Kitchen*」를 보면 미키가 점점 더 높이 하늘을 날아가는 네 개의 판넬형 그림이 있는데, 이것이 좋은 예다.

열림면(opening) 그림책에는 페이지 번호를 넣은 경우가 거의 없다. 그래서 특정 그림이나 페이지를 언급하는 데 어려움이 있다. "첫 번째 열림면"은 본문이 시작하는, 서로 마주 보는 두 개의 페이지를 말하고, 다른 열림면들은 첫 번째 열림면 다음에 번호를 매긴다.

엷은 색(tint) 밝은 색으로 만들기 위해 하얀색을 더한 순수 색을 말한다. 수채화에서는 흰색 대신 물을 더한다.

오른쪽 페이지(recto) 페이지의 오른쪽 열림면을 말한다. 왼쪽 페이지(verso)도 보시오.

왼쪽 페이지(verso) 페이지의 왼쪽 열림면을 말한다. 오른쪽 페이지(rector)도 보시오.

장식 무늬(vignette) 글 부분과 구분 짓기 위해 또는 페이지를 장식하기 위해 그린 작은 그림을 말한다. 모리스 샌닥의 「깊은 밤 부엌에서」의 마지막 페이지의 둥근 그림과 뒤표지가 그 예다.

재질(stock) 그림책에 사용되는 종이 유형을 말하는 것으로, 글로시 또는 매트지 유형 또는 다양한 무게, 다양한 색, 다양한 두께의 재질이라고 표현할 수 있다.

전문(前文)(front matter) 국회 도서관 분류, 아주 짧은 요약, ISBN 번호, 저작권 정보, 출판 정보가 쓰인 "작은 인쇄 글씨"(fine print)를 말한다. 여기에는 간혹 어떤 매체를 사용하여 그림을 그렸는지에 대한 내용이 포함된다. 이런 정보는 때때로 책 뒤에 "출판 정보"라는 이름으로 위치하기도 한다.

접어서 모으기(fold and gathers) 그림책을 제본하기 전에 인쇄된 페이지를 모두 모아서 접어 완성 상태가 어떠할지 볼 수 있게 한다. 줄여서 종종 "F and G's"라 부르기도 한다.

주변텍스트(peritext) 제라드 쥬네트가 책 속의 어떤 것을 일컫기 위해 사용한 용어다. 여기에는 겉장, 앞표지, 뒤표지, 면지, 표제지 등이 속한다. 그림책에서 주변텍스트는 아주 많은 의미를 담으며 본문만큼이나 자세히 검토될 필요가 있다.

질감(texture) 그림 표면은 사용된 기법에 따라 부드럽게 또는 거칠게 느껴진다. 종이 자체가 부드럽거나 거친 질감일 수도 있다.

집-떠나기-집(home-away-home) 아동문학에서 자주 사용되는 구성 장치다. 주인공은 친숙한 장소인 집에서 시작하여 집을 떠나서 모종의 모험을 한 다음 집으로 돌아온다. 예를 들면, 베아트릭스 포터의 「피터 토끼 이야기」와 모리스 샌닥의 「괴물들이 사는 나라」가 그러하다.

책등(spine) 책이 하나로 묶인 단면으로, 여기는 헝겊이나 두꺼운 종이로 덧대는 경우가 많다.

컷아웃(cut-out) 그림틀이 없이 그려진 그림을 말한다. 모리스 샌닥의 「괴물들이 사는 나라」의 표제지를 예로 들 수 있는데, 여기에는 괴물 두 마리를 위협하는 맥스의 모습이 담겨 있다. 그림틀이 없기 때문에 움직임과 자유로움이 느껴진다.

판(edition) 대중판(trade edition) 그림책은 겉장, 끝페이지(endpages) 등을 포함하여 그림책 예술을 최대한 표현하여 담아낸다. 도서관판은 더 강하게 제본하고 겉장을 생략하는 경우가 많고, 겉장이 있어도 앞표지의 그림과 같은 그림이 담긴다. 종이 표지의 염가판(paperback edition)은 겉장을 생략하고 끝페이지와 뒤표지의 그림을 자주 생략한다.

페이지 브레이크(page break) 그림책은 일련의 마주보는 페이지("열림면" 또는 "양쪽 펼침면")들을 주의 깊게 계획해서 만들게 된다. 하나의 열림면에서 다음 열림면으로 넘길 때의 빈틈 또한 주의 깊게 계획되어진 것으로 이것을 페이지 브레이크라 한다. 독자/ 감상자는 하나의 열림면에서 다음 열림면으로의 페이지 브레이크에서 어떤 일이 일어나는지를 추론하게 된다.

표제지(title page) 책 제목과 글작가, 그림작가, 출판업자, 출판 도시가 적혀 있는 페이지를 말한다. 약표제지가 있는 경우, 약표제지에는 책 제목만 적혀 있다.

활판인쇄술(typography) 그림작가나 디자이너는 본문이나 제목, 그 외 부분의 글씨체나 글씨 크기를 선택한다. 활판인쇄는 글 내용과 책의 전체적인 모양새를 여러 면에서 조정한다. 예를 들면, 마가렛 호지스의 「성(聖) 조지와 용」은 옛이야기에 아주 현대적인 활판인쇄술을 보여준다.

홈(gutter) 책을 펼쳤을 때 책이 제본되어 있는, 가운데 패인 자리를 말한다. 그림을 양쪽으로 이어 그릴 경우, 그림작가는 그림의 중요한 부분이 홈을 지나지 않도록 주의해야 한다.

희석(wash) 물감이나 잉크는 물을 더하면 엷어지는 효과가 나타난다. 유화 물감은 많은 양의 테레빈을 넣으면 묽어지고 엷어진다.

부록 C

전사본 기록 규칙

설명	상징	예
이름 모르는 아이가 이야기를 하고 있다.	?:	?: 그것은 아프리카 이야기예요.
여러 명의 이름 모르는 아이들이 이야기를 하고 있다.	??:	??: 그럼요!
알아들을 수 없는 말(한 단어)	#	켄: 그 여자는 # 마녀처럼 보여요.
알아들을 수 없는 말(여러 단어)	###	켄: 내겐 누룩뱀이 있고 난 ###, 우리 아빠 차가 그걸 쳤어요.
책 본문 읽기	볼드체	교사: 내가 다시 읽어줄게. **그들은 궁전 디스코장에 가는 데 시간을 온통 쏟았어.**
페이지 넘김	[ ]	[네 번째 열림면][표제지][앞표지]
비언어적 행동	[ ]	[끄덕임] [팔로 근육을 만들어 보여주는 자세를 취함]
두 사람 이상이 한꺼번에 이야기하는 것	/ //	교사: 그녀는 그다지 영리하지 않은 것 같아, 그렇지? 테리: 네, 그녀는 아마// 모르는 게 많은가 봐요.
이어 말하기(다른 사람이 바로 이어서 말하기 시작함)	:	교사: 오늘 읽을 책은: 고든: 제임스 마샬의 책이요.
큰 소리로 말함	대문자 적기	난 아마 팡(역자 주: 원문에는 대문자로 POW라 적혀 있음) 터져서 그를 가라데로 쳐버릴 거야!
단어를 강조하기	이탤릭체	그녀는 진짜 마녀처럼 *보여요!*
소리의 표현	음성적 표현하기	이이이! 우우우! 음-흠.

참고문헌

참고문헌

Adams, M. J., & Collins, A. M. (1979). A schema-theoretic view of reading. In R. O. Freedle (Ed.), *New directions in discourse processing* (pp. 1–22). Norwood, NJ: Ablex.

Adomat, D. (2005, December). *Outside, inside, and all around the story: Struggling first-grade readers construct literary understanding through dramatic response to literature*. Paper presented at the National Reading Conference, Miami, FL.

Allison, D., & Watson, J. (1994). The significance of adult storybook reading styles on the development of young children's emergent reading. *Reading Research and Instruction*, *34*(1), 57–72.

Altmann, A. (1994). Parody and poesis in feminist fairy tales. *Canadian Children's Literature*, *20*, 22–31.

Anderson, D. D. (2002). Casting and recasting gender: Children constituting social identities through literacy practices. *Research in the Teaching of English*, *36*, 371–427.

Anderson, R. (1984). Role of the reader's schema in comprehension, learning, and memory. In R. Anderson, J. Osborn, & R. Tierney (Eds.), *Learning to read in American schools: Basal readers and content texts* (pp. 243–257). Hillsdale, NJ: Lawrence Erlbaum Associates.

Anderson, R., & Pearson, P. D. (1984). A schema-theoretic view of basic processes in reading comprehension. In D. Pearson (Ed.), *Handbook of reading research, Vol. I* (pp. 255–291). New York: Longman.

Anderson, R. C., Hiebert, E. H., Scott, J. A., & Wilkinson, I. A. B. (1985). *Becoming a nation of readers: The report of the Commission on Reading*. Washington, D.C.: National Institute of Education.

Applebee, A. (1978). *The child's concept of story: Ages two to seventeen*. Chicago: University of Chicago Press.

Aristotle (1997). *The Poetics* (M. Heath, Trans.). New York: Penguin Classics.

Arizpe, E., & Styles, M. (2003). *Children reading pictures: Interpreting visual texts*. New York: RoutledgeFalmer.

Arnheim, R. (1969). *Visual thinking*. Berkeley and Los Angeles: University of California Press.

Arnheim, R. (1974). *Art and visual perception: A psychology of the creative eye*. Berkeley and Los Angeles: University of California Press.

Arnheim, R. (1986). The images of pictures and words. *Word and Image*, 2, 306–310.

Atkins, D. G. (1990). *Geoffrey Hartman: Criticism as answerable style*. New York: Routledge.

Auden, W. H. (1968). *Secondary worlds*. London: Faber.

Bader, B. (1976). *American picturebooks from Noah's ark to the beast within*. New York: Macmillan.

Bakhtin, M. M. (1981). *The dialogic imagination* (K. Brostrom, Trans.). Austin: University of Texas Press.

Bakhtin, M. M. (1984). *Rabelais and his world* (H. Iswolsky, Trans.). Cambridge, MA: MIT Press.

Bakhtin, M. (1986). *Speech genres and other late essays* (C. Emerson & M. Holquist, Trans.). Austin: University of Texas Press.

Ballenger, C. (1998). *Teaching other people's children: Literacy and learning in a bilingual classroom*. New York: Teachers College Press.

Bang, M. (2000). *Picture this: How pictures work*. Boston: Little, Brown.

Barnes, D. (1976). *From communication to curriculum*. Hardmondsworth: Penguin.

Barrentine, S. J. (1996). Engaging with reading through interactive read-alouds. *The Reading Teacher*, *50*, 36–43.

Barry, A. M. (1997). *Visual intelligence: Perception, image, and manipulation in visual communication*. Albany: State University of New York Press.

Barthes, R. (1974). *S/Z: An essay* (R. Miller, Trans.). New York: Hill and Wang.

Barthes, R. (1975). *The pleasure of the text* (R. Miller, Trans.). New York: Hill and Wang.

Barthes, R. (1985). *The responsibility of forms: Critical essays on music, art, and representation* (R. Howard, Trans.). New York: Hill and Wang.

Bartow, K. (2007). *The (untold) drama of the turning page: The role of page breaks in understanding picturebooks*. Unpublished manuscript.

Bauman, J. F., & Bergeron, B. S. (1993). Story map instruction using children's literature: Effects on first-graders' comprehension of central narrative elements. *Journal of Reading Behavior*, *25*, 407–437.

Bauman, R. (1986). *Story, performance, and event: Contextual studies of oral narrative*. New York: Cambridge University Press.

Beach, R. (1993). *A teacher's introduction to reader-response theories*. Urbana, IL: National Council of Teachers of English.

Beck, I. L., & McKeown, M. G. (2006). *Improving comprehension with questioning the author: A fresh and expanded view of a powerful approach*. New York: Scholastic.

Beck, I. L., McKeown, M. G., Hamilton, R. L., & Kucan, L. (1997). *Questioning the author: An approach for enhancing student engagement with text*. Newark, DE: International Reading Association.

Belfatti, M. A. (2005). *Revisiting Anthony Browne's* Zoo: *Young children's response to literature with repeated read-alouds*. Manuscript submitted for publication.

Bellack, A. A., Kliebard, H. M., Hyman, R. T., & Smith, F. L. (1966). *The language of the classroom*. New York: Teachers College Press.

Benton, M. (1979). Children's responses to stories. *Children's Literature in Education*, *10*, 68–85.

Benton, M. (1992). *Secondary worlds: Literature teaching and the visual arts*. Buckingham, UK: Open University Press.

Benton, M., Teasey, J., Bell, R., & Hurst, K. (1988). *Young readers responding to poems*. New York: Routledge.

Berger, J. (1977). *Ways of seeing*. New York: Penguin.

Berk, L. E., & Winsler, A. (1995). *Scaffolding children's learning: Vygotsky and early childhood education.* Washington, DC: National Association for the Education of Young Children.

Berlin, I. (1986). Verification. In H. Adams & L. Searle (Eds.), *Critical theory since 1965* (pp. 698–708). Tallahassee: University of Florida Press.

Birch, C. (1996). The storyteller as narrator. In C. L. Birch & M. A. Heckler (Eds.), *Who says?: Essays on pivotal issues in contemporary storytelling* (pp. 106–128). Little Rock, AR: August House Publishers.

Black, J. B., & Wilensky, R. (1979). An evaluation of story grammars. *Cognitive Science*, *3*, 213–230.

Blackburn, M. (2003). Exploring literacy performances and power dynamics at the loft: Queer youth reading the world and the word. *Research in the Teaching of English*, *37*, 467–490.

Blackburn, S. (1994). *The Oxford dictionary of philosophy*. New York: Oxford University Press.

Bleich, D. (1978). *Subjective criticism*. Baltimore: Johns Hopkins University Press.

Bleich, D. (1980). Epistemological assumptions in the study of response. In J. P. Tompkins (Ed.), *Reader-response criticism: From formalism to post-structuralism* (pp. 134–163). Baltimore: The Johns Hopkins University Press.

Block, J., & King, N. (Eds.). (1987). *School play: A sourcebook*. New York: Teachers College Press.

Bloom, H. (2003). *A map of misreading* (2nd ed.). New York: Oxford University Press.

Bloome, D., Puro, P., & Theodorou, E. (1989). Procedural display and classroom lessons. *Curriculum Inquiry*, *19*, 263–291.

Bogdan, D. (1990). In and out of love with literature: Response and the aesthetics of total form. In D. Bogdan & S. Straw (Eds.), *Beyond communication: Reading comprehension and criticism* (pp. 109–137). Portsmouth, NH: Heinemann.

Bogdan, R., & Biklen, S. K. (2006). *Qualitative research for education: An introduction to theories and methods* (5th ed.). Boston: Allyn & Bacon.

Booth, W. C. (1988). *The company we keep: An ethics of fiction*. Berkeley: University of California Press.

Brabham, E., & Lynch-Brown, C. (2002). Effects of teachers' reading-aloud styles on vocabulary acquisition and comprehension of students in the early elementary grades. *Journal of Educational Psychology*, *94*(3), 465–473.

Bressler, C. E. (2007). *Literary criticism: An introduction to theory and practice* (4th ed.). Upper Saddle River, NJ: Pearson Prentice Hall.

Brewer, W. F., & Lichtenstein, E. H. (1981). Event schemas, story schemas, and story grammars. In J. Long & A. D. Baddeley (Eds.), *Attention and performance IX* (pp. 363–379). Hillsdale, NJ: Lawrence Erlbaum Associates.

Brightman, A. E., & Sipe, L. R. (2006, December). *First-graders' individual literary response styles during picturebook readalouds*. Paper presented at the National Reading Conference, Los Angeles, CA.

Britton, J. (1984). Viewpoints: The distinction between participant and spectator role language in research and practice. *Research in the Teaching of English*, *18*, 230–331.

Britton, J. (1993). *Literature in its place*. Portsmouth, NH: Heinemann.

Brooks, C. (1965). *Modern poetry and the tradition*. New York: Oxford University Press. (Original work published 1939)

Brooks, C. (1968). *The well-wrought urn: Studies in the structure of poetry*. London: Methuen. (Original work published 1947)

Brooks, C., & Warren, R. P. (Eds.). (1943). *Understanding fiction*. New York: Appleton-Century-Crofts.

Broughton, M. A. (2002). The performance and construction of subjectivities of early adolescent girls in book club discussion groups. *Journal of Literacy Research*, *34*, 1–38.

Bruner, J. (1980). The narrative construction of reality. *Critical Inquiry*, *7*, 1–21.

Bruner, J. (1986). *Actual minds, possible worlds*. Cambridge, MA: Harvard University Press.

Bruner, J. (1990). *Acts of meaning*. Cambridge, MA: Harvard University Press.

Cai, M. (2002). *Multicultural literature for children and young adults: Reflections on critical issues*. Westport, CN: Greenwood Press.

Cairney, T. (1990). Intertextuality: Infectious echoes from the past. *The Reading Teacher*, *48*, 478–484.

Cairney, T. (1992). Fostering and building students' intertextual histories. *Language Arts*, *69*, 502–507.

Calinescu, M. (1993). *Rereading*. New Haven: Yale University Press.

Campbell, J. (1972). *The hero with a thousand faces*. Princeton: Princeton University Press.

Carrington, V., & Luke, A. (2003). Reading, homes, and families: From postmodern to modern? In A. van Kleeck, S. A. Stahl, & E. B. Bauer (Eds.), *On reading books to children: Parents and teachers* (pp. 231–252). Mahwah, NJ: Lawrence Erlbaum Associates.

Cazden, C. (1988). *Classroom discourse: The language of teaching and learning*. Portsmouth, NH: Heinemann.

Cazden, C. (1992). *Whole language plus: Essays on literacy in the United States and New Zealand*. New York: Teachers College Press.

Cech, J. (1983–84). Remembering Caldecott: "The Three Jovial Huntsmen" and the art of the picture book. *The Lion and the Unicorn*, *7/8*, 110–119.

Chambers, A. (1985). *Booktalk: Occasional writing on literature and children*. New York: Harper & Row.

Chambers, A. (1993). *Tell me: Children, reading, and talk*. South Woodchester, Stroud, Glos. UK: Thimble Press.

Cherland, M. (1992). Gendered readings: Cultural restraints upon response to literature. *The New Advocate*, *5*, 187–198.

Cherland, M. (1994). *Private practices: Girls reading fiction and constructing identity*. New York: Taylor and Francis.

Childress, G. T. (1985). *Gender gap in the library: Different choices for girls and boys. Top of the News*, 42(1), 69–73.

Cianciolo, P. (1984). 1984 illustrations in children's books. In Z. Sutherland & M. C. Livingston (Eds.), *The Scott Foresman anthology of children's literature* (pp. 846–884). Glenview, IL: Scott Foresman.

Clark, K. F., & Graves, M. F. (2005). Scaffolding students' comprehension of text. *The Reading Teacher*, *58*, 570–580.

Clifford, J. (1988). Introduction. *Reader*, *20*, 1–6.

Cochran-Smith, M. (1984). *The making of a reader*. Norwood, NJ: Ablex.

Cole, D. (1992). *Acting as reading: The place of the reading process in the actor's work*. Ann Arbor: The University of Michigan Press.

Coles, R. (1989). *The call of stories: Teaching and the moral imagination*. Boston: Houghton Mifflin.

Commeyras, M. (1994). Were Janell and Neesie in the same classroom? Children's questions as the first order of reality in storybook discussions. *Language Arts*, *71*, 517–523.

Cooney, B. (1988). *Remarks made at a symposium, "Ways of saying, ways of knowing": Art for all ages*. The New England Reading Association Annual Conference, Portland, ME.

Cox, C. (1994, April). *Young children's responses to literature: A longitudinal study, K–3*. Paper presented at the American Educational Research Association Meeting, New Orleans, LA.

Cox, C., & Many, J. (1992). Reader stance towards a literary work: Applying the transactional theory to children's responses. *Reading Psychology*, *13*, 37–72.

Cross, L. B. (1993). *Narrative styles in African-American children: The effects of SES and reading stories to children*. Unpublished doctoral dissertation, University of Maryland, College Park, MD.

Csikszentmihalyi, M. (1998). *Finding flow: The psychology of engagement in everyday life*. New York: Basic Books.

Culler, J. (1975). *Structuralist poetics: Structuralism, linguistics and the study of literature*. Ithaca, NY: Cornell University Press.

Daniels, H. (1994). *Literature circles: Voice and choice in the student-centered classroom*. York, ME: Stenhouse.

Daniels, H. (2002). *Literature circles: Voice and choice in book clubs and reading groups* (2nd ed.). York, ME: Stenhouse.

Davies, B. (2003a). *Frogs and snails and feminist tales: Preschool children and gender* (rev. ed.). Cresskill, NJ: Hampton Press.

Davies, B. (2003b). *Shards of glass: Children reading and writing beyond gendered identities* (rev. ed.). Cresskill, NJ: Hampton Press.

Davies, B. (2004). *Gender in Japanese preschools: Frogs and snails and feminist tales in Japan*. Cresskill, NJ: Hampton Press.

DeFord, D. E. (1984). Classroom contexts for literacy learning. In T. E. Raphael (Ed.), *The contexts of school-based literacy* (pp. 162–180). New York: Random House.

Delpit, L. (1995). *Other people's children: Cultural conflict in the classroom*. New York: New Press.

DeLuca, G. (1984). Art, illusion, and children's picture books. *Children's Literature Association Quarterly*, *9*, 21–25.

de Man, P. (1982). *Allegories of reading: Figural language in Rousseau, Nietzsche, Rilke, and Proust.* New Haven: Yale University Press.
Dentith, S. (1995). *Bakhtinian thought: An introductory reader.* London: Routledge.
Derrida, J. (1976). *Of grammatology* (G. Chakravorty Spivak, Trans.). Baltimore: Johns Hopkins University Press.
de Saussure, F. (1983). *Course in general linguistics.* London: Duckworth. (Original work published 1916)
Dewey, J. (1987). *Art as experience.* The collected works of John Dewey (Ed. J. A. Boydston), Vol. 10. Carbondale, IL: Southern Illinois University Press. (Originally published 1934)
Dickinson, D., & Keebler, R. (1989). Variation in preschool teachers' styles of reading books. *Discourse Processes, 12,* 353–375.
Dickinson, D., McCabe, A., & Anastasopoulos, L. (2003). A framework for examining book reading in early childhood classrooms. In A. van Kleeck, S. Stahl, & E. Bauer (Eds.), *On reading books to children: Parents and teachers* (pp. 95–113). Mahwah, NJ: Erlbaum.
Dickinson, D., & Smith, M. (1994). Long-term effects of preschool teachers' book readings on low-income children's vocabulary and story comprehension. *Reading Research Quarterly, 29,* 105–122.
Dickinson, D., & Tabors, P. (Eds.). (2001). *Beginning literacy with language: Young children learning at home and school.* Baltimore, MA: Paul H. Brookes.
Dillon, D., & Searle, D. (1981). The role of language in one first grade classroom. *Research in the Teaching of English, 15,* 311–328.
Dimino, J., Gersten, R., Carnine, D., & Blake, G. (1990). Story grammar: An approach for promoting at-risk secondary students' comprehension of literature. *Elementary School Journal, 91,* 19–32.
Dixon, C. N., Frank, C. R., & Green, J. L. (1999). Classrooms as cultures: Understanding the constructed nature of life in classrooms. *Primary Voices, K–6, 7,* 4–8.
Dooley, P. (1980, October). The window in the book: Conventions in the illustration of children's books. *Wilson Library Bulletin,* 108–112.
Doonan, J. (1993). *Looking at pictures in picture books.* Stroud, Glos., UK: The Thimble Press.
Duke, N. K. (2000). 3.6 minutes per day: The scarcity of informational texts in first grade. *Reading Research Quarterly, 35,* 202–224.
Dyson, A. H. (1989). *Multiple worlds of child writers: Friends learning to write.* New York: Teachers College Press.
Dyson, A. H. (1997). *Writing superheroes: Contemporary childhood, popular culture, and classroom literacy.* New York: Teachers College Press.
Dyson, A. H. (2001). Writing and children's symbolic repertoires: Development unhinged. In S. B. Neuman & D. K. Dickinson (Eds.), *Handbook of early literacy research, Vol 1* (pp. 126–141). New York: Guilford Press.
Dyson, A. H. (2003). *The brothers and sisters learn to write: Popular literacies in childhood and school culture.* New York: Teachers College Press.
Eagleton, T. (1983). *Literary theory: An introduction.* Oxford: Blackwell.

Eco, U. (1979). *The role of the reader: Explorations in the semiotics of texts*. Bloomington: Indiana University Press.

Edelsky, C. (1981). Who's got the floor? *Language in Society*, *10*, 383–424.

Edmiston, B. (1993). Going up the beanstalk: Discovering giant possibilities for responding to literature for drama. In K. E. Holland, R. A. Hungerford, & S. B. Ernst (Eds.), *Journeying: Children responding to literature* (pp. 250–266). Portsmouth, NH: Heinemann.

Edwards, A. D. (1979). Patterns of power and authority in classroom talk. In P. Woods (Ed.), *Teacher strategies: Explorations in the sociology of the school* (pp. 237–253). London: Croom Helm.

Eeds, M., & Peterson, R. (1991). Teacher as curator: Learning to talk about literature. *The Reading Teacher*, *45*, 118–126.

Eeds, M., & Wells, D. (1989). Grand conversations: An exploration of meaning construction in literature study groups. *Research in the Teaching of English*, *23*, 4–29.

Enciso, P. E. (1992). Creating the story world: A case study of a young reader's engagement strategies and stances. In J. Many & C. Cox (Eds.), *Reader stance and literary understanding: Exploring the theories, research, and practice* (pp. 75–102). Norwood, NJ: Ablex.

Enciso, P. (1994). Cultural identity and response to literature: Running lessons from *Maniac Magee*. *Language Arts*, *71*, 524–533.

Erickson, F. (1986). Tasks in times: Objects of study in a natural history of teaching. In K. K. Zumwalt (Ed.), *Yearbook of the Association for Supervision and Curriculum Development* (pp. 131–147). Washington, DC: Association for Supervision and Curriculum Development.

Evans, K. S. (1996). A closer look at literature discussion groups: The influence of gender on student response and discourse. *The New Advocate*, 9, 183–196.

Feathers, K., & Bochenek, J. (2006). How do basal and original stories compare?: Primary grade students take a closer look. *Michigan Reading Journal*, *39*(1), 9–15.

Fish, S. (1967). *Surprised by sin: The reader in "Paradise Lost."* New York: Macmillan.

Fish, S. (1980). Literature in the reader: Affective stylistics. In S. Fish, *Is there a text in this class? The authority of interpretive communities* (pp. 21–67). Cambridge: Harvard University Press. (Original work published 1970)

Fish, S. (1980). *Is there a text in this class? The authority of interpretive communities*. Cambridge, MA: Harvard University Press.

Fisher, D., Flood, J., Lapp, D., & Frey, N. (2004). Interactive read-alouds: Is there a common set of implementation practices? *The Reading Teacher*, *58*, 8–17.

Fitzgerald, J., & Spiegel, D. L. (1983). Enhancing children's reading comprehension through instruction in narrative structure. *Journal of Reading Behavior*, *15*, 1–17.

Flinders, D. J., & Eisner, E. W. (1994). Educational criticism as a form of qualitative inquiry. *Research in the Teaching of English*, *28*, 341–357.

Flood, J., & Lapp, D. (1995). Broadening the lens: Toward an expanded conceptualization of literacy. In K. Hinchman, D. J. Leu, & C. K. Kinzer (Eds.), *Perspec-*

tives on literacy research and practice (pp. 1–16). Chicago: National Reading Conference.

Flynn, E. (1983). Complementarities: Reading research and theories of response. *Reader, 10*, 37–44.

Fox, C. (2003). Playing the storyteller: Some principles for learning literacy in the early years of schooling. In N. Hall, J. Larson, & J. Marsh (Eds.), *Handbook of early childhood literacy* (pp. 189–198). Thousand Oaks, CA: Sage.

Frye, N. (1957). *Anatomy of criticism: Four essays*. Princeton: Princeton University Press.

Frye, N. (1964). *The educated imagination*. Bloomington, IN: Indiana University Press.

Gadamer, H. G. (1986). Truth and method. In H. Adams & L. Searle (Eds.), *Critical theory since 1965* (pp. 840–855). Tallahassee: University of Florida Press.

Galda, L. (1982). Assuming the spectator stance: An examination of the responses of three young readers. *Research in the Teaching of English, 16*, 1–20.

Galda, L. (1990). A longitudinal study of the spectator stance as a function of age and genre. *Research in the Teaching of English, 24*, 261–278.

Galda, L. (1998). Mirrors and windows: Reading as transformation. In T. W. Raphael & K. H. Au (Eds.), *Literature-based instruction: Reshaping the curriculum* (pp. 1–11). Norwood, MA: Christopher-Gordon.

Galda, L., Ash, G. E., & Cullinan, B. E. (2000). Children's literature. In M. L. Kamil, P. B. Mosenthal, P. D. Pearson, & R. Barr (Eds.), *Handbook of Reading Research, Vol. III* (pp. 361–379). Mahwah, NJ: Erlbaum.

Galda, L., & Beach, R. (2001). *Response to literature as a cultural activity. Reading Research Quarterly, 36*, 64–73.

Gallas, K. (1998). *"Sometimes I can be anything": Power, gender, and identity in a primary classroom*. New York: Teachers College Press.

Gallimore, R., & Tharp, R. G. (1990). Teaching mind in society: Teaching, schooling, and literate discourse. In L. C. Moll (Ed.), *Vygotsky and education: Instructional implications and applications of sociohistorical psychology* (pp. 175–205). Cambridge: Cambridge University Press.

Garvey, C. (1977). *Play*. Cambridge, MA: Harvard University Press.

Gates, H. L. (1988). *The signifying monkey: A theory of African-American literary criticism*. New York: Oxford University Press.

Geertz, C. (1973). *The interpretation of cultures*. New York: Basic Books.

Genette, G. (1980). *Narrative discourse* (J. E. Lewin, Trans.). Ithaca, NY: Cornell University Press.

Genette, G. (1997). *Paratexts: Thresholds of interpretation* (J. E. Lewin, Trans.). Cambridge: Cambridge University Press.

Genette, G. (1998). *Palimpsests: Literature in the second degree* (C. Newman & C. Doubinsky, Trans.). Omaha: University of Nebraska Press.

Ghiso, M. P., & McGuire, C. E. (2005, December). *"The illustrations will tell us what he's up to": Teacher mediation of picturebooks with sparse verbal text during whole-class readalouds*. Paper presented at the National Reading Conference, Miami, FL.

Gibson, J. J. (1979). *The ecological approach to visual perception.* Boston: Houghton Mifflin.

Gilles, C. (1994). Discussing our questions and questioning our discussions: Growing into literature study. *Language Arts, 71*, 499–508.

Gilmore, P., & Glatthorn, A. A. (1982). *Children in and out of school.* Washington, DC: Center for Applied Linguistics.

Glasheen, G. (2007). *Might as well read it backwards: The subverted text-picture relations in Bad Day at Riverbend.* Unpublished manuscript.

Golden, J. (1990). *The narrative symbol in childhood literature: Explorations of the construction of text.* New York: Mouton de Gruyter.

Golden, R., & Rumelhart, D. (1993). A parallel distributed processing model of story comprehension and recall. *Discourse Processes, 16*, 203–237.

Goldstone, B. (1999). Brave new worlds: The changing image of the picture books. *The New Advocate, 12*, 331–344.

Gombrich, E. H. (1969). *Art and illusion: A study in the psychology of pictorial representation* (2nd ed.). Princeton, NJ: Princeton University Press.

Gombrich, E. H. (1972). The visual image. *Scientific American, 227*, 82–96.

Graesser, A., Golding, J. M., & Long, D. L. (1991). Narrative representation and comprehension. In R. Barr, M. Kamil, P. Mosenthal, & P. D. Pearson (Eds.), *Handbook of reading research, Vol. 2* (pp. 171–205). New York: Longman.

Green, J. L., & Wallat, C. (Eds.) (1981). *Ethnography and language in educational settings.* Norwood, NJ: Ablex.

Grey, M. (2006). Acceptance speech for 2005 Boston Globe Horn Book Awards, Picture Book. *The Horn Book Magazine, January/February*, 17–20.

Grudin, R. (1992). *Book: A novel.* New York: Penguin.

Gumperz, J. J. (1986). Interactional sociolinguistics in the study of schooling. In J. Cook-Gumperz (Ed.), *The social construction of literacy* (pp. 45–68). London: Cambridge University Press.

Hade, D. D. (1988). Children, stories, and narrative transformations. *Research in the Teaching of English, 22*, 310–325.

Hall, S. (1990). *Using picture storybooks to teach literary devices.* Phoenix, AZ: Oryx Press.

Halliday, M. A. K. (1975). *Learning how to mean: Explorations in the development of language.* London: Edward Arnold.

Hansen, J. (1987). *When writers read.* Portsmouth, NH: Heinemann.

Harding, D. W. (1962). Psychological processes in the reading of fiction. *British Journal of Aesthetics, 2*, 133–147.

Hardy, B. (1978). Narrative as a primary act of mind. In M. Meek, A. Warlow, & G. Barton (Eds.), *The cool web: The pattern of children's reading* (pp. 12–23). New York: Athenaeum.

Harker, W. J. (1992). Reader response and cognition: Is there a mind in this class? *Journal of Aesthetic Education, 26*, 27–39.

Harley, B. (1996). Playing with the wall. In C. L. Birch & M. A. Heckler (Eds.), *Who says?: Essays on pivotal issues in contemporary storytelling* (pp. 129–140). Little Rock, AR: August House Publishers.

Harms, J., & Lettow, L. (1989). Book design: Extending verbal and visual literacy. *Journal of Youth Services in Libraries*, *2*, 136–142.

Harris, V. (1993). From the margin to the center of curricula: Multicultural children's literature. In B. Spodek & O. Saracho (Eds.), *Language and literacy in early childhood education* (pp. 123–140). New York: Teachers College Press.

Harste, J., Short, K., & Burke, C. (1988). *Creating classrooms for authors*. Portsmouth, NH: Heinemann.

Heath, S. B. (1983). *Ways with words: Language, life and work in communities and classrooms*. New York: Cambridge University Press.

Heckler, M. A. (1996). Two traditions. In C. L. Birch & M. A. Heckler (Eds.), *Who says?: Essays on pivotal issues in contemporary storytelling* (pp. 15–34). Little Rock, AR: August House Publishers.

Hickman, J. G. (1979). *Response to literature in a school environment, grades K–5*. Unpublished doctoral dissertation, The Ohio State University, Columbus, OH.

Hickman, J. (1981). A new perspective on response to literature: Research in an elementary school setting. *Research in the Teaching of English*, *15*, 343–354.

Hickman, J. (1983). Everything considered: Response to literature in an elementary school setting. *Journal of Research and Development in Education*, *16*, 8–13.

Higonnet, M. (1990). The playground of the peritext. *Children's Literature Association Quarterly*, *15*, 47–49.

Hirsch, E. D. (1973). *Validity in interpretation*. New Haven: Yale University Press.

Hoffman, J. V., Roser, N. L., & Battle, J. (1993). Reading aloud in classrooms: From the modal to a "model." *The Reading Teacher*, *46*, 496–503.

Holland, N. (1968). *The dynamics of literary response*. New York: Oxford University Press.

Holland, N. (1975). *5 readers reading*. New Haven: Yale University Press.

Iser, W. (1978). *The act of reading: A theory of aesthetic response*. Baltimore: The Johns Hopkins University Press.

James, W. (1890). *The principles of psychology*. New York: H. Holt and Co.

Jameson, F. (1972). *The prison-house of language: A critical account of structuralism and Russian formalism*. Princeton, NJ: Princeton University Press.

Johnson, T. (1992). Emerging reading. In L. O. Ollila & M. Mayfield (Eds.), *Emerging literacy: Preschool, kindergarten, and primary grades* (pp. 71–99). Boston: Allyn & Bacon.

Jones, M. G., & Gerig, T. M. (1994). Silent sixth-grade students: Characteristics, achievement, and teacher expectations. *Elementary School Journal*, *95*, 169–182.

Jung, C. G. (1934–5). *The archetypes and the collective unconscious: Vol. 9. The collected works of C. G. Jung*. Bolligen Series 20. Princeton: Princeton University Press.

Kantor, R., & Fernie, D. (2003). *Early child classroom processes*. Cresskill, NH: Hampton Press.

Kellogg, S. (2003). *Steven Kellogg*. Retrieved March 15, 2007, from http://www.stevenkellogg.com/page2.html

Kiefer, B. (1982). *The response of primary children to picture books*. Unpublished doctoral dissertation, The Ohio State University, Columbus, OH.

Kiefer, B. (1993). Visual criticism and children's literature. In B. Hearne & R. Sutton (Eds.), *Evaluating children's books: Aesthetic, social, and political aspects of analyzing and using children's books* (pp. 73–91). Urbana, IL: Graduate School of Library and Information Sciences.

Kiefer, B. Z. (1995). *The potential of picturebooks: From visual literacy to aesthetic understanding*. Englewood Cliffs, NJ: Prentice-Hall.

Kiefer, B., Hepler, S., & Hickman, J. (2006). *Charlotte Huck's children's literature* (9th ed.). New York: McGraw-Hill.

Knobel, M. (1993). Simon says see what I say: Reader response and the teacher as meaning-maker. *The Australian Journal of Language and Literacy*, *16*, 295–306.

Kress, G., & van Leeuwen, T. (2006). *Reading images: The grammar of visual design* (2nd ed.). London: Routledge.

Kümmerling-Meibauer, B. (1999). Metalinguistic awareness and the child's developing concept of irony: The relationship between pictures and text in ironic picturebooks. *The Lion and the Unicorn*, *23*, 157–183.

Landes, S. (1983). Teaching literary criticism in the elementary grades: A symposium. In J. P. May (Ed.), *Children and their literature: A readings book* (pp. 161–164). West Lafayette, IN: ChLA Publications.

Langer, J. A. (1990). The process of understanding: Reading for literary and informative purposes. *Research in the Teaching of English*, *24*, 229–260.

Langer, J. A. (1995). *Envisioning literature: Literary understanding and literature instruction*. New York: Teachers College Press.

Langer, J. A., & Close, E. (2001). *Improving literary understanding: Through classroom conversation*. State University of New York at Albany: National Research Center on English Learning and Achievement Website: http://cela.albany.edu/env.pdf.

Langer, S. (1953). *Feeling and form*. New York: Scribner's.

Larrick, N. (1965). The all-white world of children's books. *Saturday Review*, *11*, 63–65, 84–85.

Larry, C. (1995). The art of tradition: Nancy Ekholm Burkert's illustrations for *Snow White and the Seven Dwarfs*. *Journal of Children's Literature*, *21*, 20–26.

Lather, P. (1986). Issues of validity in openly ideological research: Between a rock and a soft place. *Interchange*, *17*, 63–84.

Lee, C. (1995). A culturally based cognitive apprenticeship: Teaching African American high school students skills in literary interpretation. *Reading Research Quarterly*, *30*, 608–630.

Lehman, B. A., Freeman, E. B., & Allen, V. G. (1994). Children's literature and literacy instruction: "Literature-based" elementary teachers' beliefs and practices. *Reading Horizons*, *35*, 3–23.

Lemke, J. (1993, December). *Multiplying meaning: Literacy in a multimedia world.* Paper presented at the National Reading Conference, Charleston, SC.

Lensmire, T. (1994). Writing workshop as carnival: Reflections on an alternative learning environment. *Harvard Educational Review*, *64*, 371–391.

Lewis, C. (1997). The social drama of literature discussions in a fifth/sixth-grade classroom. *Research in the Teaching of English*, *31*, 163–204.

Lewis, D. (1990). The constructedness of texts: Picture books and the metafictive. *Signal*, *62*, 131–146.

Lewis, D. (1992). Looking for Julius: Two children and a picturebook. In K. Kimberly, M. Meek, & J. Miller (Eds.), *New Readings* (pp. 50–63). London: A & C Black.

Lewis, D. (1996). Going along with Mr. Grumpy: Polysystemy and play in the modern picturebook. *Signal*, *80*, 105–119.

Lewis, D. (2001). *Reading contemporary picturebooks: Picturing text*. London: RoutledgeFalmer.

Lopez-Robertson, J. (2005, December). *Young Latinas' response styles during literature discussions: Personal life stories as meaning-making devices*. Paper presented at the National Reading Conference, Miami, FL.

Lunn, J. (2003). The picture book: A commentary. In A. Hudson & S. A. Cooper (Eds.), *Windows and words: A look at Canadian children's literature in English* (pp. 185–190). Ottawa, Ontario, Canada: University of Ottawa Press.

Madura, S. (1995). The line and texture of aesthetic response: Primary children study authors and illustrators. *The Reading Teacher*, *49*, 110–118.

Madura, S. (1998). An artistic element: Four transitional readers and writers respond to the picture books of Patricia Polacco and Gerald McDermott. In T. Shanahan & F. V. Rodriguez-Brown (Eds.), *National Reading Conference Yearbook*, *47*, 366–376.

Mailloux, S. (1982). *Interpretive conventions: The reader in the study of American fiction*. Ithaca, NY: Cornell University Press.

Makaryk, I. R. (1993). Introduction. In I. R. Makaryk (Ed.), *Encyclopedia of contemporary literary theory: Approaches, scholars, terms* (pp. vii–ix). Toronto, Ontario, Canada: University of Toronto Press.

Maloch, B., & Duncan, D. (2006, December). *"Big loud voice. You have important things to say": The nature of student initiations during one teacher's interactive read-alouds*. Paper presented at the National Reading Conference, Miami, FL.

Mandler, J. M., & Johnson, N. S. (1977). Remembrance of things parsed: Story structure and recall. *Cognitive Psychology*, *9*, 111–151.

Many, J. E. (2002). An exhibition and analysis of verbal tapestries: Understanding how scaffolding is woven into the fabric of instructional conversations. *Reading Research Quarterly*, *37*, 376–407.

Many, J., & Wiseman, D. L. (1992). The effect of teaching approach on third-grade students' response to literature. *Journal of Reading Behavior*, *24*, 265–287.

Marantz, K. (1977). The picturebook as art object: A call for balanced reviewing. *The Wilson Library Bulletin*, 148–151.

Marshall, D. G. (1993). *Contemporary critical theory: A selective bibliography*. New York: The Modern Language Association of America.

Marshall, E. (2004). Stripping for the wolf: Rethinking representations of gender in children's literature. *Reading Research Quarterly*, *39*, 256–270.

Martin, R. (1996). Between teller and listener: The reciprocity of storytelling. In C. L. Birch & M. A. Heckler (Eds.), *Who says?: Essays on pivotal issues in contemporary storytelling* (pp. 141–154). Little Rock, AR: August House Publishers.

Martinez, M., & Roser, N. (1985). Read it again: The value of repeating readings during storytime. *The Reading Teacher*, *38*, 782–786.

Martinez, M., & Roser, N. (1991). Children's responses to literature. In J. Flood, J. Jensen, D. Lapp, & J. Squire (Eds.), *Handbook of research on teaching the English language arts* (pp. 643–654). New York: Macmillan.

Martinez, M., & Roser, N. L. (2003). Children's responses to literature. In J. Flood, D. Lapp, J. R. Squire, & J. M. Jensen (Eds.), *Handbook of research on teaching the English language arts* (2nd ed., pp. 799–813). Mahwah, NJ: Erlbaum.

Martinez, M., Roser, N., & Dooley, C. (2003). Young children's literary meaning making. In N. Hall, J. Larson, & J. Marsh (Eds.), *Handbook of early childhood literacy* (pp. 222–234). Thousand Oaks, CA: Sage.

Martinez, M., & Teale, W. (1993). Teacher storybook reading style: A comparison of six teachers. *Research in the Teaching of English*, *27*(2), 175–199.

Matthewson, G. (1994). A model of attitude influence upon reading and learning to read. In R. B. Ruddell, M. R. Ruddell, & H. Singer (Eds.), *Theoretical models and processes of reading* (4th ed.) (pp. 1131–1161). Newark, DE: International Reading Association.

May, J. (1995). *Children's literature and critical theory: Reading and writing for understanding*. New York: Oxford University Press.

McCarrier, A. (1991, December). *The role of talk during multiple readings of the same storybook*. Paper presented at the National Reading Conference, Palm Springs, CA.

McCarrier, A. M. (1992). *Supporting literacy learning in at-risk children: A case study of an urban kindergarten*. Unpublished doctoral dissertation, The Ohio State University, Columbus, OH.

McClay, J. (2000). "Wait a second . . .": Negotiating complex narratives in *Black and White*. *Children's Literature in Education*, *31*, 91–106.

McCloud, S. (1994). *Understanding comics*. New York: Harper.

McCormick, K. (1988). "First steps" in "Wandering Rocks": Students' differences, literary transactions, and pleasures. *Reader*, *20*, 48–67.

McGee, L. (1992a). An exploration of meaning construction in first graders' grand conversations. In D. Leu & C. Kinzer (Eds.), *Literacy research, theory, and practice: Views from many perspectives* (pp. 177–186). Chicago, IL: National Reading Conference.

McGee, L. (1992b, December). *First graders' responses to literature in grand conversations: Exploring shared meaning construction*. Paper presented at the National Reading Conference, San Antonio, TX.

McGee, L. (1992c). Focus on research: Exploring the literature-based reading revolution. *Language Arts*, *69*, 529–537.

McGee, L. (1995). Talking about books with young children. In N. Roser & M. Martinez (Eds.), *Book talk and beyond: Teachers and children respond to literature* (pp. 105–115). Newark, DE: International Reading Association.

McGee, L., Courtney, R., & Lomax, R. (1993, December). *Supporting first graders' responses to literature*. Paper presented at the National Reading Conference, Charleston, SC.

McGee, L., Courtney, L., & Lomax, R. (1994). Supporting first graders' responses to literature: An analysis of teachers' roles in grand conversations. In C. K. Kinzer & D. J. Leu (Eds.), *Multidimensional aspects of literacy research, theory, and practice* (pp. 517–526). Chicago, IL: National Reading Conference.

McGee, L. M., & Schickedanz, J. A. (2007). Repeated interactive read-alouds in preschool and kindergarten. *The Reading Teacher*, *60*, 742–750.

McGillis, R. (1996). *The nimble reader: Literary theory and children's literature.* New York: Twayne Publishers.

McGinley, W., & Kamberelis, G. (1996). "Maniac Magee" and "Ragtime Tumpie": Children negotiating self and world through reading and writing. *Research in the Teaching of English*, *30*, 75–113.

McKenna, M. (1994). Toward a model of reading attitude acquisition. In E. H. Cramer & M. Castle (Eds.), *Fostering the love of reading: The affective domain in reading education* (pp. 18–40). Newark, DE: International Reading Association.

McMahon, S. I., Raphael, T. E., Goatley, V. J., & Pardo, L. S. (Eds). (1997). *The book club connection: Literacy learning and classroom talk.* New York: Teachers College Press.

McMillon, G. T., & Edwards, P. A. (2000). Why does Joshua "hate" school . . . but love Sunday school? *Language Arts*, *78*, 111–120.

Meek, M. (1983). *Achieving literacy.* London: Routledge and Kegan Paul.

Meek, M. (1988). *How texts teach what readers learn.* South Woodchester, Stroud, Glos., UK: The Thimble Press.

Meek, M. (1992). "Children reading-now." In M. Styles, E. Bearne, & V. Watson (Eds.), *After Alice* (pp. 172–187). London: Cassell.

Mehan, H. (1979). *Learning lessons: Social organization in the classroom.* Cambridge, MA: Harvard University Press.

Meyer, B., & Rice, G. E. (1984). The structure of text. In P. D. Pearson (Ed.), *Handbook of reading research, Vol 1* (pp. 319–351). New York: Longman.

Meyer, D. K. (1993). What is scaffolded instruction? Definitions, distinguishing features, and misnomers. In D. J. Leu & C. K. Kinzer (Eds.), *Examining central issues in literacy research, theory, and practice. 42nd Yearbook of the National Reading Conference* (pp. 41–53). Chicago: National Reading Conference.

Meyer, L. A., Wardrop, J. S., Stahl, S. A., & Linn, R. L. (1994). Effects of reading storybooks aloud to children. *Journal of Educational Research*, *88*, 69–85.

Miall, D. S., & Kuiken, D. (1994). Beyond text theory: Understanding literary response. *Discourse Processes*, *17*, 337–352.

Miller, J. H. (1992). *Illustration.* Cambridge, MA: Harvard University Press.

Mitchell, W. J. T. (1981). *On narrative.* Chicago: University of Chicago Press.

Mitchell, W. J. T. (1994). *Picture theory: Essays on verbal and visual representation.* Chicago: University of Chicago Press.

Moebius, W. (1986). Introduction to picturebook codes. *Word and Image*, 2, 141–158.

Moll, L. C. (Ed.). (1990). *Vygotsky and education: Instructional implications and applications of sociohistorical psychology.* Cambridge: Cambridge University Press.

Möller, K., & Allen, J. (2000). Connecting, resisting, and searching for safer places: Students respond to Mildred Taylor's *The Friendship. Journal of Literacy Research*, *32*, 145–186.

Morrow, L. M. (1988). Young children's responses to one-to-one readings in school settings. *Reading Research Quarterly*, *23*, 89–107.

Morrow, L. M., & Brittain, R. (2003). The nature of storybook reading in the elementary school: Current practices. In A. van Kleeck, S. Stahl, & E. Bauer (Eds.), *On reading books to children: Parents and teachers* (pp. 140–158). Mahwah, NJ: Erlbaum.

Moss, E. (1990). A certain particularity: An interview with Janet and Allen Ahlberg. *Signal*, *61*, 20–26.

National Reading Panel. (2000). *Report of the National Reading Panel: Teaching children to read*. Washington, DC: National Institute of Child Health and Human Development, U.S. Government Printing Office.

Nauman, A. (1994, December). *Reader-response theory: What it is and what it does*. Paper presented at the National Reading Conference, San Diego, CA.

Nell, V. (1988). *Lost in a book: The psychology of reading for pleasure*. New Haven: Yale University Press.

Neumeyer, P. F. (1990). How picture books mean: The case of Chris Van Allsburg. *Children's Literature Association Quarterly*, *15*, 2–8.

Nevel, L. A. (1999). *Students' transactions with multicultural poetry in the high school classroom: A case study*. Unpublished doctoral dissertation, Georgia State University.

Newkirk, T., & McClure, P. (1992). *Listening in: Children talk about books (and other things)*. Portsmouth, NH: Heinemann.

Nieto, S. (2000). *Affirming diversity*. White Plains, NY: Longman Publishing Group.

Nikolajeva, M. (2002). *The rhetoric of character in children's literature*. Lanham, MD: Scarecrow Press.

Nikolajeva, M. (2003). Visual and verbal literacy: The role of picturebooks in the reading experience of young children. In N. Hall, J. Larson, & J. Marsh (Eds.), *Handbook of early childhood literacy* (pp. 235–248). London: Sage.

Nikolajeva, M. (2005). *Aesthetic approaches to children's literature: An introduction*. Lanham, MD: Scarecrow Press.

Nikolajeva, M., & Scott, C. (2000). The dynamics of picturebook communication. *Children's Literature in Education*, *31*, 225–239.

Nikolajeva, M., & Scott, C. (2001). *How picturebooks work*. New York: Garland.

Nikola-Lisa, W. (1994). Play, panache, pastiche: Postmodern impulses in contemporary picture books. *Children's Literature Association Quarterly*, *19*(1), 35–40.

Nodelman, P. (1988). *Words about pictures: The narrative art of children's picture books*. Athens, GA: University of Georgia Press.

Nodelman, P. (2001). Private places on public view: David Wiesner's picture books. *Mosaic*, *34*, 1–16.

Nodelman, P., & Reimer, M. (2002). *The pleasures of children's literature* (3rd ed.). New York: Allyn & Bacon.

Novitz, D. (1976). Conventions and the growth of pictorial style. *British Journal of Aesthetics*, *16*, 324–337.

Nystrand, M. (1997). *Opening dialogue; Understanding the dynamics of language and learning in the English classroom*. New York: Teachers College Press.

O'Connor, M., & Michaels, S. (1996). Shifting participant frameworks: Orchestrating thinking practices in group discussion. In D. Hicks (Ed.), *Discourse, learning, and schooling* (pp. 63–103). New York: Cambridge University Press.

Ocvirk, O. G. (2006). *Art fundamentals: Theory and practice* (10th ed.). Boston: McGraw-Hill.

O'Neill, C. (1995). *Drama worlds: A framework for process drama*. Portsmouth, NH: Heinemann.

Paivio, A. (1986). *Mental representations: A duel coding approach*. New York: Oxford University Press.

Paley, N. (1992). Postmodernist impulses and the contemporary picture book: Are there stories to these meanings? *Journal of Youth Services in Libraries*, *5*, 151–162.

Paley, V. G. (1986). On listening to what the children say. *Harvard Educational Review*, *36*, 122–131.

Palincsar, A. S. (1998). Keeping the metaphor of scaffolding fresh—A fresh response to C. Addison Stone's "The metaphor of scaffolding: Its utility for the field of learning disabilities." *Journal of Learning Disabilities*, *31*, 370–373.

Pantaleo, S. (2002). Grade 1 students meet David Wiesner's three pigs. *Journal of Children's Literature*, *28* (2), 72–84.

Pantaleo, S. (2003a). "Godzilla lives in New York": Grade 1 students and the peritextual features of picture books. *Journal of Children's Literature*, *29*, 66–77.

Pantaleo, S. (2003b). The art of playful parody: Exploring David Wiesner's *Tuesday*. *The Dragon Lode*, *22*(1), 42–50.

Pantaleo, S. (2004a). The long, long way: Young children explore the fabula and syuzhet of *Shortcut*. *Children's Literature in Education*, *35*(1), 1–20.

Pantaleo, S. (2004b). Young children interpret the metafictive in Anthony Browne's *Voices in the Park*. *Journal of Early Childhood Literacy*, *4*, 211–233.

Pantaleo, S. (2005). Young children engage with the metafictive in picture books. *Australian Journal of Language and Literacy*, *28*, 19–37.

Pappas, C. (1993). Is narrative primary? Some insights from kindergartners' pretend readings of stories and information books. *Journal of Reading Behavior*, *25*(1), 97–129.

Pappas, C. (2006). The information book genre: Its role in integrated science literacy research and practice. *Reading Research Quarterly*, *4*, 226–250.

Pappas, C., Kiefer, B., & Levstik, L. (1999). *An integrated language perspective in the elementary school: An action approach* (3rd ed.). New York: Longman.

Patton, M. Q. (1990). *Qualitative evaluation and research methods* (2nd ed.). Newbury Park, CA: Sage.

Patton, M. Q. (2002). *Qualitative research & evaluation methods* (3rd ed.). Thousand Oaks, CA: Sage.

Pearson, P. D., & Gallagher, M. C. (1983). The instruction of reading comprehension. *Contemporary Educational Psychology*, *8*, 317–344.

Peirce, C. S. (1931–1958). *Collected papers of Charles S. Peirce* (Vols. 1–8). (C. Hartshorne & P. Weiss, Eds.). Cambridge, MA: Harvard University Press.

Perkins, F. D. (1992). *Response patterns of third-grade African-Americans to culturally conscious literature*. Unpublished doctoral dissertation, University of Alabama at Birmingham, Birmingham, AL.

Peterson, R. (1992). *Life in a crowded place: Making a learning community*. Portsmouth, NH: Heinemann.

Peterson, R., & Eeds, M. (1990). *Grand conversations: Literature groups in action*. New York: Scholastic.

Piaget, J. (1985). *The equilibration of cognitive structures: The central problem of intellectual development*. Chicago: The University of Chicago Press.

Polkinghorne, D. (1988). *Narrative knowing and the human sciences*. Albany: State University of New York Press.

Poulet, G. (1980). Criticism and the experience of interiority. In J. P. Tompkins (Ed.), *Reader-response criticism: From formalism to post-structuralism* (pp. 41–49). Baltimore: The Johns Hopkins University Press.

Pressley, M. (2002). *Reading instruction that works: The case for balanced teaching* (2nd ed.). New York: Guilford.

Price, R., & Price, S. (1991). *Two evenings in Saramaka*. Chicago: The University of Chicago Press.

Propp, V. (1958). *Morphology of the folktale*. Minneapolis: University of Minnesota Press.

Ransom, J. C. (1941). *The new criticism*. Norfolk, CT: New Directions.

Raphael, T. E., & McMahon, S. I. (1994). Book club: An alternative framework for reading instruction. *The Reading Teacher*, *48*, 102–116.

Reese, E., Cox, A., Harte, D., & McAnally, H. (2003). Diversity in adults' styles of reading books to children. In A. van Kleeck, S. Stahl, & E. Bauer (Eds.), *On reading books to children: Parents and teachers* (pp. 37–57). Mahwah, NJ: Erlbaum.

Reutzel, R., & Larsen, N. (1995). Look what they've done to real children's books in the new basal readers! *Language Arts*, *72*, 495–507.

Richard, O. (1969). The visual language of the picture book. *Wilson Library Bulletin*, 436–447.

Richards, I. A. (1964). *Practical criticism*. London: Routledge. (Original work published 1929)

Richter, D. (1989). *The critical tradition: Classic texts and contemporary trends*. New York: St. Martin's Press.

Ricoeur, P. (1980). Narrative time. *Critical Inquiry*, *7*, 169–190.

Robertson, J. P. (1997). Teaching about worlds of hurt through encounters with literature: Reflections on pedagogy. *Language Arts*, *74*, 457–466.

Rogoff, B., Mosier, C., Mistry, J., & Goncu, A. (1993). Toddlers' guided participation with their caregivers in cultural activity. In E. A. Forman, N. Minick, & C. A. Stone (Eds.), *Contexts for learning* (pp. 230–253). New York: Oxford University Press.

Rogoff, B., & Wertsch, J. (Eds.). (1984). *Children's learning in the zone of proximal development*. San Francisco: Jossey Bass.

Roller, C. M., & Beed, P. L. (1994). Sometimes the conversations were grand, and sometimes . . . *Language Arts*, *71*, 509–515.
Rorty, R. (1967). *The linguistic turn*. Chicago: The University of Chicago Press.
Rosenblatt, L. (1964). The poem as event. *College English*, *26*, 123–128.
Rosenblatt, L. M. (1982). The literary transaction: Evocation and response. *Theory into Practice*, *21*, 268–277.
Rosenblatt, L. (1985). Viewpoints: Transaction versus interaction—A terminological rescue operation. *Research in the Teaching of English*, *19*, 96–107.
Rosenblatt, L. (1986). The aesthetic transaction. *Journal of Aesthetic Education*, *20*, 122–128.
Rosenblatt, L. (1994). *The reader, the text, the poem: The transactional theory of the literary work*. Carbondale: Southern Illinois University Press. (Original work published 1978)
Rosenblatt, L. (1996). *Literature as exploration* (5th ed.). New York: Modern Language Association of America. (Original work published 1938)
Rosenblatt, L. (2004). The transactional theory of reading and writing. In N. J. Unrau & R. B. Ruddell (Eds.), *Theoretical models and processes of reading* (5th ed.) (pp. 1057–1092). Newark, DE: International Reading Association.
Roser, N. L., & Martinez, M. G. (Eds.). (1995). *Book talk and beyond: Children and teachers respond to literature*. Newark, DE: International Reading Association.
Rowe, D. W. (1994). *Preschoolers as authors: Literacy learning in the social world of the classroom*. Cresskill, NJ: Hampton Press.
Rowe, D. W. (1998). The literate potentials of book-related dramatic play. *Reading Research Quarterly*, *33*, 10–35.
Sadoski, M., & Paivio, A. (1994). A dual coding view of imagery and verbal processes in reading comprehension. In R. B. Ruddell, M. R. Ruddell, & H. Singer (Eds.), *Theoretical models and processes of reading* (4th ed.) (pp. 582–601). Newark, DE: International Reading Association.
Santori, D. (2006, November). *Children's individual response styles across participation structures*. Paper presented at the National Reading Conference, Los Angeles, CA.
Scarborough, H. S., & Dobrich, W. (1994). On the efficacy of reading to preschoolers. *Developmental Review*, *14*, 245–301.
Scarlett, W. G. (Ed.). (2005). *Children's play*. Thousand Oaks, CA: Sage.
Scharer, P. (1991). Moving into literature-based reading instruction: Changes and challenges for teachers. In S. McCormick & J. Zutell (Eds.), *Learning factors/teacher factors: Issues in literacy research and instruction* (pp. 409–421). Chicago, IL: National Reading Conference.
Scharer, P. (1992). Teachers in transition: An exploration of changes in teachers and classrooms during implementation of literature-based reading instruction. *Research in the Teaching of English*, *26*, 408–445.
Scharer, P., & Detwiler, D. (1992). Changing as teachers: Perils and possibilities of literature-based language arts instruction. *Language Arts*, *69*, 186–192.
Scharer, P. L., Freeman, E. B., Lehman, B. A., & Allen, V. G. (1993). Literacy and literature in elementary classrooms: Teachers' beliefs and practices. In D. J. Leu

& C. K. Kinzer (Eds.), *Examining central issues in literacy research, theory, and practice* (42nd Yearbook of the National Reading Conference) (pp. 359–366). Chicago: National Reading Conference.

Scholes, R. (1982). *Semiotics and interpretation*. New Haven: Yale University Press.

Scholes, R. (1985). *Textual power: Literary theory and the teaching of English*. New Haven: Yale University Press.

Schwandt, T. A. (1994). Constructivist, interpretivist approaches to human inquiry. In N. K. Denzin & Y. S. Lincoln (Eds.), *Handbook of qualitative research* (pp. 118–137). Thousand Oaks, CA: Sage.

Schwarcz, J. (1982). *Ways of the illustrator: Visual communication in children's literature*. Chicago: American Library Association.

Schwarcz, J., & Schwarcz, C. (1991). *The picture book comes of age*. Chicago: The American Library Association.

Searle, D. (1984). Scaffolding: Who's building whose building? *Language Arts, 61*, 480–483.

Sebeok, T. A. (1994). *Signs: An introduction to semiotics*. Toronto: University of Toronto Press.

Selden, R., & Widdowson, P. (1993). *A reader's guide to contemporary literary theory* (3rd ed.). Lexington: University of Kentucky Press.

Sendak, M. (1988). Caldecott Medal acceptance speech. In M. Sendak, *Caldecott & Co.: Notes on books and pictures* (pp. 145–155). New York: Farrar, Straus & Giroux.

Sendak, M. (1993). *Maurice Sendak talks about "We Are All in the Dumps with Jack and Guy."* Promotional literature for *We Are All in the Dumps*. New York: HarperCollins.

Sergiovanni, T. (1994). *Building communities in schools*. San Francisco: Jossey-Bass.

Shine, S., & Roser, N. L. (1999). The role of genre in preschoolers' response to picture books. *Research in the Teaching of English, 34*, 197–254.

Shklovsky, V. (1966). Art as technique. In L. Lemon & M. Reis (Eds.), *Russian formalist criticism: Four essays* (pp. 3–24). Lincoln: University of Nebraska Press.

Short, K. G. (1990). Creating a community of learners. In K. Short & K. Pierce (Eds.), *Talking about books: Creating literate communities*. Portsmouth, NH: Heinemann.

Short, K. G. (1992). Researching intertextuality within collaborative classroom learning environments. *Linguistics and Education, 4*, 313–333.

Short, K. G., & Pierce, K. M. (Eds.). (1990). *Talking about books: Creating literate communities*. Portsmouth, NH: Heinemann.

Siegel, M. (1995). More than words: The generative power of transmediation for learning. *Canadian Journal of Education, 20*, 455–475.

Sims, R. (1983). Strong black girls: A ten year old responds to fiction about Afro-Americans. *Journal of Research and Development in Education, 16*, 21–28.

Sinclair, J. McH., & Coulthard, M. (1975). *Towards an analysis of discourse: The English used by teachers and pupils*. London: Oxford University Press.

Sipe, L. R. (1993). Using transformations of traditional stories: Making the reading-writing connection. *The Reading Teacher, 47*, 18–26.

Sipe, L. R. (1998a). How picture books work: A semiotically framed theory of text–picture relationships. *Children's Literature in Education*, *29*(2), 97–108.
Sipe, L. R. (1998b). Learning the language of picturebooks. *Journal of Children's Literature*, *24*, 66–75.
Sipe, L. R. (1998c). Individual literary response styles of first and second graders. *National Reading Conference Yearbook*, *47*, 76–89.
Sipe, L. R. (2000). "Those two gingerbread boys could be brothers": How children use intertextual connections during storybook readalouds. *Children's Literature in Education*, *31*, 73–90.
Sipe, L. R. (2001a). A palimpsest of stories: Young children's intertextual links during readalouds of fairytale variants. *Reading Research and Instruction*, *40*, 333–352.
Sipe, L. R. (2001b). Picturebooks as aesthetic objects. *Literacy Teaching and Learning: An International Journal of Early Reading and Writing*, *6*, 23–42.
Sipe, L. R. (2002a). Contemporary urban children respond to Peter Rabbit: Making a text culturally relevant. In M. Mackey (Ed.), *Beatrix Potter's Peter Rabbit: A children's classic at 100* (pp. 3–18). Lanham, MD: The Children's Literature Association and the Scarecrow Press.
Sipe, L. R. (2002b). Talking back and taking over: Young children's expressive engagement during storybook readalouds. *The Reading Teacher*, *55*, 476–483.
Sipe, L. R. (2004, December). *What is "postmodern" about postmodern children's picturebooks?* Paper presented at the National Reading Conference, San Antonio, TX.
Sipe, L. R. (in press). Learning from illustrations in picturebooks. In D. Fisher & N. Frey (Eds.), *Picture This! The Role Visual Information Plays in Literacy Learning*. Association of Supervision and Curriculum Development.
Sipe, L. R., & Bauer, J. T. (2001). Urban kindergartners' literary understanding of picture storybooks. *The New Advocate*, *14*, 329–342.
Sipe, L. R., & Brightman, A. E. (2005).Young children's visual meaning-making during readalouds of picture storybooks. *National Reading Conference Yearbook*, *54*, 349–361.
Sipe, L. R., & Brightman, A. E. (2006). Teacher scaffolding of first-graders' literary understanding during readalouds of fairytale variants. *National Reading Conference Yearbook*, *55*, 276–292.
Sipe, L. R., & Ghiso, M. P. (2005). Looking closely at characters: How illustrations support children's understandings. In N. Roser & M. Martinez (Eds.), *What a character! Character study as a guide to literary meaning-making in grades K–8* (pp. 134–153). Newark, DE: International Reading Association.
Sipe, L. R., & McGuire, C. E. (2006a). Picturebook endpapers: Resources for literary and aesthetic interpretation. *Children's Literature in Education*, *37*, 291–304.
Sipe, L. R., & McGuire, C. E. (2006b, November). *Young children's meaning-making from picturebook peritexts*. Paper presented at the National Reading Conference, Los Angeles, CA.
Sipe, L. R., & McGuire, C. E. (2006c). Young children's resistance to stories. *The Reading Teacher*, *60*(1), 6–13.

Sipe, L. R., & McGuire, C. E. (in press). *The Stinky Cheese Man* and Other Fairly Postmodern Picturebooks for Children. In S. Lehr (Ed.), *Shattering the looking glass: Challenge, risk, and controversy in children's literature.* Norwood, MA: Christopher-Gordon Publishers.

Sloan, G. D. (1975). *The child as critic* (1st ed.). New York: Teachers College Press.

Sloan, G. D. (2003). *The child as critic: Developing literacy through literature, K–8* (4th ed.). New York: Teachers College Press.

Smith, F. (1984). Reading like a writer. In J. M. Jensen (Ed.), *Composing and comprehending* (pp. 47–56). Urbana, IL: ERIC Clearinghouse in Reading and Communication Skills and National Conference on Research on English.

Smolkin, L. B., & Suina, J. H. (1997). Artistic triumph or multicultural failure? Multiple perspectives on a "multicultural" award-winning book. *The New Advocate, 10*, 307–322.

Snow, C. E. (1983). Literacy and language: Relationships during the preschool years. *Harvard Educational Review, 53*, 165–189.

Snow, C. D., Burns, M. S., & Griffin, P. (Eds.). (1998). *Preventing reading difficulties in young children.* Washington, DC: National Academy of Sciences–National Research Council Commission on Behavioral and Social Science and Education, U.S. Department of Education.

Snow, C. E., Nathan, D., & Perlmann, R. (1985). Assessing children's knowledge about book reading. In L. Galda & A. D. Pellegrini (Eds.), *Play, language, and stories: The development of children's literate behavior* (pp. 167–181). Norwood, NJ: Ablex.

Solomon, M. (2003). Publishing children's picture books: The role of design and art direction. In A. Hudson & S. A. Cooper (Eds.), *Windows and words: A look at Canadian children's literature in English* (pp. 191–200). Ottawa, Ontario, Canada: University of Ottawa Press.

Sontag, S. (1961). *Against interpretation and other essays.* New York: Doubleday.

Spence, D. (1982). *Narrative truth and historical truth: Meaning and interpretation in psychoanalysis.* New York: W. W. Norton.

Spiegel, D. L., & Fitzgerald, J. (1986). Improving reading comprehension through instruction about story parts. *The Reading Teacher, 39*, 676–682.

Spiro, R. J., Coulson, R. L., Feltovich, P. J., & Anderson, D. K. (1994). Cognitive flexibility theory: Advanced knowledge acquisition in ill-structured domains. In R. B. Ruddell, M. R. Ruddell, & H. Singer (Eds.), *Theoretical models and processes of reading* (4th ed.) (pp. 602–615). Newark, DE: International Reading Association.

Stake, R. (1994). Case studies. In N. K. Denzin & Y. S. Lincoln (Eds.), *Handbook of qualitative research* (pp. 236–247). Thousand Oaks, CA: Sage.

Stanislavski, C. (1970). *An actor prepares.* New York: Theatre Arts Books.

Stein, N. L., & Glenn, C. G. (1979). An analysis of story comprehension in elementary school children. In R. O. Freedle (Ed.), *New directions in discourse processing* (pp. 53–110). Norwood, NJ: Ablex.

Steiner, W. (1982). *The colors of rhetoric.* Chicago: The University of Chicago Press.

Stephens, J. (1992). *Language and ideology in children's fiction.* London: Longman.

Stevenson, D. (1991). "If you read the last sentence, it won't tell you anything":

Postmodernism, self-referentiality, and *The Stinky Cheese Man*. *Children's Literature Association Quarterly*, *19*, 32–34.

Stewig, J. W. (1995). *Looking at picture books*. Fort Atkinson, WI: Highsmith.

Stott, J. (1983). Teaching literary criticism in the elementary grades: A symposium. In J. May (Ed.), *Children and their literature: A readings book* (pp. 160–172). West Lafayette, IN: ChLA Publications.

Stott, J. (1987). Spiralled sequence story curriculum: A structuralist approach to teaching fiction in the elementary grades. *Children's Literature in Education*, *18*, 148–163.

Strauss, A., & Corbin, J. (1998). *Basics of qualitative research: Techniques and procedures for developing grounded theory* (2nd ed.). Thousand Oaks, CA: Sage.

Straw, S. (1990). Conceptualizations of communication in the history of literary theory. In D. Bogdan & S. Straw (Eds.), *Beyond communication: Reading comprehension and criticism* (pp. 49–66). Portsmouth, NH: Heinemann.

Strickland, D. S. (2001). Early intervention for African American children considered to be at risk. In S. B. Neuman & D. K. Dickinson (Eds.), *Handbook of early literacy research, Volume 1* (pp. 322–332). New York: Guilford Press.

Suhor, C. (1984). Towards a semiotics-based curriculum. *Journal of Curriculum Studies*, *16*, 247–257.

Suleiman, S., & Crosman, I. (Eds.) (1980). *The reader in the text*. Princeton: Princeton University Press.

Sutherland, Z., & Arbuthnot, M. H. (1991). *Children and books*. New York: HarperCollins.

Sutherland, Z., & Hearne, B. (1977). In search of the perfect picturebook definition. *Wilson Library Bulletin*, 158–160.

Taylor, G. S. (1997). Multicultural literature preferences of low-ability African American and Hispanic American fifth-graders. *Reading Improvement*, *34*, 37–48.

Teale, W. H. (2003). Reading aloud to young children as a classroom instructional activity: Insights from research and practice. In A. Van Kleeck, S. A. Stahl, & E. R. Bauer (Eds.), *On reading books to children: Parents and teachers* (pp. 114–139). Mahwah, NJ: Lawrence Erlbaum Associates.

Thompson, J. (1987). *Understanding teenagers' reading: Reading processes and the teaching of literature*. New York: Croom Helm.

Todorov, T. (1977). *The poetics of prose*. Ithaca, NY: Cornell University Press.

Toelken, B. (1996). The icebergs of folklore: Misconception, misuse, abuse. In C. L. Birch & M. A. Heckler (Eds.), *Who says?: Essays on pivotal issues in contemporary storytelling* (pp. 35–63). Little Rock, AR: August House Publishers.

Tolkien, J. R. R. (1938/1964). *Tree and leaf*. London: Unwin Books.

Tompkins, J. P. (Ed.). (1980). *Reader-response criticism: From formalism to post-structuralism*. Baltimore: The Johns Hopkins University Press.

Tough, J. (1977). *Talk for teaching and learning*. London: Ward Lock.

Touponce, W. F. (1996). Children's literature and the pleasures of the text. *Children's Literature Association Quarterly*, *20*, 175–182.

Towell, J. H., Schulz, A., & Demetrulias, D. M. (1997). *Does ethnicity really matter in literature for young children?* (ERIC Document Reproduction Service No. ED 412 571)
Trites, R. (1994). Manifold narratives: Metafiction and ideology in picture books. *Children's Literature in Education, 25*, 225–242.
Uspensky, B. (1973). *A poetics of composition* (V. Zavarin & S. Wittig, Trans.). Berkeley: University of California Press.
Vandergrift, K. E. (1980). *Child and story: The literary connection*. New York: Neal-Schuman Publishers.
van Kleeck, A., Stahl, S. A., & Bauer, E. R. (Eds.) (2003). *On reading books to children: Parents and teachers*. Mahwah, NJ: Lawrence Erlbaum Associates.
Veeser, H. A. (Ed.). (1989). *The new historicism*. New York: Routledge.
Vernon-Feagans, L. (1996). *Children's talk in classrooms and communities*. Cambridge, MA: Blackwell.
Vernon-Feagans, L., Hammer, C. S., Miccio, A., & Manlove, E. (2001). Early language and literacy skills in low-income African American and Hispanic children. In S. B. Neuman & D. K. Dickinson (Eds.), *Handbook of early literacy research* (pp. 192–210). New York: Guilford Press.
Vygotsky, L. (1978). *Mind in society: The development of higher psychological processes*. Cambridge, MA: Harvard University Press.
Vygotsky, L. S. (1986). *Thought and language*. Cambridge, MA: The MIT Press.
Walmsley, S., Fielding, L., & Walp, T. (1991). *A study of second-graders' home and school literary experiences* (Report Series 1.6). Albany, NY: Center for the Learning and Teaching of Literature, The State University of New York.
Ward, J., & Fox, M. (1984). A look at some outstanding illustrated books for children. *Children's Literature Association Quarterly, 9*, 19–21.
Waugh, P. (1984). *Metafiction: The theory and practice of self-conscious fiction*. New York: Routledge.
Wells, G. (1986). *The meaning makers: Children learning language and using language to learn*. Portsmouth, NH: Heinemann.
Wells, G. (1987). Apprenticeship in literacy. *Interchange, 18*, 109–123.
Wells, G. (1990). Talk about text: Where literacy is learned and taught. *Curriculum Inquiry, 20*, 369–405.
Wertsch, J. V. (1985). *Vygotsky and the social formation of mind*. Cambridge, MA: Harvard University Press.
Wertsch, J. V. (1991). A sociocultural approach to socially shared cognition. In L. B. Resnick, J. M. Levine, & S. D. Teasley (Eds.), *Perspectives on socially shared cognition* (pp. 85–100). Washington, DC: American Psychological Association.
Whalen-Levitt, P. (1986). Breaking frame: Bordering on illusion. *School Library Journal, 32*, 100–103.
White, E. (1994). *The burning library: Writings on art, politics, and sexuality, 1969–1993*. London: Chatto & Windus.
White, H. (1980). The value of narrativity in the representation of reality. *Critical Inquiry, 7*, 5–27.
Wiencek, J., & O'Flahavan, J. (1994). From teacher-led to peer discussions about literature: Suggestions for making the shift. *Language Arts, 71*, 488–498.

Williams, R. (1977). *Marxism and literature*. New York: Oxford University Press.

Wimsatt, W. K. (1954). *The verbal icon: Studies in the meaning of poetry*. Lexington: University of Kentucky Press.

Wimsatt, W. K., & Beardsley, M. C. (1954a). The affective fallacy. In W. K. Wimsatt, *The verbal icon: Studies in the meaning of poetry* (pp. 21–39). Lexington: University of Kentucky Press.

Wimsatt, W. K., & Beardsley, M. C. (1954b). The intentional fallacy. In W. K. Wimsatt, *The verbal icon: Studies in the meaning of poetry* (pp. 3–18). Lexington: University of Kentucky Press.

Winnicott, D. W. (1974). *Playing and reality*. London: Tavistock/Routledge.

Wiseman, D. L., Many, J., & Altieri, J. (1992). Enabling complex aesthetic responses: An examination of three literary discussion approaches. In C. K. Kinzer & D. J. Leu (Eds.), *Literacy research, theory, and practice: Views from many perspectives* (pp. 283–289). Chicago, IL: National Reading Conference.

Wolf, S. A. (1994). Learning to act/acting to learn: Children as actors, critics, and characters in classroom theatre. *Research in the Teaching of English*, *28*, 7–44.

Wolf, S. A. (2004). *Interpreting literature with children*. Mahwah, NJ: Lawrence Erlbaum.

Wolf, S. A., Carey, A. A., & Mieras, E. L. (1996). "What is this literachurch stuff anyway?": Preservice teachers' growth in understanding children's literary response. *Reading Research Quarterly*, *31*(2), 130–157.

Wolf, S. A., & Heath, S. B. (1992). *The braid of literature: Children's worlds of reading*. Cambridge, MA: Harvard University Press.

Wolfenbarger, C., & Sipe, L. R. (2007). A unique visual and literary art form: Recent research on picturebooks. *Language Arts*, *84*, 273–280.

Wollman-Bonilla, J. (1994). Why don't they "just speak"? Attempting literature discussion with more and less able readers. *Research in the Teaching of English*, *28*, 231–258.

Wood, D. J., Bruner, J. S., & Ross, G. (1976). The role of tutoring in problem solving. *Journal of Child Psychology and Psychiatry*, *17*, 89–100.

Yaden, D. (1988). Understanding stories through repeated readalouds: How many does it take? *The Reading Teacher*, *41*, 556–560.

Yolen, J. (1981). *Touch magic: Fantasy, faerie and folklore in the literature of children*. New York: Philomel.

Yonge, C., & Stables, A. (1998). "I am It the clown": Problematising the distinction between "off-task" and "on-task" classroom talk. *Language and Education*, *12*, 55–70.

색인

주제색인

인명색인

그림책색인

주제색인

인명색인

그림책색인

· 저자 소개

로렌스 사이프(Lawrence R. Sipe)

로렌스 사이프(Lawrence R. Sipe)는 펜실베이니아 대학교 교육대학원의 부교수다. 그는 1996년 이래로 언어 및 문식성학과 교수이자 읽기/쓰기/문식성 프로그램의 구성원이다. 그는 오하이오 주립대학교에서 아동문학과 발생적 문식성을 주제로 박사학위를 받았다. 템플 대학교에서 읽기심리학과 특수교육으로 석사 학위를 받았으며, 블룸즈버그 주립대학(Bloomsburg State College)에서 초등교육으로 학사 학위(B.S.)를, 시카고 대학교에서 영어 및 문학으로 학사 학위(B.A.)를 받았다. 그는 19년간 학교 현장 경험을 하였는데, 여기에는 1학년부터 8학년이 통합된 학교에서 가르친 2년, 만 5세에서 2학년이 통합된 학급에서 가르친 4년간의 경험이 포함된다. 또한 캐나다의 뉴펀들랜드(Newfoundland) 교육구에서 유아교사 및 초등교사를 하고 언어교육과 특수교육과 관련된 일을 하면서 전문성을 발달시킨 13년이 포함된다. 그의 주요 연구 관심사는 아동문학과 청소년문학, 그리고 그림 이야기책에 대한 유아의 반응이다.

· 역자 소개

서정숙

이화여자대학교 대학원 유아교육 전공(학사, 석사, 박사)

전, 대전 실업전문대학 전임강사

한국어린이문학교육학회 회장

현, 이화여자대학교, 건국대학교 대학원, 덕성여자대학교 교육대학원, 외국어대학교 교육대학원 강사

한국간행물윤리위원회 좋은 책 선정위원

북스타트 한국위원회 기획위원

대표저서

『부모의 그림책 읽어주기』, 『환상 그림책으로의 여행』(공저), 『어린이 미디어 상 제정을 위한 기반 연구』(공저), 『유아문학교육 프로그램』(공저), 『독서치료』(공저),『개정 유아문학교육』(공저), 『시치료: 이론과 실제』(공역), 『민들레를 사랑한 기니피그 아삭이』(역)

대표논문

「유아문학교육 내용과 교수계획에 대한 논의」, 「'유기체로서의 그림책' 분석을 위한 기준 연구」, 「그림책 중심의 문학교육 프로그램이 유아의 문학적 능력과 흥미에 미치는 영향」, 「그림책 단원 중심 문학교육 프로그램의 실시 과정에서 나타난 유아의 문학적 반응에 대한 질적 탐구」, 「그림책 중심 문학교육의 실시 과정에서 나타난 유아교사의 문학교육에 대한 인식의 변화」, 「메타픽션 그림책의 기법 분석과 그에 대한 유아의 이해-'그림책 속 그림책' 구조를 중심으로-」, 「그림책 면지 탐색 활동이 유아의 읽기흥미도와 언어표현력에 미치는 영향」

유아교사의 그림책 읽어주기
: 유아의 문학적 이해 및 문학교육

초판 1쇄 발행 2011년 9월 20일
초판 3쇄 발행 2020년 4월 13일

지 은 이 | 로렌스 R. 사이프
옮 긴 이 | 서정숙
펴 낸 이 | 김기섭
책임편집 | 최창숙
펴 낸 곳 | 창지사 www.changjisa.com
153-802 서울시 금천구 가산디지털 1로 83 파트너스타워1차 9층
전화 (02)719-2211~3
팩스 (02)701-9386
등 록 | 1977년 4월 28일 · 제1-421호

ISBN 978-89-426-1096-9 (93370)

값 19,000원